JN376724

반시대적 객체
Objects Untimely

반시대적 객체 : 객체지향 철학과 고고학
Objects Untimely : Object-Oriented Philosophy and Archaeology

지은이 그레이엄 하먼, 크리스토퍼 위트모어	초판 인쇄 2025년 3월 25일
옮긴이 김효진	초판 발행 2025년 3월 28일
펴낸이 조정환	ISBN 978-89-6195-381-8 93100
책임운영 신은주	도서분류 1. 철학 2. 객체지향 존재론 3. 고고학
편집 김정연	카테고리 카이로스총서 111 Mens
디자인 조문영	값 29,000원
홍보 김하은	펴낸곳 도서출판 갈무리 1994. 3. 3. 등록 제17-0161호 서울 마포구 동교로18길 9-13 2층 T. 02-325-1485 F. 070-4275-0674 www.galmuri.co.kr galmuri94@gmail.com
프리뷰 권아람 · 한창희	
종이 타라유통	
인쇄 예원프린팅	Copyright (c) Graham Harman and Christopher Witmore 2023. This edition is published by arrangement with Polity Press Ltd., Cambridge.
라미네이팅 금성산업	
제본 대일문화사	

일러두기

1. 이 책은 Graham Harman and Christopher Witmore, *Objects Untimely : Object-Oriented Philosophy and Archaeology* (Cambridge, UK : Polity Press, 2023)를 완역한 것이다.

2. 외국 인명과 지명은 원어 발음에 가깝게 표기하려고 하였으며, 널리 쓰이는 인명과 지명은 그에 따라 표기하였다.

3. 인명, 지명, 책 제목, 논문 제목 등 고유명사의 원어는 맥락을 이해하는 데 꼭 필요하다고 생각되는 경우를 제외하고는 본문에서 원어를 병기하지 않았으며 찾아보기에 수록하였다.

4. 영어판에서 이탤릭체로 강조된 것은 고딕체로 표기하였다. 단, 영어판에서 영어가 아니라서 이탤릭체로 강조한 것은 한국어판에서 강조하지 않았다.

5. 단행본과 정기간행물에는 겹낫표(『 』)를, 논문에는 홑낫표(「 」)를, 영화 제목, 연극 제목, 악극 제목에는 가랑이표(〈 〉)를 사용하였다.

6. 글쓴이 주석과 옮긴이 주석은 같은 일련번호를 가지며, 옮긴이 주석에는 *라고 표시했다.

7. 원서의 대괄호는 [ ]를 사용하였고, 옮긴이가 덧붙인 내용은 [ ] 속에 넣었다.

8. 각 텍스트의 본문 속 인용문 중 기존 번역이 있는 경우 가능한 한 기존 번역을 참고하였으나 전후 맥락에 따라 번역을 수정했다.

9. 한국어판 지은이들 서문으로 옮긴이의 서문을 갈음한다는 옮긴이의 뜻에 따라 별도의 옮긴이 후기는 싣지 않는다.

:: 한국어판 지은이들 서문

"아버지 시간은 무적이다." 이것은 미국 대중문화에서 자주 사용되는 표현으로, 대개는 어떤 늙어 가는 스포츠 스타가 떠오르는 젊은 경쟁자에게 패배당할 때마다 등장한다. 예를 들면, 2024년 11월 15일, 전설적인 헤비급 권투선수 마이크 타이슨은 58세의 나이에 은퇴 생활을 접고 27세의 제이크 폴과 맞붙었다. 그 경기에서 타이슨이 그의 전성기 시절에 아직 태어나지도 않았던 폴에게 패배당하는 모습은 실망스러울 정도로 무력해 보였다. 그런 사례들에서 '시간'은 바람이나 태양과 동일한 종류의 힘으로 객관화되며, 늙어가는 사람의 몰락을 초래한다고 여겨진다.

이 책에서 우리는, 시간을 마치 그것이 만사를 앞으로 밀어내는 별개의 인과적 작인인 것처럼 간주하는 관념을 거부한다. 오히려 우리는, 이런저런 객체가 출현하기 이전의 세계와 이후의 세계 사이에 비대칭성을 창조함으로써 시간을 생산하는 것은 바로 객체들이라고 주장한다. 이 책의 두 저자는 모두 1994년에 월드 와이드 웹이 출현하기 이전의 삶이 어떠했는지를 분명히 기억하고 있다. 그런데 우리가 1993년을 상기하고자 할 때, 이런 시도를 상당히 어려운 실천으로 만드는 것은 단지 시계와 달력에서 서른두 해의 세월이 지나가 버렸다는 사실이 아니다. 결국, 인간의 역사에는 삼십 년의 세월 동안 거의 변화가 나타나지 않은 시기들이 많이 있었다. 오히려, 오늘날 우리로 하여금 1993년의 생활양식을 파악하기 어렵게 만드는 것은 웹으로 인해 일상생활이 변형되었기 때문이다. 1993년에 우리가 수행했던 일상 행위 중 많은 것이 이제는 거의 실행되지 않는다. 예를 들면, 여행사 사무실을 방문하여 종이로 된 항공권을 수령한 다음에 조심스럽게 보관하는 행위, 편지를 보내기 위해 우표를 붙인 봉투를 들고 우체국을 방문하는 행위, 또는 자리에 앉아서 자신이 애호하는 종이 신문을 몇 시간 동안 읽는 행위는 사라져 버렸다. 웹의 출현은 시간에 균열을 창조했고, 그리하여 우리의 이전 방식들로 되돌아가는 것은 우리가 그 방식들에 중대한 수정들을 가하지 않는 한 불가능한 일이 되었다.

이것은 이 책에서 서술된 시간의 한 가지 양태이다. 또 하나의 양태는 다중 시간이 동시에 현존한다는 사실이다. G. W. F. 헤겔이라는 철학자 덕분에 우리는 '정신'을 어떤 단일한 역사적 국면의 모든 양태를 통일하는 것으로 여기는 데 익숙해졌다. 그러나 실상은 그렇지 않다는 것을 증명하기는 쉽다. 과학의 사례를 살펴보자. 리 스몰린이라는 물리학자는 자신이 물리학의 오백 년 역사에서 근본적인 발견을 이루어내지 못한 물리학자들의 첫 번째 세대에 속한다는 사실을 한탄했다. 그런데 현재 매주 새로운 발견들이 무수히 쏟아지는 천문학에서는 그에 비견할 만한 정체 상태를 전혀 찾아볼 수 없다. 어떤 한 국가는 음악에서는 혁명적 시기를 겪는 동시에 문학에서는 신고전주의 국면을 겪을 수 있다. 또는 철학에서는 여전히 단순한 모방자에 지나지 않는 반면에 나노기술에서는 세계를 선도할 수 있다.

각별한 사이였던 두 명의 프랑스인 철학자, 미셸 세르(1930~2019)와 브뤼노 라투르(1947~2022)도 유사한 사유를 제시했다. 세르는 자동차와 관련하여 다음과 같은 점을 우리에게 주지시킨다. 자동차는 직립원인의 최초 창조물(불)과 신석기 차대(바퀴와 축), 이집트의 혁신적인 것(유리), 산업혁명의 획기적인 산물(가황 고무)이 결합된 후에 그것이 거의 어제 발명되었다고 해도 좋을 발명품들(최신 컴퓨터 소프트웨어)과 연결됨으로써 완성되었다. 한편, 라투르는 사람의 습관이 유지되는 기간이 (심장 진단 후에 혈액 희석제를 복용하는 습관의 경우에서처럼) 며칠에서 (누군가를 만났을 때 악수하는 습관처럼) 수만 년에까지 이른다고 주장한다. 이렇게 해서 라투르는 '근대성'이 그릇된 관념이라는 논점에 이르게 되는데, 왜냐하면 그 관념은, 폐기된 형식은 영원히 구식이고 귀환할 수 없다는 그릇된 가정에 기반을 두고 있기 때문이다. 라투르는 1970년대 프랑스 지식인들이 이란 혁명을 제대로 평가하지 못한 실패 사례를 통해서 이런 관념에 이끌리게 되었다. 세속적 사회주의가 '정치적 미래'임이 어느 정도 명백한 것처럼 보였던 당대의 상황에 처해 있던 많은 프랑스 사상가는 아야톨라 호메이니의 종교적 수사가 평등주의적인 사회주의 의제를 감추는 가리개에 불과하다고 믿었다. 현재 주지하다시피, 호메이니는 일종의 은밀한 진보주의자가 결코 아니었고, 오히려 그가 직설적으로 약속했던 그런 종류의 반동적인 종교적 율법을 명확히 이행한 반동적인 인물이었다.

어떤 한 철학자와 어떤 한 고고학자가 객체들이 시간을 생성하는 방식들에 관한 협동 연구를 수행하는 것은 사실상 반시대적이다. 철학적으로 경도된 독자는 객체지향 철학에서 객체들이 차지하는 중심적인 지위에 익숙할 것이다. 그러나 다른 한편으로 그 독자는, 인공물들을 적극적으로 복원하고 수집하며 홍보하는 고고학이 그런데도 고고학적 객체들을 현재로부터의 거리가 유지되는 어떤 과거로의 운반체라는 부차적인 지위로 격하하는 경향을 나타내는 방식들은 알지 못할 것이다. 그리고 고고학에 정통한 독자는 물질로서의 사물의 근본적인 중요성을 인식할 것이지만, 다른 한편으로 실재의 비물질적 근거에 대한 객체지향 철학의 관심에는 익숙하지 않을 것이다. 그러므로 이런 노력 – 철학과 고고학에서 객체들이 시간을 생성하는 방식들에 관한 협동 연구 – 이 상당히 뒤늦은 감이 있다면, 이 분야들 사이에서 생성된 의외의 마찰들은 기다릴 만한 가치가 있던 것으로 밝혀질 것이다.

2025년 1월 27일

캘리포니아 롱비치에서
그레이엄 하먼

텍사스 러벅에서
크리스토퍼 위트모어

차례	반시대적 객체

- 4   한국어판 지은이들 서문
- 10   감사의 글
- 11   사진 목록
- 12   서문

- 21   1장 — 시간과 객체
  그레이엄 하먼·크리스토퍼 위트모어

- 83   2장 — 시간의 고대성 : 그리스의 객체들
  크리스토퍼 위트모어

- 169   3장 — 2장에 관한 논의

- 253   4장 — 시간의 근원으로서의 객체들
  그레이엄 하먼

- 325   5장 — 4장에 관한 논의

- 419   시간 모형에 관한 단상

- 426   참고문헌
- 451   인명 찾아보기
- 456   용어 찾아보기

:: 감사의 글

    이 책은 레비 브라이언트, 이와 도만스카, 개빈 루카스, 로랑 올리비에, 비요나르 올센, 그리고 마이클 섕크스와 나눈 대화에서 많은 도움을 받았다. 우리는 1장과 2장에 대한 논평을 제시해준 점에 대하여 개빈과 비요나르에게 감사를 표한다. 또한 우리는 이 책 전체를 검토하고 소중한 의견을 제시해준 점에 대하여 두 명의 외부 평가자에게 감사한다. 그들 중 한 사람은 루이지애나 주립대학교의 존 코그번이고, 나머지 다른 한 사람은 여전히 익명의 상태에 있다.

:: 사진 목록

1장
코린토스의 아르카이크 시대 신전 24
코린토스의 레카이온 도로 30

2장
카스트라키아 112
갈로우시의 키클로프스 석조 다리 114
아라크네오의 헐벗은 고원을 배경으로 한 카자르마 언덕 119
카자르마 요새 122
코피노 계곡 125
미케네의 구덩식 분묘 130
미케네의 다중시기 벽 134

5장
노르웨이 스배르홀트의 버려진 어선 405

(모든 사진은 크리스토퍼 위트모어가 찍었음.)

::서문

 이 책은 2014년 2월 그레이엄 하먼이 텍사스 공과대학교에서 명망 높은 해러건 강연을 하기 위해 텍사스주 러벅을 방문했을 때 구상되었다. 이틀에 걸친 그 방문 시기 동안 우리는 철학과 고고학, 시간 개념, 객체지향 존재론(이하 OOO)이 인간 중심주의에 제기한 이의, 그리고 고고학이 근대주의적 역사주의에서 벗어나서 OOO에 관여할 다양한 방법에 관한 대화를 여러 번 나누었다. 녹음된 공개 인터뷰에서 크리스토퍼 위트모어는 하먼에게 몇 가지 고고학적 사례를 고려하면서 시간을 OOO와 관련하여 논의해줄 것을 요청하였다. 대화가 진전됨에 따라, 시간이 객체들을 포괄하기보다는 오히려 객체들에 의해 **생성된다**고 이해하는 견해를 우리가 공유한다는 사실이 명백해졌다.[1] 인터뷰가 마무리될 무렵에 우리는 이 공리 — 객체들이 시간을 생성한다 — 가 고고학 및 OOO의 견지에서 이루어질 더

---

1. G. Harman, "Time, space, essence, and eidos"; G. Harman, *The Quadruple Object* [그레이엄 하먼, 『쿼드러플 오브젝트』]; C. Witmore, "Vision, media, noise and the percolation of time"; C. Witmore, "Landscape, time, topology"; C. Witmore, "No past but within things"; C. Witmore, *Old Lands*.

심층적인 탐구를 보증한다는 점에 동의했다. 『반시대적 객체』라는 이 책은 그런 노력이 거둔 첫 번째 결실이다.

이 책에서 중점적으로 고찰되고 있는 객체들을 반시대적untimely이라고 여기는 우리의 견해는 여러 가지 근거에 입각하여 정당화될 수 있다. 실재는 끊임없는 유동으로 이루어져 있다는 만연하는 확신, 철학에서 신유물론과 관련된 현행의 확신에 맞서서 OOO는 온갖 종류의 객체들이 그로부터 시간이 창발하는 실재의 기반이라고 단언한다.[2] 고고학과 연관된 마주침과 객체들은, 시간이 역사적 사건들의 행로라고 믿는 고고학의 서사적 확신에 맞섬으로써, 19세기에 고고학의 전문화가 이루어진 이후로 줄곧 그 분야 및 그 객체들을 규정한 바로 그 시간적 한계 설정에 반발한다. 시간을 심층적인 것으로 여기는 현행의 경향에 맞서서 이 책은 직관에 반하게도 표면적인 시간을 부각한다. 1장에서 설명될 것처럼 이것은 플라톤이 제시한 시간과 영원성 사이의 대조와 아무런 관계도 없다. 마지막으로, 통상적으로 "인간의 물질적 유물을 통해서 인간의 과거를 연구하는 학문"으로 규정되는 분야를, 현존하는 것은 오직 현재 여기에 있는 객체들뿐이라는 점과 객체들은 자신의 과거로

---

2. 예를 들면, J. Bennet, *Vibrant Matter* [제인 베넷, 『생동하는 물질』]; T. Nail, *Being and Motion* [토머스 네일, 『존재와 운동』]; R. Raud, *Being in Flux*를 보라.

환원될 수 없다는 점에 근거를 두고서 고찰하는 것도 반시대적이다.

사실상, 지성사를 살펴보면, 지금까지 철학과 고고학 사이에는 균형 잡힌 교류가 결코 이루어진 적이 없다는 것을 알게 된다. 지금까지 철학이 고고학적 노력에 거의 관심을 기울인 적이 없었던 것처럼 보인다고 생각하는 고고학자들의 경우에는 자신들의 동료 실천자들[고고학자들]을 비난하기 쉬울 것이다. 그들은, 흙으로 덮인 객체들을 과거에 속박되지 않은 무언가, 알레고리와 역사적 기대에 얽매여 있지 않은 무언가로 여길 만한 단서를 고고학자들이 철학자들에게 제공하지 않았다고 주장할 수 있을 것이다. 그뿐만 아니라 또한, 철학적 관념의 고고학적 응용이 철학의 전개에 도로 영향을 미치는 경우가 드문 한, 고고학 내에서 이론적 관심사가 한낱 부차적인 것에 불과하다는 너무나 흔한 견해를 어쩔 수 없이 따를 수도 있을 것이다.[3] 이런 불균형을 숙고하게 되는 철학자들 역시 인간 주체를 과도하게 강조함으로써 사물을 무시하는 데 기여했다는 이유로 그들 자신의 분야를 쉽게 비난할 수 있을 것이다. 고고학

---

3. 20세기 후반 동안 대륙철학의 포용이 절충주의적인 것으로 바뀌었다고 언명하는 것은 불공정하지 않을 것이다(C. Holtorf and A. Piccini, *Philosophy and Archaeological Practice*를 참조하라 ; M. Edgeworth, "Follow the cut, follow the rhythm, follow the material"을 보라).

의 경우에는 이런 무시가 엔트로피로 인한 퇴색, 무작위적인 파편들의 평범성, 때가 묻은 망각의 찌꺼기들, 또는 처량한 폐허를 우리 마음속 깊이 간직한 환상을 충족해줄 캔버스라고 여기는 관념에 의해 더욱더 심화되었다. 하지만 더 자세히 살펴보면, 이런 과장된 인상들이 곧 부적절하다는 사실이 분명 밝혀질 것이다. 우리는 고고학의 매력이 근대 철학적 사상에 중대하다고 주장할 수 있을 것이다.[4] 그런데 이외에도 고고학 분야를 역사, 과학, 또는 언어에 관한 철학의 견지에서 진지하게 고찰한 다수의 철학자 — 특히, R. G. 콜링우드, 메릴리 살몬, 그리고 앨리슨 와일리 — 가 있다.[5] 이 책에서 우리는 균형 잡힌 척도를 찾아내려고 하지 않는다. 오히려 여기서 우리가 우호적이고 열린 마음으로 대화에 적극 관여함으로써 철학과 고고학 사이에 연결 관계와 상호 이해가 구축되고, 그 결과 그 두 분야가 일상적인 기대와는 다른 것들이라는 점이 밝혀짐으로써 독자의 호기심을 불러일으키는 데 도움이 될 것이다.

---

4. A. González-Ruibal, *Reclaiming Archaeology*를 보라. 또한 T. Webmoor, "Archaeology"를 보라.
5. 물론, 많은 경우에 이 철학자들은 고고학자로서도 훈련받았다. I. Hodder, "Of mice and man"; A. Wylie, *Thinking from Things*; A. Wylie, M. Shanks, T. W. Webmoor, and C. Witmore, "Alison Wylie"; C. Kobayashi and M. Marion, "Collingwood as an archaeologist and the Gabbay-Woods schema for abductive reasoning"을 보라.

『반시대적 객체』는 다섯 장에 걸쳐서 구체화된다. 1장에서 우리는 이 책을 저술하는 이유를 더 자세히 탐구하는데, 고고학과 철학의 견지에서 시간과 객체에 관한 간략한 논의가 제시된다. 우리는 고대 코린토스의 사례를 통해서 고고학적 시계제작을 고찰한 다음에 객체들이 과거와 관련하여 갖는 지위에 대한 고찰로 이행한다. 철학의 경우에 우리는 마르틴 하이데거가 시간에 관한 어떤 개념도 절대 구상하지 않았다는 하먼의 오랜 테제를 요약한다. 특히, '피투적 기투'thrown projection라는 하이데거의 시간성은 앙리 베르그손에게서 찾아볼 수 있는 시간의 철학과 대조된다. 이 장에서 우리는 실재가 끊임없는 유동 속에 놓여있다고 간주하는 신유물론적 구상에 맞선다. 요컨대 실재가 재빨리 무언가 다른 것으로 이행하는 덧없는 포즈들을 거치는 일련의 정적인 것으로 이루어져 있다는 기회원인론적 전통에 관한 논의가 이루어진다. 그 논의는 시간의 비가역성을 설명하는 또 하나의 방식으로서 '연속 세포 내 공생'에 관한 린 마굴리스의 견해로 이행한다. 이전에 자율적이었던 두 개의 유기체가 하나의 공생적 연합체를 형성할 때, 우리는 우리 자신이 새로운 세계로 진입했음을 인식한다. 이런 철학적 배경에 기대어서 우리는 객체들이 시간에서 생겨나기보다는 오히려 시간이 객체들에서 생겨나는 다양한 고고학적 사례를 신중히 살펴본다.

「시간의 고대성」이라는 제목이 붙은 2장에서 위트모어는, 표면적으로는 모두 과거를 다루는 고고학과 역사 사이의 난처한 관계를 탐구하면서 사물들에 의해 생성되는 시간과 고고학에 대한 한 가지 다른 이해를 제시한다. 위트모어는 여섯 개의 절에 걸쳐서 고고학의 역사 노선을 관통하는데, 요컨대 순차적 시간 모형을 복잡하게 하는 경로를 갖춘 노선을 따라간다. 위트모어는 미케네 성채의 발굴 과정에서 발견된 사물들의 시대와 더불어 그 다층 성채의 시간적 위상학을 거쳐 삼투로서의 시간에 관한 미셸 세르의 관념으로 나아간 다음에, 마지막으로 고고학을 객체들 자체와 더불어 시간의 고대성을 탐구하는 학문으로 규정하는 한 가지 다른 정의를 향해 나아간다.

3장에서 하먼과 위트모어는 대담 형식을 취함으로써 2장에 함축된 의미를 논의하는데, 인간의 과거가 주된 연구 대상이 아닌 고고학에 관한 관념으로 시작한다. 위트모어에게 고고학은 그야말로 과거의 모습을 구상하기 위해 우리가 아직 입수할 수 있는 단서로부터 과거를 탐구하는 현재에 관한 분과학문이다. 그 논의는 석기 시대, 청동기 시대, 그리고 철기 시대의 전통적인 삼=시대 체계에서 마술이 종교로, 종교가 과학으로 대체되는 제임스 G. 프레이저의 명백히 선형적인 구상을 거쳐 미셸 세르의 저작에서 찾아볼 수 있는 삼투로서의 시간 개념과 위상학으로서의 시간 개념 사이에 형성될 수 있는 긴장 관계로 이어진다. 그 밖에도 하먼과 위트모어는 고고학에서 시대 구분이 확립되는 방식과 고고학의 담론적 지형도를 논의할 뿐만 아니라, 정치학이 제일철학이 되어버린 상황이 대략 이십 년 전에, 세르와 브뤼노 라투르의 영향 아래, 생각이 유사한 몇몇 사람으로 하여금 사물로 돌아가도록 추동한 방식도 논의한다. 저자들은 3장을 마무리하면서 고고학의 어떤 양상들이 세부적으로 완전하지 않기에 고고학을 마셜 매클루언의 의미에서 '차가운' 매체로 간주하는 것이 가장 좋다고 평가하는 하먼의 견해를 논의한다.

「시간의 근원으로서의 객체들」이라는 제목이 붙은 4장에서 하먼은 시간이 실재의 심층에 속하기보다는 오히려 표면에 속한다는 자신의 견해를 제시한다. 이것은 시간을 모욕할 의도가 전혀 없는데, 왜냐하면 OOO의 경우에는 세계의 표면이 모든 것이 생겨날 수 있는 유일한 장소이기 때문이다. 하먼은 OOO의 핵심에 자리하고 있는 사중체 모형 – 시간은 이 모형의 일부이다 – 을 요약한 다음에 피터 울펜데일, 피터 그래튼, 그리고 아연 클라인헤이런브링크가 각각 제기한, OOO 시간 모형에 대한 세 가지 특정한 비판에 대응한다. 그다음에 4장은 J. M. E. 맥태거트가 제안했고 지금까지 많이 논의된 시간의 비실재성에 관한 이론으로 이행하며, 맥태거트의 관점이 고전적 경험주의의 가정들을 너무 많이 공유한다는 OOO의 비판이 추가된다. 객체들이 끊임없는 유동 상태에 사실상 있지 않은 상황을 묘사하기 위해 간헐적으로 움직여지는 체스 기물의 비유를 제시한 후에 4장은 이른바 '과정철학'에 관한 논의로 마무리된다. 여기서 '과정철학'이라는 용어는 두 가지 매우 다른 유형의 이론들 — (a) 베르그손과 더 나중의 베르그손 옹호자들인 질베르 시몽동 및 질 들뢰즈의 경우처럼 끊임없는 시간적 유동의 전형적인 철학들과 (b) 실재가 종종 변화함을 철저히 인식하면서도 개별 순간들의 내적 복잡성에 집중하는 시간 모형을 구상한 알프레드 노스 화이트헤드, 라투르, 그리고 심지어 하이데거의 철학들 — 을 포괄한다.

5장은 대담 형식으로 되돌아가며, 앞서 논의된 선형적 시간 또는 순차적 시간에 대한 몇 가지 대안 — 삼투하는 시간, 위상학적 시간, 그리고 순환적 시간 — 을 개괄한다. 위트모어는 OOO가 이 대안들에 무엇을 추가할 것인지를 묻는다. 하먼은 세 가지 답변을 제시한다. 그것들은 (1) 인간 세대의 끊임없는 변화에 기반을 둔, 시간에 관한 시대적 구상, (2) (생겨나는 것의 대다수가 사소한 것으로 판명된다는 사실을 참작하면) 현재 유행 중인, 끊임없는 유동에 관한 거의 광적인 모형들에 대립하는 것으로서 시간에 대한 더 차분한 모형의 가능성, 그리고 (3) 겉보기에는 소멸된 것처럼 보이는 과거 실재들을 부활시키거나 회복시킬 수 있는 가능성이 언제나 존재한다는 점

서문 **19**

을 감안하면, 종종 가역적인 것으로서의 시간에 관한 구상이다. 우리는 실재의 표면을 따라 생겨나는 변화가 실재의 심층에 소급적 영향을 미칠 수 있는 방식을 고찰하는 핵심 의제로 나아가는데, 그리하여 모든 인과관계는 하나의 전체가 자신의 부분들에 소급적으로 영향을 미침으로써 정립된다는 해석이 주장된다.[6] 또 5장에서는 실재의 기본 구성요소들로서 변화와 유동을 선호하는 최근의 경향에 맞서 우리는 우주의 놀라운 안정성에 주의를 집중해야 한다는 주장이 제기된다. 이 책은 앞서 소개된 비선형적 시간에 관한 다양한 구상을 요약함으로써 마무리된다.

---

6. 이 주제는 이미 후설의 『형식논리학과 선험논리학』 및 알랭 바디우의 『세계의 논리』 같은 저작들에서 찾아볼 수 있지만, 어쩌면 실재적 회집체가 자신의 부분들에 소급적 영향을 미칠 수 있다는 마누엘 데란다의 관념에서도 마찬가지로 명시적일 것이다(M. DeLanda, *A New Philosophy of Society* [마누엘 데란다, 『새로운 사회철학』]). 이 관념은 소급성의 작동에 대한 해결책을 가장 분명히 암시하는 것일 수 있고, 따라서 Harman, "Time, space, essence, and eidos"에서 후속적으로 전개된다.

1
시간과 객체

그레이엄 하먼 · 크리스토퍼 위트모어

객체들이 시간을 생성한다. 이 공리는 여기서 우리가 수행하는 탐구의 근거가 된다. 그것은 고고학과 OOO가 공유하는 이해의 기초를 구성하는 한편, 현재 고고학과 철학이 시간에 우선성을 부여하는 경향에서 비롯되는 구상을 반전시킨다. 객체들이 시간을 생성한다는 공리는 고고학이나 철학에서 현재 벌어지고 있는 논쟁의 화염을 돋울 수밖에 없다. 그런데도 이 분과학문들의 역사와 관련지어 고찰해 보면 그 원리의 중요성이 분명해진다. 고고학적 사유는 지금까지 언제나 인간 사회를 시간 속에 위치시키려고 노력해 왔다. 또한 이것은 궁극적으로 우리 자신을 자리매김하는 것의 문제였다. 현재 살아 있는 우리는 우리로부터의 거리가 연年, 세기, 그리고 천년 단위로 측정된 사건들의 긴 순서열의 끝에 확고히 자리를 잡았다. 이백 년 동안 현대 고고학은 오래된 사물들 – 그것들이 속한다고 가정되는 과거의 대용물로 여겨진 사물들 – 을 바탕으로 확립된 시대구분의 형태로 독자적인 시계를 제작함으로써 마련된 토대 위에 자신의 직무를 구축했다.[1] 19세기 고고학자들은 잔존하는 유적의 시대를 찾아내려는 활동을 실천하면서 역사적 시대들의 윤곽을 그 시대들의 원천으로 여겨진 텍스트들에서 비롯

---

1. 시계 시간으로서의 편년과 시계 제작으로서의 고고학에 관한 관념에 대해서는 G. Lucas, *The Archaeology of Time*; G. Lucas, *Making Time*; Witmore, "Landscape, time, topology"를 보라.

된 시간적 좌표들에 고정시켰다. 잇따른 역사적 사건들의 연쇄는 (발견된 객체들의 차이점들에 근거하여 층서학적으로 산정된) 비#텍스트적 전통들과 이전 시대들에 대한 모형으로 사용된 반면에, 중개자로서의 역사적 텍스트(복사되거나 증식되거나 디지털화될 때에도 마찬가지로 유효하다)는 고고학적 사물들이 어느 특정한 과거의 원천으로 여겨지는 방식에 대한 모범 사례로 사용되었다.[2]

고고학의 초창기 시설에 이루어진 시계 제작의 환경을 떠올리면 우리는 그것이 무엇보다도 특정 지역들과 결부된 (그리고 계속해서 결부되어 있는) 방식을 인식하게 된다. 어떤 특정한 과거에 어떤 일이 있었는지 탐색함으로써 19세기 고고학자들은 (예를 들면, 그리스에서) 그들이 무엇이 세워졌는지 이미 알고 있던 장소들로 모험을 떠났다. 고대 텍스트들을 읽는 골동품 애호 취향의 독자들이 구축한 오랜 전통에서 예시된 대로, 고고학자들은 고대 코린토스 같은 유적지의 표면에 남아 있는 것 너머로 나아갔다.[3] 도리스 양식 기둥들의 그늘에서 발굴을 시작한 그들은 (아테네 소재 아메리칸 고전학 연구소의 연구원인 벤저민 파웰에 따르면) "우리 자신의 시대까지 이어진

---

2. L. Olivier, *The Dark Abyss of Time*, 117 ; B. Olsen, M. Shanks, T. Webmoor, and C. Witmore, *Archaeology*, 6.
3. A. Schnapp, *The Discovery of the Past*를 보라.

코린토스의 아르카이크 시대 신전

시간의 변화와 우연 속에서 잔존한" 것을 드러내 보이기 위해 작업했다.[4] 서기전 8세기에 여러 개의 작은 정착지가 통합되어 형성된 어떤 한 도시국가의 유적지라고 믿고 있는 것의 양쪽에서 고고학자들은 마침내 역사의 증거뿐만 아니라 선사 – 신석

---

[4]. B. Powell, "The Temple of Apollo at Corinth," 44. 그 신전의 최초 발굴 작업은 1886년에 W. 도르펠트의 지휘 아래 실행되었다. R. B. Richardson, "The excavations at Corinth in 1896," 455를 보라.

기 시대, 헬라딕 시대, 그리고 초기 철기 시대 – 의 증거도 찾아냈다. 역사의 증거는 아르카이크 시대, 고전 시대, 헬레니즘 시대를 거쳐 서기전 146년에 일어난 로마에 의한 파괴 사건에 뒤이어 서기전 44년에 로마 시대 코린토스가 세워진 사건 등으로 이어지는 친숙한 역사적 흐름에 의해 규정되었다. 각각의 시대는 현재까지 이어진 시간의 경과에 의해 가늠된 일련의 종결 및 대체 사건으로 분절되는 별개의 연결 고리를 형성했다.

고고학의 독자적인 노력을 통해서 시간은 현재 우리가 근대 역사주의와 관련시키는 친숙한 면모들을 드러내었다.[5] 시간은 선형적이었다. 왜냐하면 뚜렷이 구획된 것으로 여겨진 과거의 시대들이 일정한 거리를 두고서 분절된 채로 있었기 때문이었다. 시간은 순차적이었다. 왜냐하면 시대들은 차례대로 정렬되었고 해당 장소들에 속박된 한편, 연루된 객체들은 계속해서 과거의 심연 속으로 더 깊이 가라앉았기 때문이었다. 고고학적 객체들이 해당하는 시간적 격실로 정렬되는 것은 편년계측학 chronological metrology의 문제 너머로 확대되었다. 왜냐하면 그것은 우리에게 그 객체들이 옛날에 저쪽에 현존했던 사

---

5. 고고학과 근대주의적 역사주의에 대해서는 Olivier, *The Dark Abyss of Time*; M. Tamm and L. Oliver, *Rethinking Historical Time*을 보라. 고대 코린토스의 맥락에서 이루어진 고찰에 대해서는 Witmore, *Old Lands*, 40~8을 보라.

태에 관해 사색할 것을 요구했기 때문이었다. 그것은 고대 코린토스와 같은 장소들에서 발견된 것을 어떤 특정한 역사적 시대의 환경과 결부시켰다. 그것은 그것들이 어떤 특정한 시간틀 내에 존재하는 것으로 한정함을 시사했는데, 요컨대 그런 캡슐화된 과거 내에서의 환경에 영향을 주었으며, 그리고 어쩌면 그리스도교의 도래처럼 어떤 명확한 종결-전환 사태에까지 이르는 후속 시대들에 영향을 주었을 것이다.

물론, 버려진 가장 오래된 층위들이 더 최근의 축적물 아래 묻히는 경향이 있는 고대 코린토스처럼 층위가 중첩된 도시의 이런 승계의 이미지에는 많은 진실이 담겨 있다. 사실상, 구조적으로 이질적인 형태들의 중첩은 고고학적 객체들의 참된 정체성이 시간의 연속체에서 임의로 절단된 조각에 속한다는 관념에 적합했다.[6] 고고학자들이 제기한 의문들은 이런 이미지를 강화했다. 고대 코린토스의 중앙에 서 있는 도리스 양식 신전은 어느 시대에 속하는가? 그 기둥들의 기단 주변의 변형은 로마인들이 그 장소로 이주한 사태와 관련이 있는가? 첫 번째 질문은 시간적 좌표들을 찾아내려고 하고, 그 대답은 이 좌표들을 그 자리에 머물게 한다. 어떤 폐허를 '아르카이크 시대 신전'으로 지칭하는 것은 우리에게 신전 언덕에 있는 일곱 개의

---

6. Olivier, *The Dark Abyss of Time*, 123.

기둥과 그 밖의 유적이 어느 특정한 시간 블록에 속함을 시사한다. 그 폐허 근처의 표면을 '로마인 이주'라는 역사적 사건과 연계함으로써 우리는 그 표면을 단지 역사적 견지에서 인식할 수밖에 없다는 것을 시사하게 된다.

고고학자들이 시간에 관한 물음을 다른 방식들로 제기했다는 것은 확실하다. 그 기둥들의 기단 주변에서 드러난 표면들은 한 특정 사건의 잔류물이었는가, 또는 다수 사건의 집합체이었는가? 고고학자들이 여기서 마주치는 흔적은 만들어지는 데 얼마나 긴 시간이 걸렸는가? 이 물음들은 현재 우연히 존속하고 있는 모든 오래된 사물이 과거 활동의 결과물 또는 생산물로 이해되어야 함을 시사하며, 그리하여 어떤 별개의 과거가 현재 여기서 발견되는 것보다 우위에 있게 된다. 고고학적 표면과 흔적은 지나간 지 오래된 한 특정 사건 또는 일련의 사건의 파생물인가? 그것들의 현존은 오로지 다른 시대에 살았던 사람들의 노력 덕분인가? 고고학자들은 객체들을 시간 속에 위치시킴으로써 시간이 그 속에 현존하는 사물들과 독립적으로 현존한다는 전통적인 플라톤주의적 관념을 강화했다.

고고학적 시계 제작의 작업은, 그리스에서든 그 밖의 다른 곳에서든 간에, 우선 상이한 장소들에서 실행되는 발굴 조사의 결과들을 비교함으로써, 그리고 나중에 그 사이 구역들을 조사함으로써 더 큰 구역들을 포괄하도록 확대될 것이다. 그런데 고고학자들이 근대 역사주의를 완고하게 유지한 상황은 그 분야의 구조적 조직과 결부되어 있었다. 일차적이고 외부적인 시간의 연속체는 고고학적 노력을 통해서 명확한 형태를 띤 한편, 실천자들이 계속해서 자신이 연구하는 특정 시대에 의해 규정되듯이, 구획된 상이한 격실들은 고고학자들의 고유한 분업을 조직했다. 물론 여기에는 그럴 만한 이유가 있다. 왜냐하면 시대 전문가들의 노력이 없었다면, 그리스에서든 그 밖의 다른 곳에서든 간에, 수천 년에 걸친 장기간 동안 생겨난 변화들은 훨씬 더 파악할 수 없게 되었을 것이기 때문이다. 그런데도 실천자들은 그들이 역사를 조직한 방식의 수혜자였고, 역사가 측정된 방법은 시간을 실재의 한 가지 기본적인 구조적 차원으로 간주하는 관념을 강화했다. 고고학자들이 가장 깊은 선사에서 현재에까지 이르는 다양한 시대에 할당된 방식을 참작하면, 그들 중 누가 자신의 학문을 과거의 물질적 유적을 통해서 과거를 연구하는 것으로 간주하지 않았겠는가?

이 논점들은 2장에서 다시 다루어질 것이다. 지금 우리의 목적을 위해서는 고고학자들이 자신들의 조사 대상들을 과거를 그대로 보여주는 것으로 인식하기보다는 오히려 현재의 모습을 바탕으로 과거의 모습이 어떠했을지 암시하는 것으로 인식하게 되었다는 사실을 간단히 언급할 필요가 있다.[7] 루이스 빈포드는 물질적 흔적이 그 퇴적 순간을 말해준다는 가정에 "폼페이 전제"라는 명칭을 부여하였다.[8] 객체들을 오로지 인간과 연관된 활동, 제작, 그리고 용도에 의거하여 분류함으로써 고고학자들은 고대 코린토스와 같은 유적지들을 오늘날의 모습으로 변형시킨 형성 과정, 엔트로피적 과정, 그리고 누적 과정을 무시했다.[9] 이와 같은 과정들을 강조하는 태도 덕분에 고고학자들은 그들의 객체들을 어느 한 시기 또는 시대에 한정되지 않는 것으로 간주하게 된 한편, 엔트로피적 시간은 균일한 시계 시간이 표상하는 지속적이고 일관된 이미지에 대한 대응책으로써 활용되었다.[10] 레카이온 도로 — 로마 시대 코린토스의 카르도 막시무스 cardo maximus — 의 포장은 산발적이고 삽화적인 퇴적 사건들 아래 묻혔는데, 그 형성 속도는 여러 세기에 걸쳐 수 센티미터의 토양이 퇴적되는 느린 축적에서부터 짧게는 몇 시간 동안에 잔해가 파국적으로 갑자기 쌓이는 빠른 누적에 이르기까지 다양했다. 완전히 분리된 간극은 드물다. 1906년 8월에 불어닥친 특별한 폭풍우가 레카이온 도로의 발

---

7. Olsen, Shanks, Webmoor, and Witmore, *Archaeology*; M. Shanks, *The Archaeological Imagination*.
8. L. R. Binford, "Behavioural archaeology and the Pompeii premise."
9. L. Wandsnider, "Solving the puzzle of the archaeological labyrinth"를 보라.
10. M. B. Schiffer, *Formation Processes of the Archaeological Record*.

코린토스의 레카이온 도로

굴된 구멍을 아르카이크 시대 신전 아래에 다시 묻어버린 후에 "엄청난 양의 흙과 진흙"이 남겨진 것과 마찬가지로, 그 뒤에 이어진 그리스 정부의 청소 작업은 현재의 출판물에서 참조된 것을 제외하고 그 도로에 대한 모든 고고학적 지표를 제거해 버렸다.[11] 고고학적 기록의 산발적인 형성과 연관된 다양한 시간적 리듬을 다룰 때, 고고학자들은 시간 관점주의(이것은 상이한 시간 척도들이 행동의 상이한 면모들과 관계가 있다는 제프 베일리의 관념을 가리킨다)와 비선형 동역학(예를 들면, 제임스 맥글레이드와 샌더 반 데르 리우는 지속과 변화의 가변성을 강조하고자 했다)을 강조했다.[12]

---

11. H. N. Fowler, "Corinth and the Corinthia," 9.
12. G. Bailey, "Concepts of time in Quaternary prehistory"; G. Bailey, "Time perspectives, palimpsests and the archaeology of time"; J. McGlade and S. E. van der Leeuw, *Time, Process and Structured Transformation in Archaeology*; J. McGlade, "The times of history."

형성 이론들은 대체로 고고학을 뒷받침했는데, 요컨대 고고학은 별개의 역동적인 과정들이 초래한 파생물로 여겨지는 정적인 층서학적 단위체들로 이루어진 과거를 계속해서 우선시했다.13 다양한 방식으로 이 이론들은 오늘날 고고학자들 사이에서 과정을 우선시하는 철학들 ─ 여기서는 인간이든 비인간이든 간에 객체들의 안정성이 생성의 회전식 원형 컨베이어에서 일어나는 끊임없는 무정위 운동에 비해 눈에 띄지 않게 된다 ─ 을 강조하는 풍조를 견인했다. 나중에 우리는 이 이론들에 관해 그 철학적 배경과 관련지어 더 언급할 것이다. 그런데 사물들에 또다시 부여된 열등한 지위는 고고학과 철학 사이 대화의 필요성을 더욱더 정당화한다.

고대 코린토스로 되돌아가면, 우리는 고고학과 시간에 대한 몇 가지 논점을 추가할 수 있을 것이다. 첫째, 변화는 어떤 안정적인 배경에 대하여 부각될 수 있을 따름이다. 고대 코린토스의 고고학적 유적지 위에서 아키트레이브의 일부를 계속해서 받치면서 우뚝 서 있는 일곱 개의 기둥은 현재 아폴론과 연관된 페립테로스 양식 신전의 부분들을 구성했다. 이 기둥

---

13. 예를 들면, O. J. T. Harris, "(Re-)assembling communities"; C. Gosden and L. Malafouris, "Process archaeology (P-Arch)"; C. N. Cipolla, "Earth flows and lively stone"; R. J. Crellin, *Change and Archaeology*; L. Malafouris, C. Gosden, and A. Bogaard, "Process Archaeology"; E. Govier and L. Steel, "Beyond the 'thingification' of worlds"를 보라.

들은 존속한 반면에 그 밖의 기둥들은 돌로 채굴되었다. 그것들은 잔존하여 오스만 시대 코린토스에서 어떤 부지의 경계를 결정했다. 그것들은 골동품적 조사 대상들과 현대 그리스의 유산으로 제시되었다. 로마 시대 표면들이 묻혔을 때도 그 도로의 형태는 존속하였으며, 그리하여 그 도로는 중세 건축물들의 방향에 영향을 주었고 해안에 이르는 길로서 계속 남아 있었다. 그것들은 1858년에 지진이 발생할 때까지 계속해서 사용되었다고 한다. 돌기둥들과 묻힌 도로 표면들은 어떤 한 특정 시기로도 환원될 수 없고 어떤 연속체의 연장된 일부로도 환원될 수 없다. 왜냐하면 그것들은 변화의 와중에서 객체들로서 존속하기 때문이다. 둘째, 누군가가 시간에 관한 고고학적 고찰을 숙고할 때 근원에 자리하는 가장 기본적인 의문은 어떤 특정 객체의 나이 또는 지속성에 관한 것이다. 그 도리스 양식 기둥들과 아키트레이브의 잔존하는 부분은 얼마나 오래되었는가? 로마 시대 도로의 형태는 얼마나 오랫동안 존속했는가? 그 두 가지 물음은 그것들을 이끌어내는 객체들이 없다면 제기될 수 없지만, 이 객체들이 각자의 명확한 연대기를 보유하고 있지 않다는 것 역시 사실이다. 이런 까닭에 고고학의 작업이 필요하다. 나중에 우리는 고고학이 연대기적 시간으로 변환할 수 있는 지속의 척도를 제공하는 것들에 의거하여 그런 객체들을 설명함으로써 그런 물음들에 대답하고자 하는 방식에 관한 쟁점을 다시 살펴볼 것이다. 여기서 우리는 고고학에서 시간과 관련지어 객체들의 지위를 이해하기 위한 어떤 근거를 제공했을 따름이다. 이제 우리는 시간이 객체들의 표면에서 생성되는 방식을 이해하는 과업을 시작하기 위해 철학을 살펴볼 것이다.

여기서 먼저 하이데거와 그의 시간론에 관하여 언급하는 것이 적절하다. 하이데거는 종종 정지 상태에 대립적인 역동적 시간성을 옹호하는 인물로, 느릿느릿한 명사를 활발한 동사로 전환하는 인물로, 그리고 끊임없는 역사적 유동과 생성을 일반적으로 옹호하는 인물로 여겨진다. 결국 그의 주저는 『존재와 시간』으로 일컬어지며, 이 제목은 움직이지 않는 존재의 고대 그리스적 전통을 실재에 관한 보다 과정적인 구상으로 대체하는 상황을 암시하는 것처럼 보인다.[14] 사실상 실제 상황은 완전히 다르다.[15] 우리는 하이데거의 입장을, 철학에서 언제나 흐르는 변화의 강을 정말로 옹호하는 인물인 베르그손 ― 그의 관념들은 들뢰즈의 영향력을 통해서 20세기 말에 새롭게 유행하게 되었다 ― 의 입장과 대조함으로써 그런 상황을 이해할 수 있다.[16]

---

14. M. Heidegger, *Being and Time*. [마르틴 하이데거, 『존재와 시간』.]
15. G. Harman, *Tool-Being*.
16. H. Bergson, *Time and Free Will*; G. Deleuze, *Bergsonism* [질 들뢰즈, 『베르

하이데거는 종종 다음과 같은 구절과 연관된다. "시간은 일련의 지금-시점이 아니다." 이것은 『존재와 시간』에서 하이데거가 시간을 서술하는 한 방식이다. 또한 이것은, 베르그손이 시간을 응결된 조각상 같은 포즈들로 이루어진 일련의 영화 장면으로 간주하는 시간 모형을 끊임없이 비판한 사실을 참작하면, 베르그손이 진술했다고 추정할 수 있는 것처럼 들린다. 그런데도 그들이 만나서 이 점에 관하여 논의한 후에 "시간은 일련의 지금-시점이 아니다"라고 진술하는 공동 기자회견문을 발표했다면, 그들은 이 구절로 매우 상이한 것들을 주장했을 것이다. 왜냐하면 그 두 사람은 거의 정반대되는 시간 모형들을 견지하는 것으로 판명되기 때문이다. 물론, 베르그손의 관점에서 바라보면, 사실상 우리는 시간을 '지금들'로 결코 분할할 수 없다. 어느 잇따른 두 순간을 당신이 원하는 만큼 인접하게 했다고 가정하자. 베르그손의 경우에는 이 두 순간 사이에 무언가가 언제나 생겨날 것이다. 사실상 어떤 순간도 절대 존재하지 않는다. 운동은 진행 중이고 어떤 포즈들의 계열을 통해서도 재구성될 수 없는데, 우리가 이 포즈들을 아무리 촘촘하게 채우려고 시도할지라도 말이다. 우리는 들뢰즈의 경우에도, 또는 '생성'을 일차적인 것으로 삼는 여타 철학자의 경우

그손주의』].

에도 사정은 마찬가지라고 말할 수 있을 것이다. 또 하나의 훌륭한 사례는 들뢰즈의 프랑스인 동료 철학자 질베르 시몽동일 것인데, 마침내 그의 주저를 영어로 읽을 수 있게 됨으로써 현재 시몽동은 인기를 끌고 있다.[17]

이런 시간 모형은 놀랍게도 오래된 뿌리가 있다. 베르그손은 종종 아리스토텔레스에 대하여 비판적으로 언급하지만, 이 특정한 논점과 관련하여 시간에 관한 아리스토텔레스의 구상은 베르그손 자신의 구상과 동일하다. 『자연학』은 아리스토텔레스가 시간을 매우 심층적으로 논의하는 책이다.[18] 그 책에서 아리스토텔레스는 시간이 근본적으로 하나의 연속체라고 주장하는데, 이는 우리가 시간을 '잠재적으로' 분할하는 경우를 제외하고 개별적 시점들로 분할할 수 없음을 뜻한다. 이 책을 읽거나 쓸 때 얼마나 많은 각기 다른 순간이 존재하는가? 세 개의 순간이 존재하는가? 일천 개의 순간이 존재하는가? 또는 일백만 개의 순간이 존재하는가? 아리스토텔레스에 따르면, 우리가 이런 기간을 절단하기 위해 채택하는 특정한 방법은 전적으로 임의적이다. 왜냐하면 시간은 어떤 확정된 수의 단위체들로도 이루어져 있지 않기 때문이다. 무엇보다도 이것

---

17. G. Simondon, *Individuation in Light of Notions of Form and Information*. [질베르 시몽동, 『형태와 정보 개념에 비추어 본 개체화』.]
18. Aristotle, *Physics*. [아리스토텔레스, 『자연학』.]

은 아리스토텔레스가 제논의 유명한 역설 ─ 아킬레우스가 결코 거북이를 따라잡을 수 없고 화살이 결코 과녁을 맞힐 수 없는 상황을 보여주는 역설 ─ 을 처리하기 위해 사용하는 방법이다. 그러나 아리스토텔레스의 경우에는 다른 연속체들도 있다. 공간 역시 하나의 연속체이다. 예를 들면, 당신은 당신이 현재 머무르고 있는 방의 부분들이 정확히 다섯 개라고 말할 수도 없고 정확히 일곱 개라고 말할 수도 없다. 왜냐하면 그 방은 다소 임의적인 방식으로 나뉠 수 있을 따름인, 알고 보면 단일한 연속적 공간이기 때문이다. 생성 역시 하나의 연속체이다. 어느 한 유기체의 발달을 어떤 확정된 수의 부분들로 분할할 수 있는 사람은 아무도 없다. 그런데 흥미롭게도 아리스토텔레스는 이것이 모든 생성이 점진적임을 뜻하지는 않는다고 덧붙인다. 둑에 압력이 오랫동안 축적된 후에 둑이 갑자기 무너지는 것처럼 말이다. 그리고 마지막으로, 아리스토텔레스의 경우에 수 역시 하나의 연속체이다. 0과 100 사이에는 얼마나 많은 수가 있는가? 그 답변은 또다시 임의적이다. 왜냐하면 그것은 셈의 간격이 얼마나 큰지에 의존하기 때문이다. 우리는 정수로, 2의 분수로, 10의 분수로, 또는 우리가 원하는 만큼 크거나 작은 간격으로 셀 수 있다.

그런데 매우 중요한 점은 아리스토텔레스가 실체에 관해서는 그런 식으로 말하지 않다는 것이다. 실체는 『형이상학』

의 핵심 주제이며, 상당히 수정된 형태로 OOO의 실재적 객체로서 존속한다.[19] 지금 당장 당신의 방 안에는 당신 자신을 포함하여 얼마나 많은 사람이 있는가? 실제 대답은 하나, 둘, 일곱, 또는 어떤 다른 명확한 수이다. 우리는 공간, 시간, 또는 수에 관해 언급할 때의 방식으로 방 안에 어떤 임의의 수의 사람이 있다고 공표할 수는 없다. 이것은 실체라고 일컬어진 대상도 연속체에 흡수되기를 바라는 많은 생성 철학자와 아리스토텔레스가 다른 한 가지 중요한 방식이다. 그들은 시몽동처럼 '전(前)개체적' 영역을 언급하거나, 또는 인류학자 톰 잉골드의 방식대로 풍경 같은 객체들은 "끊임없이 형성 중이며, 언제나 그랬듯이 현재도 진행 중인 공존 과정들 — 일과 휴식의 과정, 계절 순환의 과정, 성장과 분해의 과정, 건설과 파괴의 과정, 침식과 퇴적의 과정 — 에 의해 형성되고 있다"라고 주장할 뿐만 아니라, "이 과정들의 율동적인 공명이 시간의 이행을 서술한다"라고 주장할 것이다.[20] 어쩌면 누군가는 더 나아가서 베르그손 또는 캐런 버라드의 방식대로 세계는 오직 실천적 활동에 의해서, 버라드의 용어로 표현하면 "행위적 절단"을 실행함으로써 객체들로 분할될 뿐이라고 과감하게 말할 것이다.[21] 어떤 사람들은,

---

19. Aristotle, *Metaphysics*. [아리스토텔레스, 『형이상학』.]
20. T. Ingold, "Archaeology with Its Back to the World," 31.
21. K. Barad, *Meeting the Universe Halfway*.

에마뉘엘 레비나스의 초기 작업 또는 제인 베넷의 무르익은 작업의 경우처럼, 격렬히 소용돌이치는 전체가 애초에 존재한다는 점과 우리 마음이 사물들을 부분들로 절단하는 것이라는 점에 동의한다.[22] 그런데 애당초 어떻게 해서 우리 마음이 그 전체를 분할할 수 있을 만한 정도로 그것과 분리되어 있는가? 이것은 그런 생성 철학자들이 정말로 대답할 수 없는 물음이다. 요컨대, 아리스토텔레스는 한 가지 중요한 이원성 개념을 언급하며, 이후의 철학자들은 이 개념을 제거하려고 노력한다. 한편으로 실재는 연속체들로 이루어져 있는 반면에, 다른 한편으로는 덩어리들, 양자들, 실체들, 개별적 존재자들 역시 존재한다. 어떤 종류들의 사물들(시간, 공간, 수, 생성)은 자연적으로 연속적이고 그 밖의 사물들(실체들)은 자연적으로 이산적이라고 간주한다는 의미에서, 아리스토텔레스는 그 문제를 분류학적으로 다룬다.

그런데 베르그손의 경우에, 시간을 순간들로 분할하는 것은 불가능하다. 시간은 결코 일련의 일시적인 순간들로부터 구성될 수 없는데, 왜냐하면 그런 순간들은 전혀 현존하지 않기 때문이다.[23] 하이데거 역시 동일한 주장을 제기하고 있다고 널

---

22. E. Levinas, *Existence an Existents* [에마뉘엘 레비나스, 『존재에서 존재자로』]; J. Bennet, "Systems and things."
23. H. Bergson, *Creative Evolution*. [앙리 베르그손, 『창조적 진화』.]

리 가정되지만, 사실은 그렇지 않다. 오히려 하이데거가 보여주고자 하는 것은, 어떤 주어진 순간도 이미 그가 과거, 현재, 그리고 미래라고 일컫지만 이 용어들의 일상적인 시간적 의미를 더는 지니고 있지 않은 것들로 구성된 어떤 모호한 삼중체 구조를 갖추고 있다는 점이다. 하이데거는 시간을 순간들로 구성된 것으로 간주하는 시간 모형을 일축하기는커녕 시간을 응결된 포즈들로 구성된 것으로 간주하는 이론들에 대한 새롭고 매혹적인 근거를 제공한다. 하이데거의 경우에, '과거'는 우리에게 주어지는 동시에 부분적으로 은폐되어 있는 것, 그의 표현에 따르면, 우리가 이미 "던져져 있는" 것을 뜻할 따름이다. '미래'는 우리 인간이 그런 과거에 대하여 실행하는 가능성들의 '기투'를 가리킬 따름이다. 이 책의 저자들이 텍사스 공과대학 캠퍼스의 한 교실에서 처음 만났을 때 그들은 둘 다 동일한 교실에서 동일한 상황으로 던져졌지만, 하이데거의 용어를 사용하면, 그들은 그 상황을 상이하게 기투하고 있었다. 그 대화는 그 두 사람에게 상이한 것들을 뜻했다. 위트모어에게는 텍사스 공과대학이 자신의 근무처였던 일상적인 상황이었던 한편, 하먼에게는 그것이 텍사스주 러벅을 처음 방문한 상황이었다. 위트모어는 주최자였고, 하먼은 손님이었다. 그들은 공통의 기획에 관해 논의했음에도 불구하고 이런 요인과 그 밖의 다른 요인들로 인해 그 상황은 그 두 사람에게 매우 상이했다.

요컨대, 텍사스 공과대학 캠퍼스의 그 교실은 그 기투들이 매우 상이한 공동의 피투성thrownness으로 이루어져 있었다. 하이데거주의적 현재는 그런 두 가지 양상의 조합일 따름이며, 이런 까닭에 '피투된 기투'는 하이데거가 지금을 나타내는 데 사용하는 또 하나의 어구가 된다. 여기서 베르그손과 중대한 차이가 있음을 인식하자. 베르그손의 경우에는 시간의 한 순간을 분석할 수 없다. 반면에 하이데거의 경우에는 순간들의 분석이 관건이다. 정통 하이데거주의자들은 일반적으로 그런 삼중체 순간이 아무튼 통상적인 의미에서의 시간, 즉 교대의 흐름으로서의 시간에 대한 '기반'이라고 가정하지만, 하이데거는 사실상 우리에게 그런 전이가 어떻게 생겨날 수 있는지 절대 보여주지 않는다. 하이데거라는 인물은 움직이지 않는 우주에 대한 옹호자가 아님이 확실하다. 하지만 하이데거의 철학은 사실상 우리를 그 모호한 삼중체 순간의 바깥으로 데리고 가는 작업과 그것이 변화를 초래하는 방식을 입증하는 작업을 절대 수행하지 않는다. 우주가 그저 자신의 행로에 갇혀서 결코 그 행로가 변경되지 않더라도 하이데거주의적 시간 분석은 여전히 작동할 것이지만, 베르그손의 경우에는 그런 '사고실험'이 무의미하고 터무니없을 것이다. 역사적으로 말하자면, 하이데거는 베르그손주의적 시간성에 정반대되는 시간성과 연계될 수 있다. 하이데거는 중세 이슬람에서 비롯되었고 17세기 유럽에서 다시 효력을 발휘하기 시작한 이른바 '기회원인론적' 전통에 속하는, 적당히 불연속적이고 불균질한 일단의 사상가의 뒤를 잇는다.[24] 그 전통은 대략 서기 900년경에 바스라에서, 알-아샤리의 사상에서 비롯되었다. 강력한 아샤리파 신학적 전통은 알-아샤리의 전철을 철저히 밟았으며, (유럽에서는 알가젤루스 또는 알가젤로 알려진) 더 유명한 페르시아의 인물 알-가잘리를 포함했다. 이 학파는 두 가지 주요한 신조를 확언했다. 첫 번째는 신이 우주의 유일한 창조주일 뿐만 아니라 유일한 인과적 행위자라는 신조였다. 불이 솜을 태우는 것처럼 보일지라도, 이 두 물질의 만남은 사실상 신이 솜을 태우는 '기회'일 따름이다. 이 관념은 중세 유럽에서 결코 인기를 얻지 못했는데, 그 이유는 인간의 자유의지와 그에 해당하는 내세에서의 보상 또는 처벌에 대하여 전개되는 심각한 결과 때문이었음이 틀림없다. 그 논점은 이슬람 세계에서도 논쟁을 불러일으켰지만, 아샤리파는 그 논쟁에서 그들 자신의 견해를 견지하거나 심지어 설득해 낼 수 있었다. 두 번째 신조는 시간의 어느 한 순간 역시 그다음 순간과 아무런 인과적 연계도 없다고 독창적으로 주장했다. 그 결과, 그 신조는 신에 의

---

24. G. Harman, "A new occasionalism?" 또한 M. Fakhry, *Islamic Occasionalism*을 보라.

한 우주의 끊임없는 재창조가 매 순간에 요구된다는 점을 수반했다.

유럽에서는 17세기에 접어들면서 마침내 기회원인론이 수용되기 시작하였다.[25] 데카르트주의 사상가 니콜라 말브랑슈는 유럽에서 일반적으로 기회원인론자로 언급되는 핵심적인 인물이다.[26] 그런데 전능한 인과적 행위자로서의 신의 흔적은 르네 데카르트, 바뤼흐 스피노자, G. W. 라이프니츠, 그리고 조지 버클리 같은 주요 인물들을 비롯하여 초기 근대 유럽 사상에서 흔히 볼 수 있었다.[27] 그 후 오랜 시간 동안 이런 사상의 조류는 유럽 철학에서 위신을 전적으로 상실하였으며, 그 이유는 주로, 세상의 모든 사건에 대하여 신이 지닌 추정상의 인과적 독점권은 말할 것도 없이, 신의 바로 그 현존에 대한 계몽주의적 회의주의 때문이라고 쉽게 가정할 수 있다. 그런데 어떤 의미에서 기회원인론은 결코 우리를 떠난 적이 없다. 사실상, 신의 인과적 독점권이 단지 인간 마음의 독점권으로 전

---

25. S. Nadler, *Occasionalism*을 보라.
26. N. Malebranche, *Dialogues on Metaphysics and Religion*; N. Malebranche, *The Search after Truth*.
27. R. Descartes, *Meditations on First Philosophy* [르네 데카르트, 『제일철학에 관한 성찰』]; B. Spinoza, *A Spinoza Reader*; G. W. Leibniz, *Philosophical Essays*; G. Berkeley, *Treatise Concerning the Principles of Human Knowledge* [조지 버클리, 『인간 지식의 원리론』].

환되는 사태가 발생했을 뿐이다. 데이비드 흄의 경우에, 인과관계는 "관습적 연접"으로부터 형성된 "습관"을 통해서 오직 경험 속에서 나타나는 것일 뿐이기에 우리에 대한 그 소여 너머로 투사될 수 없다.[28] 임마누엘 칸트는 이런 관점을 견지하면서 인과성을 인간 오성의 한 범주에 불과한 것으로 간주했다. 따라서 그는 우리가 물자체의 감춰진 세계에서 맺어지는 인과적 관계에 관해 언급할 수 없다고 여겼다.[29]

기회원인론은 20세기에 뜻밖의 귀환을 하지 않았더라면 여전히 어느 먼지투성이의 철학사 책에 묻혀 있었을 것이다. 여기서 핵심 인물은 알프레드 노스 화이트헤드인데, 그는 그 자신의 철학적 체계의 핵심에서 기회원인론의 두 가지 주요한 신조를 모두 부활시켰다.[30] 화이트헤드는 사유-세계 관계가 우리가 분명히 언급할 수 있는 유일한 것이라는 칸트의 가정을 과감히 거부했다. 화이트헤드의 경우에, 사유-세계 이원성은 살아있지 않은 존재자들 사이에서 이루어지는 인과적 영향과 종류가 다르지 않은 하나의 관계에 불과하다. 이렇게 해서 그는 이미 칸트 이후 철학자들 사이에서 보기 드문 비非칸트주의자

---

28. D. Hume, *A Treatise of Human Nature*. [데이비드 흄, 『인간이란 무엇인가』.]
29. I. Kant, *Critique of Pure Reason*. [임마누엘 칸트, 『순수이성비판』.]
30. A. N. Whitehead, *Process and Reality*. [알프레드 노스 화이트헤드, 『과정과 실재』.]

가 되기에 충분하다. 그런데 화이트헤드는 기회원인론적 방향으로 훨씬 더 급진적인 입장을 취했다. 한편으로 그는 직접적인 인과적 영향도 거부했는데, 한 존재자는 신 ─ 화이트헤드는 신을 모든 '영원한 객체'(대략, 보편적 성질)의 저장고로 간주했다 ─ 을 통해서만 다른 한 존재자를 '파악할'(다른 한 존재자에 관계할) 수 있을 뿐이라고 주장했다. 예를 들면, 누군가가 또 다른 누군가의 자주색 셔츠를 지각하려면 '자주색'이라는 영원한 객체를 포함하는 신을 경유해야만 한다. 아무것도 그 밖의 다른 것과 직접 상호작용할 수 없다. 그런데 화이트헤드는 시간에 관한 물음에 대해서도 기회원인론자였다. 현존하는 사물을 가리키는 그의 용어, 즉 '현실적 존재자'는 그가 동의적 어구로 간주하는 것, 즉 '현실적 계기'와 짝을 이루게 됨을 인식하자. 원래의 기회원인론자와 마찬가지로 화이트헤드는 존재자들이 '생성될' 수 없다고 단언한다. 왜냐하면 존재자들은 즉시 '소멸하'기에 매우 유사하더라도 전적으로 다른 사물들인 인접한 계승자들로 대체되어야 하기 때문이다. 영혼의 불멸에 대해서는 걱정할 필요가 없다. 왜냐하면 우리 각자는 마이크로초마다, 또는 우리가 시간의 개별적 프레임이라고 일컫기로 선택한 단위 시간마다 이미 죽기 때문이다. 그런데 사실상 우리가 화이트헤드를 널리 또 올바르게도 '과정철학자'로 일컫는 것에서 불행하게도 오해가 발생한다. 결국, '과정'이라는 낱말은 대개 '생성'처럼 들리게 됨이 확실하기 때문이다.[31] 그런데 이렇게 해서 화이트헤드는 근본적인 유동의 철학자로서 베르그손 및 들뢰즈와 같은 진영에 속하게 되는가? 절대 그렇지 않다. 베르그손의 경우에, 시간을 이산적인 영화적 프레임에 의거하여 언급하는 것은 철저히 금지되어 있음을 떠올리자. 그런데 화이트헤드는, 하먼의 독법에 따르면 하이데거와 마찬가지로, 바로 순간들로 이루어진 시간을 언급한다. 이런 까닭에 화이트헤드를 들뢰즈와 연계하는 현시대의 경향 – 이자벨 스텐게르스처럼 대단한 화이트헤드 독해자도 나타내는 경향 – 은 적확하지 않다.[32] 토머스 네일은 현시대의 유동 옹호자들 사이에서 보기 드문 예외적 인물로, 화이트헤드가 자신의 동지가 아님을 공개적으로 인정한다.[33] 시간의 철학에 관한 한, 화이트헤드와 하이데거는 베르그손주의 학파 – 궁극적으로 누구도 동일한 강에 두 번 발을 담글 수 없다는 유명한 격률을 제시한 헤라클레이토스라는 소크라테스 이전 철학자까지 거슬러 올라갈 수 있는 학파 – 와 대조적으로 기회원인론자들이다.

자신의 가까운 동료인 스텐게르스와 더불어 오늘날 화이트헤드를 대단히 찬양하는 사람들에 속하는 라투르를 살펴보

---

31. G. Harman, "Whitehead and schools X, Y, and Z"를 보라.
32. I. Stengers, *Thinking with Whitehead*.
33. T. Nail, *Theory of the Object*, 11. [토머스 네일, 『객체란 무엇인가』.]

자. 화이트헤드와 마찬가지로 라투르 역시 고전적 기회원인론의 두 가지 양태를 자신의 철학에 편입하는데, 첫 번째 양태에 대해서는 중요한 전환을 이룬다. 이것은 고전적 기회원인론자들과 화이트헤드가 모두 신을 경유하는 인과관계라는 주제와 관련이 있다. 라투르는 종교를 공개적으로 옹호하는 가톨릭 신자일지라도 인과적 관계의 문제에 대해서는 어떤 종교적인 해법도 삼간다.[34] 이런 까닭에 라투르는 그의 종교적 신념이 무엇이든 간에 철학의 역사에서 최초의 "세속적 기회원인론자"라고 일컬어질 수 있다.[35] 『판도라의 희망』이라는 책의 특히 뛰어난 한 장에서 라투르는 마리 퀴리와 피에르 퀴리의 사위인 프레데리크 졸리오-퀴리의 사례를 검토한다. 이 사례의 당면 문제는 정치와 중성자 사이에 어떤 가능한 연결 관계가 존재할 수 있는지 여부인데, 그 이유는 특히 중성자가 1932년이 되어서야 제임스 채드윅에 의해 발견되었기 때문이다. 적어도 프랑스적 맥락에서 정치와 중성자 사이의 중대한 연계를 최초로 주장했던 사람은 졸리오였는데, 그는 프랑스 원자폭탄 프로젝트를 위한 자금 지원을 확보하려고 노력했지만 궁극적으로 실패했

---

34. B. Latour, *An Inquiry into Modes of Existence* [브뤼노 라투르, 『존재양식의 탐구』]; B. Latour, *Rejoicing*.
35. G. Harman, *Prince of Networks*, 115 [그레이엄 하먼, 『네트워크의 군주』]를 보라. 또한 B. Latour, G. Harman, and P. Erdélyi, *The Prince and the Wolf*를 보라.

다.[36] 이 사건을 통해서 중성자와 정치가 서로 접촉할 수 없더라도 졸리오가 그 두 가지와 접촉할 수 있는 방식에 관한 물음이 미해결의 상태로 남겨지게 되었는데, 그리하여 어떤 가능한 무한 회귀를 초래하게 되었다. 그런데 중요한 점은 라투르가 신에 의해서도 인간 마음에 의해서도 매개되지 않는 **국소적인 간접적 인과관계** ─ 지금까지 OOO가 활발하게 탐구한 주제 ─ 의 가능성을 보여주는 최초의 인물이라는 것이다.[37]

시간에 관한 신조에 대해서 라투르는 그야말로 기회원인론자이다. 화이트헤드가 우리에게 존재자들은 사실상 절대 생성되지 않은 채로 즉시 소멸한다고 이야기하는 것과 마찬가지로, 라투르 역시 모든 것은 단 한 번만, 한 시점과 한 장소에서만 생겨날 뿐이라고 공표한다.[38] 이 관념은 라투르의 초기 경력에서만 나타나는 유물에 불과한 것이 아니다. 2013년에 출간된 그의 후기 경력의 걸작 『존재양식의 탐구』에서도 라투르는 '[REP]'(즉, '재생산')를 그의 열다섯 가지 양식 중 하나로서 도입하는데, 이는 모든 것이 끊임없이 다시 생겨나야 한다는 근본적으로 반反베르그손주의적인 원리이다.[39] 어떤 의미에서 인

---

36. B. Latour, *Pandora's Hope*, 80~112. [브뤼노 라투르, 『판도라의 희망』.]
37. G. Harman, "On vicarious causation."
38. B. Latour, "Irreductions," 162.
39. Latour, *An Inquiry into Modes of Existence*. [라투르, 『존재양식의 탐구』.]

간은 유아기에서 어린 시절을 거쳐 성숙기와 노년에 이르기까지 '동일한' 사람으로 여겨지지만, 단지 어떤 파생적인 기회원인론적 의미에서 그럴 뿐이다. 인간은 생애 전체에 걸쳐서 사실상 거듭해서 소멸하고 있다. 따라서 그 삶의 궤적 전체에 걸쳐서 다양한 유사점을 추적하는 데는 어떤 외부 관찰자가 필요할 것인데, 그 자신이 그런 관찰자로서의 역할을 수행할지라도 말이다. 요컨대, 라투르는 더할 나위 없는 기회원인론자이다. 라투르는 그야말로 반베르그손주의자이자 반들뢰즈주의자이다. 어쩌면 누군가는 라투르의 행위자-네트워크 이론(이하 ANT)이 질 들뢰즈와 펠릭스 과타리의 『안티 오이디푸스』에서 제시된 '리좀'에 중요한 빚을 지고 있다는 점을 입증할 수 있을 것이지만, 그 빚은 라투르와 들뢰즈가 정반대의 견해를 품고 있는 시간 개념과는 아무 관계가 없을 것이다.[40] 말이 나온 김에 또한 우리는, 화이트헤드와 라투르는 고전적 기회원인론의 두 가지 주요한 양태를 수용하는 반면에 OOO는 그중 한 가지만을 지지할 뿐이라는 점을 인식해야 한다.[41] 인과성에 대하여 하먼은 그가 "대리적 인과관계"라고 일컫는 것을 옹호하며, 기

---

[40]. G. Deleuze and F. Guattari, *Anti-Oedipus*. [질 들뢰즈·펠릭스 과타리, 『안티 오이디푸스』.]

[41]. 이것은 하먼 판본의 OOO의 경우에는 참이지만, 레비 R. 브라이언트 판본의 경우에는 그렇지 않다. L. Bryant, *The Democracy of Objects* [레비 R. 브라이언트, 『객체들의 민주주의』]를 보라.

회원인론이 직접적인 인과적 관계와 관련된 문제를 찾아내는 데 조예가 상당히 깊었다고 생각한다.[42] 한편, 시간에 대해서는 인과성의 경우와 대조적으로, OOO는 시간이 불연속적이고 단절된 순간들로 이루어져 있다고 간주하지 않는다. 아리스토텔레스 및 베르그손의 경우와 마찬가지로 시간은 하나의 연속체이다. 그런데 OOO가 시간적 변화에 직면하여 여전히 부분적으로 견고한 채로 있는 이산적인 개별자들의 현존을 옹호하는 한, OOO는 아리스토텔레스에게로 경도된다. 반면에, 베르그손에게서 개별적 객체들은 대단히 파생적인 것으로, 주로 인간의 실제적 필요에 의해 생성된다.

고고학적으로 경도된 대다수 독자는 라투르가 선형적 시간에 관한 근대적 구상 – 여기서 과거는 코페르니쿠스적 혁명들과 인식적 단절들에 의해 우리로부터 지극히 분리되어 있다 – 에 이의를 제기한 방식에 틀림없이 친숙할 것이다. 과거가 현재의 외부에 자리하는 것으로 상정되는 일련의 개별적 시대로서의 시간과 대조적으로, 라투르는 『우리는 결코 근대인이었던 적이 없다』라는 책에서 다음과 같이 언명한 것으로 유명하다. "분류가 시대를 형성하는 것이지, 시대가 분류를 가능하게 하는 것이 아니다."[43] 그러므로 라투르의 경우에, 우리가 시간이

---

42. Harman, "On vicarious causation."

라고 일컫는 것은 그 내부에서 일어나는 일과는 무관하게 규칙적으로 진전하는 텅 빈 뉴턴주의적 용기가 아니다. 오히려 시간은 어떤 '비대칭성'이 창출됨으로써 산출된다. 시간은, 예를 들면, 앙투안 라부아지에가 물이 하나의 불가분적 원소가 아니라 2대1의 고정된 비율로 결합한 수소와 산소로 구성된 하나의 화합물임을 보여줄 때 생겨난다. 프랑스의 역사는 프랑스 혁명 후에, 또는 어두운 나치 점령 시기를 겪은 다음 드골이 파리로 의기양양하게 재입성한 후에 예전과 사뭇 다른 것으로 보인다. 하지만 이것은 전면적인 비가역성을 수반하지 않는다. 소멸하였다고 추정되는 형태들이 종종, 폐기 선고를 받고서 묻힌 지 오랜 시간이 지난 후에, 귀환하여 우리를 괴롭힌다. 과학의 근대 역사에서 루이 파스퇴르는 밀봉된 플라스크의 내부에서 일어나는 박테리아의 '자연발생'에 관한 잘못된 관념을 영원히 종식시켰다. 그런데 현재 반동적 미신으로 일축된 이런 관념이, 라투르 자신이 언급했듯이[44], 프리바이오틱스와 관련되어 귀환할 수 있다. 이전의 사물들이 추정상 소멸하는 와중에도 존속할 수 있는 여러 방식이 존재한다. 브뤼노 라투르

---

43. B. Latour, *We Have Never Been Modern*, 76. [브뤼노 라투르, 『우리는 결코 근대인이었던 적이 없다』.]
44. B. Latour, "On the partial existence of existing and non-existing objects," 254.

와 에밀리 에르망의 책 『파리: 보이지 않는 도시』는 파리 좌안에 있는 생-앙드레 데 자르 거리의 경이적인 사례를 제시하는데, 그 거리는 이전의 습지 가장자리를 따라 이어진 신석기 시대 길과 동일한 곡선을 따라 나아간다.[45] 물론, 파리는 그런 사례들이 풍부하다. 생-자크 거리는 옛날 로마 시대 마을인 루테티아의 카르도 막시무스를 따라간다. 르 프티-퐁은 로마 시대 다리와 정확히 같은 장소에서 센강을 가로지른다. 라탱 지구와 일 드 라 시테, 즉 오늘날 파리 5구와 4구의 거리들은 로마 시대 포럼과 원형 극장의 형태와 더불어 성벽뿐만 아니라 고대 거리 격자의 기억을 품고 있다. 마찬가지로, 어떤 건축물은 역사적으로 다양한 환경에서 존재하거나, 또는 그것이 특히 내구성이 있는 건축물 — 콘스탄티노플에서는 하기아 소피아로 일컬어지고 나중에 이스탄불에서는 아야 소피아로 일컬어지는 구조물, 교회에서 모스크로, 박물관으로 바뀐 다음에 현재 기능하는 모스크로 복귀한 구조물과 같은 건축물 — 이라면 심지어 다양한 문명에서 존재한다. 비유컨대, 파라오 시대에 셰무^{Shemu}로서 시작되었고, 정교회 부활절 다음날에 콥트 그리스도교도들에 의해 계속해서 개최되었으며, 심지어 현재 무슬림이 다수인 현대 이집트에서 국경일로 지정된 이집트의 봄 축제를 살펴보자. 쇼

---

45. B. Latour and E. Hermant, *Paris, Invisible City*.

펜하우어는 어딘가에서 우리는 결코 우리 자신의 과거 유적지를 방문하지 말아야 한다고 말한다. 유적지는 언제나 실망스러울 것인데, 왜냐하면 우리에게 정말로 향수를 불러일으키는 것은 장소라기보다는 오히려 시간이기 때문이다. 그런데 정말로 그러할까? 모든 사람이 떠나버렸거나 죽었더라도, 또는 여전히 그곳에 있지만 중요한 방식들로 변형되었더라도 자기 자신의 과거 장소나 심지어 인류의 과거 유적지를 방문할 때 실망스러운 경우는 좀처럼 없다.

아크로폴리스 언덕이 그런 일례이다. 아크로폴리스 언덕 위에 서 있을 때, 우리는 고대 그리스 철학에 훨씬 더 가까이 있다는 느낌을 받게 된다. 또한 우리는 남부연합의 장군 스톤월 잭슨이 사망한 버지니아주 소재 주택을 여전히 방문할 수 있다. 방문객들은 최소한 1990년대 말에 (그리고 어쩌면 오늘날에도 여전히) 그곳에 비치된 버지니아주 여행 안내서에서 다음과 같은 구절을 읽곤 했을 것이다. "여기서 여러분은 과거와 연결됩니다. 똑딱거리는 이 시계는 잭슨이 사망했을 때 그 침대 옆에 있었던 바로 그 시계입니다." 이 시계의 똑딱거리는 소리를 듣는 것, 그 악명 높은 장군이 지상에서 들었을 마지막 소리를 듣는 것은 진기한 경험이다. 그리고 카이로에는 나폴레옹 시대 이래로 24시간 동안 쉬지 않고 영업했다고 주장하는 엘 피샤이 카페라는 여행 명소가 있다. 그런데 오늘날 아크로폴리스 언덕이 고전 시대 이후 시대들에 걸쳐 그곳에 축적된 사물들의 방해를 받지 않은 채로 서 있다는 것은 과거의 잔해가 쌓이고 재배치되는 방식을 말해준다. 예를 들면, 아크로폴리스 언덕의 경우에는 한 과거가 그 밖의 많은 과거를 희생시키고서 전면에 나섰다. 고전 시대의 아테네가 부각된 것은 그 뒤에 이어진 과거들의 흔적을 없애버린 데서 비롯된다. 아크로폴리스 언덕 위에서 우리는 17세기의 철학서에 해당하는 것들을 찾아내지 못한다. 다양한 후속 시대(로마 시대, 비잔틴 시대, 베네치아 시대, 오스만 시대, 독립 이후 시대)의 물질적 사물들은 19세기에 모두 제거되었는데, 많은 경우에는 가장 기본적인 목록조차 남겨지지 않았다. 아크로폴리스 언덕 위에서는 모든 것이 플라톤이다. 어떤 면에서, 모든 것이 플라톤인 것은 그다지 나쁜 일이 아님이 사실이다. 결국, 화이트헤드는 철학을 플라톤에 대한 일련의 주석이라고 서술했다.[46] 우리는 이 주석들의 일부가 지닌 중요성에 대하여 동의할 수도 있거나 동의하지 않을 수도 있는데, 그리하여 여기서 한 가지 의문은 누가 어떤 주석들을 이월할지 결정하는가이다. 고고학적으로 인가받은 아크로폴리스 언덕의 현재 상태, 즉 현재에 대한 서기전 5세기의

---

46. Whitehead, *Process and Reality*, 39 [화이트헤드, 『과정과 실재』]. 아크로폴리스 언덕의 이후 시대에 따른 변천에 관해서는 Y. Hamilakis and F. Ifantidis, "The other Acropolises"를 보라.

근접성이 증폭된 상태는 파괴적 선택 행위, 즉 우리에게서 우리 자신의 고고학적 주석으로서 서 있었을 객체들을 강탈하는 행위가 필요했을 것이다. 객체를 어떤 특정한 과거에 속하는 것으로 규정하려면, 우리는 그것의 전사前史를 무시할 뿐만 아니라 우리가 그것을 마주치는 현재 순간의 완전한 참신성도 무시해야 한다. 왜냐하면 과거는 우리의 현재에서 현시되는 모습대로 절대 현존하지 않았기 때문이다. 니체는, 그들 자신의 시대 내부의 위대성을 증오하면서 과거에 관한 기념비적 구상을 기꺼이 받아들이는 사람들의 좌우명을 "죽은 자로 하여금 산 자를 묻게 하라"라고 적었다.[47]

전통적인 종이 형태로 이 책에 몰두하고 있는 독자들의 경우에는 여러분 앞에 그 매체의 오래된 세월도 존재한다. 코덱스 형태의 책들은 장기간에 걸쳐, 서기 1세기와 4세기 사이에 두루마리 책들을 없애버렸다. 또한 우리는 이것을 합성의 견지에서 이해할 수 있다. 종이의 기원은 이천 년도 더 전인 중국 제국의 초기까지 거슬러 올라가는 반면에, 이를테면 산세리프 글씨체 에어리얼은 1982년이 되어서야 도입되었다. 또다시, 라투르의 경우에, 시간은 이런 분류를 산출하지 않는다. 오히려

---

[47]. F. Nietzsche, "On the uses and disadvantages of history for life." [프리드리히 니체, 「삶에 대한 역사의 공과」.]

이런 분류가 시간을 산출한다. 그런데 라투르의 경우에, 아리스토텔레스 또는 베르그손의 흐름이라는 의미에서의 '시간'은 전혀 존재하지 않는다. 비대칭성으로서의 시간 개념을 필시 세르에게서 차용했을 라투르는 무언가를 뒤로 흐르거나 앞으로 흐르는 것으로 간주해야 할 특별한 이유가 전혀 없다. 여기서 중요한 점은 단지 어떤 특정한 비대칭성이 창출된다는 점일 뿐이고, 따라서 비가역성이 시간의 본질이 된다.

그런데 여기서 상당한 주의가 요구된다. 왜냐하면 또한 라투르는 비가역성의 관념을 근대성 ― 시간이 진보 또는 쇠퇴를 향한 일방적인 움직임으로 이해되는 시기 ― 과 부정적으로 연계하기 때문이다. 이런 관념에 맞서서 소용돌이, 맴돌이, 그리고 역류 역시 시간의 난류를 구성한다. 또한 이 난류는 준객체의 번성에 관한 세르의 관념과 연계될 수 있다. 세르의 경우에, 시간은 그냥 사라지지 않고 오히려 놀랍도록 복잡하고 격렬한 방식으로 흐른다.[48] 조용한 가속, 우레 같은 가속, 그리고 역류와 맴돌이의 시기들로 특징지어지는 시간은 "삼투한다."[49] 선형

---

48. M. Serres, *Hermes*, 71~83 ; M. Serres, *Genesis* ; M. Serres and B. Latour, *Conversations on Science, Culture, and Time*, 44~70.
49. Serres, *Genesis* ; Serres and Latour, *Conversations on Science, Culture, and Time* ; Witmore, "Vision, media, noise and the percolation of time" ; I. Prigogine and I. Stengers, *Order Out of Chaos* [일리야 프리고진·이자벨 스텡거스, 『혼돈으로부터의 질서』].

적 시간에서 매우 멀리 떨어져 있는 것들은 삼투하는 시간의 관점에서 바라보면 꽤 가까이 있을 수 있다. 세르는 다림질을 거쳐 완전히 평평해진 손수건의 이미지를 제시한다.

> 당신은 그 손수건에서 어떤 고정된 멀고 가까움을 볼 수 있다. 그 손수건의 한 영역에 원을 그리면, 당신은 그 원 근처에 점들을 표시하고 그 원에서 떨어진 거리를 측정할 수 있다. 그다음에 그 손수건을 다시 잡고 구겨서 당신 주머니에 집어넣자. 멀리 떨어져 있던 두 점이 갑자기 가까워지는데, 심지어 겹치기도 한다, 더욱이, 그 손수건을 어떤 식으로든 찢으면, 가까웠던 두 점이 매우 멀어지게 된다.[50]

이런 구겨지고 찢긴 표상은 파리, 스톤월 잭슨이 사망한 주택, 또는 아테네의 아크로폴리스 언덕과 유사하다. 고고학자들은 그런 사례들을 다루는 자신들의 실천 속에서 그런 사례들에 이바지한다. 그런데 이런 모든 사례에 걸쳐 삼투하는 시간은 진정 시대착오적인 것anachronism으로 현시되지 않는데, 예컨대 플라톤의 아테네에서 어떤 한 코덱스 속의 무언가를 맥북 프로로 이전함으로써 발생할 사태처럼 현시되지는 않는다.

---

50. Serres and Latour, *Conversations on Science, Culture, and Time*, 60.

하이데거를 다시 살펴보면, 우리는 그를 그의 가장 중요한 역사적 인접 인물 중 두 사람 — 그의 스승 에드문트 후설(현상학의 창시자)과 그의 찬양자 자크 데리다(해체론의 창시자) — 과 간략히 비교함으로써 그의 사례에서 나타난 상황을 분명히 할 수 있다. 후설은 독자적인 시간론을 갖추고 있는데, 이는 『에드문트 후설의 내적 시간의식의 현상학』이라는 경이로운 책 — 하필이면 청년 하이데거가 출판을 위해 편집한 책 — 에서 설명된다.[51] 이 저작을 저술한 후설의 주요 동기는 그의 스승이자 한때 지그문트 프로이트의 스승이기도 했던 탁월한 오스트리아인 철학자 프란츠 브렌타노의 시간론을 넘어서는 것이었다. 브렌타노의 시간 모형은 대체로 구전으로 전달되었다. 그 모형은 시간을 오직 '지금'에 자리하고 있을 뿐인 것으로 간주하는 분명한 경향을 나타내었는데, 그리하여 과거 순간들은 단지 그것들이 어떻게든 지금에 흔적을 남기고 있는 한에서 현존할 따름이었다. 그런데 이 논쟁에서 후설은 오히려 베르그손주의적이었으며, 지금 역시 과거의 '파지'retention와 미래의 '예지'protention로 구성되는 이론을 제시하였다. 사실상 시간은 연속적이라는 견해를 견지하는 사상가로서 후설의 자격은, 그의

---

51. E. Husserl, *The Phenomenology of Internal Time-Consciousness*. [에드문트 후설, 『에드문트 후설의 내적 시간의식의 현상학』.]

비판자 데리다조차도 인정한 대로, 흠잡을 데가 없다.[52]

그런데 어떤 중요한 의미에서 데리다는 시간에 대한 후설의 견해와 하이데거의 견해를 잘못 이해한다. 후설로 시작하자. 후설과 그의 스승 브렌타노 사이의 주요한 차이점, 즉 전면적인 현상학을 가능하게 만든 바로 그 통찰은 경험이 내용들로 구성되어 있기보다는 오히려 객체들로 구성되어 있다는 후설의 깨달음이다. 브렌타노의 경우에, 모든 심적 행위는 어떤 경험된 내용을 겨냥한다. 한 마리 말이 들판에서 달리고 있는 것을 바라보고 있다고 상상하자. 어떤 주어진 시점에서든 간에 당신은 어떤 특정한 각도와 거리에서 그 말을 바라보고 있는데, 그 말의 피부를 비추는 햇빛은 그 특정한 방향으로만 반사될 뿐이다. 브렌타노주의적 관점에서 바라보면, 그 말은 사실상 흄과 영국 경험론의 방식대로 '성질들의 다발'이다. 하나의 '객체'로서의 그 말은 시간을 가로질러 불변인 채로 있는 일련의 가족 유사성에 지나지 않는다. 그 말은 언제나 밤색이고 언제나 꼬리가 있지만, 매 순간 그 말의 모습은 주로 끊임없이 변화하고 있는 상세한 내용의 문제이다. 이런 까닭에 브렌타노는 단지 '지금'에 의거하여 시간을 생각할 수 있을 뿐이다. 그 말은 오로지 지금 당장 그것이 지닌 모든 특성에 의해 규정될 따름

---

52. J. Derrida, *Voice and Phenomenon*, 52. [자크 데리다, 『목소리와 현상』.]

이다. 현상학이 취하는 급진적인 조치는 말-객체가 말-내용에 선행한다고 말하는 것이다. 그 말이 일차적이다. 그 말은 우리가 그것을 계속해서 이런 말로 인식하는 한 결코 변화할 수 없는 어떤 핵심 성질들을 지니고 있다. 게다가 그것은 우리가 우유적이라고 일컬을 수 있을 다양한 성질을 지니고 있다. 그 말이 바로 지금의 방식대로 더는 햇빛을 반사하지 않더라도 그것은 중요하지 않은데, 왜냐하면 관찰자는 이런 비본질적인 세부에 무관하게 여전히 동일한 말을 보고 있기 때문이다. 말에 대한 현상학적 분석은 그 사물의 본질(또는 OOO가 일컫듯이 형상^{eidos})에 도달하기 위해 이런 지엽적이고 변화하는 면모들을 모두 벗겨내야 한다(왜냐하면 본질은 무언가 다른 것으로 판명되기 때문이다). 그것은 아리스토텔레스가 제시한 본질적인 것과 우유적인 것 사이의 구분과 대단히 비슷하지만, 실재적 실체들의 세계에 적용되기보다는 오히려 현상적 영역에 순전히 적용된다.

그 상황에 대한 데리다의 평가를 살펴보면, 그는 (끊임없는 변화의 철학자로서 견고한 베르그손주의적 자격을 갖추고 있는) 후설이 시간에 대한 자신의 견해에 '파지'와 '예지'를 추가함에도 불구하고 여전히 '지금'에 고착되어 있다고 주장한다. 그런데 이것은 사실이 아니다. 후설이 시간의 '지금'을 분석한다는 사실은 그것이 기회원인론적 전통의 경우에서처럼 별개의 영화적 프레임들의 지금임을 뜻하지 않는다. 오히려 후설의 지금은 이른바 '가상현재'로, 우리가 살아가면서 갖는, 지금에 대한 우리 자신의 감각을 가리킨다. 이것은 단일한 순간이 아니라 오히려 다양한 심리학적 실험에서 많은 연구자가 더 정확히 측정하려고 시도한 꽤 작은 지속인데, 그들의 결론은 매우 다양하지만 말이다.[53] 달리 말해서, 사실상 후설은 이미 시간이 객체들에 의해 생성되는 무언가라고 생각한다. 요컨대 얼마 동안 지속하는 객체들은, 그것들이 [우리에 대하여] 움직임에 따라, 또는 [역으로] 우리가 그것들을 바라보면서 움직임에 따라 언제나 상이한 표면-특성들을 나타내기에 시간의 현존을 느끼게 된다. 데리다는 동일성에 대한 자신의 더 일반적인 반론으로 인해 이 논점을 인정할 수 없고, 그리하여 데리다의 경우에 지속하는 경험 대상(객체)에 관해 이야기하는 것은 이미 소박한 행위이다. 데리다는 '차이'와 동일성을 대립시키기 때문에 한 사물의 자기 자신과의 차이가 시간을 생성하는 데 필요한 전부라고 생각한다. 그런데 이 가정과 관련하여 두 가지 문제점이 있다. (a) 후설이 자신의 시간론에서 오래 지속하는 경험 대상(객체)의 현존을 핵심적인 논제로 삼은 것은 옳다. (b) 데리다의 차이(또는 그가 선호하는 표현대로 차연différance)는 아

---

53. '가상현재'에 관해 후설은 W. Stern, "Pyschische Präsenzzeit"를 인용한다.

직 시간과 동일한 것은 아니다. 예를 들면, 논리학자들의 유명한 '사각형 원'은 모순적 특성을 지니고 있기에 그 자체와 동일할 수 없을 것이지만, 그 사실은 사각형 원이 이미 유동의 사례라는 것을 뜻하지는 않는다. 베르그손조차도 모순과 유동이 동일한 것이 아님을 명백히 주장했다.[54] 더 최근에는 퀑탱 메이야수에 의해 동일한 주장이 제기되었는데, 그는 "실재적 모순의 테제를 자주적 유동의 테제와 연관시키는 것은 대단히 부정확하다"라고 지적한다.[55] 결국, 사각형 원처럼 무언가가 모순적이라면 그것은 모든 면에서 모순적이라기보다는 오히려 한 특정한 면에서 모순적이다. 그것은 사각형인 동시에 원형인 것이지, 빨간색인 동시에 녹색인 것도 아니고, 선한 동시에 악한 것도 아니다. 그런데 이것은 사각형 원이 절대 변화하지 않음을 뜻하는데, 그것은 언제나 정확히 동일한 방식으로 그 자체와 모순된다. 모든 상상된 비非-자기-동일적인 사물의 경우에도 사정은 마찬가지이다.

하이데거와 후설 사이의 모든 차이점에도 불구하고 하이데거에 대한 데리다의 오류 역시 유사하다. 그런데 이 경우에는, 첫 번째 경우와 달리, 데리다가 틀린 이유는 그가 자신의

---

54. Bergson, *Time and Free Will*, 207.
55. Q. Meillassoux, *After Finitude*, 69. [퀑탱 메이야수, 『유한성 이후』.]

견해와 하이데거의 견해가 일치한다고 생각하기 때문이다. 『그라마톨로지』에서 핵심 구절이 나타난다. "존재Sein는 오직 로고스를 통해서만 역사로서 산출되며, 그리고 역사의 외부에서는 아무것도 아니라는 것을 지적하는 하이데거의 집요함, 존재Sein와 존재자Seiendes 사이의 차이 — 이 모든 것은 근본적으로 아무것도 기표의 운동에서 벗어날 수 없다는 것, 그리고 결국 기의와 기표 사이의 차이는 아무것도 아니라는 것을 분명히 시사한다."[56] 여기서 데리다는 자신이 하이데거에 관해 언급하고 있다고 생각하지만, 사실상 그는 그 독일인 철학자에게 자신의 견해를 투사하고 있다. 하이데거는 무언가의 감춰진 자기-동일성에 대한 반대자가 절대 아니다. 하이데거주의적 존재는 바로 자기-동일적인 것이다. 그것은 우리에게서 물러서고, 언제나 감춰진 채로 있으며, 그리고 그것은 언제나 동일한 존재로 남아 있다. 하이데거가 이런 틀 내에서 개별자들을 설명하는 데 어려움을 겪는다는 것은 확실히 참이고, 그리하여 사실상 그는 결코 제대로 설명해 내지 못한다. 하이데거의 경우에 개별적 존재자들은 언제나 주로 외양의 문제이다. 그런데 그는 말년에 '사물'에 관한 성찰을 수행하면서 이런 한계를 넘어서려는 중요한 노력을 실행한다.[57] 물병은 그것이 포도주를

---

56. J. Derrida, *Of Grammatology*, 22~3. [자크 데리다, 『그라마톨로지』.]

담고 있기에 현존하는 것이 아니라 오히려 그것이 현존하기에 포도주를 담고 있는데, 이는 개별적 존재자들이 마땅히 받아야 할 방식으로 권능을 부여받기 시작하는 정식이다. 이것은, 시간을 현존재^{Dasein}라고 일컬어지는 인간 실존의 특성으로 만들고자 하는 하이데거의 꽤 칸트주의적인 시도에도 불구하고 시간은 특정한 존재자들의 모호한 상태에서 현시적일 따름임을 뜻한다. 포도주를 담고 있는 그 물병은 이런저런 목적에 따라 우리에게 접촉하고 부분적으로 현시하고 있는 중에도('미래') 우리로부터 자신의 실재를 감춘다('과거'). 그런데 이것은 하이데거의 경우에도 후설의 경우와 마찬가지로 시간이 객체지향적임을 뜻한다. 주요한 차이점은, 하이데거의 경우에는 시간이 언제나 물러서 있는 실재와 그것의 현시적 표면 사이에서 공共-생산되는 반면에, 후설의 경우에는 현시적 표면의 외부에 아무것도 존재하지 않는다는 것이다. 그러므로 시간은 한 가지 다른, 순전히 현상적인 축 — 동일한 채로 남아 있는 말이면서 어떤 주어진 순간에도 특정 성질들을 통해서 구성되는 말 — 을 따라 전개된다. 이 점에 관해서 OOO는 후설의 편에 서면서도 하이데거주의적 시간성을 일반적으로 '공간'이라고 일컬어지는 것과 연계하기를 선호한다. 이것은 나중에 4장에서 더 논의될 것

---

57. M. Heidegger, "The Thing."

이다. 그런데 여기서 흥미로운 점은 데리다의 모형이 후설과 하이데거 둘 다의 모형들과 양립할 수 없다는 것이다. 바로 그 이유는 데리다가 두 가지 종류의 객체들, 즉 하이데거주의적 종류의 객체들 – 숨어 있으면서 단지 그 자체에 대한 암시를 드러낼 뿐인 객체들 – 과 후설주의적 종류의 객체들 – 결코 숨어 있지 않고 동일한 사물로 남아 있으면서도 우연히 현시되는 다양한 윤곽으로 명멸할 따름인 객체들 – 이 현존할 가능성을 무시하기 때문이다.

마치 시간과 공간이 결합하여 우주 전체에 대한 유일한 틀을 구성하는 것처럼 시간과 공간을 같은 호흡으로 언급하는 이해할 만한 경향이 존재하는 것은 사실이다. 서양철학과 동양철학의 전체에 걸쳐서 우리는 시간과 공간에 관한 다양한 성찰을, 그것들이 실재적인지 또는 환상적인지 여부와 관련된 쟁점들에 관한 다양한 성찰을 찾아볼 수 있다. 알베르트 아인슈타인과 헤르만 민코프스키의 영향을 받은 최근의 서양과학에서뿐만 아니라 테드 사이더 같은 더 최근의 분석철학자들의 경우에도 시간과 공간을 단일한 4차원 '시공간'으로 융합하려는 시도들이 있었다.[58] 어떤 의미에서 아리스토텔레스는, 그가 시간과 공간을 모두 임의로 나눌 수 있는 연속체로 간주함

---

58. T. Sider, "Four dimensionalism."

으로써 그것들을 기본적으로 통약 가능하게 만든다는 점을 참작하면, 이런 근대적 구상에 동조하고 싶었을 것이다. 그런데 OOO는 정반대의 주장을 개진한다. 4장에서 설명되겠지만, OOO 모형은 두 가지 종류의 객체들과 두 가지 종류의 성질들을 인정하는데, 이는 네 가지 가능한 유형의 객체-성질 쌍이 존재함을 뜻한다.[59] 이 네 가지 쌍 중 두 가지는 시간과 공간으로 규정되며, 이것은 두 가지 결과를 낳게 된다. 첫째, 그것은 시간과 공간이 기본적으로 통약 불가능하다(왜냐하면 그것들은 실재의 상이한 축들을 따라 생겨나기 때문이다)는 점을 수반하고, 그리하여 시간과 공간은 단일한 연속체로 융합될 수 없다. 사실상 OOO의 경우에, 공간은 결코 연속체가 아니라 오히려 구멍들로 가득 차 있다. 둘째, 그것은 그 격자 위에 일반적으로 시간 및 공간과 같은 호흡으로 언급되지 않는 다른 우주적 틀들을 위한 여전히 명명되지 않은 두 가지 구역이 있음을 뜻한다. OOO는 이것들을 '본질'과 '형상'으로 일컫는데, 이는 4장에서 논의되는 또 다른 주제이다. 그런데 우리는 4차원 시공간에 관해 이야기하기보다는 오히려 시간, 공간, 본질, 그리고 형상의 4차원 콘클라베conclave에 관해 이야기해야 한다.[60] 이

---

59. Harman, *The Quadruple Object*를 보라. [하먼, 『쿼드러플 오브젝트』.]
60. Harman, "Time, space, essence, and eidos."

모든 사례에서, 심지어 시간의 경우에도 관건은 객체이다.

조금 건너뛰면, 결국 OOO는 시간이 실재의 표면에서 전적으로 전개되는 것이라는 후설의 견해에 동의한다. 후설의 경우에는 그 이유가, 표면이 존재하는 전부이기에 실재의 어떤 '심'층도 현존하지 않기 때문이지만 말이다. 그리하여 모든 것은 원칙적으로 그것을 직접 목격하는 어떤 적절한 심적 행위의 대상일 수 있다. 하지만 OOO의 경우에는 하이데거의 경우와 마찬가지로 직접 접근할 수 있는 무언가로 결코 적절히 번역될 수 없는 실재의 심층이 존재한다. 이렇게 해서 어떤 데리다주의자들은 OOO를 비판하게 된다. 피터 그래튼은, 자신의 블로그와 사변적 실재론에 관한 책에서, OOO가 시간을 하나의 부수현상으로 환원하는 조치 ― 그가 플라톤주의적 전통에 비유하는 조치 ― 를 취하는 한에서 가장 전통적인 시간 개념에 여전히 갇혀 있다고 진술했다.[61] 그런데 그래튼은 객체들의 파괴 가능성이 OOO에 핵심적이라는 사실을 아주 잘 알고 있다. 더욱이, 그의 비판은 재빨리 그 자신의 입장으로 부메랑처럼 되돌아간다. 다시 말해서, 그래튼은 OOO가 시간을 하나의 부수현상으로 환원한다고 말하지만, 그것은 바로 그와 그의 모델인 데리다가 행하는 것이다. 즉, OOO와 달리 그들은, 그것과

---

61. P. Gratton, *Speculative Realism*.

비교하여 시간이 피상적일 '더 깊은' 것이 존재한다고 절대 생각하지 않는다. 오히려 그들은 (그들이 차이와 잘못 동일시하는) 시간이 존재하는 전부라고 생각하며, 그리하여 그들의 시간 모형은 심층적인 것이 존재하지 않는다는 그런 의미에서만 부수현상적이지 않을 뿐이다. 달리 진술하면, 그들에게 시간은 단적으로 현상적인데, 비록 그들이 '부수'라는 접두사를 생략하곤 할지라도 말이다. 그것을 시간이라고 일컫지 않더라도 부수현상적이지 않은 무언가를 추가하는 것은 데리다라기보다는 오히려 OOO이다.

그 모든 것을 제쳐두고, 시간을 실재의 표면에 위치시키는 것과 관련하여 잘못된 것은 전혀 없다. 왜냐하면 우주의 표면은 여타의 것에 못지않게 실재적이기 때문이다. 사실상, 사물의 심층은 너무 깊어서 여타의 것에 영향을 줄 수도 없고 여타의 것으로부터 영향을 받을 수도 없다는 점을 참작하면, OOO의 경우에 표면은 모든 것이 생겨날 수 있는 유일한 장소이다 ─ 이는 "불모의 표면-효과"를 언급할 따름이고 더 깊은 잠재적인 것을 모든 것이 생겨나는 장소로 간주하는 들뢰즈와 대조를 이룬다.[62] 이런 의미에서 우리는 심지어 "표면의 복수"에 관해 언급할 수 있는데, 이는 OOO가 하이데거, 매체 이론

---

62. G. Deleuze, *The Logic of Sense*, 4~10. [질 들뢰즈, 『의미의 논리』.]

가 마셜 매클루언, 그리고 중추적인 미술비평가 클레멘트 그린 버그에 관해 이야기할 때 종종 수행한 것이다.[63] 이 세 인물은 모두 주로 심층의 이론가들이다.

하이데거의 경우에 눈-앞에-있는 현상은 전적으로 피상적이고, 따라서 정말로 중요한 것은 현전에서 물러서는 것으로서의 존재이다. 매클루언은 "매체가 메시지이다"라고 말한다. 이 언표의 의미는 우리가 어떤 순간에 처해 있는 배경 조건이 가장 중요하다는 것이다. 좋은 텔레비전 쇼든 나쁜 텔레비전 쇼든 간에 그 내용은 텔레비전이라는 매체 자체의 효과에 견줘서 사소하다.[64] 『플레이보이』 잡지와 가진 유명한 인터뷰에서 매클루언은, 모든 매체의 내용이 지닌 중요성은 기껏해야 원자폭탄의 외피에 등사된 스텐실이 지닌 중요성에 비견될 뿐이라고 진술한다.[65] 그린버그에게 아카데믹 미술은 자신의 매체를 자각하지 못하는 미술인데, 이는 매클루언 역시, 또는 사실상 하이데거조차도 표명할 수 있었을 언명이다. 그린버그는 시드니에서 행한 말년의 중요한 강연에서 그 논점을 논의했다. 여

---

63. G. Harman, "The revenge of surface"; G. Harman, "Greenberg, Duchamp, and the next avant-garde"; G. Harman, *Art and Objects* [그레이엄 하먼, 『예술과 객체』].
64. M. McLuhan, *Understanding Media*. [허버트 마셜 매클루언, 『미디어의 이해』.]
65. E. Norden and M. McLuhan, "Marshall McLuhan," 56.

기서 그는 아카데믹 미술을 "자신의 매체를 당연시하는 미술"로 규정했다.[66] 이것보다 더 매클루언주의적인 구절을 상상하기는 어렵다.

그런데 기묘하게도 그 세 저자는 모두 경멸당한 표면에 의존하게 되는 것으로 귀결된다. 왜냐하면 표면이 변화가 생겨날 수 있는 유일한 장소이기 때문이다. 하이데거의 경우에 존재의 물러섬은 언제나 그런 채로 남아 있게 되고, 그리하여 그곳에서는 아무것도 생겨날 수 없으며, 그리고 무엇이든 생겨나는 것은 특정한 역사적 배치에서 현존재에 현시되는 존재의 문제임이 틀림없다. 매클루언의 경우에 매체는 자체적으로 강력한 배경으로 존속할 따름이고, 매체는 단지 그 자체가 산출하는 부작용으로 인해 변화할 뿐이다. 이것은 반전과 회복이라는 단 두 가지의 기본적인 방식으로 생겨나는데, 그 두 가지 방식은 매클루언이 경시하고자 하는 내용의 층위에서만 이루어질 뿐이다.[67] 현재 죽어 있는 매체가 어떤 '예술가'에 의해 부활하게 되는 회복의 경우에는 상황이 인간의 직접적인 통제 아래 놓이게 된다. 왜냐하면 우리는 감춰진 배경 매체가 우리에게 미치는 영향을 회피할 수는 없더라도 새로운 매체의 회복

---

66. C. Greenberg, *Late Writings*, 28.
67. M. McLuhan and E. McLuhan, *Laws of Media*. 또한 G. Harman, "The McLuhans and metaphysics"를 보라.

또는 발명에서 광범위한 역할을 수행해야 하기 때문이다. 이런 까닭에 레이먼드 윌리엄스와 버밍엄학파가 "기술적 결정론"을 이유로 매클루언을 비난하는 것은 잘못된 일이다.[68] 그림 내용을 경멸한다고 주장하면서 그것을 한낱 "문학적 일화"의 형식에 불과한 것으로 간주하는 그린버그의 경우에는 현대 회화의 평평한 캔버스 배경조차도 충분하지 않다.[69] 결국 현대 미술가의 과업은, 피카소의 방식이든 브라크의 방식이든 몬드리안의 방식이든 미로의 방식이든 폴록의 방식이든 간에, 표면의 다양한 표식을 통해서 감춰진 심층 배경에 대한 자각을 나타내는 것이다.

누군가가 말하듯이, 배경이 물러서 있거나 부재하다면 그것에 관해 언급하는 것은 결코 어떤 의미도 없다. 이것은 칸트에 맞서 독일 관념론이 이미 개진한 주장이었다. 칸트는 감춰진 물자체에 관해 언급하는데, 그렇다면 그것은 결국 사실상 감춰져 있지 않은 것이다. 물자체는 단지 현시되는 것의 특별한 사례에 지나지 않는다. 헤겔주의적 철학의 오랜 전통(여기에는 정치적 후예로서의 프랑크푸르트학파가 포함된다)은 바로 이런 논점에 달려 있다. 그것이 놓치는 것은 우리가 간접적인 배경

---

68. R. Williams, *Television*. [레이먼드 윌리엄스, 『텔레비전론』.]
69. C. Greenberg, *Art and Culture*. [클레멘트 그린버그, 『예술과 문화』.]

에 대한 감각도 지닐 수 있다는 점이다. 부재하는 것이 현전의 권역 내에서 자신의 존재를 알리는 방식들이 있다. 이것은 부재하는 것에 대한 공허한 시적 환상에 불과한 것을 가져다줄 수 있는 '부정신학'에 해당할 따름이라는 비판이 종종 제기된다. 그런데 이렇게 말하는 것은 직접적인 접근이 사실상 유일한 종류의 접근이라고 미리 가정하는 것이며, 그리하여 유일한 대안은 공허한 몸짓일 것이다. 초기 비트겐슈타인의 유명한 언표를 떠올리자. "말할 수 없는 것에 대해서는 침묵하라."[70] 그런데 흔히 인용되는 이 언표는 조급한 승리주의를 드러낸다. 왜냐하면 우리는 종종 어떤 사물에 관해 산문 형식의 담론으로 직접 진술할 수 없는 상태에서 간접적으로 언급할 수 있기 때문인데, 여기서 산문 형식의 담론은 모든 형태의 지식이 사용하는 수단이다.[71] 예를 들면, 우리는 비유를 통해서 사물에 간접적으로 접근할 수 있다. 호메로스의 "포도주 빛 짙은 바다"를 색깔의 직서적 비교로 옮길 방법은 전혀 없다. "이 남자는 올림픽 경기에서 우승을 세 번 했다"라는 직서적인 등가적 진술과 동일한 효과를 나타내지 않는 "이 남자는 월계관을 세 번 썼다"라는 아리스토텔레스의 사례처럼 우리는 수사법을 통해서

---

70. L. Wittgenstein, *Tractatus Logico-Philosophicus*, 90. [루트비히 비트겐슈타인, 『논리-철학 논고』.]
71. G. Harman, "Undermining, overmining, and duomining."

간접적인 접근을 해낼 수 있다.[72] 우리는 심지어 이름을 거론함으로써 해낼 수 있다. '로마 시대 코린토스'는 어떤 주어진 명확한 특성들의 다발도 지칭하지 않고 오히려, 솔 크립키의 유력한 이름 이론이 보여주듯이, 우리가 그것에 관해 알고 있다고 생각한 모든 것이 틀렸더라도 로마 시대 코린토스를 가리킨다.[73] 이런 종류의 간접 담론은 인문학에서 전형적으로 다루어지며, 이것은 명백히, 인문학 분야들이 자연과학과 달리 주관적 해석이나 오류의 가능성을 내포하고 있음을 의미한다. 그렇다고 해서 실재적인 것에의 간접적인 접근이 공허한 몸짓에 지나지 않는다는 결론이 도출되는 것은 아니다. 예를 들면, 소크라테스적 무지의 요소가 내장되어 있지 않다면 철학은 존재할 수 없다. 라투르는 이것을 독자적인 방식으로 이해했는데, 그는 "변형 없는 전송은 없다"라는 강력한 격률을 제시했다.[74] 달리 진술하면, 실재는 언어적 모형이든 수학적 모형이든 간에 그것에 대한 우리의 어떤 모형에도 결코 완전히 부합하지는 않는다.

지금까지 우리는 실재의 표면에서 생겨나는 우발적 사건들이 종종 실재의 심층에서 변화를 초래할 수 있는 방식에 관해

---

72. Aristotle, *The Art of Rhetoric*. [아리스토텔레스, 『아리스토텔레스 수사학』.]
73. S. Kripke, *Naming and Necessity*. [솔 크립키, 『이름과 필연』.]
74. B. Latour, *Aramis, or The Love of Technology*, 119.

이야기했다. 이 사태를 가리킬 수 있는 용어는 '소급성'일 것인데, 이는 우리에게 비선형적 종류의 시간에 대한 또 다른 모형을 제공한다. 여기서 우리는 그 용어의 비판적 용법과 실증적 용법을 구분해야 한다. 비판적 종류의 용법에 대한 최고의 실례는 "파스퇴르 이전에 세균은 어디에 있었는가?"라는 의문이 제기되는, 라투르의 책 『판도라의 희망』 5장에서 찾아볼 수 있다.[75] 과학적 실재론자는, 세균은 언제나 현존했고 단지 1864년에 파스퇴르가 마침내 발견했을 뿐이라고 말할 것이다. 그런데 라투르의 응답은 "1864년 이후에 세균은 줄곧 존재했었다"라고 말하는 것이다(이것은 라투르가 퀑탱 메이야수의 "상관주의"와 매우 흡사하게 여겨지는 경우 중 하나이다)[76]. 여기서 라투르의 태도는 직설적인 반실재론적 판본의 소급성에 해당하는데, 그 밖의 측면에서 그가 실재론과 맺은 관계가 아무리 복잡하더라도 말이다. 그런데 또 다른 의미의 소급성, 즉 사유가 과거를 무로부터 끄집어내는 것처럼 보이지 않은 채로 결정적으로 수정할 수 있다는 의미의 소급성이 존재한다. 그런 사례는 프랑스인 철학자 알랭 바디우의 '사건'론에서 찾아볼 수 있다. 바디우의 경우에 사건은 어떤 주어진 평범한 상황과도

---

75. Latour, *Pandora's Hope*, 145~73. [라투르, 『판도라의 희망』.]

76. Meillassoux, *After Finitude*. [메이야수, 『유한성 이후』.]

단절하고 우리로 하여금 모든 상황을 넘어서는 '진리'와 접촉하게 하는 사태이다. 바디우는 정치적으로 강성 좌파이기 때문에, 그에게 혁명과 공산주의는 정치적 진리의 전형적인 사례들이다. 그런데 바디우의 견해에서 가장 흥미로운 점은 어떤 특정한 사태가 **본질적으로** 사건적인 것도 아니고 비⁺사건적인 것도 아니라는 것이다. 이것은 어떤 과거 사태를 하나의 사건으로 승인하는 주체의 '충실성'을 통해서 결정될 수 있을 따름이다. 예를 들면, 2011년에 일어난 (하먼이 직접 목격한) 이집트 혁명은 지금 보기에 대체로 실패했다. 하지만 어떤 바디우주의적 관점에서 바라보면, 아랍의 봄은 이집트인 활동가들이, 오늘날, 다음 기회를 기다리면서 그것에 관한 기억을 품고 살아가는 한에는 여전히 하나의 사건으로 여겨질 것이다. 이런 종류의 소급성은 라투르 판본의 소급성보다 더 마음-독립적인데, 왜냐하면 그것은 인간 사유에 의한 과거의 근본적인 창조를 상정하지 않은 채로 과거의 근본적인 상황 변화를 포함하기 때문이다. 심지어 과학 자체에서 비롯되는 사례들도 있다. 토머스 쿤은 막스 플랑크가 1900년에 흑체 복사 문제에 대한 자신의 해법으로 정말로 양자론을 발견했는지를 묻는다.[77] 처

---

[77]. T. Kuhn, *Black-Body Theory and the Quantum Discontinuity, 1894-2012*. 또한 T. Kuhn, *The Road Since Structure*, 25~8을 보라.

음에는 사정이 그러한 것처럼 보일 수 있지만, 쿤은 1900년의 발견은 단지 소급적으로, 1909년의 관점에서 일어났을 뿐이라고 생각한다. 왜냐하면 애초에 발견한 시점에 플랑크는 자신의 이론에서 에너지의 최소 단위체들을 실재적인 물리적 양자들로 간주한 것이 아니라 단지 편리한 심적 분할체들로 간주했을 뿐이기 때문이다. 그런데 1906년에 그의 작업에 대하여 알베르트 아인슈타인과 파울 에렌페스트가 제기한 몇몇 비판을 충분히 고찰한 후에 플랑크는 1909년 무렵에 양자들이 실재의 진정한 단위체들이어야 한다고 인식했다. 쿤의 서술에 따르면,

> 그런 수정들이 이루어진 후에 플랑크의 논변은 근본적으로 달라진 동시에 거의 달라지지 않았다. 수학적으로 그것은 거의 바뀌지 않았는데, 그 결과 플랑크의 1900년 논문을 후속적인 현대적〔양자론〕논변을 제시하는 것으로 해석하는 것은 여러 해 동안 표준이었다. 하지만 물리학적으로는 그 연역이 가리키는 존재자들은 매우 다르다.[78]

이것 역시 더 실증적인 의미에서의 소급성에 관한 일례이다. 플

---

78. Kuhn, *The Road Since Structure*, 27.

랑크의 1900년 논문은 그 당시에 (심지어 플랑크 자신에게도) 어떤 한 두드러진 문제에 대한 교묘한 해결책인 것처럼 보였지만, 세계역사적인 발견의 일종인 것처럼 보이지는 않았다. 그 논문의 내용을 1909년의 관점에서 살펴보았을 경우에만 그 논문이 출판된 1900년이 물리학에서 혁명적인 한 해인 것으로 밝혀졌을 뿐이다. 혁명적인 개념을 제시한 어떤 한 위대한 천재가 해당 분야의 직업적 저항을 물리치는 데 아홉 해가 필요했다는 통상적인 의미에서 그러하지 않고 오히려 문제의 바로 그 천재가 애초에 자신이 독창적인 무언가를 해냈었음을 인식하는 데 아홉 해가 필요했다는 더 흥미로운 의미에서 그러하지만 말이다.

시간의 이런 소급적 양태는 비록 간접적인 방식일지라도 우리를 객체에 관한 주제로 다시 데리고 간다. 왜냐하면 더 일반적으로 실재적 객체들의 면모 중 하나는 자신의 부분들에 소급적 영향을 미칠 수 있는 능력인 것으로 판명되기 때문이다. 마누엘 데란다는 그가 '객체'를 지칭하는 데 사용하는 들뢰즈주의적 용어인 실재적 회집체를 구성하는 것에 대한 어떤 흥미로운 규준을 제시한다.[79] 데란다의 주요 관심사 중 하나는 '창발'이라는 철학적 개념을 옹호하는 것인데, 친숙한 구절

---

79. DeLanda, *A New Philosophy of Society*. [데란다, 『새로운 사회철학』.]

을 사용하면 이 개념은 무언가가 "자신의 부분들의 합 이상"인 경우를 뜻한다.[80] 물은 수소와 산소의 특성들의 총합으로 환원될 수 없다. 왜냐하면 수소와 산소는 둘 다 불을 지피는 기체인 반면에 물 자체는 불을 끄는 액체이기 때문이다. 고등 양자화학 덕분에 우리는 물의 특성들을 그 두 가지 성분의 특성들로부터 '예측'할 수 있게 되었지만, 요지는 물이 (아무리 예측 가능할지라도) 합쳐진 그 성분들을 넘어서는 것이라는 점이다. 데란다의 용어를 사용하여 표현하면, 물은 미시-환원(OOO의 '아래로 환원하기')의 대상이 아니다. 다른 한편으로, 우리는 물을 용도들이나 관계들의 총합에 불과한 것으로 이해할 수 없다. 왜냐하면 물은 여전히 그런 물로 남아 있는 채로 자신의 관계를 변화시킬 수 있거나, 또는 (적어도 사고실험으로) 다른 존재자들과 맺은 관계들로부터 전적으로 단절될 수 있기 때문이다. 이 상황을 데란다의 어법으로 표현하면, 물은 거시-환원(OOO의 '위로 환원하기')의 대상이 아니다. 물이 아래로 환원될 수 없다는 사실의 한 가지 결과는 물이 위에서 아래로 자신의 구성요소들에 힘을 실제로 가할 수 있거나, 또는 심지어 그것들을 새로운 요소들로 대체할 수 있다는 것이다. 후자는 사회적 객체의 사례에서 더 쉽게 볼 수 있을 것인데, 예컨대 도시

---

80. M. DeLanda, "Emergence, causality and realism."

는 자신의 부속 부분들에 의존하면서도 또한 그것들을 변화시키거나 대체할 수 있다.

창발의 특별한 일례는 린 마굴리스가 "세포 내 공생"이라고 일컫는 것, 즉 이전에 독립적이었던 두 유기체가 물리적으로 합체하는 현상에서 찾아볼 수 있다.[81] 마굴리스의 이론에 따르면, 사실상 이것은 자연선택으로 인하여 개체군에서 생겨나는 유전자들의 느린 부동浮動보다 더 주요한 생물학적 진화 메커니즘이다. 『비유물론』이라는 책에서 하먼은 이 이론을 역사적 객체들에 적용했는데, 네덜란드 동인도회사를 사례 연구의 대상으로 삼았다.[82] 이 책은 부분적으로 앙투안 아르노에게 네덜란드 동인도회사 관리들의 집합은 하나의 실재적 객체일 수 없을 것이라는 편지를 보낸 적이 있는 철학자 G. W. 라이프니츠에 대한 반응으로 저술되었다.[83] 『비유물론』이 보여주고자 한 것은, 라이프니츠 및 행위자-네트워크 이론과 대조적으로, 그 회사의 모든 행위와 수난이 동일한 층위에 놓여 있는 것은 아니라는 점이다. 그 회사가 치른 가장 요란한 몇몇 전투와 상업적 거래를 비롯하여 그것의 역사에서 일어난 많은 사건은 그 회사 자체의 내부 구조에 아무튼 중요하지 않았다. 그 책의

---

81. L. Margulis, *Symbiotic Planet*. [린 마굴리스, 『공생자 행성』.]
82. G. Harman, *Immaterialism*. [그레이엄 하먼, 『비유물론』.]
83. Leibniz, *Philosophical Essays*, 69~90.

논변에 따르면, 아무튼 라투르주의적 비대칭성의 의미에서 그 회사를 비가역적으로 변형한 '공생'은 불과 여섯 번가량 이루어졌던 것으로 판명된다.

마무리하기 전에 우리는 객체지향 존재론이 고고학에 대하여 어떤 가치를 품고 있는지, 그리고 고고학은 객체지향 존재론에 대하여 어떤 가치를 품고 있는지에 관한 의문을 다시 살펴보아야 한다. 이 책에서 우리는 시간을 하나의 용기로 간주하는 관념에 맞서서 객체들이 시간을 생성한다는 명제에서 공통 기반을 찾아낸다. 우리는 OOO가 시간이 객체들의 표면에서 생겨나는 방식을 이해하기 위한 생산적인 방안을 제공한다고 믿고 있다. 그런 공통 기반을 견지하면서 대화할 내용이 무척 많다.[84] 고고학은 다양한 분야 ─ 유전학과 예술사, 물리학과 사회학, 수학과 금석학, 경제학과 민족지학 ─ 로 이루어져 있다. 이런 불균질성을 참작하면, 고고학자들이 공유하고 있는 것은 무엇인가? 우리는 객체들이 고고학의 공통 기반이라고 제안한다. 그리고 이것은 OOO의 핵심적인 속성이다. 이것이 바로 애초에 저자들이 이 책을 함께 쓰기로 작정한 이유이다. 물론, 모든 고고학자가 이런 접근법에 동의하지는 않을 것이다.

---

84. 여기서 우리는 J. C. Gardin, *Archaeological Constructs*를 환언하고 있다.

많은 실천자는 고고학을 인간의 물질적 유물을 통해서 인간의 과거를 연구하는 학문으로 규정하는 정의를 계속해서 고수한다. 우리와 그 밖의 사람들은 이 정의가 고고학이 오래전에 자신의 경험적 기반에서 멀어지게 된 이유를 가리킨다고 생각한다. 고고학적 객체들이 오로지 과거에의 중개자로 여겨질 뿐이라면, 이 객체들은 결코 있는 그대로의 모습일 수가 없음이 명백하다. 만약에 고고학이 과거가 현재 어떻게 되었는지 연구하는 학문 – 이 사물들과 그것들이 자신의 과거에 대해 시사하는 것에 관한 지식을 더 많이 습득하고자 하는 학문 – 이라면, 그것은 인간 이외의 많은 것에 관여해야 한다. 고고학은 아르고스 시민, 로마 제국 병사, 또는 오스만 제국 어린이 같은 역사적 객체들을 다루는 만큼, 불안정한 언덕과 묻힌 성벽 형태, 질소 고정 박테리아와 올리브나무, 포도주 잔류물과 봉인된 암포라도 다룬다. 지금까지는 고고학의 비인간 객체 대화자들을 당혹스럽게 여기면서 그것들을 오직 인간과 맺은 관계들에만 의거하여 이해하는 경향이 있었다.[85] 이런 점에서 고고학은 과학과 인문학 사이에서 정체성의 위기를 겪을 위험을 내포하고 있다 – 그것은 '나'와 '그것' 사이에서 흔들린다. 좋은 철학은 이

---

85. B. Olsen, *In Defense of Things*, 10~2; Olsen, Shanks, Webmoor, and Witmore, *Archaeology*, 17~35; C, Witmore, "Archaeology and the new materialisms"에서 제시된 논의를 보라.

런 순환을 끊는 데 도움이 된다.

또 다른 종류의 이런 순환은 상상의 문화에 맞서 표방되는 현전의 문화와 관련된 오래된 변증법이다. 고고학 역시 계속해서 이것에 의존한다.[86] 그 분과학문의 자기 정체성의 근본을 이루는 것은 그것이 사물과 맺은 실천적 관계들을 강조한다는 점이며, 그것은 올바르다. 잔디 깎기 또는 윤곽을 그리기와 사물들에 관한 글을 쓰는 것 사이의 차이점은 무수히 많다. 그렇지만 그런 차이점들은 종종 실천과 이론의 유서 깊은 투쟁에 대하여 과도하게 극화된 견지에서 유발되는데, 이 투쟁은 정화된 과거를 현재에서 분리하는 행위와 마찬가지로 단박에 사라져야만 하는 것이다. 오래전에 OOO가 주장했듯이, 이론과 실천은 둘 다 마찬가지로 사물의 캐리커처를 그리는 경향이 있다. 그리고 여기서 관념, 구상, 가치, 심리정치적 신념 역시 신전 기둥이나 묻힌 도로 표면만큼 중요한 객체들이라는 점이 강조되어야 한다.

우리는 "철학은 당면한 사건만큼 미묘할 필요가 있는 유연체조이다"라는 라투르의 주장을 되풀이할 수 있을 것이다.[87]

---

86. Edgeworth, "Follow the cut, follow the rhythm, follow the material"에서 제시된 논의를 보라. 또한 철학의 중요성에 대하여 D. Miller, "Materiality," 14~5에서 제기된 비판에 관해서는 B. Olsen, "Keeping things at arm's length," 584~5를 보라.
87. Latour, Harman, and Erdélyi, *The Prince and the Wolf*, 46.

이런 견지에서, 고고학을 마주쳤을 때 철학은 무언가를 상상하고 발명해야 한다. 철학에의 관여는 우리 자신의 논지를 명료하게 유지하는 데 도움을 주고 OOO는 현재의 고고학자들과 철학자들이 공동으로 직면하는 다양한 쟁점들을 조명한다. 그렇다면 고고학을 통해서, 객체들이 시간을 생성하는 방식에 관해 사고하는 것 또한, 훌륭한 철학이 요구하는 바로 그런 종류의 마찰을 제공한다.[88]

---

88. 우리는 이런 명확한 표현을 루이지애나 주립대학교의 존 코그번에게 빚지고 있다.

2

시간의 고대성 : 그리스의 객체들

크리스토퍼 위트모어

고고학이 없었다면, 적어도 문헌 기록만으로는 만족하지 않았던 호기심이 많은 사람들에게, 인류의 더 폭넓은 지속 기간과 인공적 객체들의 출현, 안정성, 그리고 변형은 여전히 짙은 안개로 가려져 있었을 것이다.[1] 고고학은 이백 년 이상 동안 역사의 그늘에서 노동했는데, 이전에 불투명했던 심층의 깊이를 가늠하고 그것에 형태를 부여했다. 이와 더불어, 수다스러운 역사와 달리 거의 전적으로 비#텍스트적인 물질적 유적으로 작업한다는 필수적인 단서를 추가한 채로, 고고학의 목적과 영역을 인간의 과거에 관한 연구로 규정하는 분류학적 정의가 이루어졌다. 그런데 이런 분류학적 구분들은 피상적인 것으로 밝혀질 것이다. 과거들은 언제나 역사를 결정적인 사건들에 의해 틀지어지는 일련의 시대로 규정하는 선형적 접근법에 의해 유지된 거리를 가로질러 저쪽에 자리하고 있었고, 그런 과거들이 평가받은 것은 남아 있던 것들, 즉 예전 세상에의 중개자로 여겨진 사물들을 통해서였다.[2] 사실상 대단히 많은 고고학자가 자신들의 경험적 영역으로 간주한 물질적 과거도 마찬가지로 역사의 영역이었다. 왜냐하면 그 두 분야에 관한 한, 유물,

---

1. "짙은 안개"라는 비유는 라스무스 니에루프가 "우리가 측정할 수 없는 시간의 공간"을 뒤덮은 분위기를 서술하는 데 처음 사용하였다(G. E. Daniel, *The Three Ages*, 6~7을 보라).

2. 특히 B. Olsen and A. Svestad, "Creating prehistory," 6~10을 참조하라.

유적, 흔적은 바로 그 정의상 그것들 자체의 외부 세계를 가리키기 때문이다. 대단히 많은 고고학자(비록 고고학자들은 문자 언어가 군림한 가치의 위계에서 더 낮은 층위에 속하는 지위에 있었지만)에게 '외부 세계'는 종종 근본적으로 역사적인 것으로 가정되었다.[3] 그러므로 지난 200년간 고고학은 대체로 유적과 유물을 역사가 독점권을 보유하는 기록된 과거에 종속된 것으로 보는 관점에 머물러 있었다. 여기서 이런 과거는 잇따른 인간의 사건들에 관한 연속적인 서사적 기록으로 이해될 뿐만 아니라, 유물을 생성한 생생한 활동으로도 이해된다. 그러므로 고고학자들이 현재 직면하고 있는 것은 이전의 것들이 초래한 결과물로서 현존한다고 여겨졌는데, 여기서 과거는 완료 시제로 완결된 것으로 규정되었다.[4] 과거는 이런 역사와 혼동되었고 계속해서 혼동되고 있으며, 고고학은 상황이 그렇게 되는 데 일조했다.

지도제작술적 의미 및 시간기록술적 의미에서 인간 실존의

---

3. L. Olivier, *Le sombre abîme du temps*. 영어 번역본으로는 Olivier, *The Dark Abyss of Time*을 보라.
4. 물론, 어떤 한 층위에서 이것은 역사라기보다는 오히려 특정한 역사주의, 근대주의적 역사주의이다(H. U. Gumnrecht, "The future of reading?"; E. Runia and M. Tamm, "The past is not a foreign country"; Tamm and Olivier, *Rethinking Historical Time*; Witmore, *Old Lands*, 40~8). 그러므로 고고학의 변화는 역사편찬과 대조를 이루기보다는 오히려 역사편찬에 거의 동조하여 생겨난다.

대부분 영역에 걸쳐 안개가 대부분 걷힌 것처럼 보이는 지금, 고고학적 객체들을 규정하는 분류학적 정의들이 역사에 대하여 밀려나 버린 지금, 사물들은 그 모든 기묘한 (형이상학적) 기벽에도 불구하고 새로운 요구를 제기하고 있는 것처럼 보인다. 또는 다른 식으로 서술하면, 사물들의 지속적이고 당연시되는 실재는 새로운 의의를 획득한 것처럼 보인다.[5] 그런데 그런 통속극적 평가는 더 근본적인 핵심을 놓친다. 언제나 사물을 어딘가 다른 곳에 있는 과거에 대한 중개자 역할로 격하함으로써, 고고학자들은 현재 여기서 '원천'을 다루는 꽤 불가사의한 위치를 스스로 유지한다.[6] 고고학자들이 수행하고 관여한 것은 그들이 수행하고 있다고 주장하는 것 – 유한성에 의해 규정되는 과거를 부각하기 – 과 괴리가 존재했기에 고고학과 그 객체들, 그 과거가 사실상 어떠한지(그것들의 존재론적 지위)에 관한 물음들은 여전히 대체로 탐구되지 않은 채로 남아 있다.[7] 이 책은 이런 물음들에 대한 몇 가지 답변을 제시하는데,

---

5. 이런 새로운 의의는 대체로 우리의 객체들에 대한 한 가지 다른 관계와 결부된 만큼이나(Olsen, *In Defense of Things*; C. Witmore, "Objecthood"; 또한 A. Nativ and G. Lucas, "Archaeology without antiquity"를 보라) 한 가지 새로운 "역사성의 체제"와도 결부되어 있다(F. Hartog, *Regimes of Historicity*; 또한 C. Lorenz, "The times they are a-changin' "을 보라). 그런데 이 두 가지 관점은 모두 "이전의 근대적 역사성의 체제를 특징짓는, 시간에 관한 선형적이고 인과적이며 균질한 구상의 폐기"를 공유한다.

6. Olsen, Shanks, Webmoor, and Witmore, *Archaeology*.

특히 고고학을 역사에 대한 대안이자 역사에 대해 상보적인 것으로 인식하는 방식으로 제시한다.8 그런데 더 일반적으로 이 책의 목표는 한 가지 다른 시간론, 즉 객체지향 존재론과 진행 중인 생산적 대화를 통해서 생겨나는 시간론을 전개하는 것이다.9 시간은 종종 역사와 고고학에 의해 가치 없는 변

---

7. B. Olsen, "Material culture after text"; Olsen, *In Defense of Things*; B. Olsen, "After interpretation"; B. Olsen, "Reclaiming things"; Witmore, "Landscape, time, topology"; C. Witmore, "The realities of the past"; Witmore, "Archaeology and the new materialisms"; C. Witmore, "Things are the grounds of all archaeology"; C. Witmore, "Finding symmetry?"; T. Webmoor and C. Witmore, "Things are us!"; Olsen, Shanks, Webmoor, and Witmore, *Archaeology*; I. Hodder, *Entangled*; G. Lucas, *Understanding the Archaeological Record*; Þ. Pétursdóttir, "Small things forgotten now included, or what else do things deserve?"; Þ. Pétursdóttir, "Things out-of-hand"; A. Nativ, "On the object of archaeology."

8. 역사에 대한 대안에는 "과거에 집중하지 않고 오히려 현재에 집중하는, 돌이킬 수 없게 사라져 버린 것으로서의 역사에 집중하지 않고 오히려 진행 중인 과정으로서의 역사에 집중하는" 역사가들의 대안이 포함된다(E. Runia, "Presence," 8). 역사적 서사에 대한 대안적 사례들에 관해서는 B. Olsen and C. Witmore, "Sværholt"; Witmore, *Old Lands*; 또한 G. Love and M. Meng, "Histories of the dead?"를 보라.

9. 고고학에서 한 가지 다른 시간론이 전개된 사태에 관해서는 Olivier, *Le sombre abîme du temps*; L. Olivier, "The business of archaeology is the present"; Witmore, "Landscape, time, topology"; C. Witmore, "Which archaeology?"; 또한 Lucas, *Making Time*; G. Lucas and L. Olivier, *Conversations About Time*을 보라. 고고학과 관련된 객체지향 존재론에 관해서는 G. Harman, "Entanglement and relation"; G. Harman, "On behalf of form"; G. Harman, "The coldness of forgetting" [그레이엄 하먼, 「망각의 차가움」]; B. Olsen and C. Witmore, "Archaeology, symmetry, and the ontology of things"; Þ. Pétursdóttir and B. Olsen, "Theory adrift"; T. F. Sørensen,

화의 행위자로서 놀랄 만한 수위성의 영예를 부여받는 반면에, 실제 사물들은 시간의 무자비한 파도에 밀려 현재의 해변으로 올라오지 않는다. 이런 특정한 형태의 근대적 역사주의는 고고학의 진정한 기반을 더는 가릴 수 없다. 고고학의 진정한 기반은 무엇보다도 사물들 — 예컨대, 청동기 시대 이래로 존속한 키클로프스 석조 다리들과 19세기에 새로운 형태를 부여받은 수레 도로들, 석공들과 마름돌 석조 건축, 토기들과 고대의 도자기 형태들, 흙 및 잡석 성벽들과 더불어, 시간을 생성하는 수많은 그런 객체의 관계들, 교환들, 그리고 융합들 — 에서 찾아볼 수 있다.

이런 목적을 위해 이 장에서 우리는 여섯 가지 방안을 시도한다. 우선, '선'線이라는 첫 번째 절에서는 역사의 그늘에서 작업하는 고고학에서 사물들로 시작함으로써 역사 — 적어도 이미 완결되었지만 자체의 인과성을 간직하는 인간 사건들을 꿰는 하나의 연속적인 실이라는 의미에서의 역사 — 에 대한 참신한 대안들을 생성할 준비가 되어 있는 고고학으로 나아가는 여행을 계획한다. 두 번째 절 '절편(들)'에서는 시대들에 대한 감각을 부추기려는 노력의 하나로 그리스의 어떤 한 계곡을 관통

"That raw and ancient cold"; L. R. Bryant, "Wilderness heritage"; L. R. Bryant, "Wild things"; T. Morton, "Inheritance"; Witmore, "Archaeology and the new materialisms"; Witmore, "Objecthood"; S. A. Rich and P. B. Campbell, *Contemporary Philosophy for Maritime Archaeology*를 보라.

하는 14킬로미터 길이의 도로를 따라 움직인다. 세 번째 절 '주름들과 균열들'에서는 선형적 거리와 무관하게 주름과 인접성, 균열과 파열의 관점에서 작업함으로써 호메로스의 유명한 성채도시 미케네의 위상학을 제시한다. 네 번째 절 '사물들:근접성, 공생, 창발'에서는 근접하는 것을 통해서 연합을 생성하는 방식으로부터 확장하는데, 요컨대 OOO의 통찰, 더 생생한 일단의 공생을 공유한다. 다섯 번째 절 '삼투^{Percolation}/시간'에서는 이 선행하는 객체들을 한 가지 다른 시간 모형으로 재배치한다. 마지막으로, 여섯 번째 절 '한 가지 고고학적 역설'에서는 마찬가지로 당황스러운 또 다른 경로를 따라 공동의 상호적 사변 속에서 철학과 나누는 긍정적인 대화를 위한 기반을 드러낸다.

A. 선 : 역사, 고고학, 시간

고고학자들의 정체성은, 적어도 부분적으로는, 그들이 구축하는 시대들에서 비롯된다. 고고학 역사의 근원에 놓여 있는 최초의 무분별한 행위의 경우에 그랬던 것처럼 오늘날 우리가 행하는 노동의 경우에도 사정은 마찬가지이다. 한 가지 미해결의 물음("과거의 우물은 얼마나 깊은가?")을 대면함으로써 고고학자들은 성서에 대한 확신의 여파로 짙은 안개에 가려지게 되었던 것을 명시적으로 밝히기(즉, 측정할 수 있고 이해할 수 있게 만들기) 시작했다.[10] 이런 추구 과정에서 수다스러운 역사는 선사적 연속성을 부각함으로써 우리를 멀리 데려갈 수 있을 따름이었다.[11] 폐허, 유적, 그리고 물질적 유물에 더 충실함으로써 조용한 선사는 불투명하고 어쩌면 끝없이 깊을 우물로 빛을 비출 수 있게 만들었다.[12] 이런 조건에서 층서학

---

10. 18세기 이전에, 과거는 당대의 북유럽인들에게 명료했던 성서적 계보를 사용하여 묘사되었다. 성서에 대한 이런 확신의 여파로 새로운 안개가 과거를 가렸으며, 이런 명료성의 결여는 골동품 수집가들과 뒤이은 고고학자들이 모두 과거의 '물질적 유물'로 간주한 비텍스트적 객체들을 사용하여 해결될 수 있을 따름이었다. A. Momigliano, "Ancient history and the antiquarian"; R. Nyerup, "Oversyn over Fædernelandets Mindesmærker fra Oldiden"; Olsen and Svestad, "Creating prehistory"; Schnapp, *The Discovery of the Past*를 보라.
11. "연속성은 모든 역사적 연구의 본질이"며, 이것은 엘코 루니아가 진술하듯이 "모든 역사가의 주문"이다(Runia and Tamm, "The past is not a foreign country"). 푸코가 주장했듯이 연속적 역사는 "주체의 정초 기능의 부득이한 상관물로, 그에게서 벗어났던 모든 것은 그에게 복귀될 수 있을 것이라는 보증, 시간은 아무것도 어떤 재구성된 단일체로 복원하지 않은 채로 흩어지게 하지는 않을 것이라는 확신, 언젠가 주체는 ― 역사적 의식의 형태로 ― 차이로 거리를 유지하게 되는 모든 사물을 또다시 전유하여 자신의 지배 아래 다시 둘 수 있으며, 그리고 그의 거처라고 일컬어질 것을 그것들에서 찾아낼 수 있을 것이라는 약속이다"(M. Foucault, *The Archaeology of Knowledge*, 12 [미셸 푸코, 『지식의 고고학』]). 선사의 안개 앞에 놓인 역사의 한계에 관해서는 G. Lucas, "Modern disturbances"; Olsen and Svestad, "Creating prehistory"를 보고, 또한 Olivier, *Le sombre abîme du temps*; Olivier, "The business of archaeology is the present"를 보라. 수다스러운 역사와 조용한 선사 사이의 대조에 관해서는 M. Serres, *Statues*, 209를 보고, 또한 Olsen, "Material culture after text," 88을 보라.

(흙 속 층들의 일치), 유형학(공통의 특징들에 의거한 말 없는 객체들의 배열), 그리고 계열화(유물의 순차적 분류, 그리고 물질적 유적의 그 다양한 격실로의 꼼꼼한 규정 작업과 까다로운 조직화를 위해 조정된 분업)를 비롯한 다양한 도구가 개발되었다.[13] 인간 과거의 연속체에 형태를 부여한 후에 우물의 깊이는 이 분할들을 순차적으로 정렬함으로써 가늠되었다.

19세기 초의 북유럽에서 전개된 상황의 주변부에 놓여 있던 그리스에는 선사가 뒤늦게 당도했다. 여기서 역사는, 19세기 후반부에 이해되었듯이, 더 완고한 것으로 판명되었다. 문자적 전통에 사로잡혀 있던 하인리히 슐리만(고고학자로 변신한 유명한 대사업가)은 그가 역사적 진실로 간주했던 것을 미케네와 티린스의 경이로운 폐허들 ─ 그것들을 생산한 세력들에 대한 증거로서 서 있던 폐허들 ─ 에 위치시키고자 하였다. 그런데 학문 공동체에 의해 역사와 신화 사이에 그어진 선을 무시함으

---

12. '선사'라는 용어의 용법은 고고학자들에게 남겨진 객체들과 한때 뒤섞여 있던, 오래전에 죽은 사람들에게 내려졌던 판단, '역사' 없이 지냈었다는 판단과 혼동되지 말아야 한다. 그것이 역사를 명시적으로 기록한 객체들의 부재를 가리킨다는 의미에서 '선사와 관련된 문제는 우리의 문제이다. 그런데 이것은 그 용어를 글로 기록된 역사를 향한 일방적 행진을 시사하는 그것의 문제적인 시간적 접두사[pre, 선(先)]로부터 자유롭게 하지 않는다. 비판적 논의의 일례로는 González-Ruibal, *Reclaiming Archaeology*, 12를 보라. 선사에 대한 OOO 해석에 관해서는 G. Harman, "Hyperobjects and prehistory"를 보라.
13. Schnapp, *The Discovery of the Past*, 275~303.

로써 슐리만은 고대 텍스트들에 관한 고찰에서 그것들을 뒷받침하는 증거의 획득으로 이행하는 친숙한 행동을 반복했을 따름이다.[14] 아가멤논과 그 동료들이 묻힌 무덤들을 찾아내는 탐사 활동 중에 슐리만은 우연히 그리스 선사의 우물 뚜껑을 열었다.[15]

거의 즉각적으로, 슐리만에 뒤이은 고고학자들은 이런 심연의 깊이를 가늠함으로써 그의 어리석은 짓을 바로잡았다. 각각의 시간적 단위의 길이와 특질 — 시기period와 국면phase, 세epoch와 대era — 은 실천자들의 특이하고 정위된 노동과 새롭게 고안된 기법의 도입에 보조를 맞추어 팽창하거나 수축했다. 현재 파나이오토스 스타마타키스, 게오르그 카로, 안토니오스 케라모포올로스, 그리고 앨런 와스가 슐리만이 미케네에서 혼동했던 것을 주의 깊게 해결하는 데 얼마나 지대한 노력을 기울였는지 떠올리는 사람은 거의 없다. 방사성탄소연대측정 시계 이전 시대에 학자들이 절대적 편년을 확립할 수 있으리라

---

14. 골동품 수집가의 경우에는 캐런 바시가 "역사 읽기"로 서술하는 것과 "역사 이해하기의 불가능성"이라고 서술하는 것 사이에 설정된 부조화가 존재했음이 확실하다(K. Bassi, *Traces of the Past*, 140). "역사적 텍스트를 살펴보는 것이 자신이 그것을 간파할 수 없다는 독자의 깨달음으로 귀결되는" 것과 마찬가지로(같은 책, 143), 고대의 폐허들은 언제나 볼 수 없는 것에 비추어서 판단되었다.

15. Witmore, *Old Lands*, 150~4.

는 희망을 품고서, 스톤헨지의 세공과 미케네의 세공을 스톤헨지와 미케네 사이의 떨어진 거리에도 불구하고 어떻게 연계하곤 했는지 기억하는 사람은 현재 거의 없다.[16] 고고학자들은 결국 구덩식 분묘 매장의 시원^{arche}을 호메로스의 위대한 왕이 생존했을 법한 시기보다 250년 앞선 시기에 두었다. 스톤헨지의 사르센 선돌 원이 세워진 시기는 미케네 석판의 이중 고리가 제작된 시기보다 1천 년 이상 앞설 것이다. 어떤 선형의 경로를 따라 (시간적 단위들의 정의와 측정에 대한 정보 관리로서의) 편년은 균일한 비율로 펼쳐졌으며, 그와 더불어 매우 특별한 시간의 이미지가 형태를 갖추었다.[17]

과거는 잠재적 실재에 대하여 진행 중인 정의와 정교화에 따라 다양한 방식으로 분리되었다. 국립 및 지역 박물관들은 다양한 시대의 물질적 표본들을 보유하도록 발전하였다. 예술품과 유물을 상자 안에, 전시실 속에, 그리고 복도를 따라 배치함으로써 19세기 말의 박물관들은 관람객들이 연대순으로 시간을 관통하여 돌아다니는 순서를 마련했다. 전시실들의 배치와 보유물들의 조직을 통해서 그리스 국립고고학박물관은

---

16. S. Piggot, "Mycenae and barbarian Europe"; C. Renfrew, "Wessex without Mycenae"를 보라.
17. C. Renfrew, *Before Civilization*. 또한 Lucas, *The Archaeology of Time*과 G. Lucas, "Archaeology and contemporaneity"를 보라.

역사적 텍스트를 물질화하였고, 인간 성취의 연속성과 불연속성을 공간화하였으며, 일반 대중을 대상으로 시간을 순차적인 것들의 연쇄로 표준화했다.[18] 동시에 그것은 오래된 과거의 이질적인 타자를 현재로부터의 시간적 거리를 유지하면서 국가적 유산의 박물관적 서사로 전유했다.[19] 국립박물관들은 과거에 대한 두 가지 관점을 비호했다. 왜냐하면 전시물들의 크기와 특성이 고려될 때 모든 시기가 동일한 관심 아래 다루어지지는 않았기 때문이다. 부재한 것은 로마 이후의 시기들이었는데, 왜냐하면 여기서는 고전 시대와 그 전후 시대들이 훨씬 더 큰 영향력을 보유했기 때문이다.[20]

축적과 분절은 전유와 소외에 의해 상쇄되었다. 독특하고 상실되기 쉬운, 명시적인 과거의 공간적 장소들은 공적으로 관여할 여지가 마련되면서 일상으로부터 단절되었다. 목동들은 그들이 선호한 울타리를 포기했고, 석공들은 그들이 선호한 채석장을 양도했고, 거주자들은 그들의 '금시라도 무너질 듯한' 거주지에서 쫓겨났으며, 귀족들은 표면이 우묵한 돌에 자신의

---

18. Olsen, Shanks, Webmoor, and Witmore, *Archaeology*, 43~7.
19. 또한 P. Sloterdijk, "Museum — School of alienation"을 보라.
20. 국가가 소장한 비잔틴 시대 수집품들과 그리스도교 수집품들은 1914년에 건립된 독자적인 박물관에 유치되었다. M. Mouliou, "The concept of diachronia in the Greek archaeological museum"을 보라. 19세기에 이루어진 수집품들의 조직에 관해서는 K. Baedeker, *Greece*, 95~104를 보라.

이름을 새기는 행위를 금지당했다. 아테네의 아크로폴리스, 델포이, 미케네, 올림피아, 그리고 코린토스에서 그것들의 과거 모습은 고고학적 유적지로서 현재 환경으로부터 격리되었다. 단절된 선행의 영역에 처하게 된 그것들의 과거는 폐쇄되었고, 여러 시대에 걸쳐 뒤섞인 그것들의 얽힘은 정화되었으며, 심지어 그것들을 생성한 노동으로부터도 단절되었다.[21] 과거의 저편에서는 그것이 '발견'되도록 무르익게 한 일을 제외하고 아무 일도 일어날 수 없었다.[22] 궁극적으로, 자기-표상과 실제 사이의 이런 괴리는 그 직업에 이익뿐만 아니라 손해도 가져다주었다.[23] 이런 분리와 소외의 공간적 함의에도 불구하고, (순차적인 것들의 연쇄로서의 후속 형태를 획득한) 시간은 고고학적 성취의 영역에서 우선성을 보유했다.

유럽(그리고 특히 스칸디나비아반도)의 선사와 관련하여

---

21. 다른 시대들부터 존속했었고 축적되었던 것이 그것들의 과거 모습을 부각하는 데에만 한정되었기에(Olsen, *In Defense of Things*, 127), 그것들의 과거 모습 위에 뒤이어 축적된 것은 그것들의 정화가 이루어지도록 파괴되었다(Witmore, "Which archaeology?"; A. González-Ruibal, "Archaeology and the time of modernity"; 또한 Lucas, *Understanding the Archaeological Record*, 103~19를 보라).
22. D. Lowenthal, *The Past is a Foreign Country* [데이비드 로웬덜, 『과거는 낯선 나라다』]; M. Shanks, *Classical Archaeology of Greece*, 1~20; Schnapp, *The Discovery of the Past*.
23. D. Damaskos and D. Plantzos, *A Singular Antiquity*; Witmore, "Which archaeology?"

전개된 상황은 여전히 2,400킬로미터의 거리를 두고서 떨어져 있었다. 1868년에서 1907년까지 스톡홀름 소재 국립유물박물관의 학예사로 근무했던 오스카 몬텔리우스는 종 진화에 대한 생물학적 이해와 유사한 유형들의 형태학을 발전시키고자 했다.[24] 유형들의 진화로서의 유형학은 어떤 특정 시기에 발생했던 것을 강조하는 순차적 시간에 대한 대안으로 정립되었다.[25] 그리스에서는 이산적인 할당에 대한 해명 – 그 자체로 평생을 요구하는 추구 – 을 향해 정향된 노동이 할당된 비율 내에서 작동하게 되었다. 북유럽의 전통조차도 그런 "역사주의적 종류의 접근법"으로 되돌아가곤 했다.[26] 20세기 전문가 집단들에서 고고학자들이 그들의 특정 시대(에게해 선사 시대 – 구석기 시대, 중석기 시대, 신석기 시대, 그리고 청동기 시대 – 초기 철기 시대 – 역사의 서막 시대 – 아르카이크 시대, 고전 시대, 헬레니즘 시대, 로마 시대, 비잔틴 시대, 기타 등등)에 의해 규정되었다는 것은 거의 말할 필요가 없다.

현장연구는 실천자들이 그것들에 대한 순차적 시대들의 시간적 좌표를 고안한 방대한 양의 '자료'를 생성했다. 발굴하

---

24. O. Klindt-Jensen, *A History of Scandinavian Archaeology*, 89; B. Gräslund, *The Birth of Prehistoric Chronology*, 101~8을 참조하라.
25. Olivier, *The Dark Abyss of Time*, 156~9. 또한 G. Lucas, *Critical Approaches to Fieldwork*를 보라.
26. Olivier, *The Dark Abyss of Time*, 160.

기, 표면에서 수집하기, 분류하기, 작성하기, 즉 분과학문적 생산의 리듬은 훈련과 일상화된 절차에 의해 유지되었다. 올림피아에서 코린토스를 거쳐 사모트라케에 이르기까지, 발굴 책자와 보고서들은 현존했던 것에 뒤이은 폐기물과 축적물의 베일로 덮여 있던 것을, '발견된' 사물들을 지도, 도면, 사진, 그리고 묘사를 통해 자세히 열거함으로써 기록했는데, 모든 발견물은 충실하게 분류하는 데 적절한 것으로 여겨졌다.[27] 과거의 모습은 시간적 좌표에 고정되었다. 요한 빙켈만과 에두아르트 게르하르트가 개척한 길을 따름으로써 서술적 설명은 건축물, 석기, 금속, 예술적 객체, 그리고 도자기의 발전 궤적을 철저히 추적했다.[28] 진전됨에 따라 노동, 기기, 기법, 그리고 서사가 개선되었다. 간극들이 채워짐으로써 끊어지지 않은 연속체, 즉 그것을 따라 인간의 역사가 후속적으로 규정된 궤적이 창출되었다. 최소 저항의 경로를 따름으로써 시간은 선형적인 것으로 유지되었으며, 역사의 존재론으로 격상되었다.[29] 묵주로 꿰어진 구슬들처럼 과거는 이 선을 따라 구획된 것처럼 보였다.[30]

---

27. S. L. Marchand, *Down from Olympus*, 75~115 ; Shanks, *Classical Archaeology of Greece*, 42~7 ; Y. Hamilakis, *The Nation and Its Ruins*, 57~124.
28. A. Schnapp, "Eduard Gerhard."
29. Olsen and Svestad, "Creating prehistory," 11~6.
30. 이런 묵주의 이미지는 역사주의에 대한 발터 벤야민의 비유와 연결된다(W. Benjamin, H. Eiland, and M. W. Jennings, *Selected Writings, Volume 4*,

외관상으로는 균열, 종결, 그리고 대체가 그 자체의 현존을 위한 조건을 포함하고 있는 것처럼 보인 각각의 시대를 규정하게 되었다. 내부적으로는 구획들이 분과학문적 경계, 제도, 그리고 분업에 의해 강화되었다.[31] 과거는 멀리 떨어진 영역으로 격리되었고, 고고학적 객체들은 그 영역에 도달하는 데 사용되는 운반체가 되었다.[32]

일반적으로, "사건들의 완전한 서술에서 자연스럽게 비롯된, 사건들에 대한 적절한 설명"은 과거의 삶과 그 경험들이 부족했다.[33] 고고학자들과 어떤 특정한 역사적 국면에 의해 생성된 순차적인 것들 사이의 상관관계는 언제나 그다지 직접적이지 않았다(그리고 여전히 그렇다). 발견된 객체들은 부분적이고 불완전한 것으로 파악됨에도 불구하고 과거에 생겨났던 것에 대한 중개자로 여겨졌다. 다양한 시대에서 "이것은 여기서 생겨났다"라는 역사적 주제는 계속해서 어떤 특정 유적지에 접근하는 방법에 대한 지침으로 널리 퍼져 있었다.[34]

---

397).

31. C. Renfrew, "The great tradition versus the great divide"; I. Morris, *Classical Greece*; Shanks, *Classical Archaeology of Greece*. 또한 K. Kourelis, "Byzantium and the avant-garde"를 보라.

32. Olsen, Shanks, Webmoor, and Witmore, *Archaeology*, 47~57을 보라.

33. Renfrew, "The great tradition versus the great divide," 290.

34. Shanks, *The Archaeological Imagination*, 100.

고전 시대의 영역에 감히 발을 들여놓기 전에 적절한 고서들을 섭렵한 것은 문해력을 갖춘 그 분야의 참여자로 여겨진 고고학자들의 특징이다. 이런 배경에 기대어, 고대의 문헌에 기록된 파란만장한 세부내용 – 서기전 480/479년에 페르시아인들은 아테네인들을 말살했다, 서기전 468년에 아르고스인들은 미케네를 파괴했다는 내용 – 을 남아 있던 것에 투사하는 작업은 엄청난 가치가 있었다. 어떤 특정 유적지의 발굴에서 탐지된 변화는 그런 기록된 사건들에 의거하여 설명되어야 한다는 역사적 기대는 고고학적 오류인 것으로 판명되었다. 왜냐하면 '물질문화'로 이해되는 발견된 객체들과 텍스트에 기입된 역사적인 것들 사이의 차이점들은 언제나 무시당하지는 않고 오히려 종종 인정받았기 때문이다.[35] 앤서니 스노드그래스는 "고고학적 두드러짐을 역사적 중요성"과 동일시하는 경향을 "실증주의적 오류"라고 일컬었다.[36] 그런 잘못된 추리는 미케네의 구덩식 분묘에서 발견된 것과 문자적 전통에서 기록된 것을 혼동한 슐리만의 행위 뒤에 자리하고 있는 연상 작용을 되풀이한다. 스노드그래스의 경우에, 문제는 역사 자체와 관련된 것이 아니라 오히려 잘못된 종류의 역사와 관련되어 있었다. 이렇게 해서

---

35. A. M. Snodgrass, "Greek archaeology and Greek history." 또한 J. M. Hall, *Artifact and Artifice*, 207~19를 보라.

36. A. M. Snodgrass, *An Archaeology of Greece*, 37~8.

스노드그래스는 고고학적 객체들에서 수집될 수 있는 것을 대가로 치르면서 체험된 순간들을 강조하는 역사에 관해 이야기하고 있었다 — "행위자 인간"에 집중하는 "사건 중심의 역사"는 "제작자 인간"을 암시하는 "진정한 고고학"과 "통약 불가능"했다.[37] 스노드그래스의 경우에 고고학은 역사(즉, 사건들의 기록된 서사)가 아니지만, 이는 고고학이 역사적 과정들을 조명할 수 없음을 뜻하지는 않는다.[38] 그런데 역사가 고고학적으로 해명할 수 있는 과거의 총체를 포괄한다는 견해(또는 "기록된 역사의 외부에 자리하는 과거"는, 로랑 올리비에가 서술했듯이, "역사적으로 인식할 수 있는" 것이 아니라는 견해)는 여전히 의문시되지 않았다.[39]

점진적으로 — 급격한 경우도 가끔 있지만 — 시간적 배경이 충분히 명시화됨에 따라, 고고학적 서사는 일상적인 것들의 층위로 가까이 가기 시작했으며, 그리고 유적지, 지역, 그리고 그 너머의 층위에서 이어지는 격실들 내부에서 또 그것들을 통

---

37. Snodgrass, "Greek archaeology and Greek history," 207 ; Snodgrass, *An Archaeology of Greece*, 209~10.
38. Snodgrass, "Greek archaeology and Greek history," 194, 207. P. Courbin, *What is Archaeology?*를 참조하라
39. Olivier, *The Dark Abyss of Time*, 182. 너무나 종종, 헤이든 화이트가 주장했듯이, 과거는 역사와 동의적인 것으로 여겨진다(H. White, *The Practical Past*). 화이트는, 과거는 어떤 특정 영역의 모든 것을 포괄하는 반면에 역사는 아무튼 이미 지도로 그려진 그것의 작은 부분을 다룬다고 생각했다.

해서 인간의 모험을 추적하기 위해 물러서기 시작했다. 포괄적인 환경 및 더 광범위한 지역과 관련하여 유적지들에 초점을 맞추었기에 경관 프로젝트들의 조직적 토대는 공간적이었다.[40] 교외에 접근하기 위한 새로운 방법들이 고안되었고, 그리하여 그 방법들에 따라 새로운 다양한 유형의 객체들이 정밀한 조사를 받게 되었다.[41] 편년적 틀에 의해 규정된(즉, 어떤 특정 시대, 예컨대 후기 청동기 시대에 한정된) 최초의 개입 이후에 집중적인 조사가 페르낭 브로델의 취지에서의 장기 역사들을 생성하기 위해 확대되었다. 요컨대 단기적 사건들과 대조적으로 천 년 단위의 변동 및 중기적 변동으로 측정되는 지속들을 강조했다.[42] 인간 삶의 정경을 가로지를 때 고고학자들은 정착, 정치 형태, 토지 이용, 그리고 환경의 시간에 따른 변화와 지속을 이해하리라는 희망을 품고서 통시적 과정들을 가장 우선시했다. 경관의 다시간적 특질에 대한 보다 충실한 태도의 결과로서 그들은 사이에 그리고 주변부에 남겨진 공백들에 관한

---

40. Witmore, *Old Lands*, 109~22.
41. J. F. Cherry, "Archaeology beyond the site."
42. 예를 들면, 획기적인 『미네소타 메세니아 탐사』는 계속해서 청동기 시대에 집중했다. 브로델의 장기 역사가 고고학에 미친 영향에 관해서는 J. F. Cherry, J. L. Davis, and H. Mantzourani, *Landscape Archaeology as Long-term History*를 보고, 또한 J. L. Bintliff, *The Annales School and Archaeology*와 I. Hodder, *Archaeology as Long-term History*를 보라.

연구 ― 포스트중세 고고학(프랑크 왕국, 오스만 제국, 그리고 베네치아 공화국)과 심지어 초기 근대 시대의 고고학 ― 를 부추겼다.[43] 가려져 있던 것을 규정함으로써 조사된 영역들은 미지의 땅 terra incognita의 흰색 배경에 대하여 부각되었고, 그리하여 그 영역들은 암묵적으로 미래에 관심을 끌 영역들을 가리켰다.[44] 어느 정도는 공간과 시간의 모든 점들이 동일한 가치를 지니게 되었는데, 그리스 내에서는 현재가 계속해서 비고고학적 영토로 여겨지곤 했지만 말이다.[45]

그런 작업들을 통해서 (현재 학제적이고 협동적인 노력으로 이해되는) 고고학은 지역들과 그 다중 시간성의 '제4의 차원'에 대한 어떤 통치권을 획득했다. 이런 고고학적 노력의 성공 여부는 그 노력으로 거둔 성취가 다른 분과학문들에 이로운 것으로 여겨지는지 여부에 의해 가늠될 수 있다. 얼마 동안

---

43. S. Davies and J. L. Davis, *Between Venice and Istanbul*; C. Mee and H. Forbes, *A Rough and Rocky Place*; J. L. Bintliff, "Reconstructing the Byzantine countryside."
44. S. E. Alcock and J. F. Cherry, *Side-by-Side Survey*; 또한 A. R. Knodell, T. C. Wilkinson, T. P. Leppard, and H. A. Orengo, "Survey archaeology in the Mediterranean world"를 보라.
45. 그렇지만 P. Halstead, "Studying the past in the present"와 Y. Hamilakis and A. Anagnostopoulos, "What is archaeological ethnography?"를 보라. 또한 V. Buchli and G. Lucas, *Archaeologies of the Contemporary Past*; R. Harrison and A. J. Schofield, *After Modernity*; A. González-Ruibal, *An Archaeolpgy of the Contemporary Era*; Witmore, *Old Lands*를 보라.

충분히 진척된 고고학적 노력이 거둔 성취의 부분적 결과에 힘입어 확대된 역사는 그것이 언제나 암묵적으로 존재했던 곳으로 진입하게 된다.[46] 예전에 역사가 감히 가지 못한 영역에서 안개를 걷어낸 고고학은 샤이억과 스메일이 고^{古}역사라고 일컫는 것이 되었다.[47] 물론, 그런 전개는 새로운 영토를 차지하는 것과 관계가 있는 만큼이나 (역사 연구로 여겨지는 것을 의문시함으로써) 자체의 선입견에서 탈피하는 분과학문으로서의 역사와도 관계가 있다.[48] 그런데 그런 영토는 이미 고고학자들에 의해 본질적으로 역사적인 것으로 잘 묘사되었다. 차일드에서 렌프류와 호더를 거쳐 그레이버와 윈그로에 이르기까지, 광범위한 이야기를 통해서, 고고학자들은 오래된 격실들을 파괴하고 더 광범위한 시간적 및 공간적 영역들로 확대했다.[49] 고고

---

46. P. Horden and N. Purcell, *The Corrupting Sea*와 A. Shryock and D. L. Smail, *Deep History*를 보라. 또한 Hodder, *Archaeology as Long-term History*; S. Souvatzi, A. Baysal, and E. L. Baysal, *Time and History in Prehistory*를 보라.
47. Shryock and Smail, *Deep History*, 13.
48. 19세기의 많은 역사가가, 선사 영역들에서 수행된 물질적 연구, 즉 분류되지 않은 사소한 것들의 수집품들에 관한 작업과 종종 연루된 연구를, 그 연구에 쏟은 에너지를 그 밖의 역사적 탐구 분야들에 쏟음으로써 더 만족했을 탁월한 정신들의 부담스러운 일탈 행위로 간주한 상황을 고려하라(C. V. Langlois and C. Seignobos, *Introduction aux études historiques*, 17). 역사 연구의 새로운 분야들로의 확대에 관한 일례에 대해서는 마틴 러드윅의 지구사 작업을 보라(M. J. S. Rudwick, *Earth's Deep History* [마틴 러드윅, 『지구의 깊은 역사』]).
49. V. G. Childe, *The Dawn of European Civilization*; C. Renfrew, *The Emer-*

학자들은 남겨진 찌꺼기, 그것의 비정합성, 평범성, 그리고 괴상한 편파성으로 인해 역사가 넘겨준 것을 통해서 작업했는데도, 이언 모리스는 그가 자명한 진실이라고 생각한 것을 공표했다. "고고학은 문화사일 따름이다."50 심원한 과거의 시간적 내용이 역사에 포함되도록 규정됨으로써 고고학자들은 다른 가능성들을 개방하기 위해 과거의 매체로 귀환했다.

고고학과 역사 사이의 낡은 분류학적 차이점들이 사라질 때 새로운 변별점들이 명시화되는 것은 우연의 일치에 불과한 것이 아니다.51 외부화된 선형적 시간에 의해 강화된 어떤 별개의 과거라는 배경으로 시작할 때 고고학적 객체는 단순히 현재 그러한 것일 수가 결코 없을 것이다.52 이런 선험적인 틀들

---

gence of Civilization; I. Hodder, *The Domestication of Europe*; D. Graeber and D. Wengrow, *The Dawn of Everything*. 또한 J. M. Diamond, *Guns, Germs, and Steel* [제레드 다이아몬드, 『총 균 쇠』]; I. Morris, *Why the West Rules* [이언 모리스, 『왜 서양이 지배하는가』]; C. Broodbank, *The Making of the Middle Sea*를 보라.

50. I. Morris, *Archaeology as Cultural History*, 3. J. Deetz, *In Small Things Forgotten*과 Olsen, *In Defense of Things*를 참조하라.

51. 이런 차이점들에 관해서는 D. L. Clarke, *Analytical Archaeology*를 보라. 그리스에 대해서는 Snodgrass, *An Archaeology of Greece*; I. Morris, "Archaeology, standards of living, and Greek economic history"; J. M. Hall, *A History of the Archaic Greek World, ca. 1200-479 BCE*; Hall, *Artifact and Artifice*를 보라.

52. Olsen, *In Defense of Things*; Oliver, *The Dark Abyss of Time*; Witmore, "Which archaeology?"

은 현재에 대한 고고학의 역할에 관한 새로운 이해가 출현함에 따라 얼마간 느슨해지기 시작했다. 동시에 민족지고고학과 중범위 연구가 보이지 않고 들리지 않으며 쓰여지지 않은 과거들을 더 잘 이해하기 위해 현재의 유사한 상황들을 사용하는 방식으로서 견인력을 획득함에 따라, 인류학에서 훈련받은 실천자들은 현재 자체에 관한 고고학적 연구를 옹호하는 주장을 펼쳤다.[53] 애초의 개입은 그 쟁점을 타임라인의 마지막 영역에 대한 권리를 주장하기 위한 노력의 일환으로 강조한 것이 아니라, 오히려 무엇이 고고학적 관심의 대상으로서의 자격을

---

53. '민족지고고학'은 고고학적 기록에 대한 관찰에 접근할 비교 준거들을 개발하기 위해 현대 사회들 내에서 이루어지는 활동들과 그 물질적 결과를 연구하는 분야이다. '중범위 이론'은 고고학자들이 현재 관찰하는 것과 그 고고학적 기록을 생성한 것으로 추정되는 과거 '과정들' 사이의 인식적 연계를 구축하려는 시도이다. 민족지고고학, 중범위 이론, 그리고 현재의 고고학 사이의 차이점들에 관해서는 L. R. Binford, *Nunamiut Ethnoarchaeology*와 L. R. Binford, *Bones*를 W. L. Rathje, "Modern material culture studies," W. L. Rathje and C. Murphy, *Rubbish!* 혹은 R. A. Gould and M. B. Schiffer, *Modern Material Culture*와 비교하라. 또한 A. González-Ruibal, "Ethnoarchaeology or simply archaeology?"를 보라. 그리스에서는 동시대 과거들에 관한 연구가 인류학의 더 광범위한 검토 사항에 속한 문화생태학이라는 독특한 형태를 띠었다 — M. H. Jameson, "A Greek countryside"; H. Koster, *The Ecology of Pastoralism in Relation to Changing Patterns of Land Use in the Northeast Peloponnese*; C. Chang, *The Archaeology of Contemporary Herding Sites in Greece*를 보고, 또한 H. Forbes, *Meaning and Identity in a Greek Landscape*를 보며, M. Fotiatis, "Modernity and the past-still-present"; Halstead, "Studying the past in the present"; A. Stroulia and S. B. Sutton, "Archaeological sites and local places"를 참조하라.

얻게 되는지에 관한 물음을 제기하기 위한 노력의 일환으로 강조하였다.[54] 이런 노력들이 있었음에도 불구하고 그것은 현재가 비고고학적 기반으로서의 금기적 지위를 상실하기에는 충분하지 않았고, 실천자들이 자신들이 지금 여기서 과거에 관여한다는 것을 인식하기에도 충분하지 않았다.[55] 선사의 규정이 이루어진 이후로 고고학은 선사의 사물들을 발굴하고 분류하며 측정했다. 그 과거의 바탕을 역사가들이 텍스트적 기록을 사용하는 실천에 둠으로써 고고학은 역사를 위한 기반을 마련했다. 그것들이 봉인된 퇴적물이든 매장물이든 또는 테라스 벽이든 간에 사물들의 무게는 언제나 그것들이 다른 한 영역에서 봉인된 과거에 대하여 이야기하리라는 기대로 가늠되었고, 그리하여 고고학은 자신의 사물들을 그것들 자체가 아닌 무언가의 파생물인 것으로 간주했다.[56] 두 세기 동안 고고학적

---

54. Buchli and Lucas, *Archaeologies of the Contemporary Past*; Witmore, "Which archaeology?" 깊고 멀리 떨어진 시대들을 다루기 위해 발전한 어떤 한 분야의 엄청난 전복적 잠재력은 한 세대 이후에야 활용될 것이다. P. Graves-Brown, *Matter, Materiality, and Modern Culture*; A. González-Ruibal, "Time to destroy"; González-Ruibal, *An Archaeology of the Contemporary Era*; C. Holtorf and A. Piccini, *Contemporary Archaeologies*; Harrison and Schofield, *After Modernity*를 보라.

55. L. R. Binford, *In Pursuits of the Past*.

56. 이런 변색되지 않은 과거에 의거하여 평가받게 되면 고고학의 사물들은 언제나 무언가 부족한 것으로 여겨진다(Olsen, Shanks, Webmoor, and Witmore, *Archaeology*, 17~35에서 제시된 논의를 보라).

객체들의 진실은 고고학 자체가 가늠했었던 거리만큼 그 자체로부터 떨어져 있었다.[57]

흙으로 뒤덮인 석판, 묻힌 벽, 잊힌 그릇 속에 잠복하여 있던 것은 인간의 역사도 아니었고 존재했던 과거도 아니었다. 오히려 그것은 과거가 현실로 나타났었던 것이다. 그리고 현실로 나타났었던 것은 현재 바로 여기에 있는 현실적 사물들이었다.[58] 이런 잠복성은 (올리비에, 비요나르 올센, 그리고 그 밖의 사람들이 주장했듯이) 사물들과 관련이 있기보다는 오히려 무의식적이고 평범하고 특이하며 독특한 일종의 기억과 관련이 있다.[59] 그런데 잠복하여 있는 것이 기억에 의해 완전히 압

---

57. 여기서 경제성과 한정성을 위해 사태를 대단히 단순화하는 위트모어의 역사적 서사에 대한 논평이 필요하다. 더 중요하게도, 마치 언덕 아래로 굴러 내려가는 공이 계속해서 자신의 무게와 힘을 증가시키는 것처럼, 위트모어는 타임라인을 사용하여 그런 선형적 서사의 세속적 권력을 부각한다. 단순히 저작을 맨 끝에 둠으로써 그 저작이 잠재력을 획득하고 심지어 이런 진실을 언급하고자 한 이전의 시도들을 배제하는 한에서 현재의 글쓰기에 회고적 이점이 수반된다는 것은 잘 알려져 있다.

58. Olivier, *Le sombre abîme du temps*; Olsen, Shanks, Webmoor, and Witmore, *Archaeology*; Shanks, *The Archaeological Imagination*; 또한 R. Hingley, "Living landscape." 고고학적 과거의 변형적 본성은 형성 이론의 주요한 전제이다(Schiffer, *Formation Processes of the Archaeological Record*; 또한 Lucas, *Understanding the Archaeological Record*, 74~123을 보라). 사물들은 자신의 성질들과 우연한 사건들을 통해 자신의 변형과 관련된 무언가를 드러낸다. 그럼에도 객체들의 변형은 외관상 과정들로 얼버무려질 수 있을 뿐인데, 왜냐하면 이 과정들은 언제나 특정 존재자들 사이의 관계들을 통해서 생겨나기 때문이다.

축될 수는 없다. 왜냐하면 기억은 자신의 과거를 넘어서는 잉여 실재를 보유하고 있는 문턱 돌, 버려진 도로 구간, 또는 이전의 벌집 형태 무덤이 보유하는 많은 성질 중 하나에 불과하기 때문이다. 사실상 이 사물들이 간직하는 기억, 그것들이 안정화하는 옛날의 현존은 그것들에 속하며, 그리고 그것들의 과거들은 그 분절의 복잡한 경로를 따라 전개된 문턱들, 도로 구간들, 텅 빈 무덤들, 고고학자들, 그리고 그 밖의 다양한 사물과의 접촉과 교환으로부터 생성된 객체들이다.[60]

엄청난 노력을 통해서 (이제 역사적 환경으로 평가받는 심층을 갖춘) 과거는 우리 앞의 우물 — 우리로 하여금 잘 측정된 거리를 두고서 분리된 그 이전의 범위를 사색하도록 이끄는 것 — 에서, 우리와 더불어 그리고 우리에 앞서 이루어진 성취들과 방향들, 기억들로서의 과거들로 전환된다. 이 과거들이 사물들로 그리고 사물들 사이에서 작업하는 것의 잠정적 결과로서

---

59. 이런 잠복성은 이 사물들이 전면에 내세우는 과거성의 한 양태이다. Olsen, *In Defense of Things*; Oliver, *The Dark Abyss of Time*을 보라. 또한 A. Jones, *Memory and Material Culture*; Lucas, *Understanding the Archaeological Record*를 보라. H. Bergson, *Matter and Memory* [앙리 베르그손, 『물질과 기억』]; H. U. Gumbrecht, *After 1945*, 23~4를 참조하라.
60. 여기서 위트모어는 성취로서의 과거 개념(Olsen, Shanks, Webmoor, and Witmore, *Archaeology*; Witmore, "Which archaeology?"; Witmore, "No past but within things")을 "모든 개념은 즉시 하나의 새로운 객체를 생성한다"라는 하먼의 주장(Harman, *The Quadruple Object*, 117 [하먼, 『쿼드러플 오브젝트』])과 연결시키고 있다.

출현한다면, 그것들의 불균질성은 남아 있는 것의 순전한 특정성에 대한 충실성을 통해서 증가하는 한편, 창조적 가능성을 위한 여지는 두드러지게 넓어진다. 바로 여기서 고고학에 관한 또 다른 이해와 시간의 또 다른 의미가 드러나게 된다. 바로 여기서 지금까지는 오로지 인간의 물질적 유물을 통해서 인간의 과거를 조사하는 연구로 규정되었던 고고학에 대한 다른 정의가 이루어지게 된다. 이제 고고학은 과거, 현재, 그리고 미래에 유용한 이야기, 알레고리, 교훈, 또는 이해를 생성할 목적으로 사물들을 연구하는 작업을 구성한다.[61] 고고학은 고대성의 시간을 분류하는 것에서 그 자체가 시간의 고대성에 상응하는 분류하기를 동원하여 당당히 작업하는 것으로 확대된다.[62]

B. 절편(들) : 2012년 나프폴리오에서 카자르마까지

그리스의 70번 국도(에트니키 오도스^{Ethniki Odos} 70, 그러므

---

61. Olsen, Shanks, Webmoor, and Witmore, *Archaeology* ; Shanks, *The Archaeological Imagination* ; Witmore, "Which archaeology?" ; Nativ and Lucas, "Archaeology without antiquity."
62. 여기서 위트모어는 『조각상』에서 세르가 제시한 고대성의 시간과 시간의 고대성 사이의 구분에 근거를 두고 있다(M. Serres, *Statues: The Second Book of Foundations*, 193). 「시간의 고대성」이라는 이 시론은 그 제목을 바로 세르의 구분으로부터 취한다.

로 이하 EO70)는 근대 그리스의 첫 수도였던 나프폴리오라는 소도시와 의술의 신이 된 영웅-치료사 아스클레피오스에게 바쳐진 에피다우로스라는 왕년의 성역 사이에 뻗어 있다. 이 도로의 처음 5킬로미터를 가로지르게 되면, 포세이돈의 아들 [나프폴리오스] 이름을 따서 명명된 곳, 수천 년 동안 항구로서 중요한 곳에서 출발하여, 해체된 베네치아 성채의 잔해로 가득 찬 이전의 습지를 거쳐, 오래가지 못한 수도首都에 대하여 19세기에 이루어진 설계에 따라 배치된 열린 공간들을 가로질러, 1억 2천만 년도 더 전에 석회암 덩어리가 융기하여 형성되었고 17세기 말에 세워진 거대한 요새가 꼭대기에 있는 팔라미디 언덕의 기슭을 따라, 프로노이아라는 구시가지, 그리고 교통·혼란·소음이 넘쳐나는 지역인 신시가지의 다양한 상점과 식당, 아파트를 지나서, 2000년에 유럽연합이 사용을 금지하기 이전에 유연 휘발유를 연료로 삼은 자동차들의 배기가스와 함께 방출되었거나 또는 촉매 변환기에서 방출된 중금속으로 오염된 도로변 토양을 지나서, 문화 센터로 바뀐 이전의 안토스/키크노스 통조림 공장을 지나서, 1980년대에 이루어진 고고학적 발굴로 신석기 시대에서 초기 및 후기 헬라딕 시대에까지 이르는 유적이 드러났던 아기오스 블라시오스를 지나서, 낮은 석회암 산맥 북쪽 끝의 보우노-아리아스를 우회하여, 이전에 친수성 감귤나무의 구애를 받지 않은 작은 땅덩어리에서 토양이 사백 세대 동안 변해버린 아시니의 우거진 평원을 가로질러, 사이프러스 나무 군집들이 단속적으로 나타나는 도로의 부분을 따라, 감귤 과수원들·올리브 과수원들·경작지들과 농부들의 암묵적인 동의하에 갓길, 울타리, 또는 가로수길로 유지되는 그 경계들로 이루어진 지역을 관통하여, 벽으로 둘러싸인 새로운 사유지들, 불법의 쓰레기장들, 그리고 현재 바닷물이 부분적으로 침투한 깊은 대수층을 개방하는 시추정들을 가로질러, 19세기 말에 이주된 양치기 가족들이 정착한 마을인 피르기오티카 아래에서 올라가는 배수 협곡과 나란히, 저지대의 올리브나무가 산재된 카스트라키아로 알려진 언덕, 1990년대에 한 지역 농부에 의해 콘크리트 저수조를 위한 돌 덮개로 활용된, 2,400년이 된 사각형 탑의 유적이 꼭대기에 있는 언덕에 이르게 된다.[63] 어떤 고고학적 관점에 의해 허용된 비스듬한 각도에서 바라보면, 이런 5킬로미터의 도로 부분을 따라 모이는 당혹스러울 정도로 다양한 사물은 다양한 과거가 현실화

---

63. 그 농부에 대하여 고고학 감독관위원회가 제기한 소송에도 불구하고 그 저수조는 2012년 6월에도 여전히 그의 올리브나무들에 물을 공급했다(Witmore, *Old Lands*, 318~20). 촉매 변환기에서 방출되는 중금속 배기가스에 관해서는 K. E. Jarvis, S. J. Parry, and J. M. Piper, "Temporal and spatial studies of autocatalyst-derived platinum, rhodium, and palladium and selected vehicle derived traces in the environment"를 보라. 감귤 경작 이전의 아르고스 및 아시니 평원에 관해서는 H. Lehmann, *Argolis*를 보라.

카스트라키아

된 것으로서 나타났던 것이자 그 수명의 견지에서 파악된 것으로 여겨질 수 있을 것이다. 이런 도로의 연장과 공연共延적인 이 사물들은 다양한 지속의 다시간적 복합체를 형성하며, 그리고 그것들과 그 관계들로부터 우리는 어떤 다른 시간 감각을 얻을 수 있을 것이다. 이 점을 이해하기 위해, 십 년 전에 한 고고학자가 시도한 여행 경로대로 이 오래된 도로를 따라가면서 그 객체들(그리고 그것들이 망라하는 지역들)을 살펴보자.

카스트라키아 너머, 에피다우로스에 이르는 도로는 아스

프로브리시로 알려진 지역을 관통한다. 그 포장도로의 양쪽에는 콘크리트 주택들과 나란히, 기와지붕과 흙벽돌 상부구조를 갖춘, 버려진 공동주택들이 산재하여 있다. 그 도로는 오래된 것들과 버려진 것들로 가득 차 있다. 지금은 많은 곳에 올리브 나무들이 심어진, 대체로 무시되는 경작지들 사이에 멀찍이 위치함으로써 새로운 것들과 콘크리트로 만든 것들은 거리를 유지한다. 이쪽으로 이어져 있는 아스팔트 도로는 최근 넓혀졌고 직선화되었다. 경사도, 기복, 그리고 기반암의 영향 아래 넓은 곡선을 따라 나 있던 오래된 포장도로 표면의 일부는 직선형의 통행 경로에서 단절되어 있다. 이런 버려진 호弧로부터 그 도로는 카코 추오우로우미의 낮은 돌출부를 향해 언덕길을 올라간다. 옛날에 이 계곡에서 성장했던 유도된 식물군의 버려진 자손으로 가득 찬 주변 너머에는 소수의 방치된 농경지가 자리하고 있다. 테라스식 표면들로 형성된 이 경작지들은 마퀴 관목으로 덮인 석회암 경사지로부터 토양을 유지하기 위한 소수의 주름을 재생시키려고 최근에 이루어진 농경적 노력의 흔적을 나타낸다.

더 동쪽으로 칸디아에 이르는 도로 — 남쪽의 개선된 도로와 더불어 인접한 채석장들과 관련된 교통 체증으로 인해 이제는 그다지 통행하지 않는 도로 — 를 지나면서 나는 왼쪽에 노출된 가파른 경사면 도로가 오른쪽에 버려진 EO70의 더 많은 부분에 의해 묶여 있는 방식에 주목한다. 후자의 유적은 지금은 행해지지 않는 20세기 초기에서 중기까지의 도로 설계에 대한 표지 이상의 것을 제공하는데, 왜냐하면 이것은 오래된 길이기 때문이다. 에피다우로스에 이르는 19세기 수레 도로의 경로를 따라 건설된 현대의 자동차 도로는 그 경로의 대부분을 물려받았다. 그 수레 도로의 오래된 하부구조는 수정되었지만 말이다.

갈로우시의 키클로프스 석조 다리

이런 폐기의 패턴은 동쪽으로 수백 미터에 걸쳐 반복된다. 여기서 EO70은 두 돌출부 사이의 오목한 곳을 관통하는데, 이곳에서는 더 곧은 두 개의 도로절개면이 있으며, 그리고 그것들과 더불어 옛 도로의 더 단절된 두 개의 U자형 부분이 있다. 유럽 횡단 고속도로 표준에 익숙해진 여행자들, 대형 여행 버스를 탄 성급한 여행자들은 용도 폐기된 포장도로의 호형 조각들에 거의 주목하지 않는다. 그 조각들은, 지금은 버려진 포장도로 표면들을 농경지에 접근하기 위해 여전히 사용하는 몇몇 농부의 편의와 보이지 않는 주변부를 따라 불법적으로 쓰레기를 버리는 사람들의 편의에 맡겨져 있다.

곡률에 의해 요구되는 시간 지연이 자동차 이동성의 관점에서 과잉적인 것으로 경험되는 상황에 이르게 되면, 도로 단편들은 예전에 이 경사로들을 따라 이루어진 이동이 지금과는 상이한 어떤 속도와 강도에 의해 특징지어졌음을 시사한다. 바로 왼쪽에, 갈로우시 또는 아스프로크로마로 알려진 지역에 있는 한 협곡 위에 사백 미터 길이의 키클로프스 석조 다리 하나가 노출된 기반암에서 그 틈새가 좁아지는 부분을 가로지른다.[64] 그것의 내쌓기 아치 및 거석들의 받침대와 더불어 그

---

64. R. H. Simpson and D. K. Hagel, *Mycenaean Fortifications, Highways, Dams and Canals*, 158~9 ; J. Knauss, *Späthelladische Wasserbauten*, 71~8.

기묘한 형태에 의거하여 서기전 1400년과 서기전 1200년 사이에 세워진 것으로 추정되는 이 다리 위에 그리스 고고학청은 2005년에 마퀴와 그 밖의 무성한 관목들을 제거함으로써 4백 미터 길이의 보행로를 내었다.[65] 고대 도로 지반의 부분들이 복원되었다. 또다시, 어떤 청동기 시대 도로가 가끔 오는 관광객 또는 도보 여행 애호가의 보행자 통행을 떠받친다.

이 오목한 곳으로부터 새로운 자동차 도로가 에피다우로스의 방향으로 진로를 바꿔 나아간다. 농업 저지대 바로 위에, 보우노코르피의 마퀴가 덮인 경사로들을 직선으로 가로지르는 이 새로운 자동차 도로는 EO70의 남아 있는 도로를 우회하는데, 그리하여 그것이 통합하는 마을들, 교회들, 산들, 그리고 올리브나무의 작은 숲들과의 모든 직접적인 연계를 단절한다.[66] 지리와 단절된 그 자동차 도로는 계곡 중심에서 가장자리로 도약함으로써 어떤 고대의 움직임 패턴과 연관된 전경과 배경을 뒤집는다. 그것은 장애물들을 제거하고, 그리하여

---

65. C. Piteros, "Ergasies Diamorphosis – Anadeixes."
66. 이 우회로는 마르크 오제가 비장소(non-lieu)라고 일컫는 것을 구성한다(M. Augé, Non-places [마르크 오제, 『비장소』]). 비장소는 비관계적인 것으로, 농부들, 교차로들, 교차하는 하천들, 또는 구주콩나무들과의 관계들이 맺어지지도 않고 유지되지도 않는다. 비장소는 비역사적인 것으로, 비장소에서 우리는 역사를 구성하는 구조물들, 기념물들, 또는 장소들을 대면하지 않는다. 비장소는 정체성에 대한 어떤 관심도 결여하고 있다. "언어, 국소적 준거들, 삶의 비결의 형식화되지 않은 규칙들의 공모들"은 이 지형에 속하지 않는다.

EO70을 따라 놓여 있는 장소들에 대한 어떤 반복적인 경험을 파괴한다. 과잉적인 것에서 최적의 것으로 이행함으로써 이전에는 의무였던 것이 이제는 하나의 선택지로 경험되는 것이 된다. 아스클레피오스의 성역으로의 이동, 또는 더 남쪽 지점들로의 이동이 가속됨으로써 그 계곡을 통과하는 데 걸리는 시간은 단축된다. 자동차 도로가 옛날에 나프플리오에서 그 성역으로 도보 여행하는 데 걸렸던 시간을 6분의 1로 단축한다면, 그 새로운 자동차 도로를 이용함으로써 예전에 자동차로 여행하는 데 45분에서 1시간까지 걸렸던 것이 이제는 그 절반의 시간보다 더 적게 걸릴 것이다. 어떤 하부구조의 객체를 생성함에도 불구하고 그런 다양한 장소를 관통하여 불도저로 직선화하는 작업은 철저히 파괴적인 것으로 판명되었다.[67]

이렇게 해서 우리는 작업을 통한 개선에 관한 친숙한 이야기, 속도와 효율성으로 측정된 진보에 관한 친숙한 이야기로 윤색될 수 있을 것 – 곡물 또는 담배에서 올리브나무로 이행함으로써 농경지의 가치를 향상하기, 고대의 탑을 전용함으로써 관개 체계를 구축하기 – 을 만나게 된다. 콘크리트로 만들어진 새로운 주택들은 시끄러운 도로로부터 거리를 두고서 건설되었다. 버려진 흙벽돌 주택들은 교통이 시끄러운 자동차들로 이루어

---

67. González-Ruibal, "Time to destroy"를 보라.

지지 않았던 시기를 떠올리게 한다. '개선된' 도로 — 직선화된, 머캐덤 공법으로 포장된, 평탄화된, 넓혀진, 팬 구멍이 없도록 관리된 도로 — 를 따라 속도가 증가한다. 고고학자들이 여기를 살펴본다면, 그들은 변동에 관한 이제는 마찬가지로 친숙한 또 다른 이야기의 표식들 — 인구학적 변동, 농경지 또는 목가적 존재 양식의 부침 — 을 찾아낼 것이다. 고고학자들이 근거를 제시하는 데 주의를 기울인다면, 그들은 다수의 농경적 생활양식과의 심대한 단절을, 수천 년 동안 측정된 객체들과 그것들의 반복적 관계들 내에서 다수의 지속을 뽑아낸 농경적 인류의 종말을 직면할 것이다.[68] 지역적 씨앗과 용품, 독특한 곡물과 콩류, 다양한 토양이 품은 수분 함량의 계절적 변화, 괭이로 파헤쳐진 땅, 소가 끄는 쟁기로 갈린 밭, 마을에서 경작지 또는 과수원으로의 왕복 운동 — 그런 객체들과 관계들은 이 계곡에서 거의 제거되었다.

그 새로운 자동차 도로의 입구에서부터 EO70은 큰 곡률을 지닌 더 얇게 포장된 표면으로 유지되는 자신의 오래된 경로로 귀환한다. 그 언덕의 꼭대기에서 아라크네오의 헐벗은 고원이 멀리서 나타난다. 로마인 여행객 파우사니아스에 따르면,

---

68. C. Witmore, "The end of the Neolithic? At the emergence of the Anthropocene."

아라크네오의 헐벗은 고원을 배경으로 한 카자르마 언덕

이 산 위에는 제우스와 헤라에게 바치는 제단들이 있었다. 이 제단들에서 농부들은 가뭄 시기에 제물을 바쳤다. 앞으로 그 도로는 계속해서 굽어지는데, 경사면들은 산재한 올리브나무들의 작은 숲들로 덮여 있다. 그 너머, 바로 왼쪽으로, 아기오스 이오아니스라는 마을 근처의 한 도랑에 두 번째 키클로프스 석조 다리, 즉 카자르마 다리가 있다.[69] 이 다리들의 배치 덕

---

69. 또한 이 다리는 아르카디코 다리로 알려져 있다(R. Hope Simpson, "The Mycenaean highways"를 보라).

2장 시간의 고대성 : 그리스의 객체들

분에 이 언덕들을 따라 평평한 윤곽을 좇음으로써 경사면과 방해물을 피한 청동기 시대 도로가 현시된다. 그것의 경로는 경사도, 기반암, 그리고 배수에 의해 좌우되었다. 그것의 다져진 표면들은 테라스식의 큰 바위들에 의해 강화되었다. 이 도로가 균일한 경사도로 얻은 것은 그것이 연결한 장소들 사이의 속도에 의해 상쇄된다.

그 도랑에서부터 그 도로는 1차선 다리 위에서 한 협곡 너머로 급선회하여 지나간 다음에 어떤 한 언덕의 남쪽 기슭 주위를 훑고 지나간다. 폐허들과 질그릇 조각들로 뒤덮인 이 언덕의 꼭대기에는 『황금가지』의 저자로 유명한 제임스 프레이저 경이 "펠로폰네소스반도 전역에서 가장 잘 보존된 고대의 요새 중 하나"로 서술한 것이 세워져 있다.[70] 그리고 이것으로부터 그 지역을 가리키는 지명, 즉 카자르마 또는 카사르미(어쩌면 베네치아의 '카사 디 아르마'Casa di Arma에서 비롯되었을 것이다)가 파생된다. 그곳에서는 트리아스기-쥐라기의 석회암 노두들이 높이가 6미터에 이르는 다각형의 성벽들을 어쩌면 서기전 4세기부터 지지했을 것이며, 그리고 그 성벽들은 훨씬 나중의 한 요새의 벽을 실현시켰다. 다만 그 요새가 세워진 정확한 시기는 지속적인 고고학적 개입을 통해서 명백해져야 한

---

70. J. G. Frazer, *Pausanias's Description of Greece*, vol.3, 232.

다. 앞으로 조금 더 나아가면(아기오스 이오아니스라는 작은 마을 내에서 대략 400미터 나아가면) 어떤 붕괴된 미케네의 벌집 형태 무덤의 유적이 카자르마의 남쪽 경사지에 잔존한다. 귀리와 마디풀, 흑겨자와 큰엉겅퀴가 무성하고 태양과 비에 노출된 이 폐허는 그것이 한때 보유했던 매장물들이 텅 비어진 채로 자리하고 있다.

나프플리오에서 19세기 옛 차도의 경로를 따라가면, EO70의 노선이 키클로프스 석조 다리들, 오래된 성채들, 그리고 망루들의 열에 가깝다는 사실이, 양치기들과 양들, 순례자들과 멍에를 멘 황소들, 여행자들과 그 탈것들이 수천 년 동안 감안한 끈기와 성실성을 시사한다. 지세는 아르고스에서 직선 도로를 따라 이루어진 고대 아르고스인 석공들과 아르고스의 흑석, 다수의 아르고스인 순례자의 여행들, 그리고 나중에 『페리에게시스 헬라도스』 또는 『그리스에 대한 묘사』를 저술한 로마 안토니누스 시대의 저자인 파우사니아스의 여행을 위한 조직의 영속적인 외피를 제공한다.[71] 역사적으로 알려져 있듯이, 북유럽인들은 파우사니아스의 안내서를 휴대하고서 이 오래된 길을 되밟았는데, 특히 윌리엄 겔 경, 에드워드 도드웰, 윌리

---

71. 아르고스의 흑석 수송에 관해서는 A. Burford, *The Greek Temple Builders at Epidauros*를 보라.

카자르마 요새

엄 마틴 리크, 퓌용 드 보블레이, 그리고 에른스트 쿠르티우스가 그러했다. 파우사니아스의 안내서를 손수 번역하여 1898년에 여섯 권으로 출간한 책에 대한 포괄적인 논평을 저술하면서 프레이저는 거트루드 벨과 아스클레피오스의 성역을 발굴한 파나이오티스 카바디아스를 비롯한 고고학자들이 그랬듯이, 나프폴리오에서 순탄한 길을 택했다. 그들은 모두 이쪽 방향으로 지나갔으며, 그들이 기록한 풍성한 묘사는 이 오래된 길에 생겨난 차이들에 관한 유동적 이미지를, 즉 시간을 암시하는 표식으로서의 불일치들을 드러내는 유동적 이미지를 보여준다.

아기오스 이오아니스, 아르카디코, 그리고 기아노울레이카 마을들의 농경 공동체 구성원들 – 역사에 절대 관여하지 않았던 사람들 – 도 이 오래된 길을 따라 통행했다. 그들은 자신들의 일상적인 용무를 통해서 다른 사람들이 놓친 지속과 변화를 감지했다. 그들은 자신들의 반복 행위들을 통해서 그 노동 과정 중에 노출된, 이전에는 보이지 않았던 돌들과 마주쳤다. 1990년대 말에 [그리스] 볼로스대학교의 교수 이아니스 피코울라스는 이 지역을 산책하면서 지역 카페들에서 마을 사람들에게 질문했다. "잊힌 탑들, 도로들, 또는 무성했던 돌들에 관한 더 많은 기억이 있습니까?"[72] 그런 작업을 통해서 그 과거들의 일부가 역사로 귀환한다.

버려진 곡선 도로들이 나중에 형성된 경로와 더는 연계되지 않는다는 사실, 사람들이 더는 키클로프스 석조 다리들을 통행하지 않는다는 사실, 오래된 탑들이 더는 관찰을 용이하게 하지 않는다는 사실, 또는 옛날의 요새가 기이한 석벽으로

---

72. 피코울라스는 지역 주민에게 그들 지역의 기록되지 않은 고대 유적지들에 관하여 이야기하는 것을 포함하는 '카페니온(kafeneion) 방법'으로 유명했다. Y. Pikoulas, *Odikó díktyo kaí ámyna*를 보라.

구성되어 있다는 사실은 모두 변화와 변형을 시사한다. 그런데 이런 암시는 지속하고, 존속하고, 완고하며, 변형에 직면했을 때 더욱 명백해지는 사물/객체와 대조를 이루는 것으로서 생겨난다. 사실상, 겹쳐지는 가는 실들처럼, 오래된 EO70의 경로가 적어도 삼천 년 동안 두드러지게 안정된 채로 남아 있는 경로에서 거의 벗어나지 않았다는 것은 놀랍지 않은가? 이 잔해는 현재를 조건 짓고 현재를 이해할 수 있게 한다. 객체들과 변형들로부터 어떤 심층 시간에 대한 우리의 감각이 비롯되지만, 여기서는 고려되어야 할 것이 훨씬 더 많이 있다.

미케네 문명 시기의 다리와 아스팔트 도로의 병치는 시간을 생성한다. 그 이유는 이것들이 상이한 지속들을 갖추고서 인접해 있는 두 가지 물질적 사물이기 때문이 아니라 오히려 후기 청동기 시대의 다리가 포장 국도에 형태를 부여하는 오래된 차도가 취한 노선에 차이를 만들어 내기 때문이다. 그리고 나중에 건설된 이 도로들의 새로운 경로들이 넓은 곡선 형태로 세워진 그 울퉁불퉁한 다리를 교통에 대하여 쓸모없게 만들기 때문이다. 청동기 시대의 다리는 그 건설 시기에서 수천 년 떨어진 경로들에 영향을 미친다. 어떤 새로운 객체는 차륜 교통에 대한 움직임과 연합의 더 오래된 생태를 교란하며, 그리고 이동 속도는 어떤 매끈한 수평면 위에서 두 방향으로 동시에 증가한다. 또한 더는 일상적 통행을 통해서 닳지 않게 되는 미케네 문명 시기의 다리들에 미치는 소급적 효과가 있다. 그것들은 채석장으로 사용될 수 있게 되거나, 또는 특이하고 잃어버리기 쉬운 것으로 경험됨으로써 보호 유산으로서 예외적인 것의 층위로 격상될 수 있게 될 것이다. 이것들은 유럽에서 가장 오랫동안 존속한 다리들이다. 유럽 횡단 고속도로 표준에 따라 건설된 어떤 새로운 자동차 도로의 평평하고 연속적인 표면은 그 밖의 다른 곳에서와 마찬가지로 지역성이 박탈된 것처럼 보인다. 그 경로를 따라가면서 옛날 농경 노동의 사라져 가는 낡아빠진 할리퀸 패치워크를 인지하는 사람은 거의 없다. 그런데 그 새로운 우회로는 오래된 패턴 – 원초적 경사면, 기반암과 협곡, 고대의 토지 소유, 정착, 그리고 종교적 색채가 짙은 문화적 기반의 영향을 받은 패턴 – 과 단절되더라도, 올리브 나무 터의 남쪽 경계와 코피노 계곡 전체의 지속적인 윤곽은 계

코피노 계곡

속해서 20세기 후기 하부구조의 방향을 결정한다. 그 우회로는 그 계곡을 통과하는 움직임에 주요한 변화를 초래하더라도 어느 도착지로의 이동에 대한 기대를 재구성한다. 고대에 순례자들과 허약한 사람들을 끌어들인 주요 장소였던 아스클레피오스의 고대 성역은 지역 주민과 관광객들을 위한 명소로서 귀환한다.

C. 주름들과 균열들 : 2014년 미케네

죽은 미생물들이 바다 바닥에 쌓이는 확고부동한 해저 침전 현상으로 대략 2억 년 전에 형성되기 시작한 석회암 노두의 가장자리들은 서기전 13세기에 건립된 거대한 성벽들의 경로를 규정한다. 기반암과 키클로프스 석조 성벽들은 모든 방문객이 사자문獅子門을 통해서 미케네로 들어가기 위해 통과해야 하는 콘크리트 경로의 방향을 정한다. 그것의 육중한 문턱 위에, 그것의 거대한 인방引枋 아래에 과거의 무덤 지반이 자리하고 있다. 일군의 무덤은 대략 열 세대 전에 매장된 다음에 훨씬 더 큰 묘역에서 분리되었다. 돌기둥들로 표시되고, 이중 열로 서 있는 석판들로 에워싸이고, 성채의 한 새로운 성곽으로 둘러싸인 이 한정된 죽은 자들의 영역은 삼천여 년 전에 살아 있는 자들의 장소를 정당화하는 데 활용되었다. 어쩌면 아트

레우스 가문에서, 신의 은총을 받은, '왕에게 어울리는' 자아의 자리로서 형성된, 성채의 가장 안쪽에 있는 언덕은 호메로스의 유명한 영주들이 그들의 잘 지어진 신전을 포기한 지 일천 년 후에 세워진, 잊힌 신들에게 바쳐진 신전을 위한 기초를 제공했다. 오늘날 당신도 나도 그리고 누구나 이 경로들을 따라서 이 성벽 옆을 걷고, 이 문을 통과하고, 이 에워싸인 장소 안을 돌아다닐 수 있다. 우리 방문객들의 움직임은 후속적으로 일천 년 이상 거주하는 동안 이루어진 성취를 안정화하는 후기 청동기 시대에 배치된 건축적 형태들에 의해, 초기 쥐라기 시대에 뿌리를 둔 단단한 지질학적 형태들에 의해 인도된다.

전쟁 그리고/또는 화재는 취약한 것 — 기록 문서, 비축된 기름과 곡물, 나무 그릇, 말린 과일, 딱딱해진 빵, 오븐, 관료제적 지위, 살림, 금고와 뒤엎어진 재물, 높은 기둥의 텅 빈 신전, 프레스코화, 소중한 가보, 중히 여겨진 의복, 호화로운 천과 베틀, 한때 연인들이 뒹굴었던 침대, 가정집, 상아가 박힌 가구, 장화, 잘 가공된 방패, 채색된 작은 조각상과 신성한 제단, 염소, 말과 전차, 황소와 수레, 악기, 아동용 인형 — 을 파괴한다. 서기전 1200년경에 발생한 파괴 사태와 더불어 후기 헬라딕 시대 미케네의 호화로운 문화는 끝이 난다. 재점거 시기 이후, 서기전 1100년경에 또 한 번의 재앙에 가까운 사태가 이어진다. 초기 철기 시대에서 아르카이크 시대를 거쳐 고전 시대까지 이어지는 점거 상황에 대한 증거가 있는데, 서기전 468년에는 앙심을 품은 아르고스인들이 또 다른 미케네를 파괴했다. 나중에, 서기전 이삼 세기에 그 성채는 아르고스의 코메^{kôme}(지역 또는 지구)로서 다시 점령당한다. 일련의 연대들을 닫히거나 떨어져 있거나 인접하거나 또는 동연적^{同延的}인 것으로서 직선 위에 위치시켰을 때 파악하지 못하게 되는 것은 그 성채 자체의 얼개로부터 분리되는 것, 그 얼개 내부에서 떨어져 있거나 인접하거나 또는 동연적인 것이다. 사실상, 이것은 시간의 쟁점이라기보다는 오히려 공간의 쟁점으로 여겨질 수 있다. 존재와 부재, 인접과 소격.

이전에 묻히고 감춰졌던 오래된 암석들이 다시 드러나게 되었다. 이제는 방문객들이 사자문을 통과하여 여기저기 돌아다니지만, 이런 경험은 키리아코스 피타키스가 아테네 고고학회를 대표하여 통로 철거 작업을 감독한 1841년까지 셀 수 없이 많은 세대 동안 흙과 돌 아래에 묻혀 있었다.[73] 마찬가지로, 고분 내에서 노출된 구덩식 분묘에 대한 경관은 서기전 480년에 테르모필레 전투에 파견된 80명의 장갑 보병의 가족들로부터 수 미터 떨어져 있었는데, 그 사이는 돋움용 흙으로 채워졌다.[74] 18세기 말의 방울 달린 염소들이 방목되었던 땅 바로 아

---

73. S. E. Iakovidis, E. B. French, K. Shelton, C. Ioannides, A. Jensen, and J. Lavery, *Archaeological Atlas of Mycenae*, 2, 11.
74. 이 연대는 『역사』에서 헤로도토스에 의해 제시된다(Herodotus, *The Histo-*

래에 쌓인 퇴적물과 축적물은 현재 잊힌 채로 있다. 그것들은 독자적인 특이한 기억을, 어떤 텍스트보다도 더 끈질기게 붙잡아 두고 있었지만 사소하게 여겨졌고, 층서화된 맥락으로 명시화되지 않은 채로 파괴되었으며, 19세기 말에 이루어진 발굴의 여파로 폐기물 더미로 옮겨졌다.[75] 이제 옮겨진 사물들은 현재 잔존하는 사물들과 더는 인접하지 않고, 더는 동연적이지 않은 사물들이다. 종합적으로, 이 사례들은 위상학을 시사한다.

위상학은 일반적으로 연속적인 변형에 저항하거나 불변적인 형태들 또는 공간들의 특성들을 다루는 수학의 한 영역과 관련되어 있다.[76] 위상학은 이차원에서 서로 떨어져 있는 점들 사이의 주름들 또는 접힘들을 유지하는 불변의 장소들을 부각한다. 위상학은 안정적이고 잘 규정된 시간적 거리를 묘사하기보다는 오히려 한 평면 위에서 거리를 둔 채로 있는 점들 사이의 통로들과 접촉 이음매들을 묘사하는데, 그 천이 미케네처럼 찢기거나 산산이 조각나더라도 말이다. 위상학은 모든 종

---

ries, 7.202 [헤로도토스, 『역사』]).

75. K. Shelton, "The long lasting effect of Tsountas on the study of Mycenae." 또한 N. L. Klein, "Excavation of the Greek temples at Mycenae by the British School at Athens"를 보라.

76. M. Serres, *Les origines de la géométrie* ; Serres and Latour, *Conversation on Science, Culture, and Time*, 105. 또한 Witmore, "Landscape, time, topology" ; Shanks, *The Archaeological Imagination*, 112~7을 보라.

류의 토포스topos 또는 장소 — 어떤 주택의 방, 신체의 일부, 황도의 한 궁, 어떤 매장지, 어떤 텍스트의 한 구절, 또는 심지어 수사학 내의 한 화제나 주제 — 를 포함한다.

저기에-있음being-there의 현실적 근거에 속박된 방문객은 오늘날의 미케네가 어떤 측정된 직선의 타임라인에 따라 가늠된 거리만큼 떨어진 시대의 현재와 단절되지 않은 방식을 여실히 보여준다. 고대로부터 수백만 번 통행하면서 이루어진 샌들과 구두와 편상화編上靴, 발과 발굽과 수레의 미세한 마모에 덧붙여, 20세기에 걸쳐 수백만 명의 방문객들이 실행한 도보 통행으로 인해 거대한 역암礫岩 문턱이 닳게 되었다. 발을 끌고 문

미케네의 구덩식 분묘

지르면서 걷는 고대 군중에 의해 오랫동안 지속된 마모로 인해 석회화의 이삼백만 년 세월이 일천 년 동안에 무화된다. 느린 마모는 20세기의 새롭고 점점 잦아지는 통행으로 가속화된 다음 마침내 멈추게 된다. 보수 과정에서 최근에 추가된 경사로를 비롯하여 목제 발판들 덕분에 장기간에 걸쳐 이루어진 돌의 마모가 멈추게 되는데, 이는 아르고스의 코메$^{k\bar{o}me}$를 버린 여파로 축적된 잔해의 효과를 반복한다. 흙으로 덮이든 나무로 덮이든 간에 그 문턱은 그 위를 지나는 사람들의 통행량과 전적으로 무관하다. 그런데 석회화의 결합과 느린 마모의 기억은 나무망치와 금속 끌로 작업하는 어떤 한 끈질긴 석공이 몇 시간에 걸쳐 깎아서 만든 배수구 홈에서 사라져 버렸다. 이 사물들과 그 관계들은 시간이라는 천에 생겨난 주름들과 접힘들, 균열들과 찢김들을 시사한다.

1886년과 1902년 사이에 크리스토스 초운타스는 아카이아의 수도가 지닌 지속적인 면모들을 드러내기 위해 노력했다. 펠로프스 가문 치하의 미케네에 대한 이미지에 충실했던 초운타스는 수 세기 동안 혼합된 축적물을 드러내기 위해 당연시되었던 정상의 표토를 잘라내었다.[77] 헬레니즘 시대 신전 기초

---

[77] Shelton, "The long lasting effect of Tsountas on the study of Mycenae"를 보라.

의 남서쪽 부분을 허물어뜨림으로써 초운타스는 미케네 문명 시대의 왕들과 연관된 궁정과 인접 복도의 북쪽 벽을 드러내었다. 바람, 비, 그리고 태양에 수십 년간 노출된 채로 방치되어 있던, 기하학적 시기(대략 서기전 900년부터 700년까지의 시기)까지 거슬러 올라가는 신전 기반과 그 밖의 구조물들의 잔류물은 1920년과 1923년 사이에 궁정에서 제거되었다.[78] 슐리만 이전에는 석판 고리와 구덩식 분묘가 결코 공관共觀적으로 인접하지 않았던 것과 마찬가지로, 초운타스 이전에는 궁전 홀의 기초와 헬레니즘 시대 신전의 토대가 같은 날의 태양과 바람의 접촉에 노출된 적이 전혀 없었다. 한 관점에서 바라보면 완전히 시대착오적인 것이 다른 한 관점에서 바라보면 완전히 동시적인 것이다. 새로운 주름들, 접촉과 중첩의 영역들이 균열의 여파로 생겨난다. 대량의 충적토나 지층을 제거함으로써 고고학자들은 그 밖의 사람들이 수행했던 대로 미케네를 형성하는 데 관여한다. 고고학은 자신의 삽들, 모종삽들, 기관들, 실천자들, 옹호자들, 그리고 이야기들로 흙과 돌에 의해 잡힌 주름들을 가다듬는다. 오래된 사물들이 다시 모습을 드러내서 보존되거나 옮겨지거나 파괴될 때 미케네에서는 상이한 시기

---

78. Klein, "Excavation of the Greek temples at Mycenae by the British School at Athens," 253.

들이 펼쳐진다.

키클로프스의 작업에 귀속되는 경이로서 서기전 13세기에 세워진 돌들은 필시 서기전 468년에 또는 그해 직후에 아르고스인들에 의해 핵심 구역들로 옮겨졌을 것이다. 이 부분들은 그 성채를 아르고스의 코메로서 재점령한 사태의 일부로서 재건되었음이 확실하다. 형태의 차이들 — 키클로프스 석조, 마름돌 석조, 다각형 석조 — 은 석공들의 기술이 상이했음을 시사한다. 진동, 뿌리, 그리고 수천 년 동안의 방치로 인해 제거된 돌들은 1950년에 그리스 고고학청에 의해 다시 끼워졌다.[79] 돌로 잡히고 글로 쓰인 역사에 의해 강화된 주름들로 인해 후기 청동기 시대는 헬레니즘 시대와 인접하게 되고, 20세기 중엽과 동시적인 것이 된다.

또다시, 슐리만은 역사와 신화 사이에 그려진 선을 무시함으로 학술적 합의에 맞섰다.[80] 유럽 전통의 기원에 서 있는 수다스러운 호메로스와 더불어 슐리만은 이 잘 세워진 성벽들에 새로운 생명을 불어넣으려는 노력의 일환으로 이전에 알려지지 않은 것을 포섭하기 위해 밝혀지지 않은 거리를 가로질렀다. 상실되었다고 추정되는 무언가가 여기에 있는데, 그 시기는

---

79. Iakovidis, French, Shelton, Ioannides, Jensen, and Lavery, *Archaeological Atlas of Mycenae*.
80. A. J. B. Wace and F. H. Stubbings, *A Companion to Homer*, 325~6.

미케네의 다중시기 벽

언제인가? 학자들은 궁극적으로 호메로스가 초기 청동기 시대의 잊힌 위업에 대한 끈질긴 기억을 보존하기보다는 오히려 오랫동안 지속되지만 조용한 돌들에 붙인 이야기를 진술한다고 간주하게 될 것이다.[81] 그들은 그 텍스트를 위대한 왕 이후 4~5세기가 지난 후 어떤 영웅적 과거와 연관된 폐허 사이에서 초기 철기 시대에 형성되는 그리스와 연관시킬 것이다.[82] 그 텍스트를 하나의 복합적 다양체로 간주하는 사람들도 있을 것이다.[83] 그것 역시 여러 시기로 찢기고 주름져 있다.[84]

---

81. 이런 연상은, 호메로스가 묘사한 것과는 달리 조직된 사회를 암시하는 객체들이 드러나게 된 1952년에 선형문자 B에 대한 판독이 이루어질 때까지 지속되었다(M. I. Finley, *The World of Odysseus*를 보라).
82. I. Morris, "The use and abuse of Homer."
83. G. Nagy, *Homeric Questions*를 보라. 또한 Casey Dué and Mary Ebbott,

뮤즈들에게 바쳐진 미케네는 오늘날 하나의 박물관이다. 규정된 경로들, 전망대들, 정보 표지판들, 숫자가 매겨진 여정이 도시된 지도들, 호각을 휴대한 현장 경비들, 전시 공간은 모두 군중을 조건 짓는다.[85] 여기서 거리는 비상선이 쳐진 구역들, 종료와 교체가 있는 타임라인, 전시와 더빙된 오버레이의 공간에 의해 유지된다. 여기서 위상학적 접힘은 소격의 형태들로 생겨난다. 메가론megaron은 미케네 문명 시대의 '궁전', 헬레니즘 시대의 신전, 그리고 박물관의 전시 공간을 특징짓는 '거대한 홀'을 뜻한다 — 그것들은 모두 유치하고 분리하며, 한정하고 분할한다. 그 세 가지는 모두 위계를 유지하는데, 이곳에는 관찰자들을 집중시키는 영역을 두고 저곳에는 강자의 지위를 확인시키기 위한 영역을 둔다. 화덕 위에는 영주가 왕좌에 앉아 있다. 작은 방 위에는 여신의 조각상이 감춰져 있다. 페이지 위에는 존재했던 과거가 고정되어 있다. 너무나 익숙한 이런 형태들의 반복은 오늘날의 미케네, 헬레니즘 시대 코메로서의 미케네, 그리고 청동기 시대 왕 치하의 미케네 사이의 공통 토

The Homer Multitext Project : http://www.homermultitext.org를 보라.
84. 물론, 이것은 호메로스 서사시의 객체성의 관점보다 그 서사시 자체의 텍스트성의 관점에서 이해되었다. 텍스트의 복합적 다양성은 후기 해석학, 수용 이론, 그리고 포스트구조주의의 한 면모이다(B. Olsen, "Scenes from a troubled engagement"를 보라).
85. Witmore, *Old Lands*, 149~65.

포스를 창출한다.

D. 사물들 : 근접성, 공생, 창발

과거를, 완결되고 그 자체의 제한 경계 안에 한정되며 그리하여 현재와 격리된 것으로 간주하는 근대 역사주의에 이의를 제기하는 사물은 무수히 많다.[86] 끊임없는 진보와 확고부동한 진전이 어떤 선형적인 대체적 궤적을 따라 이루어지는 것처럼 보일지라도, 기술의 행진도 약화되지 않는 발전 속도도 과거와의 명백한 단절을 현시하지 않는다.[87] 미케네에서는 현재와 같은 장소에 자리하는 하나의 불가피한 과거가 석회암 노두, 거대한 성벽, 환상 열석, 흙에 덮인 기초, 또는 묻힌 토기의 존속하는 끈질긴 성향에 견인된 채로 가만히 있다. 그런 완고한 배경에서 변화는 모이는 것과 흩어지는 것의 병치를 통해서 목격될 수 있다. (수천 년에 걸쳐 일사천리로 퇴적된) 표토는 성채의 내부에서 제거된 한편으로, 높은 성벽들, 새로운 경로들, 표지판들, 비상선들, 그리고 이전에 아무 관계도 없던 사물들 사이의

---

86. Olsen, *In Defense of Things*; Tamm and Olivier, *Rethinking Historical Time*.
87. Latour, *We Have Never Been Modern*. [라투르, 『우리는 결코 근대인이었던 적이 없다』.]

공관적 병치들은 증식되었다. 그리하여 이러한 사물들의 재배치는 현재에 점점 더 다양해지는 과거를 부여하게 되는데, 이 과거들이 일정치 않고 파편적이며 헝클어진 것일지라도 말이다.[88] 이 과거들은 순차적이지 않다. 그것들은 시간의 직선의 아니라 연대 측정의 직선을 따라 이루어지는 일련의 교체로 정렬되지 않는다.[89] 그것들은 동시적이고, 자체 과거의 무언가를 간직하면서 변화를 암시하고 시간을 생성하는 무수히 많은 사물 사이에서 동시에 발생한다. 다시 한번 처음으로 돌아가자.

슐리만이 기록된 전통과 자신이 미케네에서 찾아낸 사물들을 혼동한 행위는 다른 사람들이 자신의 현재를 과거와 연계하는 연속체의 윤곽을 부각하는 길을 열었다. 20세기에 접어든 후에 카로는 스타마타키스에 의해 수행된 후속 발굴에 의존하여 (고대학Altertumwissenshaft이라는 독일 전통의 관점에서) 원형 무덤들, 구덩식 분묘들, 그리고 특히 발견물들에 대한 포괄적이고 상세한 분석을 실행했다.[90] 나중에 초운타스, 케라

---

88. Olsen, *In Defense of Things*; Olsen, "After interpretation"을 보라.
89. Serres and Latour, *Conversation on Science, Culture, and Time*; Witmore, "Vision, media, noise and the percolation of time"; Witmore, "Landscape, time, topology"; Witmore, "Which archaeology?"
90. G. Karo, "Die Schachtgräber von Mykenai"; G. Karo, *Die Schachtgräber von Mykenai*. '고대학'(Altertumwissenschaft)은 모든 발견물에 동일한 관심을 기울이는 고대에 관한 학문이다. 카로의 노력은 전문적 학문성의 표준을 슐리만의 발굴에 적용했다는 이유로 찬양받는다(F. Matz, "Georg Karo,"

모포울로스, 와스 등은 남겨진 것을 파악하려는 시도로서 이전에 조사되지 않은 돌들 아래에 그리고 성벽들 사이에 있는 움푹 들어간 곳들을 샅샅이 훑었다. 꼼꼼한 유형학 작업을 통해서 도자기들은 모양, 얼개, 그리고 장식의 유사성에 의거하여 조직되었다.[91] 층서학적으로 정렬된 맥락에 대하여 이 재료들을 검증함으로써 고고학자들은 도자기의 양식적 진화를 규정하는 순차적인 발전 계열들을 구축했다.[92] 이 계열들이 더욱더 다듬어짐에 따라 그들은 미케네 전역과 그 밖의 다른 곳들에서 발견된 이집트로부터의 수입품들을 사용하여 연대기적 시간이 더 확고했던 이집트와의 상관관계를 확립했다. 그리스의 청동기 시대는 세 단계로 나뉘었는데, 요컨대 이집트의 고왕국, 중왕국, 그리고 신왕국에 대충 해당하는 초기 청동기 시대, 중기 청동기 시대, 그리고 후기 청동기 시대로 구분되었

---

639 ; G. E. Mylonas, *Ancient Mycenae*, 103, 주1을 보라 ; 또한 J. L. Davis, "That special atmosphere outside of national boundaries"를 보라). 스타마타키스의 작업에 관해서는 A. J. N. W. Prag, L. Papazoglou-Manioudaki, R. A. H. Neave, D. Smith, J. H. Musgrave, and A. Nafplioti, "Mycenae revisited Part I"을 보라 ; 또한 C. Tsountas and J. I. Manatt, *The Mycenaean Age*, 83~114 ; K. Demakopoulou, Troy, *Mycenae, Tiryns, Orchomenos*, 101을 보라.

91. A. Furumark, *The Mycenaean Pottery : Analysis and Classification* ; A. Furumark, *The Mycenaean Pottery : The Chronology*.

92. 슐리만은 그리스에서 층서학의 실용적 유용성을 이해한 최초의 인물 중 하나였다는 점을 인식해야 한다. A. J. B. Wace, *Mycenae, an Archaeological History and Guide*, 10을 보라.

다.⁹³ 연속체, 즉 잇따른 상대적 편년들과 미케네 문명의 전개에 윤곽을 부여하는 것은 중기 헬라딕 시대와 후기 헬라딕 시대를 가로질러 마련되었다. 현존하든 후속적으로 발굴되든 간에 미케네의 모든 객체는 이런 시대구분에 대하여 틀 지어질 것이다.

지식을 구성하는 데 필요할지라도 연속체의 분할은, 후기 헬라딕 시대를 삼분 도식으로 구획하든 하루를 스물네 시간으로 구획하든 간에, 분할 체계에 관한 한 아무튼 임의적이다.⁹⁴ 그런데 우리는 후기 헬라딕 시대를, 마치 하루를 임의로 열 시간 또는 삼십 시간으로 재편할 수 있는 것처럼 열두 국면 또는 스무 국면으로 분할할 수는 없다. 후기 청동기 시대 국면들의 엄밀성은 도자기 유형학(오래 지속되고 널리 보급된 도자기 기술과 형태)의 미묘한 변화와 관련된 것이지, 시기를 산정할 수 있는 객체들과의 연관성을 통해서 그것이 변화되는 어떤 측정된 균질한 시간의 순차적인 정렬과 관련된 것이 아니다.⁹⁵ 어떤 층위에서 유형학은 도자기 그릇, 암포라, 또는 그 밖

---

93. Wace and Stubbings, *A Companion to Homer*, 332.
94. A. Ramenofsky, "The illusion of time"을 참조하라.
95. 앤 라메노프스키가 지적하듯이, 시간은 "뭉풍그려지지 않고 오히려 무한히 분할될 수 있다"(Ramenofsky, "The illusion of time," 75). 라메노프스키는 이 통찰을 편년에 확대하면서 편년적 단위들은 "발견될 수 없고" 오히려 그것들은 "개념적이고, 규정되며, 그리고 시간의 연속체에 부과된다"라고 주장한

의 객체들의 특유한 형태 변화에 상응한다. 형태는 현실적 객체들과의 협상을 통해서 창출되는데, 이것은 시기의 문제라기보다는 오히려 뒤섞이는 지속들을 통해서 시기를 산정하는 실천의 문제이다.[96]

공간 역시 임의로 분할할 수 있는 연속체로 구상될 수 있다. 나프플리오의 재건된 랜드 게이트와 카스트라키아의 고대 탑 사이의 거리는 5킬로미터, 즉 3.1마일 떨어져 있다. 공간적인 것은 지도제작자의 탁자 위 이차원 공간으로부터 좌표들과 측정된 선들의 표상 체계에 의해 규정되는데, 이것 역시 역사와 맺은 임의의 계약이다. 사실상, 절편은 기하학적 공간의 가장 단순한 형태 중 하나이다. 그런데 여기서 절편은 한 사물, 즉 EO70의 일부로 여겨진다. ['절편'이라는 한국어 낱말로 번

다. 이런 주장을 제기할 때 라메노프스키는 편년을 구성할 수 있게 하는 사물들을 인식하지 않은 채로 인간의 영역에 너무 많은 행위성을 부여한다. 편년이 분할되는 방식은 객체들의 미묘한 변화에 대한 인식에 의존한다. 라메노프스키 역시 인식하듯이, 난제는 고고학자들로 하여금 편년들을 하나의 연속체로 변환할 수 있게 하는 그런 변화들 사이의 지속 간격을 측정하는 방법이다. 후기 헬라딕 시대의 유형학에 관해서는 P. P. Betancourt, *Introduction to Aegean Art*, 156~61을 보라; 또한 S. Manning, "Chronology and terminology"; P. M. Warren and V. Hankey, *Aegean Bronze Age Chronology*를 보라. 고고학의 시대구분에 관해서는 G. Lucas, "Periodization in archaeology"를 보라.

96. 올리비에는 사실상 이것을 형태의 생물학에 의거하여 논의했다(Olivier, *The Dark Abyss of Time*, 149~77).

역되는] 영어 낱말 'segment'에서 'seg'는 '절단하다'를 뜻하는 라틴어 낱말 'secare'에서 비롯되었고 'ment'는 이 행위의 생산물을 뜻한다. EO70의 한 절편은 어떤 층위에서 임의적인 것처럼 보이지만, 하나의 소도시와 하나의 붕괴된 벌집 형태 무덤은 어떤 한 고고학자가 2012년에 그 절편의 한쪽 끝에서 다른 한쪽 끝으로 이동한 행위에 연루되어 있다. 근본적으로, 이것은 현실적 존재자들 — 나프플리온이라는 소도시, 카자르마에 있는 옛날 무덤, 자동차와 연구 과제가 있는 이 책의 저자인 한 고고학자 — 사이의 관계를 통한 하나의 현실적 사물(EO70)의 분절이다.[97] 모든 연속체의 가늠된 분할은 다양한 방식으로 실행될 수 있지만, 특정 객체들의 경우에는 그럴 수가 없다(1장을 보라).[98]

우리는 EO70을 따라 측정된 이차원 시간과 공간의, 균질하고 임의로 분할 가능한 단위체들을 마주치기보다는 오히려 특정 사물들을 마주친다. 예컨대, 계단식 성벽, 저수조로 바뀐 오래된 석탑, 개간된 실제 밭고랑, 부동산 경계, 케르메스 참나무, 연중 마르지 않는 개울, 갈루시와 카자르마에 있는 각각의

---

[97]. 이 연구는 『오래된 땅 : 펠로폰네소스반도 동부의 지지(地誌)』라는 위트모어의 책과 관련되어 있었다(Witmore, *Old Lands*).
[98]. 여기서 위트모어는 하먼에 의해 종종 실체와 대조적인 것으로 기재되는 아리스토텔레스주의적 구분을 환기한다(G. Harman, *Towards Speculative Realism*, 140~69).

키클로프스 석조 다리, 그리스 고고학청에 의해 복원된 보도, 카자르마 다리 바로 남쪽의 작은 숲에 있는 서른세 그루의 올리브나무, 아기오스 이오니스의 마을 위에 자리한 석회암 고원에 세워진 오래된 요새, 그 기슭에 있는 텅 빈 황폐한 무덤, 또는 아르고스를 사로니코스만灣을 경유하여 에피다우로스 및 코린토스와 연결하는 매끈한 포장도로를 마주친다. 이 현실적 존재자들은 이 사물들 사이의 관계들과 마찬가지로 각기 나름의 지속이 있다. 베르그손은 움직이는 사물들보다 운동에 우선권을 부여하지만, 어쩌면 이 사물들은 어떤 저류의 흐름이나 유동의 파생물이라기보다는 오히려 그 흐름이나 유동을 생성할 것이다.[99] 고고학자에게 시간은 특정 사물들과 그것들 사이의 관계들에서 분출하지 않는가?

라틴어 낱말 stratum['층'으로 번역됨]은 '펴져 있는 것', '누워 있는 것', 또는 '엎드려 있는 것'을 나타낸다. 이 낱말은 공간적 현전presence 및 구성을 시사한다. 층서를 형성하려면 한 층이 다른 한 층 위에, 아래에, 또는 그 층을 뚫고 펼쳐져야 한다. 층들을 층서로서 파악하려면, 우리는 지진 융기, 침식성 바람 또는 물 또는 발굴을 통해 만들어진 하나의 노출물, 수직적 종

---

99. Bergson, *Time and Free Will*; Bergson, *Creative Evolution* [베르그손, 『창조적 진화』]; Harman, *The Quadruple Object* [하먼, 『쿼드러플 오브젝트』].

단면을 필요로 하는 그라포스graphos[기록]에 합당한 주의를 기울여야 한다. 또는, 모든 층을 개별적으로, 단계별 맥락으로서, 위로부터 계획되어 그 밖의 맥락들과 도표적으로 연계된 채로 발굴해야 한다. 어떤 식으로든, 층서에 대한 인식, 단일-맥락 기록의 단계화(단계별 모든 맥락/층을 제거하고 기록하는 방식)에 대한 인식이 페이지에 의해 유도되는데, 말하자면 지배된다. 글, 그림, 도표, 사진. 이것은 공관적 근접성의 이차원적 근거이다. 종단면을 통한 층들의 이러한 공관적 근접성, 또는 맥락과 단계로서 층들의 도표적 표상은 도구를 갖추고서 노역을 하는 고고학자들이나 지질학자들의 임무에 해당한다.

(위에, 아래에, 옆에) 인접하는 것 또는 인접하지 않는 것에서 연속체의 윤곽을 시사할 수도 있고 시사하지 않을 수도 있는 층서적인 것이 비롯된다. "그것 아래의 이것"은 "그것 이전의 이것"으로 번역된다. "그것 위의 이것"은 "그것 이후의 이것"으로 번역된다. 그런 단순한 번역은 여기서 끝이 난다. 더 나아가려면 고고학의 작업이 필요하다. 축적물들의 두께 및 간격들의 일관성은 퇴적 속도 또는 성층 속도와 동등하지 않다. 다른 수단들에 의해 규명되듯이, 한 축적물은 느린 축적을 통해서 형성될 수 있거나, 안정한 불변의 객체로 지속될 수 있거나, 또는 서기전 13세기 말 무렵에 미케네에서 발생했던 것처럼 보이는 지진이나 화재의 여파로 갑자기 축적될 수 있다. 메운 흙, 축적

물, 층은 새로운 주름과 접힘을 창출하는 (그것들을 그 밖의 것들과 접촉하게 하는 균열과 파열을 생성하는) 발굴 작업과 보수 공사를 통해서 이동된다. 그런 개입 활동으로 인해 이전에 분리되어 있던 두 사물은 계획적으로 구상된 절단, 노출 덕분에 동연적이게 된다. ['근접성'으로 옮겨지는] 영어 낱말 contiguity는 tangere(접촉하다)라는 라틴어 어근을 contingency(우발성), the accidental(우유적인 것)과 공유한다.

층서학으로 되돌아가면, "그것 옆에 이것"은 단순히 "그것과 동시대적인 이것"으로 번역될 수 없다. 동시대성, 현재의 외부 — 다사다난한 역사에 필요한 것 — 는, 개빈 루카스가 논의했듯이, 규명하기가 훨씬 더 어렵다.[100] 손잡이가 수평으로 달린 어떤 채색되지 않은 그릇에는 137개의 유리구슬, 58개의 홍옥수 구슬, 6개의 호박 구슬, 30개의 장식된 유리 명판, 1개의 상아 빗 등이 들어 있다.[101] 어떤 방 안에는, 갖가지의 품목들 사이에서, 17개의 술잔, 9개의 찻잔/그릇, 12개의 작은 인물상, 테라코타로 만든 7개의 똬리를 튼 뱀, 3개의 삼발이 탁자, 1개

---

100. Lucas, "Archaeology and contemporaneity." 물론, 무언가가 동시대적이라고 진술하는 것은 무언가를 같은 연대의 것으로, 즉 "같은 시기, 기간, 또는 시대"에 현존하는 것으로 규정하는 것보다 더 다양한 가능성을 시사한다(J. Fabian, *Time and the Other*, 31).
101. A. D. Moore and W. D. Taylour, *Well-Built Mycenae, fascicule 10, The Temple Complex*, 17~21.

의 상아 상자, 그리고 (사소한 품목들을 은닉한 그릇을 포함하여) 3개의 원추형 그릇이 수집되어 있다. 68-1402라는 라벨이 붙은 그릇 안에, 미케네의 신전 단지의 19호실에 안에 들어 있는 품목들의 근접성 덕분에 이 사물들은 그것들 자체의 시기 – 여러 층으로 이루어진 퇴적물에서 도자기 유형학에 의거하여 추정된 그것들의 사용과 폐기 시기, 즉 후기 헬라딕 IIIB$_2$ 시기 – 에 봉인될 수 있게 된다.[102] 그 품목들은 그 그릇에 순차적으로 각각 담기게 되었을까, 아니면 다 같이 한꺼번에 담기게 되었을까? 그 그릇은 그 방안에 갑자기 은닉된 일단의 다양한 사물 중 하나일까, 아니면 간헐적으로 보관된 다양한 품목 중 하나일까? 그리하여 그 품목들은 오랜 시간에 걸쳐 축적된 것일까? 이 사물들의 집합은 어떤 단일한 순간을 암시하지만 각각의 객체는 나름의 지속 시간이 있는데, 요컨대 몇몇 품목은 십 년도 채 사용되지 않은 채로 폐기된 반면에 몇몇 품목은 이미 여러 세대 동안 지속되었다.[103] 이 객체들이 1960년대 말에 고고학자들과 마주쳤다는 사실, 그리고 그것들이 지금도 여전히 고고학자들과 마주친다는 사실은 그들의 시간이 과거의 다른 한 시기에 봉인된 잔존 관계들에 한정되어 있다는

---

102. 같은 책, 3.
103. L. Olivier, "The Hochdorf princely grave and the question of the mature of archaeological funerary assemblages"를 보라.

모든 예상에 이의를 제기한다. 어떤 시대가 그것들에 특유한 것인가라는 질문이 제기되어야 한다.

동일한 퇴적물 안에 보관되어 대조를 이루는 이 인접물들은 일 분, 한 시간, 하루, 한 달, 일 년, 또는 심지어 한 인간의 일생으로 변환될 수 있는 분석적 차이점들을 드러내지는 않는다.[104] 그것들이 그 그릇 안에 축적된 과정은 이미 사라졌다. 과거는 그곳에 있지 않다. 남아 있는 것은 이 회집된 사물들과 더불어 그것들이 서로 맺고 있고 그 그릇 및 그것을 둘러싸는 흙과 맺고 있는 평범하고 단순한 근접 관계들이다. 그리고 지속들, 그것들의 연속체들은 (존속하는) 이 사물들에 속한다.[105] 라틴어 낱말 con-tempus['공-시간']는 무언가를 시간에 속하는 것으로 자리매김하는 반면에, 라틴어 낱말 contiguus에서 비롯된 '근접성'은 무언가가 다른 무언가와 접촉하는 것을 나타낼 따름이다.[106] 그렇지만 그것은 무언가가 다른 무언가와 공존하는 방식을 규정하지는 않는다. 그런데 근접성이 유의미하

---

104. 블랙박스에 관해서는 Serres, *Statues: le second livre des foundations*(영어판 Serres, *Statues: The Second Book of Foundations*)를 보라. 또한 Olivier, *Le sombre abîme du temps*(영어판 Olivier, *The Dark Abyss of Time*)를 보라.
105. 라틴어 어근이 tendere('뻗다')인 연장과 라틴어 어근이 tenere('잡다')인 연속체는 뻗고, 연장하고, 지속하며, 계속 잡고 있는 무언가를 나타내는 ten이라는 인도-유럽어 어근에 의해 연계된다.
106. 흄에서 제임스에 이르기까지 근접성은 철학에서 관념들을 연합하는 데 근본적이었다.

려면 그것은 사물들을 함께 배치하는 것에 그쳐서는 안 된다. 또한, 근접성은 어떤 그릇, 구슬들, 토양이 서로 영향을 미치고 새로운 사물들로 융합하는 방식에서 나타나는 역동성을 규정해야 한다.

오래전부터 고고학자들은 변화를 역동적 과정들에 의거하여 이해했는데, 이 구상에 따르면 과거가 변화하여 되는 것은 장기간에 걸친 엔트로피와 축적 과정의 산물로 여겨진다. 이런 가르침에 따르면 사물들은 형성 과정들(즉, 고고학적 객체들이 현재 그런 것으로 되게 하는 방식들)에 의거하여 널리 이해되기에 현재 마주치는 오래된 사물들은 연속적인 형성과 변환 — 침식과 압축, 분해와 퇴적, 바람의 작용에 의한 풍화와 축적 — 의 결과이다.[107] 그런데 하먼의 표현을 빌리자면, 폐허, 성벽, 묻힌 퇴적물, 또는 구슬이 담긴 그릇이 변화하는 이유는 그것들이 현존하기 때문인데, 요컨대 그것들이 변화하기 때문에 그것들이 현존하는 것은 아니다.[108] 유기적 잔류물, 박테리

---

107. 형성 과정들에 관해서는 Schiffer, *Formation Processes of the Archaeological Record*를 보라. 붕괴로서의 엔트로피의 관점에서 바라보면, 이 과정들은 종종 어떤 원초적 질서를 망가뜨리는 것으로 여겨진다. 그리하여 고고학적 기록은 분리되어야 하는 어떤 순수한 시간적 특정성을 왜곡하는 것인데, 마치 이들 이전의 과거가 그것들 자체의 오래된 사물들과 이미 얽혀 있지 않은 것처럼 말이다(Lucas, *Understanding the Archaeological Record*를 보라).

108. Harman, *Immaterialism*, 7. [하먼, 『비유물론』.]

아, 그리고 잡석 성벽은 과정들이라기보다는 오히려 사물들이며, 사물들은 다른 사물들과 갖는 상호작용에 의거하여 변화한다. 어떤 도자기 그릇과 그것을 둘러싸는 토양은 수천 년 동안 일단의 구슬과 그 밖의 품목들을 안정화한다. 뒤집어진 냄비는 계속해서 물을 자신의 내용물에서 배제한다. 바위를 깎아서 만든 석관은 구리산화물 층을 형성함으로써 물이 포화된 토양의 부식력을 견디는 청동기 단검을 비롯하여 자신의 품목들을 갖춘 어떤 유골이 흩어지지 않게 한다.

형성 과정들은 점진적 변화의 이미지를 전제한다. 그리하여 단기간이든 장기간이든 간에 모든 순간에는 동일한 관심이 기울여져야 한다는 점이 수반된다. 그런데 모든 순간이 동등하지는 않다. 어떤 변화들은 그 밖의 변화들보다 과거가 변화하여 되는 것을 형성하는 데 더 큰 영향을 미친다.[109] 지진을 겪든 타당한 이유 없이 파괴를 겪든 간에 테라코타로 만든 인물상들과 똬리를 튼 뱀들, 삼발이 탁자들과 파이앙스 구슬들, 상아와 청동으로 만든 잡다한 품목은 흙과 암석 아래 형성된 어둠에 묻힌 어떤 방에 봉인되어 있다. 인간의 사용과 상호작용에서 풀려난 그것들은 그것들 자체로 함께 존속하는데, 그리하여 1960년대 말에 이루어진 마주침의 순간에 윌리엄 테일러

---

109. 또한 Lucas, "Periodization in archaeology"를 보라.

의 지휘 아래 작업하는 발굴자들에게 그것들 자체의 특이한 타자성을 드러낸다.[110] 여기에 또 하나의 주름이 있으며, 그리하여 고고학적 발굴 과정에서 생겨나는 것과 같은 마주침을 통한 변화는 더 산발적이고, 한 사물의 평생에 걸쳐 생겨나는 변환들은 더 격변적이다.

과거(청동기 시대 성채도시의 멸망과 관련된 파괴 사태)를 미케네에 남아 있는 것의 뒤에 위치시킴으로써 우리는 남아 있는 것을 어떤 역사적 원인, 즉 이미 지나가 버렸다고 추정된 실재의 파생 효과 또는 결과로 만든다. 그런데 현존하는 것은 현존했던 것에 대하여, 귀결적인 인과적 관계를 맺고 있지 않다. 왜냐하면 그것은 미케네의 오래된 사물들을 더는 현존하지 않는 과거의 파생물로 자리매김할 것이기 때문이다. 오히려, 현존하는 사물들이 과정을 비롯하여 과거를 가능하게 하는 것이다. 사물들이 과거들을 생성하는 방식을 이해하려면 인과관계를 다르게 이해할 필요가 있다. 여기서 인과관계에 대한 **창발적 이해**가 원인에서 곧장 결과로 귀결되는 그런 종류의 **귀결적 이해**를 대체한다.[111] 창발은, 다수의 품목을 담은 채색되지 않

---

110. Moore and Taylour, *Well-Built Mycenae, fascicule 10, The Temple Complex*; Iakovidis, French, Shelton, Ioannides, Jensen, and Lavery, *Archaeological Atlas of Mycenae*, 16~8.
111. DeLanda, *A New Philosophy of Society* [데란다, 『새로운 사회철학』]; M. DeLanda, *Assemblage Theory*를 보라. 고고학에서는 C. Witmore, "Com-

은 그릇이든 일련의 방에 묻힌 유물이든 고분군이든 간에 객체들이 일단 형성되면 그것들은 자신의 형태발생적 역사뿐만 아니라 자신의 성분들도 소급적으로 규정하는 그런 식으로 자신의 구성요소들을 넘어서는 방식을 규정한다.[112] 유기적 객체들이 박테리아에 의해 완전히 분해된 이후에는 새로운 토양이 창발하여 상아 빗들, 도자기 그릇들, 또는 성벽 유적과 함께 겪는 자체의 지하 모험을 개시한다.[113] 청동기 시대 석공들이 (망치와 정을 사용하여) 역암의 다듬지 않은 부분들을 가공한 이후에는 기반암의 이전 돌출부는 암석의 노두에 소급적 효과를 미치는 채석장으로서 창발한다.[114]

다양한 생명체가 (다소 부분적으로 또는 전적으로) 융합하여 새로운 존재자를 형성함으로써 참신성을 생성하면서 공존하는 현상을 **공생**symbiosis이라고 한다.[115] 이 용어는 공생을

---

plexities and emergence"를 보라. C. Fowler, *The Emergent Past*; J. Robb, "Material culture, landscapes of action, and emergent causation"을 참조하라.

112. DeLanda, *A New Philosophy of Society* [데란다, 『새로운 사회철학』]; DeLanda, "Emergence, causality and realism"을 보라.
113. 고고학에 대한 지하의 것들이 갖는 중요성에 관해서는 Nativ, "On the object of Archaeology"를 보라.
114. 미케네의 역암 채석장에 관해서는 Iakovidis, French, Shelton, Ioannides, Jensen, and Lavery, *Archaeological Atlas of Mycenae*, 42, 60을 보라.
115. 그리스 용어 symbiosis[공생]에 해당하는 동시대의 라틴어 용어가 존재하지 않는다는 것은 흥미로운 사실이다. '즐기다'를 뜻하는 라틴어 낱말 convivium

진화적 참신성의 엔진으로 인식한 린 마굴리스의 작업에서 새로운 층위의 의미를 띠게 되었다.[116] 그때 이후로 그 용어는 비유적으로 공생을 모든 중요한 변화의 엔진으로 간주하는 하먼의 작업을 통해서 훨씬 더 확대되었다(또한 이 책의 1장을 보라).[117] 작업조와 성벽 암석들이 합병함으로써 여덟 세기가 지난 도시국가 성곽에 균열이 생성되는 것과 마찬가지로, 다각형으로 잘린 암석들과 마름돌 석조 및 키클로프스 석조가 융합함으로써 헬레니즘 시대의 코메에서 갱신된 안전 영역이 생겨난다. 수천 년 동안 주위를 둘러싸는 퇴적물과 구조적 잔류물이 융합함으로써 잡석과 진흙 모르타르로 구축된 성벽이 단단히 고정되는 것과 마찬가지로, 고분군 너머에 그리고 성채 안에 있는 지하 영역의 경이로운 사소한 것들과 고고학자들이 합병함으로써 '숭배 의식 중심지'가 형성된다. 번역을 통한 이런 교류와 부분적 합병으로부터 객체들이 생성되는데, 요컨대 발견물들이 기록되고, 삽화들이 생산되고, 사진들이 찍히고, 논문들이 작성되고, 객체들이 박물관에서 전시된다. 또한, 이것들은 그 제작자들에게 소급적 영향을 미친다.

에서 그 의미를 취한 conviviality[공생공락]라는 용어는 '공생하다'를 뜻하는 라틴어 어근 convivere의 함의를 상실해 버렸다.
116. 이 주제에 대한 입문서로서 Margulis, *Symbiotic Planet* [마굴리스, 『공생자 행성』]를 보라.
117. Harman, *Immaterialism*, 42~51. [하먼, 『비유물론』.]

어떤 특정한 국면에서, 그 퇴적물에서 발견된 것들을 특정한 시대(LHIIIB$_2$)와 연관시킴으로써 이 사물들은 현재로부터 측정된 거리에 단단히 고정되는데, 이는 그 퇴적물을 대참사, 즉 미케네 문명의 멸망 사건의 결과에 자리매김함으로써 그것들에 의의를 부여한다. 이것은 이 객체들이 미케네 문명 전체의 전개 속에서 작동하는 방식을 보여주는 데 필요하다. 그렇지만 남아 있는 것을 어떤 별개의 시대에 할당하는 이런 행위는 경험 속에 함께 자리하는 것과 그 여파로 창발하는 것을 가리게 된다. 고고학자가 당면해야 하는 것은 단순히 이 사물들이 어느 시대에 속하는지에 관한 물음이 아니라 오히려 그것들이 얼마나 오랫동안 그 자체로 그리고 그 밖의 사물들과 관계를 맺고서 존속하였는지에 관한 물음이다. 삼천 년 이상 동안 성벽들은 이억 년 전에 형성된 토대 위에 단속적으로 형성되면서 서 있었다. 옛날의 미케네인들, 아르고스인들, 그리고 층을 이룬 폐허를 찾은 방문객들의 발아래에 있던 지하 영역은 객체들을 영속하는 어두움 속에 감춰버렸는데, 왜냐하면 그것들은 청동기 시대의 쇠퇴기에 버려졌기 때문이다. 고고학이 그런 객체들의 상이한 지속들을 명시적으로 밝히면서 새로운 근접성을 조성한다면, 현재의 지반 위에서 한 가지 다른 객체, 즉 미케네가 창발하는 것은 어떤 파괴된 성채와 고고학의 공생을 통해서이다.

형태의 생물학은 올리비에가 도자기 유형학의 진화와 관련하여 구상한 방식인데, 그 진화는 시간의 흐름에 따라 연속적이거나 일관된 변화의 행진으로서 진전하는 것이 아니라 오히려 형태의 상이한 지속들 사이의 협상으로서 진전한다.[118] 형태는 무엇이든 현존하는 것에 조응하거나 또는 무엇이든 다시 현전하는 것에 조응할 수 있다.[119] 채색되지 않은 그릇의 라벨 68-1402에서 68은 발굴된 연도(1968년)를 나타내고, 1402는 발견물 번호를 나타낸다. 연대가 밝혀지지 않은 사물들에 개입하는 현재는 고고학에서 또 다른 동시대적 국면이다. 이것은 귀환의 국면인데, 회상anamnesis(다시 기억하기)이라는 의미에서의 귀환이 아니라 오히려 왜상anamorphosis(형태의 재현)이라는 의미에서의 귀환이다. 미케네 과거의 무언가는 지금 현재 또다시 증식될 수 있을 형태를 갖춘 발굴된 객체로서 현전하는데, 요컨대 복제, 또 다른 공생을 통해서 더 광범위한 순환으로 귀환한다. 스큐어모프skeuomorph — 용기 또는 도구를 나타내는 그리스어 낱말 skeuos와 형태를 나타내는 그리스어 낱말 morphe에서 비롯된 낱말 — 들은 미케네의 박물관 상점에서 구매할 수 있다.[120] 지속성, 근접성, 그리고 공생을 통해서 다양한 객체

---

118. Olivier, *The Dark Abyss of Time*, 149~74.
119. 같은 책, 168.
120. * 스큐어모프(skeuomorph)는 "대상을 원래 그대로의 모습으로 사실적으로 표현하는 디자인 기법"을 가리키는데, 요컨대 '형태의 재현'과 연관되어 있다.

가 토양에서 풀려난 지 오래된 사물들 사이에서 창발하여 번성한다. 자체의 지속, 자체의 공생을 갖춘 사물들과 더불어 고고학은 또 다른 시간을 개방한다.

E. 삼투/시간

고고학자들은 명시적인 것들을 찾아낼 때 시간을 인간의 변화와 상호작용에 얽어매면서 역사로서의 과거를 수용하기로 선택했다. 우리의 인간성을 근거 짓는 것은 필멸적 시간이지만, 고고학은 다른 기반 위에서 전개된다. 미케네에서 회반죽은 토양과의 접촉을 통해서 보존되고 비에 노출됨으로써 사라진다. 슐리만이 화장용 장작더미에서 비롯된 목재의 타버리고 반쯤 남겨진 부분이라고 해석한 것은 미생물들이 남긴 고철이었을 가능성이 높다.[121] 잊힌 채로 있던, 구덩식 분묘로 알려지게 된 것이 흙이 채워진 지하의 공동에 언제나 존재했던 것으로 여겨진 것은 단지 슐리만의 발굴이 이루어지고 난 이후였다. 인간 관찰자들이 목격하지도 않았고 파악하지도 않았던 이 분묘들은, 때로는 안정적인 흙과 지층에 갇혀 있었고 때로는 물, 토양, 그리고 뿌리와 더불어 모험을 겪었다. 고고학을 통해서 부드러

---

121. H. Schliemann, *Mycenae*, 332.

운 것들은 이동되었다. 이동 가능한 것은 새로운 장소에 수용되었다. 우리는 이 사물들의 상실과 그것들의 미*실현된 과거를 어떻게 가늠하는가?

바람 속에서 바뀌지 않는 것은 마름돌 성벽의 끈질김이고, 썩지 않는 것은 환상열석의 영속성이고, 변화가 도자기들의 비교적 현전을 통해서 간파될 수 있게 하는 것은 토양 속 도자기들의 완고성이다. 특정한 존재자들의 상호작용들은, 변화를 시사하는 기묘한 차이로서, 변형을 암시하는 오래된 모습으로서, 완결되지 않은 형태로서, 사물 속에 간직된 기억으로서 드러날 따름인 과정들을 교란하고 변환하며 생성한다. 발굴된 고분군에서 출토된 도자기들, 그 밖의 파편화된 도자기 형태들과의 층서적 연관성, 성채의 다른 부분들에서 찾아낸 비교 사례들에 관한 형태학적 연구에서 밝혀지듯이, 직관은 사후에 얻어지게 된다. 새로운 사물들이 나타날 때, 그것들은 그 밖의 사물들을 조명할 뿐만 아니라 은폐하기도 한다. 마지막 구덩식 분묘 매장은 트로이 전쟁이 일어난 가장 개연적인 시기보다 거의 사 세기 전에 이루어진 것처럼 보이고, 따라서 자신이 아가멤논과 그 동료들의 유적을 발견했다는 슐리만의 믿음은 모호해진다. 그런데 슐리만은 복원에의 야망을 추구하면서 그 복원과 관련이 있는 것과 관련이 없는 것을 결정함으로써 미래에 과거를 생산할 영역을 형성했고, 그리하여 구덩식 분묘에 관해 작업하는 모든 후속 고고학자는 슐리만이 관찰할 가치가 있다고 여긴 것에 기반을 둔 관찰에 구속된다.[122] 바로 이런 안정적이면서 변화하는 기반, 사물들의 기반, 현재에 현전하는 현실적 존재자들 사이의 접촉 또는 비접촉의 기반에서 시간이 생겨난다.

시간은 과거, 현재, 그리고 미래 시제를 동반한다. 미케네 성채 문턱의 느린 마멸은 그것의 과거에 대한 한 가지 감각을 제공한다. 그것이 사색의 문제이든 그렇지 않든 간에 이 마멸된 암석을 밟고 지나가는 누군가의 독자적인 경험은 하나의 현재를 구성한다. 어느 기념비적 관문 역시 스스로 나아가서 미래의 관여 활동을 미리 결정하는데, 요컨대 그것이 아직 오지 않은 이방인들에게는 반드시 씨름해야 하는 문제임을 확실히 한다. 마찬가지로 이제 그 거대한 문턱을 덮고 있는 목제 발판은 보존을, 문턱과의 비관계를 미래로 연장한다. 투사된 미래의 관점에서 바라보면, 서기전 13세기에 만들어진 거리들, 복도들, 그리고 테라스들은 임박한 상호작용들의 방향을 정한다. 성벽과 표면은 설계자들, 석공들, 그리고 지배자들의 명시적인 예상을 넘어선다. 아르카이크 시대 도시국가의 시민들은 미케네 문명의 하부구조가 변화하여 된 것에 계속해서 대처해야

---

122. C. Witmore, "Prolegomena to open pasts."

했는데, 헬레니즘 시대 코메의 거주자들도 그러했고 오늘날의 방문객들도 그러하다. 고고학적 객체들의 관점에서 바라보면, 그리스 미케네 문명의 영향력은 서기전 12세기 이후에도 지속되었다. 묻혔을 때에도 암석은 계속 기다리고 있다. 미케네의 거대한 성벽들이 공격자들을 막아내고 거주자들을 보호한 것과 마찬가지로, 그것들은 층서를 간직해 두고 물을 모아 두었다. 생명체에 대해서든 그 분해물들에 대해서든 간에 이 성벽들은 자체의 자율성을 유지한다. 이 성벽들은 스스로 나아가는데, 모든 근접성, 교환, 그리고 병합에 열려 있고, 그 밖의 잠재적 미래들에 열려 있다. 어떤 봉인된 방, 어떤 그릇 속 일단의 품목은 축적되고 모이며 유지된다. 그것들의 방향 역시 다가오는 전망을 향해 정해진다. 현존하는 유물은 잠재적이고, 잠재적인 것은 아직 지나가지 않은 미래를 향해 뻗어 있다.

길가에 버려진 것들, 우리가 지형에, 노두와 협곡에, 농경지와 정착지에 조응하는 초기 경로를 따라 이어진 옛날의 EO70에 대한 기억으로 간주할 수 있는 것들은 새로운 사물들 – 화물트럭 주차장, 피르기오티카 외부의 거주민을 위한 차도, 농부들이 농경지로 가는 길, 또는 토양과 잔해, 쓰레기와 식물과의 교감을 통한 격변적 매몰로 남겨진 미사용 표면 – 로 바뀐다. 카자르마에 있는 어느 텅 빈, 절반쯤 허물어진 벌집 형태 무덤은 예전에 암석을 깎아서 만든 석관 속에 두 명의 남자와 한 명의 여자의 유해를 안치하고 있었다. 1968년과 1969년에 발굴된 후에 그 무덤의 내용물은 나프플리오의 고고학 박물관으로 옮겨졌다.[123] 한 세기 전에는 인접했던 것들이 오늘날에는 인접하지 않게 될 수 있고, 오늘날에는 인접하는 것들이 한 세기 전에는 인접하지 않았을 수도 있다. 물론 다양한 사물이 연루되어 있으며, 그리고 바로 여기서 새로운 사물들이 창발하고 시간이 펼쳐진다.

미케네에서는 역류 또는 소용돌이가 그 방, 그 품목들, 그 그릇, 그 내용물, 이전에 그것들을 품은 토양, 그리고 그것들을 발굴하기 위해 작업한 고고학자들의 내부에 그리고 그것들 사이에 형성된다. 그 객체들 자체의 특이한 성질들과 더불어 그 객체들이 묻힌 조건은 수천 년에 걸쳐 도자기 그릇들과 그 관계들에 대한 안정성을 제공했는데, 그 기간이 가늠될 수 있는 이유는 바로 시대구분이라는 중대한 성취 때문이다. 발굴 작업으로 인해 이전에 확고했던 객체들과 그 관계들에 중대한 변형이 초래되었다. 이렇게 해서 그 그릇이 담고 있는 것의 무언가, 그 그릇의 과거의 무언가는 미케네의 표면에 있는 모든 것과, 나중에는 나프플리오의 저장실 내의 모든 것과, 그리고 이 자료

---

123. E. Protonotariou-Deilaki, "Tholotos taphos Kazaram"(1968); E. Protonotariou-Deilaki, "Tholotos taphos Kazaram"(1969).

들로 작업하는 사람들과 인접하는 것, 동연적인 것이 된다. 석조 성벽과 궁정 내실이 이동되고, 헬레니즘 시대 사원의 일부가 제거됨으로써 어떤 직선에 따른 거리의 견지에서 더 가까운 시기들이 찢어지게 된다. 안정성과 변형, 근접성과 주름, 비근접성과 균열이 생겨날 뿐만 아니라 참신성과 귀환도 생겨난다.

과거에 움직임을 제약하고 집중시킨 메가론[124]의 배치는 오늘날에도 움직임을 제약하고 집중시킨다. 노출된 구덩식 분묘들과 원형 석판의 공관적 병치에서 현시되는 슐리만의 망상적 현실은 여전히 미래 고고학자들로 하여금 텅 빈 무덤들을 다시 묻도록 촉발할 수 있다. 그리고 다른 관계들도 재현될 수 있다. 안치된 후에 수천 년 동안 어둠 속에 묻힌 표면들은 태양의 자극적인 복사에 또다시 노출된다. 경사면의 완만한 기울기, 잔해의 축적, 폭우, 염소들의 마모, 관목의 성장은 청동기 시대 도로 단구에 대한 권리를 주장한다. 한 농부와 그의 가족은 그들의 밭을 넓히고 식물을 제거하는 과정에서 일련의 거대한 암석을 발견한다. 이 암석들은 그들의 경작지를 위한 토양을 간직한다. 이 암석들은 토양의 첨가물을 품는다. 옛날 도로의 일부는 단구선이 되는데, 관목에 의해 다시 매립된

---

[124]. * 메가론(megaron)은 "청동기 시대 그리스·소아시아의 화로가 있는, 셋으로 칸막이된 방·건물"을 가리킨다. https://www.britannica.com/technology/megaron 참조.

채로 방치되어 있을 따름이다. 2005년 이전에는 갈루시의 다리와 카자르마의 다리는 청동기 시대 도로의 상호 연장으로서 마주치게 된 것이 아니라 협곡을 가로지르는 석조 다리들로서 마주치게 되는데, 요컨대 또 다른 좁은 길과 인접한 어떤 좁은 길의 한쪽을 이룬다. 유럽에서 가장 오래된 다리들이 베푸는 은혜는 그것들이 현존한다는 사실, 그것들을 사용할 필요가 있는 사람들, 협곡을 가로질러 한 경작지에서 다른 한 경작지로 이동하고자 하는 사람들, 또는 관목이 뒤덮인 경사로 위 방목 고원에 가축 떼를 데리고 가고자 하는 사람들을 도와줄 준비가 되어 있다는 사실임이 틀림없다.[125] 2005년 이후에는 이 구간들이 도로 체계에 다시 편입되는데, 그 단구, 즉 고대 도로의 일부가 농부들에 의해 수용되었듯이 말이다. 또다시 이 사물들은 협업한다. 다리들은 어떤 움직임의 경로에 연결된다.

우리는 시간을 엔트로피와 존속의 상호작용으로 경험한다. 5월에 올리브 나뭇가지들은 피어난 향기로운 꽃들의 무게로 휘게 된다. 근처 경작지에 버려진 지난 계절 곡물의 줄기들 사이에서 자라고 있는 아침 양귀비꽃들은 오후가 되기 전에 아래로 기울어진다. 우리는 시간을 일회성과 반복의 상호 교란으로 경험한다. 케르메스 참나무의 뿌리는 어떤 도로 단구

---

125. 또한 Olsen, *In Defense of Things*를 보라.

의 묻힌 노선에 있는 암석 덩어리들을 서서히 분쇄한다. 어딘가 다른 곳에서 어떤 옛날 도로의 노선은 농경지들 사이의 경계로서 존속한다. 끝없는 축적과 끊임없는 참신성, 영속적인 소멸과 존속, 시간 및 그 매체와 연관성이 있는 것들은 현실적 사물들과 그 공생들이다. 사물들(인간을 포괄하는 범주)과 그 근접성은 모든 곳에서 동일한 방식으로 이행하지는 않은 시간을 증언한다.[126] 이 사례들을 일천 배 증식하면, 우리는 삼투로서의 시간 – 저수지에 고여 있거나 주머니 속에 들어 있는 시간, 걸러지고 흡수되는 시간, 갑자기 가속하고 서서히 흘러가는 시간, 참신성과 반복의 소용돌이 내에서 파열되고 되돌아오는 시간 – 에 대한 감각을 얻게 된다.

F. 한 가지 고고학적 역설

그렇다면 고고학이란 무엇인가? 생물학biology, 인류학anthropology, 신화학mythology 등과는 달리, 고고학archaeology은 '비오스'bios[생명], '안드로포스'anthropos[인간], 또는 '뮈토스'mythos[신화]와 같은 고유명사에서 비롯되기보다는 오히려

---

126. 사물에 대한 이런 정의에 관해서는 Olsen and Witmore, "Archaeology, symmetry, and the ontology of things"를 보라.

'아르카이오스'archaios라는 형용사에서 비롯된다. 그러므로 고고학이 전념하는 대상은 어떤 현실적 객체라기보다는 오히려 하나의 성질, 오래됨 또는 옛것임이라는 속성이다. '오래된 사물들'을 뜻하는 '타 아르카이아'ta archaia에서 파생된 공통의 어원학과 관련하여 생산적인 강조가 이루어질 수 있을 것이다.[127] '타 아르카이아'는 '아르카이오스'라는 어근에서 구축된 중성 복수 명사이며, 그리하여 고고학은 어원학적으로 오래된 사물들 또는 옛날의 사물들을 다룬다는 이런 의미를 수반한다. 그런데 '아르카이오스'와 '타 아르카이아' 사이의 차이를 간과함으로써 고고학은 사물과 오래됨 또는 옛것임이라는 성질 – 기억 간직하기의 속성으로 여겨질 수 있을 것 – 사이의 중요한 구분을 빠뜨린다. 사물과 성질 사이의 구분으로 인해 두 가지 근본적인 물음이 제기될 수밖에 없다. 고고학은 어디에서 시작하는가? 그리고 그것은 무엇을 성취하는가?

오래된 사물들, 옛날의 사물들, 또는 더는 현존하지 않는 것이 변화하여 된 것에 대한 연구에 전념하겠다는 고고학의 어원학적 약속은 그것이 이 분야의 실천 방향을 정한다는 의미에서 한 가지 제약을 제기한다. 그런데 이 제약은 (언제나 가정되었듯이) '아르케'arche, 즉 출발점에 귀속될 필요는 없다. 그

---

127. Olsen, Shanks, Webmoor, and Witmore, *Archaeology*, 3.

것은 '텔로스'telos, 즉 해답에도 귀속될 수 있다. 여기에 한 가지 고고학적 역설이 있다. 오래된 것들을 적절히 다루기 위해, 옛날의 사물들을 얻기 위해, 또는 "여기서 무엇이 생겨났는지", "이것이 어떻게 되었는지"에 관한 역사적 물음들을 다루기 위해 고고학자는 여기서 무언가가 실제로 생겨났다는 것, 중요한 것은 부재하다는 것, 또는 옛것이 현재 상황이 왜 그러한지에 대한 이유를 구성한다는 것이라는 역사적 명령을 전적으로 보류한다. 고고학자의 경우에 현존하는 것은 과거에 대한 귀결적인 인과적 관계 속에 있지 않은데, 오히려 현존하는 사물들이 과거를 가능하게 하는 것이다.[128] 이 역설을 끌어안는 것이 고고학자가 과거, 현재, 그리고 미래에 대한 부채를 이행하기 위한 유일한 방법이다. 이 역설을 참작하면, 고고학은 인간 역사의 굴레 또는 우리 인간들-속-인간들에 대한 굴레의 바깥에 있는 사물들을 이해하려고 노력해야 하지만, 이런 야망은 고고학과 역사 사이의 또 다른 분류학적 구분을 만들어 내는 것으로 이해돼서는 안 된다.[129] 고고학 자체의 역사로부터 우리는 아무

---

128. Olsen, *In Defense of Things*; Olsen, "After interpretation"; Olsen, Shanks, Webmoor, and Witmore, *Archaeology*; Witmore, "Archaeology and the new materialisms"; Witmore, "Things are the grounds of all archaeology"; Witmore, *Old Lands*.
129. 올리비에가 진술했듯이(Olivier, *The Dark Abyss of Time*, 189), 역사가 사람들에게 일어나는 일을 다룬다면, 기억은 사물들이나 장소들에 일어나는

선입견도 없이 시작하는 것, 해답 — 통상적인 역사가 보유하는 당근책으로, 우리를 우리의 대상들로부터 멀어지게 하는 어떤 기대이기에 우리가 전략적으로 회피해야 한다고 알고 있는 것 — 없이 강요된 무지에서 시작하는 것이 우리에게 이익이 된다는 점을 알게 된다.[130]

고고학이 가능한 이유는 객체들이 존속하기 때문이며, 고고학은 사물들로 시작한다. 이런 기반으로부터 어떻게 나아가야 하는지에 관한 물음은 객체가 시사하는 것과 더 광범위한 가능성의 장 — 궁극적으로 고고학자들과 그 밖의 사물들이 '타 아르카이아'(오래된 사물들, 물질적 과거) 또는 '아르카이오스'(오래됨 또는 옛것임의 성질로서 출현하는 것)을 부각하게 할, 성취하게 할 창의적인 모험 — 사이에 붙잡혀 있다. 사실상 고고학적 객체들이 각자의 과거에 **선험적으로** 얽혀 있다면, 그것들이 이미 자신 너머의 다른 사물들을 가리킨다면, 고고학적 연구를 수행하는 것은 아무 의미가 없을 것이다. 객체들이 그것들의 옛날 관계들에 대한 암시를 제공할 수 있을 따름인 연결 관계들에 관하여 시사하는 것을 종합하는 데에는 실질적인 작업이 필요

일을 다룬다. 이 구분은 유용하면서도 분류학적이지 않다(O. J. T. Harris, "Archaeology, process and time"을 참조하라).
130. 사실상 이것은 과거가 변화하여 된 것을 대면하기 위해 동원할 수 있는 모든 것을 갖추고 있는 척하는 편견이나 자만심보다 더 나은 선택지이다. 또한 Harman, *The Quadruple Object* [하먼, 『쿼드러플 오브젝트』]를 보라.

하다. 고고학은 사물들이 자신에 관한 무언가를 드러낸다는 점과 고고학 자체의 실천이 경험에 직접 주어지는 것 이상을 규명한다는 점에 대한 신뢰를 필요로 한다. 고고학은 고고학적 객체들의 과거에 관한 무언가를 파악하기 위한 중대한 노력과 더불어 상황이 어떠했을지에 관한 이야기 – 그것이 아무리 빈약할지라도 – 를 구성할 수 있는 창의성과 상상력을 필요로 한다.

이런 역설 – 한 객체의 과거를 부각하려면 고고학자는 그 과거에 대한 모든 예상을 중지해야 한다는 것 – 만이 고고학을 철학적 대화를 나눌 만한 동반자로 만든다. 지금까지 철학이, 비유적 사례는 제외하고, 고고학에 거의 관여하지 않은 이유의 일부는 철학 자체의 인간중심주의와 그에 수반되는 사물들을 무시하는 태도와 관련이 있음이 확실하다.[131] 그런데 사물들을 무시하는 그런 태도는 대체로 고고학적 전통이 봉착하는

---

131. 푸코는 고고학을 비유적으로 활용했다고 이해되는 철학자 중 한 사람으로 종종 거론되지만(González-Ruibal, *Reclaiming Archaeology*, 1을 보라), 그의 활용 방식에는 그 이상의 무언가가 있다고 여겨져야 한다. 왜냐하면 연속성에 관한 역사주의적 관념에 반대할 때 푸코는 고고학이 독특한 무언가를, 균열과 불연속성의 층서적 이미지를 제공한다고 간주했다. 철학 및 사물들을 무시하는 태도에 대해서는 Serres, *Statues : le second livre des fondations* (1987) ; *Statues : The Second Book of Foundations* (2015) ; Harman, *Tool-Being* ; G. Harman, *Guerrilla Metaphysics*를 보고, 또한 Olsen, *In Defense of Things*를 보라.

문제, 지금까지 (어쩌면 부득이하게도) 보편적 역사 모형을 과거에 적용하면서 일종의 자기소외를 기꺼이 수용한 분야가 봉착하는 문제이다.[132] 고고학의 역사 전체에 걸쳐서 우리는 외부화된 선형적 시간에 의해 강화된 개별적 과거들을 배경으로 삼고서 시작할 때 나타나는 과거의 매체에 대한 깊은 관심(즉, 남아 있는 것의 특성에 대한 관심)을 감지할 수 있을 것이지만, 그 고고학적 객체는 결코 단순히 현재의 모습이었던 적이 없었을 것이다.[133] 지금까지 고고학은 분명 그것이 가장 크게 이바지한 것, 즉 그것이 전념한 근대주의적 역사주의에 대한 대안을 제시한 공헌을 그 본성상 언제나 억제하는 경향이 있었다.

고고학자들이 선사의 안개에 진입하기 시작했을 때, 역사로서(또는 오히려 지구 역사에 대한 소수의 입수 가능한 원천 중 하나로서)의 성서에 대한 더 큰 충성심을 견지한 창조론적 견해가 유럽 전역에 확산하였다.[134] 주지하다시피, 제임스 어셔

---

132. 물론 주목할 만한 예외 사례들이 있다. 대륙철학 내에서는 Serres의 *Rome* (2015a), *Statues* (2015b), 그리고 *Les origines de la géométrie* (1993)를 고려하라. 분석철학 분야에서는 그런 관여가 더 두드러진다. Wylie, *Thinking from Things*와 M. Salmon, *Explanation and Archaeology*를 고려하라. 또한 Holtorf and Karlsson, *Philosophy and Archaeological Practice*; Webmoor, *Archaeology*를 보라.

133. Olsen, *In Defense of Things*.

134. Rudwick, *Earth's Deep History*, 304[러드윅, 『지구의 깊은 역사』]를 보라.

주교는 창조가 서기전 4004년 "10월 23일의 전날 밤에" 이루어졌다는 결론을 내렸다.[135] 그런데 현재 지구의 나이는 45억 4천만 년이다. 지난 두 세기 동안에 과거의 우물은 대략 몇백만 년의 오차로 4,539,994,196년만큼 확대되었다. 이전에 우리는 육 일을 제외하고 언제나 현존했던 반면에 이제 인간은 사실상 지구의 고고학인 지구 역사의 아주 작은 몫을 차지하고 있는데, 왜냐하면 이것은 객체들 속에 간직된 기억들이기 때문이다.[136] 그러므로 또 다른 관점에서 바라보면 우리는 당혹스러운 다시간적 다중 내에 묻어 들어가 있으며, 여기서 인간은 실재의 절반보다 훨씬 적은 몫을 차지하고 있다. 다양한 시대에서 비롯된, 매우 다양한 지속을 갖춘 사물들의 즉각적인 동연적 본성으로 인해 그것들은 수천 가지의 그럴듯한 방식들로 이해될 수 있는 무수한 교류와 관계를 맺게 된다. 여기서 현재는, 뒤범벅 상태의 잡다하고 다채로운 회집체에서 살아있는 것들이 편하게 지내게 되는 성지이다. 고고학은 또 다른 불투명한 경로를 따라 다시 시작할 수 있을까?

---

135. Olsen and Svestad, *Creating prehistory*, 2를 보라. 또한 M. J. S. Rudwick, *Bursting the Limits of Time*; Rudwick, *Earth's Deep History* [러드윅, 『지구의 깊은 역사』]를 보라.

136. Olivier, *The Dark Abyss of Time*을 참조하라.

결어

문턱 위에, 상인방 위에, 두 마리의 사자가 발판 위에 발을 올려놓고 있다. 부조로 새겨진, 대치하고 있는 그 사자 신체들은 기둥 하나를 중앙에 두고서 하늘을 향해 있다. 그 사자들은 그 기둥을 응시하고 있었을까? 그것들은 그것으로부터 시선을 돌리고 있었을까? 또는 그것들은 접근로를 주시하고 있었을까? 머리가 없기에 알 수 없다. 그럼에도 하나의 공통 객체로 정향된 그 신체들은 상이한 방향들에서 접근한다. 우리가 그것들을 역사와 고고학으로 간주하든 그렇지 않든 간에 둘 다 현재에 굳건히 서 있는데, 어쩌면 상이한 방향들에서 과거를 응시하면서 상이한 객체들과 방법들로 과거를 형성한다. 더 좋은 점은 그것들이 미래를 내다본다는 것이다. 아니, 어쩌면 이 조용한, 머리 없는 신체들은 우리에게 우물 아래에 시간이 있을 뿐만 아니라 우물 위로 분출하는 시간도 있다는 것을 상기시키는 데 도움이 될 것이다. 전자는 고대성의 시간으로, 집중적으로 연구되었고, 꼼꼼하게 조사되었고 가늠되었으며, 불가피하다. 후자는 시간의 고대성으로, 그것이 계속해서 쌓일 때조차도 망각되고 있고, 여기에 있고, 아무래도 좋다.

3

2장에 관한 논의

그레이엄 하먼 2장에서 당신은 고고학이 어떠했는지 그리고 고고학이 어떻게 될 수 있을지에 관하여 복잡한 설명을 제시했습니다. 당신이 펼친 논증의 각 절은 다수의 관념을 포함하고 있기에 저는 A절 '선: 역사, 고고학, 시간'으로 시작하여 한 번에 하나씩 다루는 것이 최선일 것으로 생각합니다. 여기에 당신이 반대하는 것처럼 보이는 것이 적어도 두 가지가 있습니다. 첫 번째 것은, 당신의 생각에 따르면, 초기 고고학적 관행으로 굳어진, 시간에 관한 선형적 구상입니다. 저는 당신이 라투르에 관심이 있다는 것을 알고 있고, 또한 저는 당신이 '삼투'라는 용어를 때때로 사용한다는 사실이 세르에 대한 마찬가지의 관심을 시사한다는 것을 감지하고 있지만, 시간에 관한 선형적 구상과 관련하여 잘못된 점이 무엇인지 그리고 무엇이 그 구상을 대체할 수 있을지 분명히 설명해 주시겠습니까?

당신이 반대하는 두 번째 것은 고고학이 "인간의 물질적 유물을 통한 인간의 과거에 관한 연구"이어야 한다는 관념입니다. 오히려 당신은 어떤 객체지향적 전회를 제안합니다. 당연하게도 저는 그 말씀에 공감합니다. 그런데 당신이 생각하기에 객체들을 그것들이 인간의 역사와 맺은 관계와 별개로 연구하는 것의 요점은 무엇입니까? 결국 당신의 주요 관심사는 발굴된 유물들이 그것들을 사용한 인간 문명의 지표로서 갖는 의미이지, 그것들의 화학적·물리적 특성들 자체가 아닙니다.

크리스토퍼 위트모어 시간의 경우에, 선은 측정을 위해서는 유용하지만 모형으로서는 유용하지 않습니다. 수량화할 수 있는 거리를 두고서 떨어져 있는 점들을 연결하는 이차원 실은 선사의 깊이를 가늠하는 데 도움이 됩니다. 그것은 '시기'를 밝히고, '존속 기간'을 구획하며, 연속체 또는 지속에 접근하기 위한 배경의 척도를 제공하는 데 유용합니다. 그런데 고고학은 시간의 측정과 시간의 본성을 혼동하는 일상적인 태도에서 벗어나지 못했습니다. 이런 혼동은 세르가 라투르와 나눈 유명한 대화에서 강조한 보편적인 오해입니다.[1]

세르와 라투르 역시 지적했듯이, 눈금이 매겨진 선은 과거가 현재와 분리된 영역에 존재한다고 상정되는 매우 특이한 역사주의에 적합합니다. 과거와 명확히 단절된 현재는 언제나 어딘가 다른 곳에, 그 선의 균일한 길이를 따라 자리하는 또 다른 점에 정위됩니다. 서기전 12세기에 접어들 무렵에 미케네 전역을 휩쓸었던 것처럼 보이는 대화재들은 서기전 468년에 아르고스인들이 미케네를 약탈한 사건, 거의 2500년의 거리만큼 우리에게서 떨어져 있는 사건으로부터 7세기의 거리를 두고서 분리되어 있습니다. 서기전 1700년에서 1200/1100년까지 오륙

---

1. Serres and Latour, *Conversation on Science, Culture, and Time*. 고고학에서는 Ramenofsky, "The illusion of time"; Witmore, "Landscape, time, topology"를 보라.

백 년의 기간으로 이해되는 후기 청동기 시대는 완결되고 초기 철기 시대로 대체됩니다. 초기 철기 시대는 아르카이크 시대로 진전되고, 아르카이크 시대는 고전 시대를 낳습니다. 층상의 잘 규정된 거리를 지닌 이 일화들은 순차적인 것들로, 대체와 종결로 특징지어지는 실을 따라서 독자적인 캡슐 안에 봉해진 것들로 여겨집니다. 이 선을 따라 우리는 통제경제에서 혼돈으로 나아가는 일방적인 움직임 또는 파괴된 성채도시에서 플라타이아이 전투에 참전하도록 장갑보병의 분견대를 파견할 작은 도시국가로 나아가는 앞으로의 진전을 구상할 수 있을 것입니다. 그 선을 따라 우리는 선사를 연구하는 고고학자들과 고전 시대 세계를 연구하는 고고학자들 사이의 분업을 설정할 수 있을 것입니다.

과거의 종결을 상정하는 시간에 관한 선형적 구상은 바라보는 사람들을 계속해서 매료시키는 강력한 성벽, 움직임을 적나라하게 유도함으로써 존속하는 도로, 또는 외부로부터 내부의 경계를 완강하게 결정하는 돌담을 설명할 수 없습니다. 시간에 관한 선형적 구상은 고고학적 객체들이 시사하는 것을 노골적으로 단순화합니다. 성채 안과 주변에서 이루어지는 퇴적의 속도는 수 세기에 걸친 느린 축적과 파괴의 여파로 인한 급격한 축적 사이에서 다양하게 현시됩니다. 어떤 어두운 방에 밀봉되어 보호받던 객체들은 수천 년이 지난 후에 다시 노출됩니다. 어떤 고대의 문턱 돌과 도보 통행객 사이의 관계는 전자가 흙과 잡석의 축적물 아래 묻힘으로써 끝이 나게 되는데, 그 관계는 고고학자들이 사자문 전체를 발굴한 이후에야 재개될 수 있을 뿐입니다. 후기 청동기 시대 성벽들은 헬레니즘 시대 공동체들을 구성하는 것의 일부입니다. 로마 시대의 여행객들은 19세기 후기 이후의 고고학자들보다 청동기 시대의 무덤으로부터 더 멀리 떨어져 있습니다. 그런 사례들은 훨씬 더 혼란스러운 시간을 시사합니다. 그리하여 우리는 그런 초상의 도전에 조응하는 모형을 찾아내려고 분투해야 합니다.

저는 시간에 관한 격동적인 이미지, 심지어 날씨 같은 이미지를 불러일으키는 '삼투'라는 개념을 좋아합니다. 삼투 덕분에, 일반적으로 자신의 외양 및 용도와 관련하여 정위된 객체들의 기반을 배경으로 삼고서, 시간의 이행 중에 역류와 소용돌이가 나타날 수 있게 됩니다. 저에게 삼투는 현실적 객체들보다 아무튼 더 깊거나 그것들과 분리된 어떤 원초적 유동을 수반할 필요가 없습니다. 오히려, 우리가 시간을 사물들 내부와 사이에 있는 활동력으로 간주한다면, 우리는 삼투를 이런 활동력들의 총합을 표현하는 방식으로 이해할 수 있을 것입니다.

고고학은 그것이 수행하는 작업에서 언제나 객체지향적이었습니다. 그렇지만 고고학의 역사 전체에 걸쳐서 그것은 선을 따라 가늠된 거리를 두고서 자신의 대상들을 멀리했습니다.

고고학을 "인간의 물질적 유물을 통한 인간의 과거에 관한 연구"로 규정하는 통속적인 정의와 관련된 문제는 그것이 "물질적 유물"로 파악되는 객체들을 수단이라는 종속적 지위로 격하하고 그 목적에 겉으로만 그럴싸한 우선성을 부여하는 방식에 있습니다. 이런 지나치게 환원적인 목적중심적 정의는 고고학적 객체들을 한낱 운반체에 불과한 것의 지위에 한정하고, 궁극적으로 도자기 파편들, 구슬들, 역암 덩어리들, 묻힌 문턱들, 또는 부식된 동전들의 군집들에 주역으로서의 역할을 부여하지 않습니다. 그런데 그것들이 없다면 미케네의 과거 세계들에 관한 어떤 이해도 불가능할 것입니다.[2] 객체들을 단지 인간 상호작용의 지표로 간주하는 것은 고고학을 근본적인 표현적 오류(현재 마주치는 물질적 기억의 견지에서 주어지는, 객체들 배후의 인간 행위성에 대한 추정)에 개방할 뿐만 아니라, 또한 그것은 실천자들로 하여금 그 성채와 그것의 주변 환경의 변형에서 차이를 만들어내는 객체들(참나무들, 염소들, 황소가 끄는 쟁기들, 잔해가 가득한 돌발 홍수들, 또는 굴착기들)의 긴 명부를 보지 못하게 합니다.[3] 무엇보다도 그것은 현재 마주치는 객체들을 과거에 행해진 특정한 것들 ─ 업적들res

---

[2]. Olsen, Shanks, Webmoor, and Witmore, *Archaeology*; Witmore, "Which archaeology?"

[3]. Witmore, "Archaeology and the new materialisms."

gestae — 에 대하여 파생적인 지위로 격하하며, 이 업적들은 어떤 균질하고 보편적인 시간으로 순차적으로 정렬된 다른 사건들과 맺은 인과적 관계 속에 설정됩니다.

고고학이 가능하기 위해서 비인간 객체들이 고고학적 주역 또는 인간과 별개로 사물 자체로서 특별취급을 받을 필요는 없습니다. 그것은 인간 요소가 무시되어야 한다는 것을 수반하지 말아야 합니다. 우리가 고고학을 문자 그대로 간주한다면, 그것은 아르카이오스archaios의 로고스logos, 즉 오래됨 또는 옛것임이라는 성질 또는 속성에 관한 연구와 탐구입니다. 그런 견해는 고고학이 인간의 과거에 관한 이야기를 훨씬 더 넘어서는 것을 산출한다는 점을 수반합니다.[4] 그리고 그런 견해는 고고학적 객체들을 한정할 필요가 없는 한편으로 우리의 해답들을 규정합니다. 그렇지만 우리 두 사람이 동의하듯이, 객체들은 자신의 성질들, 자신의 과거들, 또는 자신의 영향들로 환원될 수 없습니다. 객체들은 어떤 특정한 해답으로도 환원될 수 없습니다. 사실상 누가 분석을 수행하기 전에 해답을 알고 있다고 주장할까요? 염소들이 풀을 뜯는 저 넓은 언덕을

---

4. Pétursdóttir, "Things out-of-hand"; S. E. Pilaar Birch, *Multispecies Archaeology*; S. Farstadvoll, *A Speculative Archaeology of Excess*; S. Farstadvoll, "Growing concerns"; B. Olsen, M. Burström, C. DeSilvey, and P. Pétursdóttir, *After Discourse*; S. A. Rich, *Shipwreck Hauntography*; Rich and Compbell, *Contemporary Philosophy for Maritime Archaeology*.

해답 — 여기에 아카이아 수도의 성채가 있었다 — 으로 환원함으로써 과거에 대한 이런 특정한 이미지에 충실한 고고학자들은 성벽들, 기초들, 표면들, 퇴적물들, 도자기 파편들 — 그것들은 모두 수많은 다른 과거들, 즉 동물을 방목하기 위한 목초지와 울을 친 장소, 신화를 수반하는 폐허, 여행객들을 끌어들이는 것, 아르고스의 코메, 아르카이크 시대의 도시국가, 기타 등등에 대한 기억과 징후를 보유한 객체들입니다 — 을 파괴하고 옮겼습니다. 고고학자들이 성질들, 과거들, 또는 결과들로 시작하는 것은 객체들이 보유하고 있으며 우리에게 다른 가능성들을 가져다줄 수 있을 잉여 실재를 배척하는 것입니다. 고고학자들이 해답으로 시작하는 것은 다수의 객체로서 출현한 미케네가 변화하여 될 수 있는 것을 파괴하는 것입니다. 또다시 우리에게는 플라톤이 남게 되지만, 각주 없이 남게 됩니다.[5]

궁극적으로, 고고학자들은 객체의 오래됨에서 비롯되는 예상을 선취하기 위해 사물들을 전유하는 행위에 저항할 의무가 있습니다. 이는 암포라 속에 있는 잔류물, 숯이 된 씨앗들과 그것들을 함유하는 노지(爐址), 또는 흙벽돌이 용해됨으로써 출현한 점성토를 독자적인 견지에서 신중하게 다루는 것을 뜻합니다. 그런 책무는 객체들에 관하여 이야기하고 사물들을

---

5. 이 책의 1장을 보라.

부각할 방법들을 끊임없이 찾아내고자 하는 노력을 요구합니다. 그것들을 오로지 다른 객체들의 지표들로 추정하여 간주하는 것을 비롯하여 그것들을 그것들이 감당하기에 부적합한 해석적 부담에 종속시키지 않은 채로 말입니다. 한 객체를 다른 한 객체로 환원하지 않은 채로, 한 객체를 다른 한 객체에 의거하여 설명하려면 그에 필요한 작업을 수행해야 합니다. 저는 당신이 2장에서 제시된 첫 번째 절의 세부 사항들로 이 논의를 시작하기 위해 첫 번째 물음을 그와 같이 제기했던 것이라고 생각합니다. 하지만 저는 그 광범위한 물음에 답변하기 위해 그 밖의 절들에서 검토된 사례들을 언급할 수밖에 없었으며, 나아가서 2장의 말미에서 제기된 역설로 도약할 수밖에 없었습니다.

하면 원하는 대로 자유롭게 왔다 갔다 하십시오. 제가 한 번에 한 절씩 나아가는 것은 그저 그렇게 하는 것이 제가 저의 물음들을 조직하는 데 도움이 되기 때문입니다. 그런데 다음 물음으로 넘어가기 전에 저는 한 가지 더 일반적인 물음을 제기하겠습니다. 위의 답변에서 당신은 '청동기 시대'와 '철기 시대' 같은 '선형적' 관념들에 회의적인 것처럼 보였습니다. 그런데 이 용어들은 시간에 관한 **비선형적**이고 객체지향적인 의미의 탁월한 사례들이 아닐까요? 결국, 주도적인 금속으로서 청동에서 철로의 이행은 인간의 시간을 객체들의 시간에 종속시키는 탁월한 일례가 아닐까요? 물론, 인간이 이 금속들을 발견했거나 발명했습니다. 그런데 일단 어떤 새로운 금속이 도입되면, 그 금속이 인간에게 적응해야 하기보다는 오히려 인간이 그 금속에 적응해야 합니다. 그리고 이것은 나중의 발전과 마찬가지로 우리에게 자동적으로 시간의 '이산적인' 시대구분을 제공하지 않을까요? 예를 들면, 전기 조명이 밤을 밝혔을 때 인간의 문명이 극적으로 변화했다고 생각하는 것은 저에게 완전히 공정한 것처럼 보입니다. 저는 샴투와 더불어 무엇이든 어떤 특정한 인공물을 '고대적인' 것 또는 '근대적인' 것으로 규정할 수 없다는 견해를 전적으로 선호합니다. 그런데 어떤 특정한 객체가 생성됨으로써 그 생성 이전까지 알려진 인간 생활을 변화시키는 명확한 문턱이 산출된다는 점 또한 확실하지 않을까요? 제가 역사에 관한 선형적 구상에 대하여 생각할 때, 저는 반反–샴투적 시간 모형에 대하여 생각하기보다는 오히려 친親–점진주의적 모형에 대하여 생각합니다.

위트모어 청동에서 철로의 이행을 개념화하는 당신의 방식은 고고학과 OOO가 나누는 이런 대화로부터 혜택을 받는 방식에 대한 탁월한 일례입니다. 석기–청동기–철기 순서의 오래된 삼시대 체계가 조용한 선사와 관련된 객체들의 유형학적 조직화에서 생겨난다는 점은 상기시킬 가치가 있습니다.[6] 옥으로 만든 도끼가 붙은 플린트 창촉, 청동 용기가 붙은 청동 족집게, 그리고 철 장식물이 붙은 철검을 전시함으로써 박물관 전시실들은 수다스러운 역사의 범위를 넘어서 어떤 심원한 과거의 편년적 순차열을 들여다보는 공적인 창을 개방했습니다. 또한 그런 시설들은 텍스트들로부터 얻을 수 있는 것보다 발굴을 통해서 드러나게 된 사물들에 대한 신뢰를 시사했습니다. 그런데 궁극적으로 객체들의 시간은 인간의 시간에 예속되었습니다. 왜냐하면 그 삼시대 체계는 유목적 수렵채집인들에서 농경인들을 거쳐 구성된 사회들로 옮아가는 어떤 인간 과거의 연대측정학을 위한 기초를 제공했는데, 여기서 객체들은 인간 과거의 파생물로 여겨졌기 때문입니다.

저는 어떤 객체가 명확한 변화의 문턱을 생성한다는 의견에 동의합니다. 전등은 멋진 일례입니다. 왜냐하면 그것은 빛과 어둠의 일주기 리듬을 변경하는 것 이상의 영향을 미쳤기 때문입니다. 매클루언이 주장했듯이, 그것은 사회의 모든 양태(노동, 휴식, 오락, 건축)를 변화시켰습니다.[7] 전등은 태양으로부터 인간 활동에 대한 지배권을 빼앗았습니다. 사실상 저는

---

6. 이 모형은 1820년대에 크리스티안 위르겐센 톰센이 코펜하겐 박물관에서 고고학적 수집물들을 배치하는 과정에서 그 초기 표현을 부여받았다.
7. McLuhan, *Understanding Media*. [매클루언, 『미디어의 이해』.]

우리가 석기, 청동기, 또는 철기 사이의 구분이 시사할 것보다 훨씬 더 긴 연속체를 포함함으로써 당신이 언급하는 시간의 이산적인 시대구분을 확대할 수 있다고 믿고 있습니다. 인간이 새로운 금속들에 적응했고 그것들과 더불어 새로운 객체들이 증식했다는 것은 사실임이 틀림없습니다. 그런데 청동과 철은 인간 사회를 오랫동안 형성했던 농기구와 다양한 형태의 무기를 생산하는 데도 활용되었습니다. 그리고 나무 쟁기, 청동 쟁기, 철 쟁기, 그리고 심지어 돌 쟁기도 아르고스의 평원과 주변 배후지들에서 다양한 순간에 동시에 현존했습니다. 그리스 장갑보병은 철로 만든 검 및 창촉과 더불어 청동 갑옷을 계속해서 사용했습니다. 다양한 그런 객체와 그 관계들은 20세기 동안 대규모의 농촌 탈출 사태가 발생할 때까지, 또는 제2차 보어 전쟁과 관련하여 전투 행위의 근본적인 변화가 생겨날 때까지 지속되었습니다.[8] 도시와 화석연료의 물질대사 체제, 기관총과 철조망은 수천 년 단위로 그리고 심지어 수만 년 단위로 측정된 객체들 내부와 객체들 사이의 연속체들을 종결시켰습니다.

저는 변화의 문턱이 시간에 관한 모든 점진주의적 또는 과정적 관념과 어떻게 상반되는지에 대한 당신의 주장을 받아

---

8. R. Netz, *Barbed Wire*.

들입니다. 왜냐하면 그런 관념들은 동등하고 균일한 순간들의 어떤 균질한 흐름을 전제하거나, 혹은 객체들 자체보다 아무튼 더 깊은 어떤 진전 중인 과정을 전제하기 때문입니다. 이런 관점에서 저는 당신이 '선형적'이라는 낱말을 사용하는 방식을 이해합니다. 변화의 문턱들이 시간의 이행에 형태를 부여하기 때문입니다. 저는, 당신이 품고 있는 의미에서의 선형적 역사가 과거와 명확하게 단절하지 않으면서도 그와 같은 이행들을 가능하게 하는 삼투적 시간 모형과 상반되지 않는다는 점에 대해서 동의합니다. 저의 경우에, 삼투는 지금까지 고고학자들이 시간을 개념화하고 과거의 위치를 개념화한 방식들을 복잡하게 하는 데 도움이 됩니다. 또한 그것은, 이전에 잊힌 객체들을 캐내어서 현재 또는 미래의 환경 내에 현존하게 만듦으로써 고고학이 만들어 내는 기묘한 차이를 요약합니다. 때때로, 그리스에서든 텍사스에서든 간에, 정전이 발생하고 양초나 석유램프가 조명의 주요 원천이 되는 일이 벌어집니다. 이런 사태가 매우 다른 배경과 매우 다른 환경 아래서 발생하더라도 이 객체들과 그 관계들의 양식에는 일관된 무언가가 있으며, 그것은 저에게 시간의 이행에서 생겨나는 작은 소용돌이를 시사합니다.

하먼 그럼, 당신이 펠로폰네소스반도의 나프플리오와 에피다우로스 사이에 펼쳐진 70번 국도를 논의하는 B절 '절편

(들): 2012년 나프플리오에서 카자르마까지'를 논의해 봅시다. 순전한 우연의 일치로 이 구간의 도로는 여전히 기억 속에 생생합니다. 왜냐하면 최근에 저와 제 아내 네클라는 당신이 논의하는 유적지인 미케네의 유적을 방문하는 과정에서 그곳을 지나쳤기 때문입니다. 그 경로를 따라 명백히 드러난 고대의 풍부한 사물들과 더불어 우리는 중세 이후 근대까지 더 최근의 역사 시대에 걸쳐 형성된 나프플리오 자체가 인상적인 소도시임을 깨닫게 되었습니다. 저는 나프플리오의 상부가 "1억 2천만 년도 더 전에 석회암 덩어리가 융기하여 형성된 것"임을 알지 못했습니다. 절벽들이 어떤 방문객도 금방 잊어버리지 않을 극적인 경관을 만들어 낼지라도 말입니다. 그런데 이 태고의 절벽들과 그 꼭대기에 세워진 베네치아 요새와 더불어 특히 당신은 "2000년에 유럽연합이 사용을 금지하기 이전에 유연 휘발유를 연료로 삼은 자동차들의 배기가스와 함께 방출되었거나 또는 촉매 변환기에서 방출된 중금속으로 오염된 도로변 토양, 문화 센터로 바뀐 이전의 안토스/키크노스 통조림 공장"처럼 최근에 도래한 것들의 현존에 관해 언급합니다. 당신은 도로를 따라서 우리가 "다양한 지속의 다시간적 복합체"를 발견한다고 강조합니다. 모든 시대를 단일한 용기에 혼합하기라는 이 주제는 세르와 라투르의 작업을 통해서 철학자들에게 친숙한 것이 되었습니다. 그들의 영향력은 여전히 철학 자

체에 한정되어 있지만 말입니다. 추정컨대 고고학은 훨씬 더 일찍 이런 통찰에 이르게 되었습니다. 왜냐하면 고고학은 그렇게 해야 한다는 상당한 내부 압력을 받고 있었기 때문입니다.

그런데 또한 저는 2장의 이 부분에서 당신이 제임스 프레이저에 관하여 언급한 두 가지 점에 주목합니다. 이것이 저의 흥미를 끄는 이유는 일견 프레이저는 당신이 생각하기에 나쁜 의미에서 시간을 선형화하는 사람처럼 보일 수 있기 때문입니다. 마술은 종교로 대체되고, 그다음에 종교는 과학적 계몽주의로 대체되었습니다. 그런데 저는 이 점에 관해 그다지 확신하지 않습니다. 그 이유는 프레이저가 오늘날 우리가 인식할 방식으로 상이한 시대들의 혼합을 인식하기 때문이 아니라, 오히려 그의 의도가 무엇이든 간에 그의 저작의 독자로서 저는 결국 예전보다 마술과 종교에 훨씬 더 공감하게(즉, 평균적인 서양 지식인보다 훨씬 더 공감하게) 되었기 때문입니다. 달리 말씀드리자면, 프레이저의 우주에 들어갈 때마다(그리고 저는 제가 여러 권으로 저술된 그의 『황금가지』를 완독했다고 주장할 수는 없습니다), 저는 종교와 마술이 이미 극복된 원시적 단계들에 불과한 것처럼 느끼기보다는 오히려 그것들이 나중의 철과 더불어 여전히 유용한 것으로 판명되는 돌 및 청동과 유사한 것처럼 느낍니다. 프레이저가 정확히 2장의 주안점인 것은 아니었지만, 저는 아무튼 고고학 집단들에서 여전히 그의 저작을 읽고 있는 사람이 있는지에 관한 소식뿐만 아니라 그 저작에 관한 당신의 생각도 듣고 싶습니다.

위트모어 유감스럽게도, 고고학자들은 여러 차례에 걸쳐 이 통찰―시대들의 혼합―을 긁어모았지만, 시계를 생산하는 것에 대한 강박, 객체들을 어떤 순서열의 선을 따라 조직하는 것에 대한 강박, 객체들을 어떤 균일한 시간으로 분류하는 것에 대한 강박을 참작한다면 그들은 언제나 다시간성에 대한 더 광범위한 설명에 이르지는 못했습니다. 연대측정학은 그 쟁점의 일부일 따름입니다. 고고학적 노동의 이산적인 시대들로의 분업(제도, 실천 공동체, 담론적 공약, 직무 서술 등에 의해 강화된 것)을 통해서 증강된, 어떤 특정한 형태의 역사성이 미치는 영향 아래서 다시간적 집합체의 동연적 실재는 대체로 고고학적 유적지들, 경관들, 그리고 객체들의 내부에 단순히 주어진 채로 있었습니다. 베네치아 요새들, 고전 시대 탑들, 또는 통조림 공장들이 그것들 자체의 시간 안에 봉인된 어떤 생생한 현전에 호소하게 되는 그런 표현적 오류에 포섭된 고고학자들은 또다시 그들의 대상들에 해답을 지니고서 접근했으며, 그 객체들을 평평해진 균질한 시간을 배경으로 정렬하여 해당하는 단계들에 한정시켰습니다. 이런 태만은, 라투르의 말을 환언하면(당신에게 어떤 엄밀한 기술적 의미를 지닌 '환언하기'라는 용어를 제가 사용하는 것을 양해해 주신다면), 그와 같은 객체들의 분류가 시간을 생성하는 원천이기보다는 오히려 시간에 의해 생산된 산물이라고 간주하는 근본적인 가정에 의해 증폭된 것입니다.[9] 고대성의 시간과 시간의 고대성을 구분함으로써 세르는 이런 차이점을 부각했습니다.[10]

혼합된 시대들의 잔해를 제대로 평가한 사람은 아무도 없었습니다. 왜냐하면 이 정화된 과거들은 순차적인 시대들로 매끈하게 분류되었기 때문입니다. 그것은 마치 고고학자들이 이런 풍성한 것을 성분별로 바라본 것과 같았는데, 그리하여 각각의 객체는 그것의 정화되고 한정된 격실 속에 간직되었습니다. 물론 실천자들은 '시간을 통해서', 통시적으로 변화에 집중하게 되었으며, 여기서 다양한 시대의 교차-시간적 상호관계가 명시적인 관심사로서 수용되었습니다.[11] 고고학자에게는 복구된 유물들을 규명된 연대에 따라 끊임없이 이어지는 순서로 정렬함으로써 모든 시대를 균등한 정도로 다룰 수 있을 것이라는 감각이 여전히 있었습니다. 사실상 고고학자들은 그들

---

9. Latour, *We Have Never Been Modern*, 76. [라투르, 『우리는 결코 근대인이었던 적이 없다』.]
10. Serres, *Statues*, 193.
11. Cherry, Davis, and Mantzourani, *Landscape Archaeology as Long-term History*; J. F. Cherry, "Regional survey in the Aegean"; 또한 T. Ingold, "The temporality of the landscape"를 보라.

의 순차적인 연계들을 하나의 서사적 실로, 전문 영역들에 해당하는 시간적 격실들에 한정된 실로 계속해서 사용했을 뿐만 아니라, 또한 그들은 창발적 간극들을 보이지 않게 했으며, 그리하여 한 객체의 '포스트-역사' 또는 '후-생'은, 미케네의 경우나 코린토스 신전의 경우처럼, 어떤 이상화된 역사적 이미지의 무게에 짓눌려 파괴되었고, 어느 타임라인에서 멀리 떨어진 시대들에 속한다고 추정된 객체들 사이에 인접성을 현시했습니다. 궁극적으로, 각기 다른 시대들을 선형적 시간으로 순차적으로 배열하는 것은 계속해서 어떤 종합을 위한 편리한 틀을 제공했습니다. 이것은 이해할 만한 것이지만, 그런 시나리오 아래서는 시간의 혼합을 설명하기 어렵습니다. 단지 최근 수십 년 동안에 고고학자들은 과거 속 과거에 관한 의문들, 기억, 그리고 유적에 대한 오래된 관여 행위들만을 다루게 되었을 뿐입니다.[12] 그때에도 객체들은 무언가 다른 것의 지시체·지표·표시로 여겨졌고, 따라서 그런 과거들을 가능하게 하는, 다른 것들 사이에서 공존하는 매체로서의 공정한 몫을 결코 나누어 받지 못했습니다.[13] 또한 각각의 객체를 그것이 현재 어떠

---

12. 예를 들면 S. E. Alcock, *Archaeologies of the Greek Past*; R. Bradley, *The Past in Prehistoric Societies*; L. Olivier, "The past of the present"; Olivier, *The Dark Abyss of Time*; N. Yoffee, *Negotiating the Past in the Past*; F. Rojas, *The Pasts of Roman Anatolia*를 보라. 또한 Lucas and Olivier, *Conversations About Time*을 보라.

한지에 의거하여 이야기하기보다는 오히려 과거에 어떠했을지에 의거하여 이야기하는 것만이 적절한 것처럼 보였습니다. 그런데 우리가 70번 국도(EO70)를 따라 목격하듯이, 객체들의 다양한 시대와의 일상적인 얽힘을 참작하면 이런 혼합을 근본적으로 고고학적인 것으로 이해하는 것 역시 적절합니다. 저의 경우에, 현재에 기반을 두고 있는 이런 다시간성은 고고학적인 것들을 특징짓는 것의 주요한 부분입니다.

에피다우로스에 자리하는 아스클레피오스의 성역과 나프플리오 사이에 이어진 경로를 따라 오늘날 우리도 프레이저의 발자취를 따라갑니다. 1890년에 그리고 또다시 (정반대 방향으로) 1895년에 이 경로를 택했을 때 프레이저는 스스로 로마인 여행객 파우사니아스의 발자취를 따라가고 있었습니다. 프레이저는 파우사니아스라는 고대의 저자가 저술한 『페리에게시스 헬라도스』를 몸소 번역한 책에 대한 여러 권의 해설서를 저술하면서 따라가고 있었습니다.[14] 제가 처음 프레이저를 만나게 된 것은 파우사니아스를 상대하고 있을 때였습니다. 프레이저의 해설서는 고전학자들이 여전히 읽고 있습니다. 저는 즉시

---

13. Olsen, Shanks, Webmoor, and Witmore, *Archaeology*. 후속 설명에 대해서는 Olsen, *In Defense of Things*, 107~28; B. Olsen, "Memory"; Witmore, *Old Lands*, 37~57, 109~22를 보라.
14. Witmore, *Old Lands*, 285~304를 보라.

프레이저를 작가로서 높이 평가했습니다. 저는 그의 매끈하고 균형 잡힌 문체, 땅과 풍경에 대한 그의 생생한 서술, 식물상과 계절에 대한 그의 다채로운 묘사, 그가 고고학적 실례들을 다룬 주의 깊고 섬세한 태도에 감탄했습니다. 나중에야 저는 『황금가지』를 읽었습니다. 많은 고고학자 사이에서 그 책은 여전히 기피되는 것이 가장 바람직한 제국주의 시대와 연관된 호기심의 대상으로만 여겨집니다. 이것은 부당합니다.[15]

또 하나의 경이로운 우연의 일치로, 파우사니아스는 아스클레피오스의 성역에 관하여 서술할 때 히폴리토스가 아스클레피오스에게 스무 마리의 말을 바쳤음을 기록한 석판을 언급하면서 아리키아의 사람들이 전한 이야기를 불쑥 끼워 넣었습니다. 아스클레피오스가 죽은 자들로부터 일으켜 세운 히폴리토스는 그의 아버지 테세우스가 그의 죽음을 초래한 저주의 주문을 외운 행위를 용서하기를 거부했습니다. 히폴리토스는 이 땅을, 그의 조상들(테세우스는 근처 트로이젠에서 태어났습니다)의 땅을 떠나서 이탈리아로 향했습니다. 그곳에서 그는 비르비우스라는 이름으로 통치했습니다. 그는 숲속 호수 옆의 한 성역을 아르테미스에게 봉헌했습니다. 여기서 그 여신의 사제직은, 파우사니아스의 시대(서기 2세기)에 이르기까지, 해

---

15. R. Willerslev, "Frazer strikes back from the armchair"를 보라.

방된 노예들만 참여할 수 있었던 어떤 단판 승부의 승자에게 수여되었습니다. 이 의례는 『황금가지』의 출발점이 되었으며, 그리고 2장에서 제가 논의한 계곡의 동쪽 끝은 그것과 밀접히 관련되어 있습니다.

프레이저가 마술에서 종교를 거쳐 과학으로 나아가는 진화적 전개의 삼부 도식을 도입한 것은 『황금가지』의 2판에서였습니다. 인간 사유의 이 단계들은 고고학의 삼시대 체계와 공명합니다. 그런데 당신은 올바르게도 그 연쇄의 견고성에 대하여 주저합니다. 로버트 애커먼이 서술했듯이, 프레이저는 "가장 이질적인 시기들과 장소들에서 비롯된 문화 품목들을 비교하는 것에 대하여 아무런 거리낌이 없었"습니다.[16] 『황금가지』 전체에 걸쳐서 다양한 시대와 장소가 병치되는데, 이는 공존을 뜻합니다. 에드워드 버넷 타일러가 "잔존물"이라고 일컬었던 것들이, 어떤 특정한 단계의 신념과 어긋나는 유물들이 그 세 단계를 가로지르고 있었습니다.[17] 프레이저가 이끌렸던 것은 잔존물이었습니다. 신의 의지에 굴복함으로써 책임을 저버리는 경향이 있는 종교와 비교되는 "개입의 기법들"로서의 과

---

16. R. Ackerman, *J. G. Frazer*, 1.
17. 타일러와 잔존물에 관해서는 G. Stocking, *After Tylor*, 5~6을 보라. 또한 R. Frazer, *The Making of the Golden Bough*, 14~5 ; R. Frazer, "Introduction," xxx를 보라.

학과 마술 사이에서 재현하는 요소들도 있습니다.[18] 더욱이, 우리는 (그리스도교와 이슬람교 같은) 이차 종교들과 과학 사이에서 성상파괴주의가 재현하는 현상을 지적할 수 있을 것입니다. 서양 사회를 책임지도록 정위된 과학이라는 정점을 향해 나아가는 근대주의적 진보 도식에 맞서서 우리는 그런 면모들을 시대착오적인 것들로 치부할 수 있을 것입니다.『황금가지』의 대다수 독자는 확실히 그렇게 합니다. 여기에는 그럴 만한 이유가 있습니다. 그런데 또한 프레이저는 더 미묘했습니다. 당신이 짐작하는 대로 마술과 종교가 과학과 더불어 유용한 것으로 판명된다면, 그 이유는 프레이저가 이 단계들의 실례들을 공개적으로 병치하기 때문만이 아니라 또한 인간 사유의 모든 체계는 나름의 득실이 있기 때문입니다. 서양 과학을 수용하는 독자들이 더 현명한 것은 아닙니다.

하면 현대 철학은 여전히 대체로 계몽주의적 어법으로 작동하며, 그리고 이런 측면에서 선형적인 역사적 시간에 대한 신념을 내장하고 있습니다. 그리하여 마술과 종교의 무가치성에 대한 신념을 (마술의 경우에는 모든 사람이, 종교의 경우에

---

18. 이 논점은 옥스퍼드대학교 출판부에서 출간한『황금가지』의 새로운 축약판의 서문에서 제임스 프레이저가 제기한다(Frazer, "Introduction," xxiii).

는 대다수 사람이) 내장하고 있습니다. 저는 가끔 계몽주의에 의해 추방된 마술과 종교의 가치를 옹호하면서 즐거운 시간을 보내곤 하지만, 이제 2장의 C절 '주름들과 균열들: 2014년 미케네', 짧지만 중요한 절로 넘어갈 차례입니다. 미케네에 관한 당신의 훌륭한 서술과 더불어, 이 절에서 저에게 가장 깊은 인상을 남기는 것은 위상학에 대한 당신의 언급입니다. 그런데 오늘날 우리는 위상학적 비유를 수학이라는 원래 분과학문의 외부에서 많이 접하며, 그리고 어쩌면 이런 용법 중 일부는 특히 엄밀하지 않을 것입니다. 그런데 그것은 이 논의의 맥락에서 한 가지 흥미로운 물음을 제기합니다. 즉, 위상학적 시간은 2장의 앞부분에서 당신이 환기시킨 삼투, 소용돌이, 또는 역류의 비유들과 동일한 종류의 시간을 지칭할까요? 이 후자의 용어들은 세르와 라투르에게서 나타나는 그런 종류의 것들입니다. 그런데 저는 그들이 오히려 시간의 위상학에 관해 이야기했더라면 얼마나 놀라운 일일까라고 생각합니다.

한편으로 삼투와 위상학은 둘 다 어떤 종류의 비선형적 시간을 지칭한다는 것이 분명합니다. 그리고 [선형적이지 않다는] 그런 순전히 부정적인 의미에서 그것들은 함께 속해 있습니다. 그런데 그 두 경우에 함축된 의미들은 대단히 상이할 수 있을 것입니다. 앞서 저는 삼투로서의 시간에 관한 관념이 필시 점진적 변화에 관한 점진주의적 모형과 지나치게 연계되어 있다는 우려를 표명했습니다. 왜냐하면 삼투 이론가들이 생각하는 대로 시간은 뒤로도 앞으로도 움직일 수 있을지라도 양방향으로의 움직임은 상당히 느리기에 혁명적 순간들이 없기 때문입니다. 그리고 삼투와 관련하여 제가 떠올리는 첫 번째 인물은 세르이지만, 어쩌면 라투르가 우리에게 훨씬 더 좋은 사례일 것입니다. 왜 그럴까요? 왜냐하면 사실상 세르는 라투르와 달리 시간의 위상학을 위한 여지를 남기기 때문입니다. 라투르는 여러모로 파스퇴르에 의해 초래된 의학의 변환 사건처럼 두 번 다시 없을 정도로 독특한 사건들의 사상가입니다. 라투르가 파스퇴르를 한낱 '믿음'에 불과한 것을 엄밀한 '지식'으로 대체하는 계몽주의적 천재라고 생각하지 않고 오히려 방대한 인간 및 비인간 동맹들의 조직자로 간주하는 것은 사실입니다. 그런데 우리가 세르에게서 얻는 것 – 라투르에게서는 그다지 얻지 못하는 것 – 은 재현하는 패턴들로 이루어진 것으로서의 시간에 관한 관념이며, 이렇게 해서 저는 위상학을 라투르가 절대 고찰하지 않은 방식으로 고찰하게 됩니다. 저는 바알Baal 조각상의 텅 빈 내부에서 발견된 카르타고의 인신공양에 관한 세르의 논의를 기억합니다. 물론 세르는, 탑승 우주인 중 누군가가 죽을 개연성이 언제나 통계적으로 있다는 점을 참작하면, 우주 비행선 역시 일종의 인신공양으로 해석될 수 있다고 주장합니다(이 주장은 1968년에 챌린저호 폭발 사고가 일어난 후에 그리고 2003년에 컬럼비아호 폭발 사고가 발생하기 전에 제기됩니다). 사춘기 시절에 저는, 인디애나폴리스 500마일 자동차 경주의 마지막 워밍업 랩에서 서른세 명의 운전자 모두의 사진이 조용히 나타날 때 마찬가지의 느낌이 들곤 했습니다. 1973년 이후로 경기 중 사망자가 전혀 없었지만, 가능성이 충분한 인신공양이 일어날 것처럼 말입니다.

어쨌든 제가 보기에 삼투는 주로, 시간이 앞으로도 뒤로도 움직이게 함으로써 선형적 시간을 뒤엎는 반면에 위상학적 시간은 다른 방식으로, 시간적 거리를 증가시키거나 감소시킴으로써 선형적 시간을 뒤엎습니다. 또다시 매클루언을 언급하면, 제 생각에 그는 자동차가 빛나는 갑옷을 걸친 기사를 되살린다고 말합니다. 고속도로에서 운전자들 사이에서 벌어지는 격렬한 승부이든, 또는 거울에 걸려 있는 보송보송한 주사위와 도발적인 범퍼 스티커의 도안이든 간에 말입니다. 이런 식으로, 1950년대에 '치킨' 게임을 벌이는 두 명의 만취한 십 대 청소년과 중세 기사들 사이의 연대기적 거리를 제거함으로써 위상학은 시간을 수축시킬 수 있습니다. 그런데 물론, 또한 위상학은 외관상 공존하는 요소들 사이의 방대한 시간적 차이를 강조할 수 있습니다. 어떤 단일한 자동차에 현존하는 시간적 불균질성에 대한 세르의 다른 사례에서 볼 수 있듯이, 불(190만 년 전), 바퀴(후기 신석기 시대), 유리(후기 신석기 시대), 피스톤

(1838년), 컴퓨터(1936년), 그리고 에어백(1970년대 초)이 어떤 단일한 존재자에 회집되어 있습니다. 제 질문은 다음과 같습니다. 고고학에서 시간에 관한 삼투적 모형과 위상학적 모형이 동일한 유물이나 유적에 대한 양립 불가능한 해석들이 제기될 그런 심각한 갈등에 처하게 되는 사례들이 있습니까?

위트모어 그 질문으로 넘어가기 전에 당신이 제기하는 위상학적 사례들을 살펴볼 가치가 있습니다. 특히 앞서 이루어진 프레이저의 인간 사유 체계들과 계몽주의적 어법에 관한 논의의 견지에서 말입니다. 세르는 과학적 우주 탐사에서 비롯된 참사와 고대 종교의 혐오할 만한 희생제의 사이에서 유사점을 찾아냅니다.[19] 근대 시대에 그런 비교는 전적으로 통약 불가능한 것처럼 보입니다. "용광로의 주인" 바알 하몬과 그것들이 우주인들을 수송하든 핵 탑재물을 수송하든 간에 폭발하는 로켓들 사이에는 어떤 재현적인 토포스가 존재할 수 있을까요?[20] 우리는 모두 세르 역시 우리가 프레이저와 관련하여 논

---

19. 세르의 놋쇠 바알 이미지는 플로베르의 소설 『살람보』의 영향을 받았다. 랍비들의 기록에 의존한 플로베르 역시 그것을 제멋대로 사용했다. 그리하여 이 토포스는 역사적이라기보다는 오히려 문학적이다.
20. 역사는 우리에게 전통적인 적 — 카르타고인들 — 을 비방하기 위해 그런 야만스러운 이야기들을 꾸며낸 그리스-로마 시대 저자들의 진실성에 관한 의문을 남기는 반면에, 고고학은 카르타고에서 도벳(tophet) 신전을 발굴함으로

의한 도식과 동일한 근대주의적 진보 도식을 이용하고 있음을 알고 있습니다. 역사주의를 접어두는 순간에 우리는 이전에 이 토포스들 사이에 존재한다고 여겨진 거리를 제거할 가능성을 개방하게 됩니다. 놋쇠 바알과 우주왕복선 챌린저호는 둘 다 불과 연기 위에 솟아오르는 거대한 금속 조각상인 것처럼 보입니다. 둘 다 사회적 맥락에서 막대한 투자가 필요한 고등 기술입니다. 둘 다 행사를 감독하는 전문가들을 포함합니다. 둘 다 어안이 벙벙한 채로 상황을 부정하는 구경꾼 무리 앞에서 전개되는 공포를 조장합니다. 그들을 황소라고 일컬음으로써 카르타고인들은 자신들이 자기 자식들의 목소리를 듣고 있는 상황을 부정합니다. 당신이 언급한 통계적 확률을 참작하면, 챌린저호 참사를 하나의 사고라고 일컬음으로써 우리는 우리 문화가 사람들과 그 밖의 동물들을 기술의 바알에게 바치는 그 방식을 인정하기를 거부합니다.[21]

당신이 제시한 인디애나폴리스 500마일 자동차 경주 사례

써 항아리에 담긴 어린이와 유아들의 까맣게 탄 **뼈**들을 드러낸다. 이 유골들과 함께 발견된 돌기둥에 새겨진 기록은 희생제의를 시사한다. 그 기록은 공동체 전체의 지속적인 안전을 위해 필요한 의식에서 바알 하몬에게 바쳐진 어린이들에 관해 서술한다.

21. 인간들과 그 밖의 생명체들이 바알 하몬에게 희생물로 바쳐진 것과 마찬가지로, 수많은 우주 프로그램이 진행된 과정에서 수십 마리의 비인간 생명체들이 희생되었다. 앨버트에서 라이카에 이르기까지, 그리고 심지어 컬럼비아호 참사에서 우주인들과 운명을 같이 한 곤충과 미생물에 이르기까지 말이다.

는 또 다른 신, 자동 이동성의 신을 가리킵니다. 우리의 용이한 이동과 확대된 거리 지배를 보호하기 위해 우리는 얼마나 많은 희생을 기꺼이 지속하고 있을까요?[22] 자동차에 의한 중세 기사의 되살림에 관한 매클루언의 논의는 다양한 측면에서 적절한데, 특히 응석받이 귀족 사이에서의 잠재적인 생명 희생과 관련하여 적절합니다. 그렇지만 그 이미지는 우리 사회들이 그런 희생을 기꺼이 지속하고 있는 이유를, 대단히 심리학적인 이유를 환기시키지 못합니다. 용이함과 구원은, 페터 슬로터다이크가 다양한 반복 메커니즘도 지적하면서 강조한 심리학적 측면들에 속합니다.[23] 바퀴와 차축을 갖춘 신석기 차대로 구성된 자동차는 신화학적 이미지들과 역사적 토포스들의 조합에 의존합니다. 그 속도 및 이동의 용이함은 날개 달린 말을 타고서 엄청난 거리를 정복한 영웅들에 의해 예견되었습니다. 그것이 인간의 심리와 안전에 미친 영향은 매클루언의 중세 기사(또는 운전자와 자동차 사이에서 이루어진 합병을 참작하면, 슬로터다이크가 주장하는 대로 켄타우로스)에 의해 부분적으

---

22. 2017년에 미합중국과 유럽연합에서만 자동차 사고로 인해 6만 5천 명 이상의 인간이 사망하였다.
23. 슬로터다이크는 네 가지 반복 메커니즘을 제시한다. "(1) 정주 사회에서 유목적인 것들이 재현하는 현상, (2) 자궁 바깥의 세계에서 태아적인 것들이 재현하는 현상, (3) 건조한 땅에서 해양적인 것들이 재현하는 현상, 그리고 (4) 대륙들의 분열에서 판게아가 재현하는 현상"(P. Sloterdijk, "Society of centaurs," 21).

로 포착됩니다.[24] 그것의 안락함과 냉난방이 된 내부는 가마꾼들의 어깨에 높이 얹혀서 이동되는, 방석이 깔린 의자와 그늘진 차양을 갖춘 가마를 되살립니다.

미케네는 자체의 역설이 있습니다. 계몽된 봉화를 고수할 것을 주장하는 과학의 문화들은 그곳에 자신들의 표식을 남겼습니다. 또한 이 문화들은 자신들이 추구하는 것과 프레이저의 의미에서 (신화를 비롯한) 종교나 마술에 의해 그 결정이 유도된 고대 문화들이 추구한 것 사이에서 어떤 유사성도 보지 못했습니다. 그런데도 19세기 후기에 고고학의 이름으로 이루어진 발굴 작업들은 고대 미케네에서 발생한 파괴 사건들을 상기시켰습니다. 아테네 고고학회의 권한으로 호메로스 이전 성채의 대부분을 밝혀낸 작업들은 객체들 — 땅속에 있던 사물들뿐만 아니라 또한 그것들을 감싸고 있던 바로 그 지층들과 퇴적물들 — 의 재앙적 파괴를 동반했습니다.[25] 이 고고학적 불들은 대체로 펠로피드 왕조 치하의 미케네에 대한 역사적 이미지에 의해 촉발되었으며, 그리고 그것들은 연소하면서 그 청동기 시대 폐허에 뒤이은 모든 시대의 기억을 태워버렸습니다. 수집품

---

24. Sloterdijk, "Society of centaurs."
25. 이 발굴 작업들을 감독한 크리스토스 초운타스는 글을 거의 남기지 않았다. 너무 간략한 발굴 보고서들을 제외하면, 네 권의 원래 공책 중 두 권만 남아 있음이 확실하다(Shelton, "The long lasting effect of Tsountas on the study of Mycenae," 159~60).

이나 기록 문서에 수반되는 비영합non-zero-sum 차이가 없다면 우리에게는 전설적인 객체들이 돌이킬 수 없게 멀리 떨어지게 되는 거의 완전한 폐허, 위상학적 균열이 남게 됩니다. 물론, 현재에는 새롭게 인접한 것들이 존재합니다.

당신의 질문에서 매우 잘 표현되었듯이 위상학은 장점이 많이 있습니다. 고고학에 대한 그것의 매력은 굉장한데, 특히 그 분야가 자신의 다시간적 다양체를 이차원 평면으로 평평화함으로써 유클리드 기하학에 매우 의존하는 방식을 설명할 때 그렇습니다.[26] 또한 위상학은 시간에 대한 공간적 이해를 부각합니다. 여기서 우리는 그 성채에 현존하는 사물들 내부 및 사이의 거리들과 더불어 실질적으로 인접한 것들에 관해 말할 수 있을 것입니다. 그런데 저의 경우에, 위상학과 삼투는 다양한 분석 규모 또는 층위에서 시간의 본성을 표현하거나 이해하는 상보적 방식들을 제공합니다.

저는 삼투에 대한 당신의 우려를 이해합니다. 그 영어 용어 'percolation'은 '스며 나오다' 또는 '통과하다'를 뜻하는 라틴어 낱말 'percolatio'에서 비롯됩니다. 고고학 내에서 일관된 엔트로피 속도들이나 변형 과정들에 대한 일상적인 강조는 점진주의적 시간 이미지를 강화하며, 이것은 객체들의 기반을 약화합

---

26. Witmore, "Landscape, time, topology."

니다. 방사성 탄소의 붕괴 또는 흑요석의 수화水化는 아무튼 지하 영역 내에서 수천 년 동안 존속하는 까맣게 탄 나무 막대기나 버려진 돌날몸돌보다 시간을 더 암시하는 것으로 여겨집니다. 느린 이행에 대한 피상적 감각을 고양할 때 우리는 격변적으로 변화를 겪는 객체들의 시간을 무시합니다. 참나무 가지에서 잘리거나 휴대용 몸돌로 가공될 때, 대화재에서 연소되거나 흑요석의 사용 불가능한 부분으로 환원될 때, 매장되어 토양에 박히거나 고고학자들에 의해 발굴되어 유물 저장고에 보관될 때처럼 말입니다. 이 객체들이 없다면 방사성 또는 변색 과정들은 가능하지 않을 것입니다. 이렇게 해서 우리는 위상학과 삼투라는 용어들이 어떻게 충돌할 수 있게 되는지 이해할 수 있습니다. 당신이 진술했듯이, 위상학은 객체들 사이의 인접성과 거리를 다루는 반면에 삼투는 객체들의 기반을 약화하는 점진주의적 시간 이미지에 의해 너무나 조건 지어져 있습니다.

그런데 삼투의 경우에, 스며 나오는 현상은 그 주제의 절반일 따름입니다. 그 용어의 나머지 절반은 객체들 내부 및 사이에서 움직이는 현상, 활성의 활발한 열을 추가함으로써 수반되는 끓거나 넘치는 현상을, 자극을 환기시킵니다. 이런 운동학은 어떤 전진적 움직임 및 후진적 움직임이 시사할 것보다 훨씬 더 다양한 방식으로 현시됩니다. 얼마간 거리를 두고서 바라보면, 객체들의 시간은 도약하고 춤을 추면서 원, 맴돌이,

그리고 소용돌이를 형성합니다. 객체들의 시간은 안정화되고 곪아 터지는데, 요컨대 표면에서 느려지는 것처럼 보이고, 격렬한 변화를 갑자기 시작할 따름인 것처럼 보입니다. 그것은, 또다시 적절한 거리를 두고서 바라보면, 우레와 같은 가속의 외양을 띱니다. 위상학은 우리로 하여금 객체들 사이의 접촉 또는 분리에 관해 이야기할 수 있게 하는 반면에, 저에게 삼투는 격렬한 시간 감각을, 다수의 사물 내부 및 사이에서 생겨나는 활기를 떠올리게 합니다. 위상학은 우리로 하여금 일반적으로 평평해져 있는 미케네라는 천에 현존하는 주름들과 접힘들을 헤치고 나아갈 수 있게 하는 반면에, 삼투는 편년적 척도를 통해서 가늠된 변화들과 연속체들, 변형들과 지속들의 총합을 통해서 우리가 마지막에 구축하는 초상을 복잡하게 만들고, 미케네라는 그 성채도시 또는 그리스 땅의 시간에 관하여 구상하는 방식을 복잡하게 만듭니다. 그것들 사이의 심각한 충돌을 피하려면 우리는 이런 차이점들에 충실해야 합니다. 세르의 경우처럼 저는 위상학과 삼투가 생산적인 방식으로 함께 사용될 수 있다고 믿고 있지만, 그것이 화해 불가능한 해석들이 생겨나지 않을 것임을 뜻하지는 않습니다. 많은 고고학자는 계속해서 점진주의적 시간 이미지를 옹호할 것이고, 필시 매우 다양한 방식으로 삼투를 수용할 것입니다.

하먼 여기서 한 가지 논점을 해명해 주시기 바랍니다. 당신은 방금 "많은 고고학자는 계속해서 점진주의적 시간 이미지를 옹호할 것이다"라고 진술했습니다. 이제 현대 고고학의 다양한 분파에 대한 간략한 지도(저만큼 많은 독자에게 필요한 것이 분명한 지도)를 요청할 적기입니다. 당신은 종종 저에게 이른바 '포스트-과정 고고학', 그리고 객체들에 초점을 맞추기를 선호하는 분파 사이의 이론적 긴장에 관해 이야기했습니다. 이 차이점을 더 자세히 설명해 주시겠습니까? 그리고 그것이 어쨌거나 지금까지 우리가 논의한 시간에 관한 상이한 관점들과 관련되어 있는지, 아니면 그것은 전적으로 무관한 갈등인지 여부도 설명해 주시겠습니까?

위트모어 정의상 고고학은 잡식성이며, 이는 좋은 지형도를 입수하기가 어렵다는 것을 뜻합니다. 전문적인 야외 고고학, 정부 고고학, 그리고 유산 관리의 세계(강단 고고학자들이 종종 가늠하지 못하는 세계)를 제쳐놓으면, 표준적인 지도들은 고고학을 대학이나 박물관에 종종 고용되는 연구 고고학자들이 지지하는 다양한 이론적 접근법이나 플랫폼의 노선들을 따라 나눕니다.[27] 당신은 포스트-과정 고고학을 언급했습

---

27. 이 분야들은 대다수 전문 고고학자의 주요 취업 분야이지만, 고고학의 표준

니다. 이것은 2차 세계대전의 여파로 새로운 기법들과 방법론들이 번성함으로써 활성화되었고 과학으로서의 고고학을 옹호한 이론적 헤게모니에 대한 반작용으로서 1980년대에 생겨났습니다.[28] 포스트-과정주의의 경향을 수용한 사람들은 의미, 상징, 그리고 언어의 우발성을 환경 변화에 대하여 진행 중인 일련의 반응으로 구상된 문화적 진화의 추정상 제한적인 과정들보다 우선시했습니다.[29] '포스트-'라는 접두사를 수용한 고고학자들은, 인공물들의 확산을 문화들의 변화('문화사'로 지칭된 것)에 의거하여 해석한 접근법들을 진작에 폐기하고자 했었던 과정주의를, 버려진 개념들의 쓰레기통에 넣어버리려고 시도했습니다. 여기서 또다시, 그런 전형적인 제거주의와 더불어, 우리는 어떤 비가역적인 노선을 따르는 움직임과 마주치게 됩니다. 어쨌든, 이 구식의 지도들은 더는 고고학의 윤곽을 포착하지 못합니다. 왜냐하면 그 분야는 그것에 소급

적인 학술적 지도에서는 대체로 도외시되고 있다. 분과학문 내에서 나누어진 부분들에 관한 물음에 대해서는 B. G. Trigger, *A History of Archaeological Thought*; W. L. Rathje, M. Shanks, and C. Witmore, *Archaeology in the Making*; O. J. T. Harris and C. N. Cipolla, *Archaeological Theory in New Millennium*을 보라.

28. 사례들로는 새로운 유적지 정위 및 원격 감지 기법들, 방사성탄소연대측정법, X-선 형광 분석법, 그리고 새로운 계산 방법들이 있다(D. L. Clarke, "Archaeology"를 보라).

29. M. Shanks and C. Tilley, *Re-constructing Archaeology*.

적으로 부여되었던 정합성을 결코 갖추고 있었던 적이 없기 때문입니다.[30]

21세기에 접어들 무렵에 포스트-과정주의적 정통을 견지한 고고학은, 대다수 실천자가 이해했듯이, 군도와 유사했습니다.[31] 다원주의적 다양성은 활력을 나타내는 것으로 여겨졌습니다.[32] 무차별적인 욕구는 근본적으로 상이한 관점들이 과거 유물을 해석하는 데 사용될 수 있음을 뜻했습니다.[33] 예를 들면, 정체성과 인간다움에 관해 작업한 사람들은 푸코나 버틀러와 같은 부류의 인물들에게서 자신의 뮤즈를 찾아냈습니다. 경관에 대한 관찰적 지각을 과학적 추상화 양식들보다 격상시킨 사람들은 다양한 모습의 현상학에 의지했습니다. 불공평한 상황에 직면했을 때 자신의 해방 무기를 연마한 사람들은 비판 이론을 수용하면서 프랑크푸르트에 이르는 길을 따라갔습니다. 고고학의 지형도는 더 광범위한 인문학의 이론적 풍경을 많이 반영했는데, 맑스주의라는 섬, 포스트식민주의라는

---

30. C. Witmore and M. Shanks, "Archaeology"를 보라. 또한 Harris and Cipolla, *Archaeological Theory in New Millennium*을 보라.
31. Rathje, Shanks, and Witmore, *Archaeology in the Making*.
32. I. Hodder, "Archaeology as a discontinuous domain"을 보라. 또한 M. Hegmon, "Setting theoretical egos aside"를 보라.
33. Edgeworth, "Follow the cut, follow the rhythm, follow the material"에서 제시된 논의를 논평과 함께 보라.

섬, 토착고고학이라는 섬, 유산학이라는 섬 등이 있었습니다. 다양한 신봉자는 자신의 이론적 휘장을 과시함으로써 경력을 구축했습니다. 물론, 현실은 통속극보다 훨씬 더 미묘합니다.

2000년 이후에는 많은 고고학자가 고고학적 이론의 상태에 불안감을 느끼게 되었습니다. 비요나르 올센, 마이클 섕크스, 그리고 저는 그것이 대담한 예리함을 상실했다는 평가를 공유했습니다. 논쟁이 정체되었습니다. 제일철학으로서의 정치학이 지배함으로써 통약 불가능한 관념들이 번성했고, 자신의 관심 범위를 벗어나는 작업에 관여한 사람들은 거의 없었습니다.[34] 우리는 그런 지리멸렬한 다양성이 고고학에 대한 모든 공통의 묘사가 허물어졌기 때문은 아니라고 느꼈습니다. 오히려 우리는 그것이 부각되었어야 한다는 것을 알고 있었습니다.[35] 우리는 우리를 분리하는 것보다 우리가 공유하는 것(사

---

[34]. B. Olsen, M. Shanks, and C. Witmore, "Innocence regained? Or is there a new consensus in archaeology?"를 보라. 또한 Olsen, "After interpretation," 17; Witmore and Shanks, "Archaeology"를 보라.

[35]. 우리는 기관들, 소속자들, 경쟁력의 획득과 영속화, 물질적 과거들의 현시, 지식 고안, 기억 행위, 정치, 공통장과 우리가 모두 공유하는 것, 그리고 사물들을 아우르는 참신한 방식으로 고고학의 지도를 제작할 목적으로, '실천의 생태학'이라는 [이자벨] 스텐게르스의 개념 — 그리고 위트모어가 인식하기에 그것에 대하여 하먼이 유보적 태도를 보인 개념(G. Harman, "Stengers on emergence") — 을 활용하고자 했다(Witmore and Shanks, "Archaeology"; 또한 Olsen, Shanks, Webmoor, and Witmore, *Archaeology*, 36~57을 보라).

물들)을 강조하기로 선택함으로써 고고학을 다시 조율하기 위한 적절한 제안을 고안했는데, 이것은 결국 『고고학 : 사물들에 관한 분과학문』이라는 책으로 출판되었습니다.36 당신과 마찬가지로 우리 역시 라투르의 작업 — 한동안 우리는 모두 라투르의 과학학을 알고 있었습니다 — 에서 지적 동류의식을 발견했으며, 그리고 2003년에 우리가 함께 모였던 스탠퍼드대학교에서 교수로 재직하고 있던 세르에게서 지적 동류의식을 훨씬 더 많이 발견했습니다. 다양한 플랫폼이 자신의 형용 수식어를 과시하는 방식을 참작하면, 우리 플랫폼의 호칭 — 대칭적 고고학 — 은 잠정적인 동시에 부분적으로 역설적이었습니다. 대칭적 고고학은 고고학으로서 정말 제대로 작동했지만, 실제 벌어진 사태를 고려하면 대칭적 고고학의 메시지에 귀를 기울인 고고학자는 아무도 없을 것입니다.

포스트-과정 고고학은 새로운 이해 — 아날학파의 취지에서 제시된 상이한 시간규모들, 지속, 기억(특히, 의도적 기억 또는 '회상적' 기억), 또는 비선형 동역학 — 를 전면에 내세움으로써 편년, 연쇄, 그리고 시대구분에 기반을 둔 고고학적 시간에 이의를 제기했습니다.37 실천자들은 여기 현재 속에서의 과거를 인식

---

36. Olsen, Shanks, Webmoor, and Witmore, *Archaeology*.
37. Lucas, *The Archaeology of Time* ; G. Lucas, "Time"을 보라. 또한 Bailey, "Time perspectives, palimpsests and the archaeology of time" ; H. Karlsson,

하고 기억의 중요성을 인식했습니다. 그럼에도 불구하고 그들은 시간을 하나의 외부 매개변수로 이해하는 견해에 매여 있었고, 그 속에서는 객체들이 한낱 파생적인 것들에 불과한 귀결적 인과관계의 관념에 매여 있었습니다. 지금까지 구상된 대로의 시간에 대한 대안을 제공하는 것은 중앙에 있는 사물들과 다시 조율하는 이런 거대한 기획과 관련되어 있습니다.

이 시점에서, 우리가 OOO와 공유하는 모든 것을 참작하면, 우리 작업에 대한 반응은 지금까지 당신이 마주친 것과 비슷했습니다. 우리는 고고학에서 어떤 스펙트럼을 따라 이루어지는 진정한 논쟁이 귀환하는 사태를 목격했습니다. 한쪽 끝에는 오로지 지각을 갖춘 존재자들이 벌이는 게임에 자신의 경력을 걸었고, 그리하여 객체지향 접근법을 따를 수 없는 사람들이 있습니다.[38] 이런 비판들 중 많은 것은 일종의 방어적 태세를 취했습니다. 일부 비판들은 공평한 고려 없이 구호로

It's about Time; T. Murray, *Time and Archaeology*; J. Robb and T. Pauketat, "Time and change in archaeological interpretation"을 보라. 회상적 기억에 관해서는 Olsen, *In Defense of Things*, 109~10을 보라.

38. 예를 들면 J. C. Barrett, "The material constitution of humanness"; J. C. Barrett, "The new antiquarianism"; S. Pollock, R. Bernbeck, C. Jauß, J. Greger, C. von Rüden, and S. Schreiber, "Entangled discussions"; R. Van Dyke, "Materiality in practice"; R. Van Dyke, "Ethics, not objects"; C. N. Cipolla, "Postscript"; A. Ion, "A taphonomy of a dark Anthropocene"; R. H. McGuire, "A Relational Marxist critique of posthumanism in archaeology"; R. H. McGuire, "Writing the deep history of human economy"를 보라.

서의 언표들을 선별하는 작업과 결부된 일종의 부당한 허언과 고의적인 오독으로 인해 손상됩니다.[39] 반대쪽 끝에는 사물에의 전회를 수용하는 사람들이 있습니다. 그 사례들은 다음과 같습니다. 그 옹호자들이 물질적 기호론을 수용하는 실용 고고학이 있고,[40] 화이트헤드의 독특한 취지에서 또는 들뢰즈의 상이한 관점에서 비롯되거나,[41] 베넷의 생기적 유물론,[42] 버라드의 행위적 실재론,[43] 또는 잉골드의 작업[44] 같은 부류의 견해들로부터 영향을 받는 과정 고고학들이 있고, 당신이 잘 알고 있는 이안 호더의 얽힘 이론이 있으며,[45] 그리고 하나의 통일된 명확한 실재를 그 밖의 존재양식들의 진실성을 넘어서는 최고의 권위로서 옹호하기를 거부하는 존재론적 타자성이 있습니다.[46]

---

39. B. Olsen and C. Witmore, "When defense is not enough"에서 제시된 논의를 보라.
40. R. W. Preucel, "Pragmatic archaeology and semiotic mediation"; 또한 Z. Crossland and A. Bauer, "Im/materialities."
41. Gosden and Malafouris, "Process Archaeology (P-Arch)"; Malafouris, Gosden, and Bogaard, "Process Archaeology"; 또한 Fowler, *The Emergent Past*; B. Jevris, *Assemblage Thought and Archaeology*.
42. Cipolla, "Earth flows and lively stone"; Harris, "(Re-)assembling communities."
43. Govier and Steel, "Beyond the 'thingification' of worlds."
44. T. Ingold, "Toward an ecology of materials"; T. Ingold, *Making*; 또한 Witmore, "Archaeology and the new materialisms"를 보라.
45. Hodder, *Entangled*; Harman, "Entanglement and relation."

이렇게 해서 어떤 지형도 제작자도 그 분과학문이 자신의 연구 대상들로 형성되는 방식을 조사하지 않은 채로 현대 고고학의 지도를 그리려고 시도하지 말아야 합니다. 우리가 영국의 신석기 시대 경관으로 작업하든, 디트로이트의 버려진 건물들로 작업하든, 스칸디나비아반도의 암각화로 작업하든, 과테말라의 마야 문명 도시들로 작업하든, 태평양의 냉전 폐허들로 작업하든, 요르단의 테라스식 농경지로 작업하든, 또는 펠로폰네소스반도의 후기 청동기 시대 도자기들로 작업하든 간에 각각의 객체는 모두 그 자체의 독자적인 헌신을 요구합니다. 제도 역시 그 분야의 다양한 배치에 심대한 영향을 미친다는 점이 덧붙여 언급되어야 합니다. 예를 들면, 미합중국에서는 강단 고고학자들이 독자적인 학과에 소속되어 작업하는 경우가 드뭅니다. 미합중국의 대다수 고고학자가 고용되어 있는 고전학과, 인류학과, 그리고 사학과는 자체적으로 기대하는 바가 있습니다. 각각의 경우에 객체들은 각각의 분과학문에 수반되는 의의의 부담을 안고 있고, 그리하여 이것은 그 자체로 성장할 수 있는 고고학의 능력을 제한합니다.[47] 그런데 실천자들이 고고학과에 소속되어 있는 유럽의 맥락에서도 그런 영향을 받

---

46. B. Alberti, "Archaeologies of ontology"; B. Alberti, A. M. Jones, and J. Pollard, *Archaeology After Interpretation*.
47. I. Hodder, W. L. Rathje, M. Shanks, and C. Witmore, "Ian Hodder."

지 않는 사람은 없습니다.[48]

하먼 사실상 지금까지 철학은 유사한 경로를 따라갔습니다. 어쩌면 고고학에 관하여 당신이 방금 서술한 것과의 가장 큰 차이점은 철학에의 '과학적' 접근법과 더불어 '포스트-과정' 접근법과 유사한 철학 자체의 접근법이 단일한 분과학문적 공간에서 시간에 걸쳐 전개되지 않았다는 것입니다. 오히려 철학은 대략 한 세기 동안 양극화된 상태에 있었습니다. 더욱이 17세기 말 이후로 철학은 양극화되었음이 거의 확실합니다. 한편으로, 영어권 세계의 명문대학교들에서 지배적인 분석철학이 있습니다. 분석철학은 자체적으로 전문가들의 하위-공동체들에 의해 매우 정밀하게 조사받는 한정된 연구 문제들을 개척하는 방법을 갖추고 있다는 점에서 특별히 과학적이라고 자처합니다. 다른 한편으로, 대단히 주변부화되어서 주로 가톨릭 대학교들, 2군 주립 대학교들의 철학과에서, 그리고 (때때로 훨씬 더 두드러지게) 철학과가 아닌 학과들에서 찾아볼 수 있는 대륙철학이 있습니다. 아시다시피, 현재 저는 남가주 건축대학교에 재직하고 있으며, 그리고 OOO가 분석철학에도 대륙철학에도 적절히 포섭되지 못한다는 점을 참작하면, 제가 철학과

---

48. Olsen, "After interpretation."

에 고용되는 일이 다시는 일어나지 않더라도 저는 놀라지 않을 것입니다. 철학은 결코 지식에 관한 것이 아니라는, 소크라테스에 의해 고무된 제 견해를 참작하면, '과학적' 접근법은 저에게 철학을 행하는 그릇된 방식이라는 인상을 줍니다. 동시에, '포스트-과정' 접근법과 유사한 철학적 접근법은 실재를 형성하는 인간의 이른바 전능한 역능에 너무나 사로잡힌 채로 있습니다. 이런 접근법의 변양태는 다양하며, 그것들은 모두 자신이 비인간 세계를 따분한 잡석에 불과한 것으로 간주하는 노골적인 관념론이 아님을 입증하는 알리바이가 있습니다. 제가 당신과 비요나르 올센 같은 고고학자들과 언제나 공유한 것, 그리고 저로 하여금 당신의 집단에 속한 사람들과 직접적인 동족 관계를 느끼게 한 것은 생기 없는 객체들이 우리의 이론들에서 현재 담당하고 있는 역할보다 훨씬 더 큰 역할을 담당해야 한다는 감각입니다. 그렇습니다. 저는 다양한 신유물론과 '실천'에 집중하려는 새로운 영향력이 있는 시도들에 대하여 당신보다 더 미심쩍게 생각하지만, 우리가 공유하는 논점들은 훨씬 더 중요합니다.

이제 저는 2장의 D절 '사물들: 우발성, 공생, 창발'로 넘어가고자 합니다. 특히 이 구절이 저의 흥미를 끌었습니다.

그런데 우리는 후기 헬라딕 시대를, 마치 하루를 임의로 열 시간 또는 삼십 시간으로 재편할 수 있는 것처럼 열두 국면 또는 스무 국면으로 분할할 수는 없다. 후기 청동기 시대 국면들의 엄밀성은 도자기 유형학(오래 지속되고 널리 보급된 도자기 기술과 형태)의 미묘한 변화와 관련된 것이지, 시기를 산정할 수 있는 객체들과의 연관성을 통해서 그것이 변환되는 어떤 측정된 균질한 시간의 순차적인 정렬과 관련된 것이 아니다.

1장에서 우리는 아리스토텔레스의 『자연학』과 『형이상학』을 참조함으로써 이 두 가지 기초적 저작 사이의 실제적 차이가 『자연학』은 연속체를 다루고 『형이상학』은 우리가 실재의 양자量子 또는 환원 불가능한 덩어리라고 일컬을 수 있을 것, 아리스토텔레스의 경우에 일차적 실체인 것, 즉 개별적 사물을 다룬다는 점이라고 언급했습니다. 그런데 저는 지적 생활의 다양한 권역에서 나타나는 연속적인 것과 이산적인 것의 역설에 관한 많은 사례를 논의하는 『파도와 돌』이라는 책을 저술하고 있습니다.[49] 그리고 그것은 정말로 하나의 역설입니다. 무언가에 대한 좋은 이론들은 모두 그 둘을 구분하기 위한 해법을 고안해야 합니다. 그리고 유한한 수의 가능한 해법이 있습니다.

---

49. G. Harman, *Waves and Stones*.

방금 제가 인용한 구절에서 당신이 행한 것은 그 문제를 적어도 한 가지 유용한 방식으로 전환하는 것입니다. 즉, 당신은 후기 헬라딕 시대가 사실상 연속체가 아니라고 말합니다. 도자기 유형학에는 이 시대가 저런 식으로 분할될 것이 아니라 오히려 이런 식으로 분할되어야 한다고 요구하는 명확한 변화들이 있습니다. 그런데 제가 아는 한, 과거는 마음대로 분할될 수 있다고 실제로 생각하는 '연속체' 고고학자들이 있을 것입니다. 하지만 왠지 모르게 의심스럽습니다. 제가 잘못을 저지른다면 바로잡아 주십시오. 그런데 저는 오히려 고고학의 반체제 인사들은 다음과 같은 노선을 따라 말할 것이라고 짐작합니다. "좋습니다. 도자기 유형학은 후기 헬라딕 시대를 당신이 제시하는 방식으로 분할함을 시사하지만, 사실상 도자기는 부수현상에 불과합니다. 문명의 존속에 훨씬 더 필수적이었던 농경 기법이나 항해 기법을 살펴보면, 당신은 매우 다른 시대구분을 찾아낼 것입니다." 그렇다면 당신은 어떤 유물들이 어떤 주어진 시대를 특정하는 데 관건이 되는지를 어떻게 결정하십니까? 저는 시대구분을 임의로 분절할 수는 없으리라고 생각하지만, 정확히 어떻게 결정해야 합니까? 그리고 고고학에서는 이 노선들을 따라 이루어지는 어떤 주목할 만한 논쟁이 있습니까?

위트모어 부서진 도자기 파편들은 끈질기게 존속하는 동시에 곳곳에 자리하고 있습니다. 도자기 양식들은 변화하기에 항아리들의 잔류물들은 특정한 특징들 – 모양, 장식, 재료 – 을 사용하여 순서열로 정렬될 수 있습니다. 이 속성들이 수많은 실례에 걸쳐 일관되게 발견될 때 그런 항아리들(더 정확히 말하자면, 그것들의 식별 가능한 부분들)은 하나의 유형 안에 적절히 포섭되고, 그리하여 하나의 유형학적 체계로 조직될 수 있습니다. 유형들의 질서화 또는 단계화(그것 이전에 이것, 그것 이후에 이것)는 층서학적으로 관련된 퇴적물들의 상관관계들을 통해서 관념적으로 구축됩니다(때때로 확증되거나 수정되지만 말입니다). 퇴적물은 일반적으로 가지각색의 객체들을, 고고학자들이 종종 '회집체'라고 일컫는 것들을 포함합니다. 꼼꼼하게 조사될 때 이런 동연적 유형들은 그 단계화 내에서 더 자세한 점층화를 생성합니다. 왜냐하면 상이한 도자기들이 어떤 퇴적물들에서는 동연적이지만 그 밖의 퇴적물들에서는 그렇지 않기 때문입니다. 고고학자들은 더 광범위한 도자기 분포 영역을 종종 포괄하고자 하는 어떤 확립된 유형학적 체계로 어떤 특정한 영역 또는 유적지 또는 구조물에 대한 '상대적' 편년을 구축할 것입니다. 그리고 모든 영역, 모든 유적지, 모든 구조물은 각기 다름이 확실합니다. 그리고 잘 규정된 모든 계열은 층서화된 맥락 내에서 발굴된 도자기들이 시사하는 것의 견지에서 위험에 처하기 마련입니다.[50] 어쨌든, 당신의 첫 번째 물음에 답변하자면, 도자기 조각들은 미케네와 그 밖의 청동기 시대 유적지들의 거의 모든 맥락(이산적인 지층 또는 퇴적물)에서 발견되기에, 그리고 그것들은 어떤 유형학적 계열 내에 정위될 수 있기에 그리스와 어딘가 다른 곳에서 청동기 시대의 시대구분을 확립하기 위해 오랫동안 강조되었습니다.[51]

시대구분은 하나의 성취입니다. 1941년에 미케네 문명 시대 도자기들에 관한 최초의 포괄적인 개론서를 출판한 사람은 아르네 푸루마르크입니다.[52] 모양과 장식을 기술적 면모들보다 격상시킴으로써 푸루마르크는 미케네 문명 시대 도자기들을 양식적 변화에 의거하여 어떤 유형학적 계열로 정렬했습니다. 예를 들면, 미케네 문명 $IIIA_2$ 시기로부터 줄곧 저장 용기들의 "폭넓은 원뿔-배 모양"은 "짧은 줄기 같은 아랫부분은 서서히 가늘어지고 윗부분은 완전히 둥글게 되는 새로운 종류의 배 모양으로 변환됩"니다.[53] 미케네에서 초운타스의 뒤를 이

---

50. "발굴된 것들로부터의 시대구분"에 관한 한 가지 간결한 논의에 대해서는 Lucas, "Periodization in archaeology"를 보라.
51. 도자기들은 신석기 시대(그리스에서는 대략 서기전 7000년)로부터 시작하여 '플라스틱의 시대'에 이르기까지 시대구분을 하기 위한 핵심적인 객체들이다. 신석기 시대 이전의 경우에 고고학자들은 석기로부터 유형학들을 구축한다 (L. R. Bintliff, *The Complete Archaeology of Greece*를 보라).
52. 『미케네의 도자기』는 두 권으로, 『분석과 분류』(1권)와 『편년』(2권)으로 나누어졌다.
53. Furumark, *The Mycenaean Pottery: The Chronology*, 25.

은 앨런 와스는 푸루마르크의 양식 분석을 거부합니다. 왜냐하면 그것은, 단점으로 추정되는 것 중에서 특히, 퇴적의 층서학적 연쇄와의 상관관계를 통한 검증이 이루어지지 않았기 때문입니다.[54] 슐리만과 초운타스의 영향 아래서 작업한 와스는 언제나 미케네에서 발굴된 도자기들의 층서화를 확립하려고 애썼습니다. 그런데도 와스의 경우에, 층서화된 맥락에 대하여 증거로서 확인된 도자기는 그 성채 안과 주변에서 발굴된 다른 객체들(구조적 유물, 폐기물 구덩이, 무덤)의 연대측정을 위한 "언제나 가장 안전한 지침이었"습니다.[55] 푸루마르크와 와스의 작업을 재검토할 때, 우리는 실제 객체들에서 생겨난 미묘한 변화들을 기록하기 위한 대단한 노동량에 의거하여 구축되는 방식을 인식하게 됩니다. 이 관점에서 바라보면, 후기 헬라딕 시대는 연속체가 아닙니다. 그런데 당신의 두 번째 물음에는 그 이상의 것이 수반됩니다.

고고학자들은 '절대연대측정'과 '상대연대측정'을 구분합니

---

54. 같은 책, 28~31; A. J. B. Wace, "The last days of Mycenae," 89; 또한 J. Siapkas, "Negotiated positivism"을 보라.
55. Wace, *Mycenae, an Archaeological History and Guide*, 11. 개빈 루카스가 지적했듯이(Lucas, "Periodization in archaeology"), 도자기 변화를 따르는 그런 종류의 유적지 전반의 시대구분과 어떤 특정한 유적지 주변의 개별 구조물들, 퇴적물들, 표면들 등에서 발견되는 점진적인 변화들 사이에는 중대한 괴리가 있음이 틀림없다.

다. 절대연대측정은, 제가 말씀드렸듯이, 실제 객체들의 속성들과 그 상관관계들에 의존하는 순차적 단계화라면, 상대연대측정은 이 단계화를 연대기적 시간에 정위하고자 합니다. 바로 여기서 객체 단계화는 배경에 자리하고 있는 것으로 가정되는 연속체 위로 배치되는데, 고고학적 시대들은 원하는 대로 임의로 분할될 수는 없지만 말입니다.56 푸루마르크가 『미케네의 도자기』를 출판했을 때, 그리고 와스가 『미케네』를 출판했을 때, 그리스 선사에 대한 절대연대는 이집트와의 고고학적 비교를 통해서만 확립될 수밖에 없었는데, 이집트에서는 미케네의 항아리들이 때때로 연대가 산정될 수 있는 맥락 속에서 나타났습니다.57 이집트에서는 학자들이 파라오 왕조의 긴 계보 위에 구축된 어떤 상세한 편년에 의지했습니다. 그 계보에 대해서는 파라오들의 승계를 연대순으로 기록하고 그들을 절대연대에 의거하여 산정될 수 있는 어떤 천문학적 관찰들(일식들)에 결부시키는 수많은 객체 – 팔레로마 석, 아비도스 왕 목록, 토리노 파피루스, 마네토의 『이집트의 역사』 – 가 있습니다.58 예를

---

56. Furumark, *The Mycenaean Pottery: The Chronology*, 36.
57. 최초의 방사성탄소 연대들은 와스의 『미케네』가 출판된 해와 같은 해인 1949년에 윌러드 리비에 의해 발표되었다.
58. J. Assmann, *The Mind of Egypt*, 18~24를 보라. 그리스에서는 영웅 시대의 연대들에 대한 역사적 원천이 거의 없다. 「마르모르 파리움」(Marmor Parium) 또는 「파리아인의 연대기」와 에라토스테네스[고대 그리스의 수학

들면, 일신교적인 혁명적 왕 아케나텐의 버려진 도시인 텔 엘 아마르나에서 발견된 후기 헬라딕 III 시기의 항아리들은 그리스에서 나타난 후기 청동기 시대의 이 단계에 대한 근사적인 연대를 제공했습니다.[59]

미케네에서 그다지 멀리 벗어나지 않아도 주목할 만한 논란을 발견할 수 있습니다. 조직과 구조의 견고성을 둘러싼 성가신 논쟁 너머에 더 근본적인 문제가 있습니다. 그것은, 당신이 언급했듯이, 상대적인 (국소적) 항들을 절대적인 (보편적) 항들로 변환할 방법과 관련된 역설입니다. 푸루마크는 양식들을 그것들을 산출한 특정한 민족들에 비추어 해석했습니다. 그의 경우에 도자기 디자인의 형태학적 변화는 점진적인 것으로, 미케네 사회들 내부의 '관성'과 '보수주의'에 의해 약화된 것으로 가정되었습니다.[60] 예를 들면, 이른바 미케네 문명 $IIIC_{:1e}$ 시기는 서기전 1230~1200년과 상관되었고, $IIIC:1l$ 시기는 서기전 1200~1125년과 상관되었으며, 그리고 $IIIC_{:2}$ 시기는 서기전 1125~1100년과 상관되었습니다.[61] 대략 한 세대에 해당

자, 천문학자는 방사성 시계가 사용되기 이전에 널리 참조되었다(Wace and Stubblings, *A Companion to Homer*, 358).
59. 아마르나 시기는 서기전 1352년부터 1338년까지에 이른다. 그런데 1940년대에 그것은 대략 서기전 1370~50년으로 산정되었다(Wace and Stubblings, *A Companion to Homer*, 359를 보라).
60. Furumark, *The Mycenaean Pottery: Analysis and Classification*, 3~4.

하는 25년의 좁은 공간 내의 양식적 근거에 의거하여 절대연대를 확립하는 것은 결코 명시적으로 규명되지 않는 상당히 불확실한 기초에 의존합니다.[62] 이것에 대하여 와스는 푸루마르크를 비난했는데, 요컨대 와스는 양식적일 뿐만 아니라 층서학적으로 파생된 것이기도 한 유형학을 겨냥했습니다.[63] 어쨌든 그런 방법들은 표준화에 선행하는 양식적 혁신의 초기 단계를 설명할 수 없는데, 왜냐하면 유형화와 계열화, 유형들을 하나의 편년적 계열로 정렬하는 것은 유사한 속성들을 갖춘 모든 실례들을 그러모으기 때문입니다.[64] 제 동료 로랑 올리비에가 지적했듯이, 이런 방법들은 사물이 편년이 근거를 두고 있는 연대기적 시간과 상관되지 않는 그런 식으로 사물의 시간을 왜곡합니다.[65]

그런데 연대 측정 방법에 관한 한, 현대 고고학은 활용할 수 있는 선택지가 꽤 많이 있습니다. 자연적 시계들(특히, 방사성탄소와 나이테 편년)은 절대시간을 도출하는 역사적으로 독립적인 양식들(사실상 그것들의 도입은 우리 분야 내부에

---

61. Furumark, *The Mycenaean Pottery: The Chronology*, 115.
62. 같은 책, 110~5.
63. Wace, "The last days of Mycenae," 89.
64. Lucas and Olivier, *Conversations About Time*, 12~4.
65. 같은 책, 13.

서 적절한 공생을 구성했습니다)을 제공함으로써 고고학적 연대측정의 새로운 시대를 열었습니다. 에게해 세계의 내부에서는 처음에 탄소-14 연대측정의 정확성을 둘러싸고 어떤 망설임 – 푸루마르크와 와스의 작업들에 기반을 두고서 구축된 기성의 정교한 고고학적 편년들과 비교할 때의 망설임 – 이 있었지만, 방사성탄소는 유럽 선사의 다른 영역들에서 근본적인 것으로 판명되곤 했습니다.[66] 탄소-14가 도입된 이후에는 아무도 스톤헨지가 미케네의 거의 완벽한 이중 환상열석과 동시대적이라고 주장하지 않을 것이었습니다.[67]

방사성탄소연대측정은 특정한 양자量子에, 즉 어떤 특정한 객체에 현존하는 탄소-14의 양에 의존합니다. 이것 역시 연대기적 시간으로 변환되어야 합니다. 물리적 측정은 5,730년마다 절반으로 줄어드는 ^{14}C의 일정한 붕괴에 기반을 둔 속도로 똑딱이는 메트로놈에 대하여 설정됩니다.[68] ^{12}C에 상대적인 ^{14}C의 양은 방사성탄소의 양자를 어떤 연속체로 변환하기 위한

---

66. E. L. Kohler and E. K. Ralph, "C-14 dates for sites in the Mediterranean area"를 보라.
67. Piggot, "Mycenae and barbarian Europe"; Renfrew, "Wessex without Mycenae"를 보라.
68. 미묘한 점이 많이 있지만, 단명한 표본에서 도출된 탄소-14 연대가 맥락보다 더 오래된 연(年)들이나 세기들을 생성할 수 있는 장수한 수목 종에서 도출된 연대보다 선호된다.

기초이며, 그 연속체는 다양한 교정 기법을 통해서 지역별로 더 다듬어집니다. 이런 의미에서 방사성탄소 역시 '상대적' 형태의 연대측정인데(그것은 언제나 '절대적' 형태로 분류되지만 말입니다), 왜냐하면 그것은 현실적 객체들 속 양자들(^{14}C의 양과 ^{12}C의 양)의 비교 척도에서 비롯되기 때문입니다.[69]

어쩌면 당신이 예상하듯이, 방사성탄소연대측정 방법들이 정교해짐에 따라 역사적으로 도출된 편년들과의 차이가 생겨날 것입니다.[70] 에게해 선사에서 오늘날 두드러지는 것은 서기전 두 번째 천년 중기의 고^{High}편년과 저^{Low}편년을 둘러싸고 벌어지는 논쟁입니다.[71] 새로운 연구는 후기 청동기 시대의 시대구분을 1세기가량 확대합니다.[72] 근본적으로, 이것은 사실상 어떤 객체들이 시대구분에 핵심적인지에 대한 논쟁으로까지 거슬러 내려갑니다. 고편년을 옹호하는 사람들은 방사성탄소 증거를 선호합니다. 저편년을 고수하는 사람들은 유형

---

69. 위트모어는 이것을, 나이테 편년에 대한 ^{14}C의 교정을 참작하면 ^{14}C는 상대적 편년이라고 또한 진술하는 개빈 루카스와 다른 의미에서 고찰한다. 사실상, 절대적이라고 일컬어지는 모든 과학적 연대측정 방법은 측정 가능한 양자의 연속체 – 나이테 편년, 아미노산 라세미화, 흑요석 수화, 열발광 등 – 로의 변환을 포함한다.

70. 또한 Olivier, *The Dark Abyss of Time*, 33을 보라.

71. Manning, "Chronology and terminology," 22.

72. S. Manning, C. Bronk Ramsey, W. Kutschera, T. Higham, B. Kromer, P. Steier, and E. M. Wild, "Chronology for the Aegean Late Bronze Age 1700-1400 B.C."

학-층서학에서 도출된 편년을 지지합니다. 많은 주요한 논쟁이 이 상이한 편년적 체계들 사이의 충돌에서 비롯되었습니다. 그리고 논쟁들이 과학과 인문학의 노선들을 따라 표출될 수 있지만, 오히려 이것들은 별개의 고고학적 전통들에 관한 쟁점입니다. 그런데 고고학이 완전히 편향되지 않았다는 것은 좋은 일입니다. 그 이유는 이것이 우리의 최대 강점 중 하나임이 거의 틀림없기 때문입니다.

그렇습니다. 선사적 단계들은 독자적인 시간을 생성하는 흔적을 간직할 수 있는 객체들의 (다른 객체들에 상대적인) 변화에서 도출됩니다. 그런데 그런 객체 기억은 어떤 다른 의미의 과정과 역사에 유용하게도 활용되는 만큼이나 쉽게 무시됩니다. 고고학자들이 상대적 단계들에 숫자적 좌표들을 할당하는 행위를 '고정하기'fixing로 일컬은 지가 오래되었다는 것은 한 가지 근본적인 편견을 시사합니다. 실제 사물들 사이의 관계들에 근거하고 있는 '상대적'인 것은 '절대적'이라고 일컬어지는 연속적 서식(측정된 연속체)의 상상된 배경에 대하여 선험적으로 판단됩니다. 자신의 객체들을 어떤 연속체, 즉 모든 순간이 동등하게 유의미해지는 어떤 균일하거나 점진적인 시간에 대하여 정위함으로써 고고학은 과거에 대한 총체적인 그림에의 열망과 결부된, 시간의 연속성에 대한 통제권을 과시합니다. 이것은 궁극적으로 우리의 실제 사물들과 그것들의 불균질한 시간들을 보지 못하게 합니다.

누군가는 다른 객체들로부터 철저히 다른 시대구분을 도출할 수 있을 것이라는 당신의 견해는 옳습니다. 고고학자들은 옛날 항아리들 이외의 사물들에 대한 유형학들을 정기적으로 확립합니다. 예를 들면, 푸루마르크의 연구는 여성 테라코타 인물상, 가락바퀴, 핀, 검과 단검에서 얻은 편년적 증거를 포함했습니다. 그런 객체들의 양식적 변화 역시 고고학자들에게 도자기에서 도출된 단계화를 미세조정할 방법을 제공합니다. 그런데 당신이 지적했듯이, 시대구분에 대한 근본적으로 다른 감각이 농업과 관련된 관계적 객체들에서 비롯될 수 있습니다. 식물 경작이 어떤 형태를 취하든 간에 씨앗과 저장소, 곡물과 콩류, 습기와 토양의 계절적 변동, 흙덩어리와 괭이, 궁극적으로 (그리스의 경우에는) 올리브나무와 포도나무, 끄는 동물과 쟁기, 밭과 고랑 등과 맺은 오래 지속된 관계들이 신석기 시대의 새벽에서 20세기 중엽에 이르기까지 농경 사회들을 특징지었다는 것은 사실입니다.[73] 이런 일련의 기간 – 미케네 아래 평원 속 팔천 년 – 은 대지, 반려종, 그리고 그 밖의 객체들과 공생하는 방식들의 파괴와 더불어 두드러지게 되었습니다.

---

73. Witmore, "The end of the Neolithic? At the emergence of the Anthropocene"을 보라.

하먼 이제 『비유물론』이라는 저의 책에 대하여 조금 더 언급하기 좋은 시점 같습니다. 당신이 이야기했듯이, 그 책에서 저는 마굴리스의 연속 세포 내 공생설을 이용했습니다. 명백히 저는 라투르와 행위자-네트워크 이론(이하 ANT)에 많은 빚을 지고 있습니다. 그렇지만 이 이론에는 몇 가지 약점이 있는데, 그중 하나는 반사실적 질문의 사례에서 드러나는 상대적 무력함입니다. 왜냐하면 ANT의 경우에 존재자는 결국 도중에 그것이 행한 모든 것으로 규정되고, 그리하여 어떤 특정한 주요 순간에 그것이 따라갈 수 있었을 몇 가지 가능한 경로를 주의 깊게 고찰하기가 대단히 어렵게 되기 때문입니다. (아주 기묘하게도, 세르와 나눈 유명한 대담에서 라투르는 세르의 반사실적 삶을 제시하는 훌륭한 작업을 해내지만, 자신의 단독 저서들에서는 좀처럼 그렇지 않습니다.) 그런데 ANT와 관련하여 저를 언제나 괴롭힌 또 하나의 문제는 그 이론이 행위를 어떤 한 연속체의 일부로 간주하는 경향이 있다는 것입니다. 라투르의 경우에 루비콘강을 건너는 카이사르는 하나의 행위이고, 제 머리에서 떨어지는 머리카락도 하나의 행위입니다. 라투르에게 이것들이 상이한 유일한 이유는, 루비콘강을 건너기는 대단히 많은 그 밖의 행위자들을 동원했고 그 밖의 많은 사물에 대단히 큰 영향을 미친 반면에 내 머리에서 떨어지는 머리카락은 영향을 미치는 바가 거의 없다는 것입니다.

그것은 정도의 차이이며, 모든 정도의 차이와 마찬가지로 그것 역시 연속체 모형에 기대고 있으면서 양자화된 시간에 대한 어떤 감각도 편입하지 않습니다. 달리 말씀드리자면, 『비유물론』이라는 제 책에서 저는 네덜란드 동인도회사가 벌인 각각의 전투와 무역 거래의 역사적 요란함에 대한 외부적 측정을 추구하기보다는 오히려 네덜란드 동인도회사의 내부에서 일어난 변화들을 찾고 있었습니다. 그리고 그렇게 해서 저는 마굴리스로 되돌아가게 되었습니다. 물론 마굴리스는 무엇이 진화를 구성하는지에 대한 훌륭한 모형, 즉 이전에 독립적이었던 유기체들의 공생이라는 모형을 갖추고 있습니다.

고고학에서도 이와 유사한 작업이 있습니까? 저는, 『일리아스』에서 본질적으로 지역적인 다수의 신을 동일한 신학적 공간으로 처음 가져온 사람은 호메로스였다는 의미에서 그리스의 다신론을 발명한 사람은 호메로스 자신이었다는 이론을 어딘가에서 읽었다는 것을 떠올립니다. 이것이 참이라고 가정하면, 여기서 우리는 이전에 개별적이었던 다양한 종교의 돌이킬 수 없는 공생을 보게 됩니다. 그리고 여기서 우리는 도자기 양식들의 점진주의적 변형들의 어떤 계열보다도 틀림없이 더 중요한 것을 얻게 됩니다. 물론 저는, 어떤 사례들에서는 도자기 변화 역시 공생적 격변의 층위로 상승할 수 있다는 점을 배제하지 않고 있습니다.

위트모어 당신의 질문은 '내부화'에 의거한, 또는 '인류생성'anthropoiesis이라고 일컬어질 수 있을 것에 의거한 진화와 사회적 변화에 관한 근본적으로 다른 이론의 필요성을 예견합니다. 인류생성이라는 이 용어는 인간들이 오랜 시간에 걸쳐 객체들로서 형성되는 사태를 가리킬 뿐만 아니라, 인간들이, 하나의 종으로서의 호모 사피엔스에게 매우 중요한 공생들을 통해서 창발한 더 큰 규모의 집합체들을 구성하는 성분들로서, 오랜 시간에 걸쳐 형성되는 사태도 가리킵니다.[74] 당신이 말씀하신 대로 호메로스는 한 가지 탁월한 사례를 제공합니다. 다신교적 종교는 지역성에 깊이 뿌리박고 있습니다. 유사한 제의가 상이한 신들의 이름 아래 나타납니다. 대조적인 신화들이 동일한 이름과 관련되어 있거나, 또는 상이한 이름들이 동일한 신화와 관련되어 있습니다. 발터 부르케르트와 장-피에르 베르낭은 둘 다 만신전의 출현에 대한 설득력 있는 논증을 제시하면서 규범적 형태의 신화들을 호메로스 및 헤시오도스와 연관시킵니다.[75] 그런데 농경 사회들에서는 다수의 공생 ─ 농경에서 인간 집단들과 유도된 동물군의 합병, 중앙집중화된 곡물

---

74. C. Witmore, "Anthropoiesis revisted."
75. W. Burkert, *Griechische Religion der archaischen und klassischen Epoche*; J.-P. Vernant, *Mythe et pensée chez les Grecs* [장 피에르 베르낭, 『그리스인들의 신화와 사유』]; J.-P. Vernant, *Religion grecque, religions antiques*.

저장소를 갖춘 소수에 의한 잉여의 전유, 노동의 동반자로서 재갈이 물린 황소가 끄는 쟁기를 이용한 생산의 증식, 올리브유의 도입으로 인한 독특한 식단 – 이 있습니다. 이 합병들 중 많은 것은 대단히 끈질겨서 화석연료를 흡수하는 기관들과의 새로운 공생이 이루어진 20세기에 이르기까지 인간들은 거기에서 빠져나오지 못합니다. 도자기의 경우에는 새로운 점토 원천의 개발, 빠른 회전 기구의 도입, 또는 미노스 문명의 영향에서 비롯된 새로운 장식 양식과 더불어 새로운 공생들이 생겨났을 것입니다. 마찬가지로, 2장에서 검토된 사례들은 이전에 지하 영역들에 자리하게 되었던 객체들과의 다양한 공생을 가리켰습니다.

하먼 나중에 공생을 더 자세히 다룹시다. 그런데 여기서 저는 현재의 지적 생활에서 여타의 고찰을 너무나 자주 몰아내는 한 가지 주제, 즉 정치를 간략히 다루고 싶습니다. 『브뤼노 라투르: 정치적인 것을 다시 회집하기』라는 책에서 저는 전통적인 좌/우 분열과 다른 근대적 정치 이론을 살펴보는 한 가지 방법을 확립하고자 했습니다. 그 이유는 부분적으로 라투르가 그런 스펙트럼 위에 정위되기가 대단히 어려운 인물이기 때문입니다. 저는 근대적 좌파와 우파가 두 가지 문제를 공유하는 경향이 있다고 말하곤 했습니다. 첫째, 그들은 인간 본성에 관한 물음에 너무나 집착합니다. 인간 본성이 선하거나 또는 시간이 흐름에 따라 무한히 가변적인 것인지(좌파), 아니면 악하거나 또는 수천 년의 역사에 걸쳐 대체로 불변적인지(우파)에 관한 물음에 너무나 집착합니다. 그레이버와 웬그로 역시 이런 교착 상태를 싫어하지만, 그들은 자연적으로 선한 인간 또는 자연적으로 악한 인간을 자연적으로 창의적인 인간 또는 자연적으로 실험적인 인간으로 대체할 따름입니다. 이것은 그들이 현재 국면까지 포함하여 근대적 정치 이론을 특징짓는 인간 본성을 둘러싼 논쟁 내에 정확히 머무르고 있음을 뜻합니다.[76] 그런데 저는 공교롭게도 인간 본성이 핵심적인 정치적 문제라는 견해에 동의하지 않습니다. 왜냐하면 인간의 상호작용은 비인간 객체들의 매개에 의해 안정화되거나 변경되는 경향이 있으며, 그리고 라투르는 바로 이 논점에 관한 이론적 선구자이기 때문입니다. 둘째, 좌파뿐만 아니라 우파도 일종의 지식 또는 진리로서의 정치에 너무 집착하는 것처럼 보입니다. 추정상의 진리가 "진리는 전혀 존재하지 않는다. 가장 강한 자만이 언제나 지배할 것이다"라는 사적 형태를 취하더라도 말입니다. 저는 라투르가 비근대적 정치철학 — 우리의 영구적인 정치적 무지와 더불어 우리가 정치적 공간을 조직하기 위해 생기 없는 사

---

76. Graeber and Wengrow, *The Dawn of Everything*.

물들에 의존해야 한다는 사실에 기반을 둔 이론 — 으로의 가능한 새로운 진입로를 개방했다고 생각합니다.

이렇게 해서 저는 고고학자들이 객체들에 의거하여 정치적 상황을 해석하는 방식에 관한 더 일반적인 물음을 제기하게 됩니다. 추정컨대 당신은 모든 특정한 유적지에서 어떤 특정한 사회가 얼마나 위계적이었는지 또는 평등주의적이었는지, 노예제가 존재했는지, 여성들이 정치적 삶에서 얼마나 엄격히 격리되었던 것처럼 보이는지, 기타 등등에 대하여 과감히 추측할 수 있습니다. 추정컨대 도자기는 한 정치적 시기에서 다른 한 정치적 시기에 이르기까지 비교적 일정한 상태에 있습니다. 그런데 어떤 종류의 객체지향적 궤적이 고고학자에게 급진적인 정치적 변화를 시사합니까?

위트모어 우선 약간 다른 관점에서 당신의 질문에 접근합시다. 지난 두 세기에 걸친 고고학의 역사를 통해서 누군가는 우파의 권력 정치에서 좌파의 진리 정치로의 흥미로운 전환을 추적하고 싶을 수도 있을 것입니다. 1900년 이전 유럽의 심리적 성향들은 영웅적인 것에 끌렸습니다. 그것들을 건설한 권력자들을 암묵적으로 시사하는 높은 성벽들(이것들에 대한 시, 신화, 그리고 역사는 넘쳐납니다)을 갖춘 미케네와 티린스의 성채들에 사로잡힌 최초의 근대 고고학자들 — 발굴 수단을 갖추고 있던 사람들 – 은 남아 있었던 것들이 함축하는 위대성을 찾아서 발굴했습니다. 유럽의 팽창 시기에 그들은 승자에 공감하는 경향이 있었습니다. 그러므로 종종 북부 유럽인들인 고고학자들은 중요한 장소들에 매료되었습니다. 강한 기념비적 벽으로 보호되어 격리된 내부에 이끌렸습니다. 그곳에서 최초의 발견자들은 오래 묻혀있던 '궁전'의 잔존물을, 고대 권좌를 안전하게 보존한 하나의 정교한 울타리였다고 추정될 수 있을 것을 밝혀내었습니다. 사실상, 높은 보루를 갖춘 이 성채들이 타버렸고 완전히 동일한 방식으로 철저히 재점거되지는 않았다는 사실은 명백한 정치적 변화를 시사합니다.[77] 이 최초의 고고학자들이 어떤 바람직한 위대성(지금 현존하는 것)에 유리하게도 다른 과거들을 시사한 객체들(성채의 그 이후 국면들과 관련된 것들)을 파괴했다는 사실 역시 정치를 말해줍니다.[78]

20세기 전체에 걸쳐서 고고학적 공감은 당신이 언급한 스펙트럼의 반대쪽 끝으로 이동하는 것처럼 보입니다. 고고학의 직업적 지위는 상승하였고 그 분야는 더 다양해졌습니다. 많은 사람이 노동자 출신이었습니다. 실천자들은 알록달록한 조

---

77. Morris, *Archaeology as Cultural History*, 195~256.
78. 어딘가 다른 곳에서 위트모어는 이것을 '시간정치'의 견지에서 서술했다 (Witmore, "Which archaeology?"; C. Witmore, "Chronopolitics and archaeology").

각들을 이어 붙인 듯한 변두리 지역을 고찰하기 위해, 지배자들이 떠난 폐허 영역들 너머로 자신들의 그물을 던졌습니다. 대지에 기입된 것을 다루기 위해 지표 조사와 원격 탐사 같은 새로운 방법론들과 기법들이 고안되었습니다. 역사를 거슬러 올라간 이 고고학자들은 높은 성벽 밖에서, 권력의 그늘 속에서, 그리고 역사의 그늘 속 상이한 시대들에서 노동했던 사람들의 평범한 기억을 자신들에게 이야기해 주리라고 기대한 객체들을 찾아서 잔해를 샅샅이 뒤졌습니다.[79] 많은 노예, 여성, 어린이, 추방자, 피억압자를 대변할 객체들에 이끌린 고고학자들은 무심결에 그냥 잊힌 것의 진상을 규명함으로써 얻을 수 있을 뿐인 구원의 한 형식을 추구했습니다. 물론 그런 정치적 전환은 매우 과도한 단순화를 수반합니다. 그런데 니체가 주장했듯이, 과거는 우리가 살아가는 법을 배우는 데 도움이 되지 않겠습니까?

정치는 고고학적 객체들의 세력권에서 작동합니다. 그런 까닭에 정치적 질문에 관한 한, 종종 그 세력권 바깥에 머물러 있는 것이 더 생산적인 것처럼 보입니다. 다시 말하자면, 많은 고고학자가 사람들과 그들의 물질적 과거들 사이의 경계면에서 작업하는데, 비판적 내성內省의 공간 내에서, 자신이 작업하

---

79. 예를 들면 S. E. Alcock, *Graecia Capta*; G. Woolf, *Becoming Roman*을 보라.

는 맥락을 이해하면서 말입니다.[80] 그런데 고고학은, 라투르의 경우와 마찬가지로, 비인간 객체들이 어떤 특정한 사회에서 권력을 안정화하고 잠재적 미래들로 확대하는 방식을 보여주고자 오랫동안 노력해 왔습니다.[81]

미케네와 티린스는 어떤 옛날 세계 ─ 여기서는 과장된 차이들이 기념비적 건축 형태들을 통해서 유지되었습니다 ─ 의 기억을 간직합니다. 그것들의 격리된 내부 안에 세워진 구조물들은 제한된 입구를 갖춘 복도를 따라 엇갈리게 배치된 방들이 있는 궁전식 거주지 형태들을 유지하는데, 이는 접근 통제를 뜻합니다. 또한 이 '궁전들'에는 경비원들이 지키는 비축물, 잉여물, 그리고 재산을 보관하기 위한 넓은 장소들이 있었습니다. 그것들이 간직한 물질의 질은 그 밖의 구조물들에 산개된 물질의 질을 능가합니다. 예전에, 기념비적인 구덩식 고분에는 멀리 떨어진 땅에서 수입한 이국적인 품목들을 포함하여 살아 있는 사람들의 사회에서 옮겨진 과도한 재물 ─ 엘리트 정체성을 강화하는 데 이바지한 사치스러운 구경거리였을 것들 ─ 이 묻혀 있는 묘소들이 있었습니다. 이 거대한 성채들의 강한 성벽들은 내부인들을 외부인들로부터 격리했습니다. 그뿐만 아니라, 그 성벽

---

80. A. González-Ruibal, "Ethics of archaeology."
81. 최근의 일례에 대해서는 B. Olsen and S. Vinogradova, "(In)significantly Soviet"를 보라.

들 앞에 서 있던 사람은 누구나, 자신들의 건설 작업을 신화적 존재자들에게 귀속시킨 후기 그리스인들에 의해 입증되었듯이, 초월적 권력의 층위로까지 올라간 그런 장엄한 건축물들을 건설할 수 있는, 내부에서 안전하게 살아가던 사람들의 명백한 능력을 목격했습니다. 마찬가지로, 우리는 그로부터 사 세기 후에 미케네와 티린스에서 평원을 가로질러 출현한 아르고스의 도시에서 많은 대조점을 찾아낼 수 있을 것입니다. 집회를 위해 개방된 영역들이 도로들의 교차점에 건립됩니다. 더 큰 규모의 공동체가 공동의 성벽 뒤에서 살아갈 수 있도록 훨씬 더 넓은 영역 주위에 더 포괄적인 방벽이 세워집니다. 글로 작성된 문서는 모든 사람이 볼 수 있도록 공개적으로 전시되었는데, 21세기의 기준에서 보자면 문맹률이 높았음에도 말입니다. 이것들은 상이한 정치 체제들을 시사하는 객체들에 관한 몇 가지 사례일 따름입니다.

객체들은 권력을 안정화하고 확대함이 확실합니다. 그렇지만 성벽, 방, 복도, 열린 공간은 헤로도토스의 『역사』에서 제시된 방식으로 정치적 변화에 관한 기억을 간직하지 않습니다. 고고학 내에서 정치적 변화를 서술하려는 많은 시도는 역사가 독점권을 유지하는 "과거를 재구성하"고자 합니다.[82] 다시 말

---

82. Olivier, *The Dark Abyss of Time*; L. Olivier, "I can't get no satisfaction"을

하자면, 정치적 억압의 이미지, 역사 없는 특정한 집단들의 이미지는 종종 비텍스트적 객체들 위에 놓입니다. 예를 들면, 최근에 고고학의 한 동료는 "역사적 과정들의 동학에 관하여 말할 것이 전혀 없다"라는 이유로 생기 없는 객체들을 옹호하는 견해를 견지하는 사람들을 비난했습니다.[83] 객체 진영의 어떤 한 문장("기하학, 조사 작업, 그리고 제작 경험과 결합한 모르타르, 벽돌, 그리고 돌의 질료적 물성이 없었다면 하드리아누스 수도교는 현존하지 않았을 것이다")을 이용해 많은 것을 얻고자 하는 그는 "코린트에 물을 공급한 하드리아누스 수도교를 건립한 사람들은 노예들이었다"라고 명시적으로 말합니다.[84] 그런 [객체지향적] 확신을 바탕으로 선도하는 것은, 그레이엄, 당신의 표현을 빌리자면, "객체들은 아무것도 아니며 인간 정치가 모든 것이라고 정말로 생각하는" 사람들에게 언제나 실망을 초래하는 것처럼 보입니다.[85]

(미케네의 북서쪽에 있는) 느토우르미자 또는 메칼로보우

보라.

83. Barrett, "The new antiquarianism?" 1685.

84. Olsen, Shanks, Webmoor, and Witmore, *Archaeology*, 120. 그 문장에 대한 비판에 관해서는 Barrett, "The new antiquarianism?," 1685를 보라. 이 논쟁에 관한 그 밖의 사례들에 대해서는 Ion, "A taphonomy of a dark Anthropocene"과 Þ. Pétursdóttir, "Lyrics for a duskier Enlightenment"의 답변을 보라.

85. Harman, "On behalf of form," 44.

니의 경사지 위에 서 있는 잔류물들은 그 돌들을 세운 사람들 – 노예, 자유민 석공, 병사, 또는 기술자 – 에 관하여 시사하는 바가 전혀 없습니다. 설명적 기억은 그것을 초래한 다른 객체들의 정체성에 대한 암시를 제공할 수도 있고 제공하지 않을 수도 있습니다. 그러므로 더 구체적인 실례들이 명백한 정치적 상황을 암시합니다. 현존했던 모든 것은 남아 있는 영광스러운 익명성에 함께 관여하게 됩니다. 이것은 고고학적 객체들이 역사적 견지에서도 정치적 견지에서도 해석될 수 없다고 말하는 것은 아닙니다. 오히려 그것은, 탄산칼슘으로 덮인 오푸스 인케르툼 opus incertum 아치들(하드리아누스 수도교가 변화하여 된 것)을 "고전 세계의 노예 경제"에 관한 표현을 투사하는 텅 빈 캔버스로 활용하는 행위를 저지해야 할 책무가 고고학자들에게 있다고 진술하는 것입니다. 우리는 우리가 어느 한 관점에서 잃는 것을 다른 한 형태의 기억 – 오푸스 시그니눔 opus signinum 운하의 경사면 속 기억, 석회암 절벽의 꼭대기에 남겨진 단면 속 기억, 모르타르 안에 놓인 돌들의 형태 속 기억, 나중에 재사용되는, 암석을 깎아서 만든 터널의 현전 속 기억 – 에서 얻게 됩니다. 그런데 어떤 사물들의 내부 및 사이에 간직된 기억들이 그 사물들에 속하고 그것들의 고유한 과거의 부득이한 유물이라고 해서 손해 볼 것은 전혀 없습니다. 왜냐하면 과거의 정치적 공간들의 잔류물들이 그것들이 이전에 보증한 권력들을 스스로 넘어서는 방식을 말해준다는 것이 사실이라면, 그것들이 변화하여 된 것은 바로 구원의 원천이기 때문입니다.

하먼 멋지게 쓰인 E절 '삼투/시간'을 다룸으로써 선형적 시간성의 대안에 관한 주제로 돌아갑시다. 그리고 여기서 또다시 저는 당신이 논의한 두 가지 선택지 사이의 차이를 지각합니다. 그 절의 제목과 마무리 글에서 나타나듯이, 삼투가 있습니다. 그다음에 또다시, 이 절에서는 명시적으로 거명되지 않지만 분명히 현존하는 위상학적 시간이 있습니다. "한 세기 전에는 인접했던 것들이 오늘날에는 인접하지 않게 될 수 있고, 오늘날에는 인접하는 것들이 한 세기 전에는 인접하지 않았을 수도 있다." 그리고 물론, 인접하거나 인접하지 않는 것은 꽤 자주 우리 자신의 작업의 문제이자 우리 자신의 동시대적 관점의 문제입니다. 일례를 들면, 최근에 저는 컬럼비아대학교 출판부가 저에게 뒤표지에 실릴 추천사를 요구했기에 니콜라 말브랑슈의 철학에 관한 알랭 바디우의 탁월한 1986년 세미나의 교정쇄를 읽었습니다.[86] 무엇보다도 바디우는, 우리에게 매우 기이하고 이질적인 것처럼 보일 대담한 합리주의적 신학을 갖춘 말브랑슈의 체계를 규명하기 위해 라캉주의적 정신분석학을 능

---

86. A. Badiou, *Malebranche*.

숙하게 사용합니다. 이것은 그 자체로 바디우에 의한 위상학적 움직임입니다. 바디우는 분명히 낡아빠진 말브랑슈를 라캉과 같은 현대의 이론적 영웅들의 선구자로, 그리고 심지어 죽은 지 오래되었지만 여전히 현대적인 독일 관념론 철학자 F. W. J. 셸링의 선구자로 간주합니다. 그런데 바디우는 말브랑슈에 관하여 제가 품고 있는 위상학적 견해로 간주될 것을 놓칩니다. 바디우는 말브랑슈 철학의 기회원인론 — 사물들은 서로 직접 영향을 미칠 수 없고 오히려 다른 한 객체(이 경우에는 신)의 매개를 통해서만 영향을 미칠 수 있을 뿐이라는 관념 — 을 지나치게 경시하는 반면에, 제가 보기에는 이런 기회원인론이 바로 말브랑슈 철학에서 가장 현대적인 것입니다. 이런 점에서 위상학적 시간은 모든 것 가운데 가장 미래주의적인 것입니다. 왜냐하면 지금은 전적으로 무관한 것처럼 보이는 것이 미래에는 인접한 것처럼 보일지 알 수 없기 때문입니다. 뉴턴이 우리에게 땅에 떨어지는 객체 및 지구를 공전하는 달로 보여주었듯이, 예전에는 실재의 상이한 정반대의 질서들에 속한 것처럼 보인 두 사물이 어느 날에는 동일한 힘의 표현들인 것으로 판명됩니다.

그런데 물론 위상학의 교훈은 모든 것이 신축성이 있다는 것만이 아닙니다. 어쩌면 훨씬 더 중요한 교훈은 채워지거나 폐쇄될 수 있는 구멍들도 있다는 것입니다. 바디우의 세미나 교정쇄를 읽은 후에 저는 또 다른 작업에, 『오픈 필로소피』 저널의 편집장으로서, 객체지향 존재론이 어떻게 해서 포스트식민주의 이론의 과소활용된 자원이었는지에 관하여 마이클 파이히팅거가 저술한 어떤 한 흥미로운 논문을 읽는 작업에 전념하게 되었습니다.[87] 그런데 지금까지 포스트식민주의 이론가들이 OOO에 그다지 관심을 기울이지 않은 이유를 이해하기는 쉽습니다. 그들은 모두 '본질주의'에 반대하는 피의 서약을 맹세하였습니다. OOO는 어느 정도의 본질주의를 요구하는데, 모든 사람이 악마화하기를 좋아하는 낡은 의미에서의 본질주의는 아니지만 말입니다. 파이히팅거가 언급한 특정한 반본질주의자들은 캐런 버라드와 아르투로 에스코바르였는데, 그들은 둘 다 상당히 중요한 인물들임이 분명합니다. 그런데 제가 보기에는 이 저자들이 두 가지 중대한 오류를 저지릅니다. 첫 번째 오류는, 그들은 반본질주의를 그토록 강력히 설교하면서 어떤 특정한 철학적 신조(반본질주의)와 그들이 헌신하는 특정한 정치적 대의(반제국주의) 사이의 추정상 필연적인 연계를 설정한다는 것입니다. 저는 이것이 심각한 오류라고 생각합니다. 존재론과 정치는 상이한 영역들에 속하고, 따라서 그것들 사이의 연계는 결코 영구적이지 않습니다. 예를 들면, 프랑스 혁명 시기(많은 고고학자에게 거의 어제에 해당합니다!)로 돌

---

87. M. Feichtinger, "The obstinate real."

아가기만 하더라도, 사회적 구성을 설교하고 있던 것은 보수파였고 인간의 본질적인 자연권을 내세우고 있던 것은 자코뱅파였다는 사실을 알게 될 것입니다. 오늘날 상황은 뒤집혔으며, 이제 사람들은 반본질주의가 언제나 반제국주의자들, 페미니스트들, LGBTQ 공동체 등을 위한 대단히 중요한 신조일 것처럼 행동합니다. 이 시점에 사실상 이런 대의들에 제공할 것이 더 많이 있는 것은 본질주의이지만 말입니다.

그런데 여기서 저는 버라드 및 에스코바르와 같은 부류의 사람들이 제기한 두 번째 가정에 더 관심이 있습니다. 그들은 자신들이 고리타분한 아리스토텔레스주의적 본질주의로 간주하는 것의 내용을 그냥 부정함으로써 과거와 어떤 종류의 근본적인 단절을 이루었다고 가정하는 경향이 있습니다. 이제부터는 우리가 모든 사물이 나름의 본질을 갖추고 있다고 믿을 일은 더는 결코 없을 것이라고 그들은 단언합니다.[88] 이것은 철저한 점진주의는 아닐지라도 최악의 선형주의인 것처럼 보입니다. 왜냐하면 그들은 우리가 현재 지성사에서 어떤 종류의 근본적인 사건을 겪고 있다고 생각하는 것처럼 보이기 때문입니다. 역사가 작동하는 방식에 관한 제 견해는 다릅니다. 제

---

88. Barad, *Meeting the Universe Halfway*; A. Escobar, "Thinking-feeling with the earth."

가 보기에 본질주의와 반본질주의는, 여타의 기본적인 개념적 대립과 마찬가지로, 각각의 측면이 어떤 지배 시기가 지난 후에 진부한 것으로 퇴보하는 경향으로 인해 인간들이 반복적으로 왔다 갔다 할 두 가지 영구적인 가능성을 나타냅니다. 그리고 이것이 제가 인간 사유의 세대적 특질이 작용하는 것을 보는 지점입니다. 대륙철학에서 저의 바로 앞 세대는 데리다에게 열광적으로 몰두하는 경향이 있었습니다. 추정컨대 그 이유는 그가 그들에게 하나의 해방시켜주는 힘처럼 느껴졌기 때문입니다. 반면에 대학원생 시절의 저에게는 그가 이미 지배 권력이었습니다(게다가 그는 언제나 저에게 유례없이 끔찍한 작가라는 인상을 주었습니다). 이것은 저와 같은 연배의 모든 사람이 데리다에게 관심이 없다고 말하는 것이 아니라(물론 데리다에게 관심이 있는 사람은 많이 있습니다), 오히려 아무튼 그들의 데리다는 1950년대에 태어난 사람들의 데리다와 다르다고 말하는 것입니다. 왜냐하면 그들에게 데리다는 어떤 종류의 독특한 계시였던 것처럼 보이기 때문입니다.

그런데 지금 저는 "이것은 질문이라기보다는 오히려 논평이다"라는 영토로 진입할 위험에 처해 있습니다. 그래서 한 가지 질문에 전념합시다. 당신은 방금 19세기를 특징짓는 미케네 문명에의 '영웅적' 접근법으로부터의 전환을 언급했고, 그것을 미케네 문명의 소박한 농부들과 억압받은 노예들에 관한 평등주의적 고려에 대한 20세기의 선호와 대조했습니다. 그리고 또한 우리는 이전에 고려되지 않은 또 하나의 집단으로서 여성을 추가해야 합니다. 그런 광범위한 유행의 변화와 관련하여 언제나 저를 놀라게 하는 것은 사람들이 너무나 성급하게 '영웅적' 접근법이 대단히 올바르게도 사라졌기에 결코 다시는 나타날 수 없다고 가정한다는 점입니다. 그런데 필시 상황은 이럴 것입니다. 대다수 사물은 언젠가, 적절히 변경된 형태로 귀환합니다. 당신은 고고학이 왕들과 승리한 영웅들에서 착취당한 소박한 하층민들로 전회함으로써 무엇을 상실했다고 생각하십니까?

위트모어 외양은 기만적일 수 있고, 그런 까닭에 우리는 그런 정치적 전환을 더 깊은 층위에서의 고고학의 역사로 해석하려는 유혹에 전적으로 굴복하지는 말아야 합니다. '영웅적' 접근법은 결코 완전히 죽지는 않았습니다. 강조점의 장기적인 전환을 포화의 산물로 이해하는 것이 우리에게 유익할 수 있을 것입니다. 한 분야에서 생겨나는 연구 밀도의 증가는 희소성의 영역에서 고찰할 새로운 객체들을 수반합니다. 그런데 우리가 고고학의 역사로부터 무언가를 배웠다면, 그것은 고고학이 차별할 수 없다는 것이었습니다. 저는, 모든 가능한 집단 위로 넓게 그물을 던지는 것은 인식의 기법 이상의 것임을 덧붙일 것입니다. 유행이 시사하는 것을 부당한 과거라고 간주함으로써 무시하는 것은 어리석은 행위입니다. 이런 까닭에 우리는, 당신과 마찬가지로, 한발 앞서려는 변증법적 술책과 연관된 빈곤한 모순 논리를 더 영구적인 가능성들로부터 분리해야 합니다. 강력한 사제-왕이 변화하여 된 것은 그 밖의 모든 사람과 관련하여 남겨진 것과 함께 자리하고 있어야 합니다. 그 이유는 이것이 예견할 수 없는 것을 예상할 수 있는 유일한 방법이기 때문입니다. 당신은 귀환을 언급합니다. 미래 세대들이 영웅적인 것을 우리가 불가피하게 대면해야 하는 우리 주변의 거대한 도전에 맞서 싸우는 영웅과 동일시하지 않을 것이라고 누가 장담할 수 있겠습니까?

하면 우리는 평등주의적 감성이 외관상 아무 잘못도 저지를 수 없는 지적 국면에 처해 있습니다. 이런 감성은 백인 우월주의 운동의 확산과 조작된 자본주의의 증식에 직면하여 정치적으로 아무리 호소력이 있는 것처럼 보일지라도, 또 다른 층위에서 그것은 순전히 위선적입니다. 친구, 배우자, 기회, 직업을 선택할 때, 또 과거에 생산된 수천 권의 작품 중에서 무엇을 읽어야 할지 선택할 때 우리는 모두 평범한 것으로 우리 시간을 낭비하지 않고 최선의 결과를 얻고자 노력하면서 능력 원칙을 따릅니다. 오늘날 지적 생활에서는 탁월성이 과소평가되고 있습니다. 왜냐하면 현재 선호되는 상황은 언제나 탁월성을 천명하는 사람이라면 누구나 배제되는 상황입니다. 한 가지 결과는 고급문화가 더는 거의 현존하지 않는다는 것입니다. 최근에 노벨 문학상은 포크송 가수 밥 딜런에게 수여되었습니다. 강단에 소속된 모든 사람은 대중문화에 관하여, 서사시보다 오히려 만화책에 관하여 연구하고 있는 것처럼 보입니다. 충분히 이해합니다. 어쩌면 지금은 배제를 자세히 살펴볼 역사적 적기입니다. 그런데 결국 대다수 사람은 우리가 살펴보는 모든 영역에서 배제됩니다. 응시자 중 작은 비율의 학생들만이 하버드대학교 또는 프린스턴대학교의 입학 허가를 받습니다. 대체로 그 이유는 그 대학교들이 유한한 수의 학생을 수용할 수 있을 따름이기 때문입니다. 골동품적 역사, 비판적 역사, 기념비적 역사라는 니체의 삼중 도식을 고려하면, 지금으로서는 비판 이론이 거의 유일하게 수용 가능한 형태인 것으로 여겨집니다.[89] 저는 유서 깊은 세부에 통달한 골동품적 역사에 대한 관심이 그다지 크지 않은데, 기초 교육이 계속해서 악화된다면 그것은 더 긴급한 선택지가 될 수 있을지라도 말입니다. 그렇지만 저에게 기념비적 역사는 매우 중요한 것처럼 보입니다. 더 중요한 것과 덜 중요한 것을 구분할 수 있는 것보다 더 훌륭한 지

---

89. Nietzsche, "On the uses and disadvantages of history for life." [니체, 「삶에 대한 역사의 공과」.]

적 기량은 없습니다.

위트모어 어쩌면 우리는 탁월성을 추구하면서 자신이 그렇게 되고자 열망하는 인물상을 고안하지 않을까요? 일상생활에서 그 모범 인물상에 부응하여 삶을 영위하는 것이 항상 가능하지는 않을지라도 말입니다. 어쨌든, 고고학자와 철학자의 인물상들과 관련하여 니체의 세 가지 종류의 역사로 돌아가는 것은 적절합니다. 고고학자는 골동품적 역사가에게서 출현하지 않았습니까? 철학자는 기념비적 역사가에게 끌리지 않습니까? 두 가지 종류의 역사, 즉 골동품적 역사와 기념비적 역사는, 니체가 지적했듯이, 나름의 득실이 있습니다. 당신의 논점은 제대로 제기되었습니다. 니체의 경우에, 골동품적 역사의 충성 법칙들은 창의성을 쇠퇴시키는 데 기여했습니다.[90] 기껏해야, 평범하고 파편적인 것들, 이질적이고 기묘한 것들에 품위를 갖추고서 신중하게 접근하는 골동품적 역사가는 "단순한 쾌감과 만족감"을 계발합니다. 최악의 경우에, 골동품적 역사가는 과거의 모든 조각을 동일하게 존중해야 할 것들로 간주합니다. 이렇게 해서, 당신이 진술하듯이, 중요한 것을 결정할 수 없는 무능력을 통해서 삶에 손상을 줄 정도로 퇴화하게 됩

---

90. 또한 M. Foucault, "Nietzsche, genealogy, history"를 보라.

니다.

 기념비적 역사가는 위대성을 환기합니다. 그렇습니다. 과거의 모범적 성취는 최고의 것을 향해 상승하는 새로운 불을 촉발합니다. 그런데 이 논의에서 우리가 다양한 주제를 다루면서 붙잡고 있던 실로 돌아가면 그것은, 당신이 진술하듯이, (그중 일부는 인간과 관계를 맺지 않은) '소수의' 다른 객체를 희생하고서 어떤 객체의 역사의 한 국면을 강조합니다.[91] 당신이 주장하는 대로, 이것은 전적으로 나쁜 일은 아닙니다. 그런데 고고학의 역사에 대한 기념비적 역사의 지배는, 미케네의 경우와 마찬가지로, 그 성채도시의 이른바 위대성으로부터의 추락 이후에 생겨난 변화들을 시사하는 축적된 객체들의 뒤범벅 집합체의 흔적을 제거했습니다. 왜냐하면 발굴은 언제나 복구 행위일 뿐만 아니라 파괴 행위이기도 하기 때문입니다.[92] 역사적 시간의 측정된 한도 내에서 틀지어진 기념비적 역사는, 후기 청동기 시대 파괴 사건들이 일어난 지 사오백 년이 지난 후에 어

---

91. 이 책의 1장, 52~54쪽을 보라.
92. 미케네를 발굴하는 작업은 셰익스피어를 번역하는 작업과 같지 않다. 왜냐하면 일단 고고학적 번역 — 다양한 문서화 양식, 사물들의 아카이브, 그리고 고고학적 노동이 마무리되었을 때의 유적지 현장 — 이 이루어지면 그런 번역은 그것이 좋든 나쁘든 간에 우리가 가진 유일한 것이기 때문이다(M. DeLanda and G. Harman, *The Rise of Realism*, 94 [마누엘 데란다·그레이엄 하먼, 『실재론의 부상』]에서 제시된 논의를 보라).

떤 영웅적 과거에 관한 서사적 이야기들을 고무한 폐허들과 구조물들의 다시간적 뒤섞임을 위한 여지를 남겨두지 않았습니다. 학자들이 호메로스의 세계를 후기 청동기 시대 성채도시들의 파멸 이후에 출현했던 것과 더 결부된 것으로 이해하게 되는 것은 역설적입니다. 왜냐하면 그런 깨달음은 골동품적 역사의 견제를 받지 않은 기념비적 역사가 견인한 19세기 후기 발굴 작업들에 의해 부실하게 뒷받침되기 때문입니다.

하면 당면 과제로 되돌아가면 우리는 2장을 마무리하는 F절, 즉 '한 가지 고고학적 역설'에 이르게 됩니다. 그 역설에 관한 당신의 가장 간단한 표현은 다음과 같습니다. "고고학자의 경우에 현존하는 것은 과거에 대한 귀결적인 인과적 관계 속에 있지 않은데, 오히려 현존하는 사물들이 과거를 가능하게 하는 것이다." 독자는 당신이, 과거를 가능하게 하는 것은 고고학자의 현재라고 말하고 있지는 않다는 점을 인식해야 합니다. 그것은 한 가지 다른 종류의 주장일 것입니다. 즉, 우리는 결코 자신의 그림자를 넘어갈 수 없다는 것, 그리고 얼마간 과거는 언제나 부분적으로 우리의 현재 관심사들의 투사물이라는 주장입니다. 그것은 사실입니다. 그런데 당신이 그 역설을 서술하는 방식은, 제가 그것을 올바르게 이해하고 있다면, 외부에 더 많은 개방성을 제공합니다. 고고학자들에 의해 밝혀진 **사물들**

의 현존 덕분에 그것들이 현존했던 과거가 재구성될 수 있게 됩니다. 이것은 다른 상황을 가리킵니다. 왜냐하면 어느 한 고고학자가 마주치는 사물은 이미 그 고고학자의 현재에 대한 어떤 기이함에 의해 특징지어질 것이기 때문입니다. 또는 어쩌면 심지어 어느 한 아마추어의 현재에 대한 기이함의 경우에도 마찬가지일 것입니다. 몇 년 전에 지금은 고인이 된 저의 장인 미타드 데미르는 우연히 앙카라에 있는 자신의 정원에서 히타이트 서판을 발굴했습니다(그는 그것을 즉시 아나톨리아문명박물관에 기증했습니다). 그 이야기를 듣고 난 이후에 저는 결코 그 도시를 동일한 방식으로 보지 않게 되었습니다.

저는 다음과 같은 진술들과 더불어 한 가지 질문으로 마무리하겠습니다. 첫 번째 진술은 당신이 과거는 현재와 인과적 관계를 맺고 있지 않고 오히려 현재의 유물이 자신의 과거를 재구성할 수 있는 능력을 갖추고 있다고 말할 때 나타나는 인과관계의 괄호 넣기와 관련이 있습니다. 당신은 후자에 대하여 '인과관계'라는 낱말을 사용하지 않지만, 어쩌면 여기서 당신이 거부하고 있는 것은 한 사물이 다른 한 사물을 문자 그대로 생산하는 '작용적 인과관계'일 따름일 것입니다. 주지하다시피 아리스토텔레스는 그 밖의 세 가지 종류의 인과관계, 즉 형상인, 질료인, 그리고 목적인을 언급했습니다. 여기서 제가 언급하고 싶은 것은 형상인입니다. 그 개념은 우리가 이미 여러 번 언급한 한 저자, 즉 매클루언에게 절대적으로 중요합니다. 앞서 서술되었듯이, 매클루언은 사실상 개별적 인간들에게 그들이 거주하는 매체를 변화시키는 점에 관한 한 상당한 역능을 부여합니다. 예술가는 어떤 진부한 것(즉, 죽은 일상적 내용을 갖춘 자명한 조각)을 취하여 하나의 원형(즉, 다시 소생한 매체)으로 다시 전환하는 사람입니다.[93] 때때로 매체 역시 인간의 목적과 독립적으로 변화합니다. 자동차가 편의품에서 불가피한 골칫거리로 반전될 때의 경우와 마찬가지로 매체가 '가열'되고 그 내용이 대단히 증가하여 그것이 정반대로 뒤집어질 때 그러합니다.

어쨌든 두 과정이 공유하는 것은 그것들이 냉각을, 세부 내용의 감소를 포함한다는 점입니다. 모든 분과학문에서 정전正典이 형성되는 과정에서도 똑같은 일이 벌어집니다. 예를 들면, 평균적 지식인은 이탈리아 르네상스 시기에 활동했던 수백 명의 화가 중에서 십여 명 정도의 이름을, 최대 스무 명 정도의 이름을 알고 있을 것입니다. 제가 이것을 부각하는 이유는 분과학문들로서의 고고학과 역사 사이에 다음과 같은 차이점이 있다는 점을 제시하기 위해서입니다. 고고학은 과거를 냉각하고자 하고, 역사는 과거를 가열하고자 합니다. 즉, 역사

---

93. M. McLuhan and W. Watson, *From Cliché to Archetype*.

가는 우리가 과거에 관하여 알고 있는 것에 가능한 한 상세한 세부를 덧붙이고자 하는 반면에, 고고학자는 종종 세부가 그다지 상세하지 않을 따름인 상황에 처하게 되고, 그리하여 과거를 점점 더 두터워지는 일단의 사실로서 재구성하기보다는 오히려 하나의 '형태'로서 재구성하고자 합니다.

저는 최근에 「하이퍼객체와 선사」라는 제목으로 티머시 모턴에 관하여 작성한 한 논문에서 이런 관념을 떠올렸습니다.[94] 저는 그 관념을 비요나르 올센과 포라 페투르스도티르에 의한 『비유물론』 비판에 대응하여 작성한 「망각의 차가움」이라는 한 논문에서 후속적으로 전개했는데, 그 후에 팀 플로르 쇠렌센은 관련 논문 한 편을 발표하였고, 그다음에 저는 그것에 응답하는 논문 한 편을 발표했습니다.[95] 그래서 그것은 꽤 방대한 논쟁인 것으로 판명되었습니다. 그런데 사실상 이 동일한 논점은, 이미 『비유물론』에서 우리는 네덜란드 동인도회사와 관련된 세부내용의 양을 증가시키기보다는 오히려 감축해야 한다고 주장할 때 제가 행하고자 노력하고 있던 것의 뿌리에 자리하고 있었습니다.[96] 역사가는 그 회사에 관하여 가능

---

94. Harman, "Hyperobjects and prehistory"; T. Morton, *Hyperobjects* [티머시 모턴, 『하이퍼객체』].
95. Pétursdóttir and Olsen, "Theory adrift"; Harman, "The coldness of forgetting" [하먼, 「망각의 차가움」]; G. Harman, "The shipwreck of Theseus"; Sørensen, "That raw and ancient cold."

한 한 많은 것을 찾아내고자 노력하곤 했던 반면에, 저는 그것에 관한 현존하는 역사들을 사용하여 대여섯 가지의 '공생적' 국면을, 그 회사가 사실상 돌이킬 수 없게 변화한 비길 데 없는 국면들을 식별하고자 노력했습니다. 그 당시에 저는 이것을 그 회사의 역사라기보다는 오히려 '존재론'이라고 일컬었습니다. 그런데 지금 저는 제가 그것을 '고고학'이라고 일컬었을 수도 있다고 깨닫습니다. 푸코가 매우 다른 목적으로 그 용어에 관한 철학적 시장을 이미 독점하지 않았더라면 말입니다.97 어쨌든 정보를 추가하거나 삭제하는 데 요구되는 상이한 기법들에 의거하여 역사와 고고학 사이의 차이를 해석하고자 한다면, 저는 무엇을 잃어버릴까요?

위트모어 앞서 제가 주장했듯이, 고고학자들은 고고학적 객체들을 어떤 특정한 원인의 효과 또는 결과로 간주하는 데 익숙해져 있습니다. 퇴적물, 잔존 성벽, 또는 아스코스 도자기 조각을 넘어서 살펴보면, 객체에 관하여 제기되는 물음들은 그것을 하나의 결과로 간주하고 작용인에 의존하는데, 종종 그 밖의 나머지 세 가지 원인으로 확대됩니다. "이것은 어떻

---

96. Harman, *Immaterialism*. [하먼, 『비유물론』.]
97. Foucault, *Archaeology of Knowledge*. [푸코, 『지식의 고고학』.]

게 생성되었는가?" "이것은 무엇으로 구성되었는가?" "이것은 그 밖의 유형들에 대하여 어디에 속하는가?" "이것은 어떤 목적에 봉사했는가?" 그런데 점토 항아리, 숫돌, 또는 헌정된 등형燈形 토기의 존재 이유에 대하여 그것들 이상의 것을 살펴보지 않는다면, 작용적 인과관계가 사물 자체보다 우선할 수 없습니다. 이 객체들은 어딘가 다른 곳에서 자신의 실재를 획득하지 않습니다. 왜냐하면 그 실재는 그것들에 내재하기 때문입니다(라는 당신의 의견에 저는 동의합니다). 이 객체들은 그것들을 생성한 것들을 넘어섭니다. 왜냐하면 일단 한 객체가 출현하면, 그것은 독자적인 궤적에 놓이게 되기 때문입니다. 마주칠 때에 이 사물들은 자신의 독특한 타자성과 기묘함을 부각합니다.[98] 고고학자의 경우든 아니면 고인이 된 당신의 장인의 경우든 간에 옛날의 원인은 현존하는 객체의 결과이지, 그 반대가 아닙니다.

저는 가열(또는 세부를 추가하기)과 냉각(또는 형태를 시사하기)이라는 매클루언의 개념들에 의거하여 당신이 수행하는 역사와 고고학의 구분이 참신하다는 것을 깨닫게 되었습니다. 여기서 대다수 독자는 당신의 '형태' 개념이 물질에 대한

---

98. Olsen, *In Defense of Things*; Pétursdóttir, "Things out-of-hand"; 또한 논평이 붙은 Edgeworth, "Follow the cut, follow the rhythm, follow the material"을 보라

어떤 대립과도 별개로 표명된다는 것 — 이렇게 해서 이런 구분에 미묘한 차이를 만들어냅니다 — 을 인식하지 못할 수도 있습니다.[99] 어쨌든 이런 대조는 역사와 고고학에 대하여 상이한 목적들을 제시하며, 그런 목적인은 엄청난 잠재력이 있습니다. 당신의 공식적 표현에서 빠져 있는 것은 다양한 규모에서 고고학이 작동하는 방식에 관한 인식입니다.

현장작업에서 고고학자들은 과거가 변화하여 된 것을 다루면서 어떤 완전성의 감각을 열망합니다. 현장 노트들, 맥락시트들, 도면들, 사진들, 표본들, 라벨들, 봉지 또는 상자 포장된 객체들은 모두 발굴이나 객체들에 대한 그 밖의 개입 양식들을 통해서 이동되는 것과 관련하여 가능한 한 매우 자세히 포착하려는 노력에 활용됩니다. 우리는 이 과정을 이런 풍성함에 형태를 부여하는 출판의 마지막 단계까지 추적할 수 있지만, 그 밖의 결과물들도 있습니다. 현재 많은 자료가 창고 안 어두운 구석의 먼지 쌓인 선반, 기록보관소의 불가사의한 깊은 곳, 그리고 회색빛 문헌 속에서 시들어가고 있습니다. 모든 세부내용을 냉각하는 작업을 충분히 수행하는 데는 인내심, 끈기, 그리고 당신이 서술하는 바로 그런 종류의 지적 통찰력의

---

99. DeLanda and Harman, *The Rise of Realism*, 20~1 [데란다·하먼, 『실재론의 부상』]; Harman, "On behalf of form"을 보라.

3장 2장에 관한 논의 **251**

조합이 필요합니다(현장의 지하에 묻혀 있던 객체들에서 그런 아카이브들로 이동할 때 이미 대단히 많은 것이 거의 틀림없이 변형될 것이지만 말입니다). 그래서 이 책 전체에 걸쳐서 수많은 사례가 예시했듯이, 한편으로 우리는 구체성을 가능한 한 많이 유지하는 반면에, 다른 한편으로는 그것을 어떤 '형태'로 냉각합니다.

저는 당신의 '형태' 개념 용법이 역사로서 기입된 객체들이 아니라 오히려 과거들을 시사하는 객체들을 다루는 방식을 설명할 만큼 충분히 광범위하다는 것을 알고 있습니다. 미케네의 성채를 찾은 방문객들로서 당신과 네클라는 이 과거들의 무언가와 대면했는데, 그것들이 서기전 12세기와 5세기의 외곽 시대들의 완결로 끝나지 않은 마름돌 석조 성벽, 키클로프스 석조 성벽, 그리고 다각형 석조 성벽에 간직되어 있든 간에 또는 토양에 묻힌 수수한 도자기 조각들에 간직되어 있든 간에 말입니다. 높은 성벽들과 낮은 도자기 조각들은 모두 자신의 과거를 현재로 확대하고, 나름의 과거를 확대하는 다수의 다른 객체들과 뒤섞이며, 그것들이 간직하는 기억들을 동연적이게 만듭니다. 어떤 의미에서 우리는 여기서 이 형태들에 의해 시사되는 시간의 독특한 모양을 이해하려고 노력하고 있지 않습니까?

4

시간의 근원으로서의 객체들

그레이엄 하먼

정의상으로 (그리고 어원학상으로도) 고고학은 대단히 깊게 펼쳐진 수직적 시간을 다룬다. 그런데 종종 대중은 고고학을, 상대적으로 그다지 오래되지 않은 인간의 역사에 비해서 몹시 오래된 사물들을 다루는 것으로 간주한다. 그렇지만 사실상 고고학은 점점 더 최근의 역사 또는 심지어 현재를 다룬다.[1] 그런데 지질학과 우주물리학이 훨씬 더 오래전에 발생한 사건들에 관여하는 것은 사실인 한편으로, 고고학은 수직적인 것을 훌쩍 넘어선다. 이러한 점을 고려하여 나는 OOO가 시간을 실재의 가장 바깥쪽 표면에 속하는 것으로 규정한다고 진술함으로써 시작한다. 이것은 OOO가 고대성의 시간 또는 (메이야수가 의식을 갖춘 존재자들의 출현에 앞서는 시간을 일컫는 대로) "선조적" 시간에 관여하지 않는다는 의미가 아니라, 오히려 나는 그것을 설명하기 위해 상이한 용어를 사용한다는 점을 의미할 뿐이다.[2] 그러므로 OOO의 사중 구조에 관한 간략한 설명으로 시작한 다음에 그 구조 안에 있는 시간의 자리를 설명하는 것이 좋을 것이다. 이렇게 해서 우리는 몇몇 다른 철학자가 시간을 다룬 방식과 내가 그런 노력들의 장단점으로

---

1. Rathje, "Modern material culture studies"; Deetz, *In Small Things Forgotten*; B. Olsen and Þ. Pétursdóttir, *Ruin Memories*; González-Ruibal, *An Archaeology of the Contemporary Era*; Olsen, Burströme, C. DeSilvey, and Pétursdóttir, *After Discourse*.
2. Meillassoux, *After Finitude*. [메이야수, 『유한성 이후』.]

여기는 것에 관한 논의에 이르게 될 것이다.

사중 구조는 인간 사유의 역사에서 흔히 나타난다. 그런 구조들은 모두 각기 다른 동기들과 대단히 독특한 면모들을 갖추고 있기에 우리는 너무나 성급하게 그것들을 동일시하지 않도록 주의해야 한다. 그렇지만 거의 보편적인 한 가지 면모는 사중체가 두 개의 각기 다른 이원론의 교차에서 비롯된다는 것이다. 아리스토텔레스의 유명한 사원인(형상인, 질료인, 작용인, 그리고 목적인)을 검토하면 우리는 스콜라철학자들이 그중 두 가지 원인(존재자 자체에 속하는 형상인과 질료인)을 "내재적" 원인들이라고 일컬었고 나머지 두 가지 원인(사물 자체의 내부에 있는 것과의 관계를 포함하는 작용인과 목적인)을 "외재적" 원인들이라고 일컬었음을 알게 된다.[3] 아리스토텔레스의 사원인에서 두 번째 분열 원리는 처음에 탐지하기가 더 어려운 것처럼 보인다. 그런데 우리는 작용인이 이중적으로 외재적임을 인식함으로써 시작할 수 있다. 일례로, 자동차 충돌 사고를 고려해 보자. 그 사고의 작용인은 운전자 부주의이거나, 브레이크 파열이거나, 또는 그 밖의 어떤 것이 될 수 있다. 그런데 자동차의 목적인은 이미 얼마간 외재적인데, 왜냐하면 목적인은 현재 충족되지 않은 사물의 목적이기 때문이다. 요컨대

---

3. F. Suárez, *On Efficient Causality*.

운전자는 직장에 출근하고 있지만 아직 도착하지 못했다. 그런데 최소한 목적인은 자동차 자체에 부분적으로 새겨져 있다. 운전자가 자동차를 구매하는 이유는 바로 어떤 용도에 적합하기 때문이라는 점에서 말이다. 그런데 자동차의 **작용인**은 (목적인처럼) 그저 자동차 자체의 외부에 자리하고 있지 않고 오히려 그것의 외부에 이중적으로 자리하고 있다. 예를 들면, 어떤 충돌 사고에서 운전자의 부주의는 자동차 자체에 새겨진 것이 아니라 그것에 외재적인 어느 인간 행위자에게서 비롯된다. 또 다른 방향에서 고찰하면, 우리는 자동차를 생산한 공장도 외재적임을 알 수 있다. 왜냐하면 공장이 없었다면 자동차가 현존할 수 없었을 것이라는 점은 사실이지만, 제조 과정의 전체적인 요점은 공장에서 벗어나서 독자적으로 무언가를 행할 수 있는 어떤 독립적인 존재자를 생산하는 것이기 때문이다.

이제 형상인/질료인 쌍을 검토하면 우리는 유사한 이원성이 작동하고 있음을 깨닫게 된다. 우리는 자동차의 형상이 이중적으로 내재적인 방식으로 그것에 속한다고 말할 수 있을 것이다. 왜냐하면 현존하는 모든 것은 그것을 그런 것이게 하는 형상을 갖추고 있기 때문이다. 우리는 상이한 질료, 작용적 인과관계의 상이한 역사, 그리고 상이한 목적을 갖추고 있으면서도 여전히 대체로 동일한 사물인 객체를 하여간 상상할 수 있지만, 형상적 인과관계의 경우에는 이런 일이 불가능하다.

그 형상이 일단 바뀌게 되면 사물은 더는 그 자체가 아니게 될 따름이다. 우리는 차체 공장에서 자동차의 모양을 약간 바꾸는 것을 상상할 수 있지만, 이것은 자동차의 통일된 형상이라기보다는 오히려 질료에 생겨난 변화이다. 그래서 작용적 인과관계가 그 사원인의 이중적으로 외재적인 극인 것과 마찬가지로, 형상적 인과관계는 이중적으로 내재적인 극이다. 이와는 대조적으로 나머지 두 가지 인과관계는 혼종들이다. 질료인은 외재적 근원을 갖춘 내재적 원인인 반면에, 목적인은 내재적 근원을 갖춘 외재적 원인이다.

A. 시간의 사중성

OOO는 독자적인 사중 구조를 갖추고 있으며, 그 사중체는 다음과 같은 원리들로 분열된다. 한편으로는 비관계적인 것과 관계적인 것 사이의 절대적 차이가 있다. 어떤 특정한 것도 바로 그런 것이지만, 그것이 그 밖의 사물들과 관계를 맺는다는 의미에서 '다른 것'이기도 하다. 철학자들은 때때로 이것을 내재적인 것과 외재적인 것 사이의 차이라고 일컫는다. 임마누엘 칸트는, 래 랭튼의 작업에서 그렇듯이, 때때로 이런 식으로 해석되며, 그리고 나는 기본적으로 랭튼의 해석에 공감한다. 물자체는 그것이 여타의 어떤 것과도 맺은 관계들과 무관하게 바로 그런 것일 따름인 반면에, 현상은 무언가 다른 것이 그것을 마주치는 한에서만 그런 것이다.[4] 물론 칸트의 경우에는 그 "무언가 다른 것"이 언제나 어떤 유한한 인간이다. 공교롭게도 나는 하이데거를 동일한 방식으로 해석한다. 존재는 비관계적이고, 현전은 관계적이다. 하이데거는 현전하는 것은 독립적이라고 주장하지만, 나의 첫 번째 책은 그것이 실제로 사실이 아닌 까닭을 설명한다.[5] 그런데 하이데거와는 상당히 다르게도, OOO는 현전의 관계적 특질을 일반화함으로써 어떤 두 사물 사이의 상호작용도, 심지어 생기 없는 사물들 사이의 상호작용 ― 칸트 이후의 철학자들이 논의하는 것을 다소 금기시함으로써 단지 과학의 발견 결과에 맡겨버렸을 뿐인 쟁점 ― 도 포괄한다. 화이트헤드는 보기 드문 멋진 예외 사례이다.[6] OOO의 견지에서 이것은 첫 번째 분열 축으로, 실재와 관계 사이의 균열이다. 무엇이든 그 자체로의 무언가와 여타의 것과 관계를 맺고 있는 무언가 사이에는 지위의 절대적 차이가 있다. 이와는 대조적으로 행위자-네트워크 이론의 견지에서 "존재한다는 것"은 언제나 무언가 다른 것에 영향을 미친다는 의미에서 "관계 속

---

4. Kant, *Critique of Pure Reason* [칸트, 『순수이성비판』]; R. Langton, *Kantian Humility*.
5. Harman, *Tool-Being*.
6. Whitehead, *Process and Reality*. [화이트헤드, 『과정과 실재』.]

에 있다는 것"을 뜻한다.7 내가 보기에는 아리스토텔레스가 이미 『형이상학』에서 메가라학파에 맞서서 잠재태라는 개념을 사용하여 누군가가 현재 집을 짓고 있지 않을 때에도 어떻게 해서 주택건축자일 수 있는지 보여줌으로써 이런 견해를 논박했다.8 그것은 내가 잠재태를 수용한다고 말하는 것은 아닌데, 이 논점은 다음 기회로 미뤄둘 수 있다. 아리스토텔레스의 잠재태는 최소한 메가라학파 적들의 전면적인 현실주의를 무너뜨리는 데 중요한 역할을 수행하며, 그리고 라투르는 사실상 그들의 후손이다.9

OOO에서 두 번째 분열 축은 객체와 성질 사이의 균열이다. 이것은 약간 더 이해하기가 어렵지만, 운이 좋게도 필수적인 작업은 현상학의 창시자 에드문트 후설이 우리를 위해 이미 수행했다.10 후설은 사유 바깥의 물자체에 관한 관념이 터무니없다고 생각했다. 왜냐하면 그가 보기에, 현존하는 모든 것은 최소한 잠재적으로 어떤 심적 행위의 상관물임이 틀림없기 때문이다. 물자체와 관련하여 후설이 우려하는 것처럼 보이는 위험은 회의주의이다. 즉, 사유에 현시되는 베를린이 존재

---

7. B. Latour, *Reassembling the Social*.
8. Aristotle, *Metaphysics*. [아리스토텔레스, 『형이상학』.]
9. Harman, *Prince of Networks*, 28~9 [하먼, 『네트워크의 군주』를 보라.
10. E. Husserl, *Logical Investigations*. [에드문트 후설, 『논리 연구』.]

하고 외부 세계에 별개의 베를린이 존재한다면, 베를린에 관한 나의 언표들이 그 간극을 가로지르고서 인간의 접근 너머에 자리하는 베를린-자체에 관하여 무언가를 말할 수 있을 방법은 전혀 없다.[11] 공교롭게도 나는 후설이 베를린-자체가 나의 마음에 철저히 현시될 수 있기를 요구하지 않으면서 그것에 접근할 **중개적** 방법들이 있다는 점을 간과했다고 생각하지만, 이것 역시 또 다른 기회에 다루어질 주제이다. 여기서 중요한 요점은 후설이 첫 번째 축(실재적 대 관계적)이 사실상 더는 존재하지 않도록 무너뜨린다는 것이다. 모든 것은 현상의 세계에서 펼쳐진다. 이런 까닭에 그의 이론은 결국 '현상학'이라고 일컬어진다. ['현상학'과 대조적으로 본체(실재)의 세계를 고찰하는] 후설주의적 '본체학'은 없고, 결코 있을 수도 없다. 후설이 보기에 본체는 그저 존재하지 않으며, 그리고 물론 그만이 이런 견해를 지닌 것은 결코 아니다.

그런데 내가 보기에 잘못된 이런 조치를 취할 때 후설은 철학에서 선례가 없는 중요한 것을 제시했다. 즉, 후설은 자신의 연구 범위를 현상에 한정함으로써 오히려 이전에는 보지 못했던 다양한 차이와 긴장 관계를 깨달을 수 있게 되었다. 영국 경험론 철학자들(로크, 버클리, 흄)은 '객체'와 같은 것의 현존을

---

11. E. Husserl, "Intentional objects."

철저히 부인했다.[12] 우리가 실제로 마주치는 것은 "성질들의 다발"이라고 그들은 생각했다. 나의 손안에는 '사과'가 없고 오히려 붉음, 구형임, 달콤함, 빛남, 미끄러짐, 즙이 많음 등과 같은 일단의 친숙한 성질들이 있을 따름이다. 이 성질들은 너무나 자주 함께 나타나기에 우리는 그것들의 연합체에 '사과'라는 별칭을 할당한다. 지금까지 사과라고 일컬어지는 어떤 통일된 사물을 실제로 경험한 사람은 결코 없었다. 어떤 점에서 그 집단 중 가장 급진적인 흄(다른 점에서는 버클리가 더 급진적임이 명백하다)은 우리 자신의 경우에도 마찬가지 상황이라고 주장했다. 나는 일련의 지각과 사유를 관찰하고 그것들에 '나 자신'이라는 느슨한 별칭을 부여하지만, 자신이 느끼는 다양한 지각 및 사유의 흐름에서 분리된 별개의 것으로서의 자신을 목격하는 사람은 사실상 결코 존재한 적이 없다. 후설의 스승이자 과소평가된 철학자인 프란츠 브렌타노의 경우에도 상황은 여전히 마찬가지이다. 브렌타노는 우리의 심적 생활이 "경험된 내용"으로 이루어져 있다고 생각했으며, 이는 우리가 결코 본연의 사과를 경험하지 않고 오히려 어떤 특정한 지각적 맥락에서

---

12. J. Locke, *An Essay Concerning Human Understanding* [존 로크, 『인간지성론』]; Berkeley, *Treatise Concerning the Principles of Human Knowledge* [버클리, 『인간 지식의 원리론』]; Hume, *A Treatise of Human Nature* [흄, 『인간이란 무엇인가』].

어떤 특정한 각도와 거리에서 보이는 사과를 경험할 따름임을 뜻한다.13 후설의 조용한 혁명은 이 관계를 반전시키는 것이었다. 경험은 주로 객체들에 대한 경험이다. 후설은 우리가 언제나 어떤 한 객체에 관한 다양한 '음영' 또는 관점을 그것을 전적으로 상이한 객체로 간주하지 않은 채로 경험한다고 생각했다. 다시 말하자면, '성질들의 다발'은 우리가 실제로 경험하는 것에 관한 그릇된 서술이다. 심적 생활은 내용이 아니라 객체와 관련되어 있다. 후설은 자신의 스승 브렌타노와는 대조적으로 경험이 내용으로 구성되어 있지 않고 오히려 그가 "객체를 부여하는 행위"라고 일컫는 것들로 구성되어 있다고 생각했다.14

이것이 현상학의 핵심이다. 어떤 의미에서 우리는 가능한 한 정확히 외양을 서술해야 한다. 그런데 이것이 궁극적으로 뜻하는 바는 우리가 어떤 특정한 객체의 본질에 대한 직관에 접근해야 한다는 것이며, 이는 모든 지각의 비본질적 면모들을 제거함을 뜻한다. 내가 현재 어떤 콜라 캔의 앞면이 아니라 오히려 뒷면을 보고 있다는 사실은 중요하지 않은데, 왜냐하면 그것은 어쨌든 동일한 캔일 것이기 때문이다. 그러므로 무엇이든 어떤 심적 객체와 그것이 어떤 특정한 순간에 현시하

---

13. F. Brentano, *Psychology from an Empirical Standpoint*.
14. Husserl, *Logical Investigations*, vol. 1, 276. [후설, 『논리 연구 1』.]

는 특정한 면모들 사이에는 절대적 차이가 있다. 그런데 그 캔의 **본질적** 성질들도 있다. 왜냐하면 그것이 이런 성질들을 갖추고 있지 않다면, 그것은 나의 모자, 나의 시계, 또는 지금 내 앞에 있는 탁자 위에 놓인 그 밖의 객체들과 전혀 다르지 않을 것이기 때문이다. 감각에서 비롯되는 모든 것은 후설에 의해 미리 배제되더라도, 모든 특정한 사례에서 이런 본질적 면모들이 정확히 무엇인지는 말하기 어렵다.

요컨대, 경험되는 콜라 캔과 그것의 표면-면모들 사이에는 이원성이 있으며, 그리고 경험되는 콜라 캔과 그것의 본질적 면모들 사이에 또 다른 이원성이 있다. 나는 이것을 철학의 역사에서 나타난 소수의 주요한 통찰 중 하나로 간주한다. 불행하게도, (언제나 진심으로 수학자였던) 후설은 계속해서 이런 차이를 감각과 지성 사이의 사뭇 다른 차이와 동일시했다. 어떤 식으로든 우리가 우리의 감각 기관을 사용하기보다는 오히려 우리의 마음을 사용함으로써 그 캔의 본질적 면모들에 도달할 수 있을 것처럼 말이다. 우리는 이런 구상을 17세기의 합리주의적 독단의 한 변양태로 간주할 수 있을 것인데, 사실상 그 구상은 17세기보다 훨씬 더 이른 시기에 생겨났다. 예를 들면, 동일한 구상이 11세기 이슬람 사상의 이븐 시나(아비첸나)에게서 이미 나타난다.[15] OOO의 경우에, 지성과 감각 사이의 차이는 실재적인 것과 관계적인 것 사이의 균열을 설명할 만큼 충분히 깊지 않을 따름이다. 사실상 지성은 어느 모로 보나 감각만큼 관계적인 것에 속한다. 게다가 인과적 상호작용도 관계적인 것에 속하고, 그리하여 사물의 본질은 인간의 사유로부터 은폐되어 있는 것에 못지않게 생기 없는 상호작용으로부터도 은폐되어 있다. 이는 콜라 캔을 비롯한 모든 사물에 '의식'이 있다고 보는 범심론적 견해와는 다른 것임을 인식해야 한다. 이렇게 해서 OOO는, 인간의 사유가 우주의 나머지 부분과 종류가 매우 달라서 존재론의 온전한 절반을 구성할 자격을 갖추고 있다는 가정과 독단적으로 결부된 근대 철학 전체와 결별한다. 나는 이런 근대 철학적 가정을 "존재분류학"이라고 일컫기로 했다.[16]

이제 우리의 주된 주제를 살펴보자. OOO의 용어법에서 실재적인 것과 관계적인 것 사이의 차이는 실재적인 것과 감각적인 것 사이의 차이가 되는데, '감각적'이라는 낱말은 감각을 가리키는 것이 아니라 오히려 두 표면 사이의 직접적인 접촉 방식으로서의 감각성을 가리킴을 염두에 두어야 한다. 실재적인 것은 R로, 감각적인 것은 S로 간략히 표기하자. 우리는 후설이 O와 Q로 간략히 표기할 수 있는 객체와 성질 사이의 후속

---

15. Harman, *Immaterialism*. [하먼, 『비유물론』.]
16. G. Harman, "The only exit from modern philosophy"; 또한 N. Young, "Only two peas in a pod"를 보라.

적 차이를 발견했음을 알았다. 경험 대상이 상이한 시점에 상이한 성질을 띤다는 후설의 애초 발견은 SO-SQ, 즉 감각적 객체와 감각적 성질 사이의 긴장으로 서술될 수 있다. 그런데 또한 후설은 경험된 감각적 객체가 그런 것이기 위해 필요로 하는 실재적 성질들을 갖추고 있음을 발견했다. 우리는 이것을 SO-RQ로 적을 수 있는데, 앞서 언급된 대로 나는 지성이 그것에 직접 접근할 수 있다는 후설의 주장에 동의하지 않지만 말이다. 실재적인 것은 어떤 것도 결코 여타의 실재적인 것들과 직접 접촉할 수 없다. 실재적인 것은 그런 것일 따름이다. 우리가 그것을 인식하게 되는 방식들은 별개의 문제이다. 이제 하이데거를 살펴보면, 나는 그가 RO-SQ라는 한 가지 다른 긴장을 개진했다고 생각하는데, 이 경우에 객체는 직접적인 접촉에서 물러서는 반면에 그것의 성질들은 여전히 명백히 현시된다.[17] 이것은 내가 어딘가 다른 곳에서 살펴보았던 이유로 인해 미학에서 다루어지는 긴장이다. 하이데거에게서 찾아볼 수 있는 이에 대한 최선의 실례는, 도구 자체는 불가사의로 물러서면서 성질들의 부서진 파편들을 남겨두는 부러진 도구에 대한 분석이다. 이렇게 해서 우리에게는 늦어도 G. W. 라이프니츠가

---

17. M. Heidegger, "The origin of the work of art." [마르틴 하이데거, 「예술작품의 근원」.]

인식한 RO-RQ가 남게 되는데, 라이프니츠는 자신의 모나드(궁극적인 개별적 실체)가 일자라고 천명한 한편으로 각각의 통일된 모나드는 자신을 여타의 모든 것과 구분하기 위해 복수의 특질도 필요로 한다고 덧붙였다.[18] 하나의 사과는 일자이고 하나의 오렌지는 일자이지만, 그 이상의 것이 없다면 우리는 그것들을 상이한 사물들로 간주하지 않을 것이다.

요약하면, RO, RQ, SO, 그리고 SQ라는 네 개의 극이 있을 뿐만 아니라 그것들 사이의 네 가지 기본적인 상호작용 ― SO-SQ, RO-SQ, RO-RQ, 그리고 SO-RQ ― 도 있다. 이것들은 순서에 상관없이 작성될 수 있으며, 그리고 OOO의 경우에는 그것들이 모든 것의 구성요소들이다. 다양한 이유로 인해 나는 그것들을 내가 시간, 공간, 본질, 그리고 형상이라고 일컫는 것과 동일시하게 되었는데, 당분간 우리는 단지 시간에 대해서만 관여한다. OOO에서 시간은 오직 우리가 직접 경험하는 그런 종류의 시간 ― 우리가 존재자들을 다루거나 관찰하거나 또는 스러져가는 햇빛 아래서 그 외양들이 변화하는 것을 바라볼 때 변화하는 다양한 윤곽에도 불구하고 기본적으로 안정적인 채로 남아 있는 존재자들과의 진행 중인 마주침 ― 일 따름이다. 『순수이성비판』에서 칸트는 실체에 관해 논의하면서 한 가

---

18. Leibniz, *Philosophical Essays*.

지 유사한 논점을 제기했다. 궁극적으로 아리스토텔레스주의에 뿌리를 두고 있는 OOO는 실체를 칸트보다 더 진지하게 여기지만 말이다.[19] 시간 이행에 대한 이런 직접적인 경험은 시간에 관한 우리의 다른 개념들 — 시계의 시간, 측정 가능한 물리적 사건들의 시간, 늙어가고 죽어가는 사람들의 시간, 변화하는 역사적 환경의 시간, 원시 습지에서 발견된 공룡 유해의 시간, 또는 이전에 잊힌 어떤 유적지에서 발굴된 도자기 조각들의 시간 — 의 근원이다. 시간에 관한 그런 논의들은 모두 우리가 앞으로 흘러가는 시간에 대하여 갖는 더 원초적인 일상적 감각에 뿌리를 두고 있다. SO-SQ의 현상학적 시간과 사람들이 언급하는 그 밖의 시간 개념들 사이에는 한 가지 이상의 차이점이 있다. 후자는 일반적으로 기본적인 역사적 조건의 소멸과 부활을 포함하는 중요한 사건들에 관계하는 반면에, SO-SQ 시간은 결코 어떤 의의도 지닐 필요가 없다. 나는 여러 시간 동안 어느 카페에 앉아서 중요한 일은 전혀 일어나지 않은 채로, 회전하는 콜라캔과 변화하는 다양한 기분을 겪을 수 있다. 이 상황의 요점은, 언제나 아무 일도 일어나지 않은 채로 시간이 지나간다는 것이 아니라 오히려 무슨 일이 생겨나거나 또는 아무 일도 생겨나지 않은 채로 시간이 지나갈 수 있다는 것이다. 시간성은

---

19. Kant, *Critique of Pure Reason*. [칸트, 『순수이성비판』.]

모든 것이 생겨날 수 있게 하거나, 무언가가 생겨날 수 있게 하거나, 또는 아무것도 생겨날 수 없게 하는, 객체들과 성질들의 상호작용이다.

이에 대한 간단한 논거는 다음과 같다. OOO의 경우에, 실재적 객체는 나 또는 여타의 것들의 직접적인 접근으로부터 물러서 있다. 정의상 실재적 객체는 불활성적인 것으로, 영원한 것이 아니라 오히려 무언가가 생겨나는 그런 식으로 관계를 맺지 않는다면 근본적으로 안정적인 것이다. 그런데 또다시, 실재적 객체들은 직접 접촉할 수 없다. RO와 RO는 감각적인 것의 매개를 통하지 않으면 상호작용할 수 없다. 감각적 영역에서 어떤 실재적 객체는 그 밖의 사물들의 우연한 배치들 및 음영들과 접촉한다. 때때로 이것은 시간적 경험의 단순한 표류만 초래할 뿐이다. 그런데 때때로 이런 감각적 상호작용은 한 실재적 객체와 다른 한 실재적 객체 사이에 순간적인 연계를 초래하며, 그리하여 그것들은 결합하여 하나의 새로운 객체를 형성한다(하나의 '사건'은 아무리 일시적일지라도 또 다른 객체에 지나지 않는다). 이런 이유로 인해 OOO의 경우에 시간은 전적으로 표면의 창조물일지라도 전혀 사소하지 않은데, 그 이유는 그것이 변화가 촉발될 수 있는 유일한 장소이기 때문이다. 사실상 장기적으로 아무 일도 일어나지 않고 안정성이 지배하는 시기들이 있다. 그 밖의 시기들에서는 하나의 위기가 그다음 위기를 초래하고, 심지어는 혁명이 일어날 수도 있다. 이런 이유로 인해 OOO의 경우에 시간은 순전히 '부수현상적'이지 않은데, 왜냐하면 시간은 인과적 상호작용의 유일한 현장이기도 하기 때문이다. 그런 상호작용은 일반적으로 완충되는 한편, 우리는 "시간이 흐른다"라는 단순한 이유로 무엇이든 자동으로 생겨날 것이라고 가정할 수는 없다. 이것을 '시간'이 거론될 때마다 OOO가 말하고 싶은 것에 대한 초기 요약으로 활용하자.

B. 울펜데일, 그래튼, 그리고 클라인헤이런브링크의 비판들

나의 철학에 대하여 비판적인 피터 울펜데일의 두꺼운 책을 절반쯤 독파하면, 우리는 OOO의 시간론에 관한 다음과 같은 진술을 발견하게 된다. "공간과 시간에 관한 (하먼의) 이론은 그의 형이상학적 체계에서 가장 치명적으로 부적절한 측면이다."[20] 우리가 그의 책 전체의 신랄한 어조를 참작하더라도 이것은 두드러진 비난이다. 나는 울펜데일의 많은 주장을 어딘가 다른 곳에서 다루었지만, 시간과 공간에 관한 OOO의 이론에 대한 그의 몇 가지 비난은 현재 논의를 진전시키기 위

---

20. P. Wolfendale, *Object-Oriented Philosophy*, 188.

해 여기서 상술할 가치가 있다.[21] 울펜데일은 객체와 성질 사이에 조성되는 네 가지 종류의 긴장과 그것들이 생성한다고 여겨지는 것들에 대한 OOO 모형 – SO-SQ(시간), RO-SQ(공간), SO-RQ(형상), 그리고 RO-RQ(본질) – 을 적절하게 요약함으로써 시작한다.[22] 이로부터 그는 내가 라이프니츠와 새뮤얼 클라크의 유명한 논쟁을 잘못 묘사한다고 주장하기에 이르는데, 특히 내가 "라이프니츠 입장에 대한 하나의 캐리커처"를 제시한다고 단언한다.[23] 둘째, SO-SQ는 바로 그 본성상 시간에 대한 순전히 감각적인 설명이기에 울펜데일은 그것이 실재적인 '심층 시간'이라는 억압된 개념에 의존해야 한다고 생각한다. 왜냐하면 그렇지 않다면 사물들은 그 실재가 변화하기보다는 오히려 그 외양만이 변화할 수밖에 없기 때문이다.

서신 교환으로 이루어진 라이프니츠-클라크 논쟁에 관한 이른바 나의 오독에 대한 비난으로 시작하자.[24] 주지하다시피, 미분법의 최초 발견에 대한 영예를 누릴 자격을 두고서 라이프니츠와 아이작 뉴턴 사이에 격렬한 경쟁 관계가 형성되었다.

---

21. 울펜데일에 대한 더 자세한 대응은 G. Harman, *Skirmishes*, 195~295를 보라.
22. Wolfendale, *Object-Oriented Philosophy*, 189.
23. 같은 책, 193.
24. G. W. Leibniz and S. Clarke, *Correspondence*. [고트프리트 빌헬름 라이프니츠·새뮤얼 클라크, 『라이프니츠와 클라크의 편지』.]

자신의 명백한 천재성에도 불구하고 뉴턴은 심리적으로 불안정했을 뿐만 아니라 자신의 경쟁자들을 약화시키기 위해 대리인과 심지어 몸소 가명의 작업을 활용하는 버릇도 있었다. 뉴턴의 대리인 중 한 사람은 신학자 새뮤얼 클라크였는데, 그는 시간과 공간에 관하여 라이프니츠와 벌인 논쟁에서 뉴턴의 공식적인 대변인으로 여겨질 수 있다. 클라크와 라이프니츠의 서신 교환은 1715년에 개시되었고, 그다음 해에 라이프니츠가 사망함으로써 때 이르게 끝나게 된다. 간략히 진술하면, (뉴턴을 의미하는) 클라크는 시간과 공간이 그것들 속에서 생겨나는 사물들 및 사건들과 전적으로 별개인 절대적 용기들로서 현존한다고 생각했다. 『프린키피아』에서 뉴턴이 서술했듯이, "절대적이고 참되며 수학적인 시간은, 그 자체로, 그리고 그 자체의 본성으로부터, 어떤 외적인 것과도 무관하게 균일하게 흐른다… 절대적 공간은, 그 자체의 본성상, 어떤 외적인 것과도 무관하게, 언제나 같은 상태로 정지하여 있다."[25] 라이프니츠는 우주가 그것이 창조된 날보다 한 주 전에 창조될 수 있었을지 묻거나, 또는 우주가 사실상 자리하고 있는 지점에서 일백 마일 떨어진 지점에서 창조될 수 있었을지 묻는 것은 무의미할

---

25. I. Newton, *Philosophiae Naturalis Principia Mathematica*, 6. [아이작 뉴턴, 『프린키피아』.]

것이라는 점을 지적함으로써 그런 견해에 이의를 제기한다. 다시 말하자면, 시간과 공간은 어떤 내용과도 독립적으로 전개하고 확대하는 용기들로서 유의미하지 않고 오히려 다양한 존재자들이 서로 맺은 관계들에 의거할 때만 의미가 있게 된다. SO-SQ(시간)와 RO-SQ(공간)의 OOO 모형이 뉴턴의 견해보다 라이프니츠의 견해에 더 가깝다는 점은 이미 명료할 것이다. 왜냐하면 OOO의 경우에 시간과 공간은 객체들이 자신과 어긋난다는 사실에 의해 생성되기 때문이다.

그런데 시간과 공간에 관한 OOO 이론이 "치명적으로 부적절"하다는 울펜데일의 단언에도 불구하고 그는 결코 내가 어떻게 해서 라이프니츠-클라크 서신을 잘못 이해하고 있는 것 같은지에 대하여 완전히 명시적으로 표명하지는 않는다. 이에 가장 근접한 그의 진술은 다음과 같다. "시간과 공간은 부수**현상적**이라는 관념 — 시공간적 관계들이 〔라이프니츠의〕 모나드들의 비非-시공간적 특성들로부터 도출될 수 있다는 관념 — 과 각각의 모나드는 서로 반영한다는 관념 — 모든 모나드의 비-시공간적 특성들이 어떤 모나드로부터도 도출될 수 있다는 관념 — 을 〔하먼은 혼동한다〕."[26] 그런데 나는 이 진술에서 나의 주장을 찾아볼 수 없다. 더욱이 라이프니츠와 클라크에 대한 울펜데

---

26. Wolfendale, *Object-Oriented Philosophy*, 193.

일 자신의 해석에 대해서는 거의 언급되지 않는다. 울펜데일은 양자역학과 일반 상대성 이론에 대한 그 자신의 익숙함을 언급하기 전에 "그 논쟁은 매우 복잡하다"라고 우리에게 말하는 것으로 만족하는데, 그는 양자역학과 일반 상대성 이론이 시간과 공간에 관한 문제를 필시 해결할 것이라고 생각하는 것처럼 보인다.[27] 나아가서 울펜데일은 다음과 같이 보고한다. "라이프니츠와 클라크가 벌인 논쟁의 핵심은 우리가 공간 속 위치들과 … 그것들의 **점유자들**을 물리적으로 구분해야 하는지 여부이다."[28] 이것은 나와 그 서신의 여타 독자들이 이미 언급한 것에 지나지 않지만, 울펜데일은 변화를 생성할 수 있는 일종의 엔진 또는 풍동風洞으로서 시간 ─ 이것은 명백히 나의 견해에서 **빠져** 있는 것으로 추정되는 '심층 시간'으로 그가 뜻하는 바이다 ─ 이 독립적으로 전진해야 한다는 진술되지 않은 추가 가정을 품고 있는 것처럼 보인다. 울펜데일이 진술한 일반 상대성 이론에 대한 관심을 참작하면, 우리는 그가 시간은 뉴턴이 생각한 대로 **균일**하게 전진할 필요가 없고 오히려 시간은 무언가의 가속이나 거대한 덩어리로의 근접에 의존하여 연장되거나

---

[27]. 같은 책, 194. 이런 점에서 울펜데일은 래디먼과 로스의 과학주의적 견해들을 되풀이할 따름이다(J. Ladyman and D. Ross, *Everything Must Go*). 래디먼과 로스에 대한 비판은 Harman, "Time, space, essence, and eidos"를 보라.

[28]. Wolfendale, *Object-Oriented Philosophy*, 193.

압축될 수 있다는 점을 기꺼이 인정하리라고 추측할 수 있다. 그렇다 하더라도 그는 변화가 시간에 의존한다는 견해를 단호히 견지하는 것처럼 보이는 반면에, OOO의 경우에 요점은 시간이 변화에 의해 생성된다는 것이다.

울펜데일과 벌인 이 논쟁의 요지는 다음과 같다. OOO의 경우에, 선재하는 용기들로서의 시간과 공간에 관한 관념에 반대하는 라이프니츠의 논변은 결정적이며, 개별적 존재자들은 우리가 대단히 많이 빚지고 있는 아리스토텔레스주의 전통의 경우와 마찬가지로 우리에게도 철학의 주요 주제이다. 이 존재자들은 (a) 어떤 객체와 그 관계들, 그리고 (b) 어떤 객체와 그 자체의 성질들 사이의 이중으로 느슨한 관계를 반영하는 사중 구조로 분석될 수 있다. 아인슈타인과 민코프스키가 시공간을 단일한 사차원 연속체로 간주함에도 불구하고 OOO는 존재론적 층위에서 이런 구상을 거부한다. 왜냐하면 시간은 한 긴장(SO-SQ)에서 생겨나고 공간은 다른 한 긴장(RO-SQ)에서 생겨나며, 그리하여 라캉의 주인 담론과 히스테리 담론처럼 서로 달라지기 때문이다.[29] 그런데 라이프니츠와는 대조적으로, 시간과 공간은 순전히 관계적 견지에서 규정될 수 없다. 이것은 공간의 사례에서 명백한데, 그 이유는 실재적 객체RO 극

---

29. J. Lacan, *The Seminar of Jacques Lacan, Book XVII*.

이 본질적으로 물러서 있고 비관계적인 것이기 때문이다. 그런데 시간의 경우에도 감각적 객체는 그것이 자신의 감각적 성질들과 맺은 관계에 의해 규정될 수 없다. 여기서 라이프니츠는 영국 경험론자와 그다지 다르지 않다. 왜냐하면 감각적 성질들은 끊임없이 변화하지만 감각적 객체는 그 결과로 반드시 변화하지는 않기 때문이다. 지금 내가 입은 청색 셔츠는 어떤 특정한 순간에 누군가에게 현시될 어떤 특정한 외양과도 동일시될 수 없다. 그리고 마지막으로, '연속체'라는 바로 그 용어는 시간에만 적용될 수 있을 뿐이지 공간에는 더는 적용될 수 없는 것으로 판명된다(아리스토텔레스의 경우에는 공간 역시 하나의 연속체이다). 공간이 언제나 개체화되어 있고 부분적으로 물러서 있는 실재적 객체들의 배치를 포함하고 있는 한, OOO의 경우에 공간은 시간과 달리 본질적으로 양자화되어 있거나 이산적이다. 이집트 역사 또는 중국 역사가 다양한 왕조로 원자화될 수 있는 방식에 관하여 이야기할 때처럼 우리가 시간을 불연속적인 견지에서 언급할 수 있다는 것은 확실히 참이다. 그런데 OOO는 이것이 '시간'이라는 낱말의 비유적 용법에 지나지 않다고 주장하는데, 왜냐하면 양자화는 본질적으로 공간에 속하기 때문이다. 시간의 일차적 의미는 질적 변화의 흐름에 대한 우리의 경험으로, 대체로 그것은 근저에 자리하는 실재적 객체들에 아무런 변화도 초래하지 않는다.

이제 우리는 그래튼의 비판을 간략히 살펴볼 수 있다.[30] 그의 주요 주장, 즉 OOO가 영원성의 세계를 감각들의 변화하는 세계에 대립시키는 어떤 플라톤주의적 모형을 따른다는 주장은 단적으로 틀렸다. 오히려 OOO는 아리스토텔레스주의 전통에 속하는데, 여기서 일차적 실체들(개별적 사물들)은 영원하지 않고 파괴될 수 있다. 그러므로 그래튼은 어떻게 해서 내가 존재자들에 대한 견고한 '정적' 모형을 신봉한다고 비난할 수 있게 될까? 그는 어떤 전술적 조작을 거침으로써, 즉 변화를 아주 진지하게 간주하는 철학자의 자격을 갖추고 있음을 보여주려면 허물어야 하는 장벽을 불필요하게 높게 설정함으로써 그럴 수 있게 되는데, 이는 내가 어딘가 다른 곳에서 장애물 경기라고 명명했던 전술이다. "OOO는 객체들이 정기적으로 파괴된다고 주장하며, 그리고 코스모스 속의 어떤 객체도 필시 영원히 지속하지 않을 것이라고 주장하지 않는가? 그것으로 충분하지 않다! 하먼은 여전히 객체들이 최소한 일시적으로 존속할 수 있다고 생각하는데, 이는 그가 모든 철학이 인식해야 하는 끊임없는 요란스러운 유동의 철저히 격렬한 층위들과 단절되어 있음을 뜻한다!" 더 온건한 판본의 이런 논증은 사물들의 기본 상태는 존속이라기보다는 유동이어야 한다고

---

30. Gratton, *Speculative Realism*.

생각하는 마이클 오스틴 – 그는 과거에 뉴펀들랜드의 메모리얼 대학교에서 그래튼의 학생이었다 – 에 의해 제기되었다.[31] 이 주장이 낯설지 않은 이유는 그것이 헤라클레이토스에게서 나타날 뿐만 아니라 베르그손과 그의 더 최근 후예들의 사유에서도 나타나기 때문이다. 그런데 그래튼은 더 공개적으로 당파적인 노선을 취하는데, 왜냐하면 그가 실제로 수행하는 일은 데리다주의적 차연을 옹호하는 것이기 때문이다.

그런데 주지하다시피 데리다는 '존재신학' – 실재의 근원이 마음에 직접 현전하게 될 수 있다고 생각하는 전통적인 형태의 형이상학을 가리키는 그들의 공동 용어로, 그것의 동의적 용어는 '현전의 형이상학'이다 – 이라는 하이데거의 개념을 포착하여 전개한다.[32] 하이데거의 경우에 현전의 형이상학은 결코 타당할 수 없는데, 왜냐하면 존재 자체는 언제나 모든 형태의 현전에서 물러서 있기 때문이다. 그러므로 존재 자체는 결코 어떤 표상, 언표, 지각, 또는 그 밖의 접근 방식으로도 적절히 포착될 수 없다. 그런데 데리다는 존재신학에 약간 다른 의미를 부여하면서 부재도 현전의 한 형태이기에 부적절한 도피 수단이라

---

31. M. Austin, "To exist is to change." 어떤 '원시적 유동'도 전제되지 말아야 한다고 주장하는 대항논변은 G. Harman, "Conclusions"를 보라. 『형이상학』에서 아리스토텔레스에 의해 이미 그러한 대항논변이 제기되었지만 말이다 (Aristotle, *Metaphysics*, VIII.3 [아리스토텔레스, 『형이상학』]).
32. M. Heidegger, *Identity and Difference*. [마르틴 하이데거, 『동일성과 차이』.]

고 주장한다. 더 구체적으로 표현하면, 데리다는 (존재와 같은) 어떤 은폐되거나 물러서 있는 자기동일적인 사물도 현전의 한 형태라고 간주하는데, 왜냐하면 그는 동일성이 '자기현전'의 한 형태로 여겨진다고 생각하기 때문이다.[33] 그런데 이런 식으로 '동일성'을 '자기현전'으로 다시 서술하는 것은 정당화될 수 없다. 무언가가 그 자체임은 기껏해야 자기성찰의 드문 경우들에서만 일어나는 그 자체에 현전됨과 전적으로 다르기 때문이다. 내성內省의 본질적인 불투명성을 참작하면 사실상 그런 경우에도 그렇지 않지만 말이다. 이것이 뜻하는 바는 데리다가 철저히 반-아리스토텔레스주의적인 반-동일성 의제를 갖추고 있다는 것이며, 그래튼은 전적으로 그것에 편승한다는 것이다. 더 나쁘게도, 그래튼은 데리다를 좇아서 어설프게 비-동일성을 '시간'과 동일한 것으로 간주한다. 마치 우리가 시간이라고 일컫는 것이 자기 자신과 동일한 것은 하나도 없다는 추정상의 사실로부터 자동적으로 펼쳐지는 것처럼 말이다. 게다가 그래튼은 내적 시간의식에 관한 후설의 저작을 자신에게 유리한 무기로 사용하려고 시도한다. 그런데 그 관련 저작을 참조하는 독자라면 누구나 재빨리 후설이 그래튼보다 오히려 나

---

33. Derrida, *Of Grammatology* [데리다, 『그라마톨로지』]. 이에 대한 비판적인 반응은 G. Harman, "The well-wrought broken hammer," 195~9를 보라.

와 의견이 일치한다는 점을 알게 될 것이다. 후설의 주장은 지향적 객체들(즉, 감각적 객체들)이 자신들의 끊임없는 변화하는 음영들의 와중에서 존속하지 않는다면 시간이 존재하지 않는다는 것이다. 그래튼은 심지어 감각적 객체들의 최소로 지속 가능한 지위에도 대단히 반대하기에 그는 객체들(실재적 객체들이 아닐지라도)이 후설의 철학적 견해에 매우 중요하다는 점을 이해하고 싶어 하지 않는다.[34] 울펜데일과 마찬가지로 그래튼 역시 나의 시간 개념이 한낱 '부수현상적인' 것에 불과하다고 주장하는데, 왜냐하면 그것은 감각적 긴장 SO-SQ를 통해서 전적으로 전개되기에 실재적인 것들과 전혀 접촉하지 않기 때문이다. 그런데 이 두 비판자가 정반대의 이유로 그렇게 말한다는 점은 인식할 가치가 있다. 울펜데일의 경우에, 그의 주장에 따르면 내가 빠뜨리고 있는 '심층 시간'이, 사물들의 표면 아래 어딘가에 묻혀 있는 시간이 사실상 존재한다는 점과 그는 과학이 그것을 완벽히 다룰 수 있다고 생각한다는 점을 떠올리자. 이와는 대조적으로, 그래튼은 여타의 데리다주의자들처럼 깊이의 비유에 반대하고, 따라서 그는 내가 실재적인 것들에 너무 헌신한다고 주장한다. 다시 말해서, 그래튼의 우려는

---

34. Husserl, *The Phenomenology of Internal Time-Consciousness* [후설, 『에드문트 후설의 내적 시간의식의 현상학』]. 이 점에 관하여 이루어진 그래튼에 대한 하먼의 반응은 Harman, *Skirmishes*, 3장에서 찾아볼 수 있다.

(울펜데일의 경우처럼) 내가 시간의 참된 심층을 인식하지 못한다는 것이 아니라 오히려 내가 우선 갖추어져야 하는 더 심층적인 무언가가 있다고 주장함으로써 시간의 표면 특질을 모욕한다는 것이다. 다른 식으로 다시 표현하면, 울펜데일은 시간 자체는 깊지만 OOO의 시간은 너무 얕다고 생각하는 반면에, 그래튼은 시간은 표면 위에 있고 OOO는 너무 그릇되게 깊다고 생각한다.

이제 세 명의 비판자 중 내가 가장 좋아하는 인물, 즉 네이메헌에 근거를 둔 젊은 네덜란드인 철학자 아연 클라인헤이런브링크를 살펴보자. 무엇보다도 그는 들뢰즈와 사변적 실재론의 관계에 관한 경이로운 책을 저술했다.[35] 여기서 우리와 더 관련 있는 것은 같은 해에 출판된 「객체들의 두 가지 시간」이라는 그의 논문인데, 여기서 클라인헤이런브링크는 그래튼과 울펜데일에 의해 제기된 비판들에 (그리고 더 간략하게는 트리스탕 가르시아의 관련된 논증에) 놀랍게도 동의하는 의견을 표명한 후에 그럼에도 OOO의 시간 개념은 구제될 수 있다고 주장한다.[36] 클라인헤이런브링크의 태도는 여타 사람들의 태

---

35. A. Kleinherenbrink, *Against Continuity*. [아연 클라인헤이런브링크, 『질 들뢰즈의 사변적 실재론』.]
36. A. Kleinherenbrink, "The two times of objects." 이 논문의 543쪽 30번째 주석에서 트리스탕 가르시아에 대하여 그가 참고한 문헌은 T. Garcia, "Crossing ways of thinking"이다.

도보다 더 건설적이고 유익하다. 무엇보다도 그는 우리에게 "좋든 나쁘든 간에 어떤 철학이 자신의 성숙한 형태에 도달하기 전에 종종 수십 년의 개선과 수정을 거친다"라고 주지시키는데, 이는 바로 임레 라카토슈가 과학적 연구 프로그램에 관해 말하는 것이다.[37]

클라인헤이런브링크의 전략은, 나의 시간 모형에 사실상 문제가 있지만 그것은 그가 애호하는 철학자인 들뢰즈의 한 가지 특별한 통찰과 연계함으로써 쉽게 해결될 수 있다고 논증하는 것이다. 들뢰즈의 1968년 저작 『차이와 반복』이 실재의 잠재적 심층에 관해 언급하더라도, 클라인헤이런브링크는 들뢰즈의 1969년 저작 『의미의 논리』에서는 잠재 영역에 관한 언급이 전혀 없다고 지적한다.[38] 오히려 『의미의 논리』(루이스 캐럴의 저작에 관한 불경한 사색)는 SO-SQ로서의 시간에 관한 OOO 이론에 잘 부합되는, 표면에서 전개되는 것으로서의 시간에 관해 언급한다. 이런 까닭에 클라인헤이런브링크는

---

37. Kleinherenbrink, "The two times of objects," 539 ; I. Lakatos, *The Methodology of Scientific Research Programs* [임레 라카토슈, 『과학적 연구 프로그램의 방법론』]. 라카토슈의 이런 측면에 관한 논의는 G. Harman, "On progressive and degenerating research programs with respect to philosophy"를 보라.
38. G. Deleuze, *Difference and Repetition* [질 들뢰즈, 『차이와 반복』]; Deleuze, *The Logic of Sense* [들뢰즈, 『의미의 논리』].

OOO가 들뢰즈가 후기 저작에서 제시한 아이온Aiôn과 크로노스Chronos로서의 시간에 관한 이중 이론을 마찬가지로 채택할 것을 권고한다. 주시하다시피 들뢰즈는 스토아학파로부터 이 이론을 이끌어낸다고 주장하지만, 존 셀라스는 한 놀라운 논문에서 이 주장에 이의를 제기했다.[39] 그런데 더욱이 클라인헤이런브링크는 OOO와 1972년에 출판된 들뢰즈의 『프루스트와 기호들』 2판 사이의 연결 관계를 탁월하게 지적한다.[40] 클라인헤이런브링크가 서술하는 대로, 이 저작에서 들뢰즈는

> 언제나 서로의 "기호들"을 등록할 따름이기에 "오직 간접적으로 소통할 뿐"인 "닫힌 용기"로 여겨진 신체들에 관한 이론을 개괄한다. 〔『쿼드러플 오브젝트』에서〕 하먼이 제시한 객체들의 네 가지 측면 사이의 열 가지 연계 관계와 놀랍도록 유사하게도, 들뢰즈는 실재에 관한 그런 이론이 그런 존재자들의 다양한 측면 사이의 "열 가지 조합"의 "은하 구조"를 수반한다고 적는다.[41]

그 연결 관계는 실재적인 것이고, 프루스트에게 관심을 기울여

---

39. J. Sellars, "Aiôn and Chronos."
40. G. Deleuze, *Proust and Signs*. [질 들뢰즈, 『프루스트와 기호들』.]
41. Kleinherenbrink, "The two times of objects," 546.

야 하는 또 다른 이유이다(또 다른 이유가 필요하다면 말이다).

앞서 언급되었듯이, 클라인헤이런브링크는 그래튼과 울펜데일이 제기한, OOO 시간에 대한 비판에 동의하는 의견을 표명함으로써 자신의 논문을 시작한다. 그런데 앞서 이해되었듯이, 그 두 가지 비판은 전적으로 상이한 철학적 동기들에서 비롯된다. 그래튼은 OOO가 시간을 '부수현상적인' 것으로 간주하는 방식을 표면적으로는 싫어하는 것처럼 보이는데, 깊이의 구상에 대한 그의 데리다주의적 적대감으로 인해 어떤 선택의 여지도 없다는 점을 참작하면 그 역시 어쩔 수 없이 시간을 표면에 자리매김할 수밖에 없지만 말이다. 그런데 그래튼을 더 괴롭히는 것처럼 보이는 것은, OOO의 시간 모형이 자신의 속성들의 다양한 변화를 견디면서 존속하는 감각적 객체를 수반함으로써 그래튼이 (거의 모든 데리다주의자와 마찬가지로) 철학적 독으로 간주하는 동일성 개념을 몰래 들여온다는 점이다. 그런데 어떤 들뢰즈주의적 배경을 지닌 몇몇 저자가 그래튼의 이런 태도에 경의를 표하는 경향이 있곤 했다는 사실을 이해하기는 쉽다. 즉, OOO가 실재적 객체뿐만 아니라 감각적 객체에도 귀속시키는 동일성에 맞서서 '차이'를 위한 데리다-들뢰즈 동맹을 구상하기는 쉽다. 하지만 클라이헤이런브링크의 논문에서는 그런 전략의 징조가 거의 없다. 오히려 그는 울펜데일이 우려하는 논점, 즉 시간이 오로지 감각적 객체와 그 성질들 사이에서 전개될 뿐이라면 그것들 배후에 자리하고 있는 실재적 객체는 변화를 겪지 않을 것이라는 논점에 더 관심이 있는 것처럼 보인다. 사실상, 클라인헤이런브링크는 울펜데일에게서 다음과 같은 구절을 인용한다. "사물들은 물러선 객체들의 지하 영역 안에서 변화해야 하는데, 우리는 이런 변화들이 명멸하는 표면 세계에 만들어내는 잔물결을 경험할 따름이지만 말이다."[42]

클라인헤이런브링크는 내가 실재적 객체를 간헐적으로 변화하는 것으로 간주한다는 사실을 제대로 간파해 내었다. 그는 『비유물론』에서 논의된 공생 개념을 그 증거로서 참조한다. 그런데 그는 "하먼의 시간론이 실재적 변화를 겪는 실재적 객체를 설명할 수 있으려면 그것은 개정되어야 한다"라고 덧붙인다.[43] 이 진술은 울펜데일 역시 표명할 수 있을 것처럼 들리지만, 그들의 기본적인 관심사들은 전적으로 상이하다. 앞서 이해되었듯이, 울펜데일은 본질적으로 객체 자체가 변화의 일차적 생성자일 수 있다는 관념에 적대적이다. 그는 라이프니츠가 그런 관념을 줄곧 시사했다는 점을 부인하고, "절대적이고 참되며 수학적인 시간은, 그 자체로, 그리고 그 자체의 본성으로

---

42. Wolfendale, *Object-Oriented Philosophy*, 199.
43. Kleinherenbrink, "The two times of objects," 544.

부터, 어떤 외적인 것과도 무관하게 균일하게 흐른다"라는 뉴턴 이론에 관한 클라크의 표현을 조용히 수용한다. 다시 말해서, 울펜데일의 '심층 시간'은 그 내부에서 여타의 것들이 생겨나는 자동적 용기이자 무엇이든 하여간 변화할 수 있으려면 가정되어야 하는 원시적 유동이다. 반면에, 클라인헤이런브링크의 경우에, 시간은 하나의 용기라기보다는 오히려 그가 들뢰즈의 『의미의 논리』에서 차용한 아이온 및 크로노스와 동일시하는 두 가지 별개의 층위의 얽힘이다.

또한 우리는 클라인헤이런브링크가 OOO의 사중 구조를 제거할 필요가 없다고 이해한다는 추가적인 차이점을 인식해야 한다. 클라인헤이런브링크는 본질적으로 실재적인 것들의 층위가 적어도 시간의 한 측면과 동일시되어야 하는 생산적 힘을 갖는다는 점에 관심이 있는 한편, 감각적 객체와 감각적 성질 사이의 긴장이 그대로 유지될 수 있게 한다. 사실상, 그는 그 긴장을 아이온과 동일시하고 그것을 "현시적" 시간 – 즉, "실재적 객체에 의해 파악되는 대로의 감각적 객체와 그 성질들 사이의 다양한 상호작용" – 으로 개칭한다.[44] 물론 이것은 이미 OOO의 시간 모형이다. 클라인헤이런브링크가 OOO에 첨부하는 추가적 형태의 시간은 그가 크로노스라고 일컫는 것, 즉

---

44. 같은 글, 548.

'내적 시간'이다. 그는 이것을 "신체와 사건 사이의 시간적 회로"로 규정하는데, "그것은 객체의 물러서 있는 절반과 객체의 감각적 절반 사이의 회로이다."[45] 그런 식으로 들뢰즈의 시간론을 OOO에 접목한 클라인헤이런브링크는 그 조작이 성공적이었다고 공표한다. 그다음에 그는 그래튼의 비판과 울펜데일의 비판에 대한 응답이 이루어졌다고 선언하고, "[시간에 관한 OOO] 이론에서 덜 고약한 결점들"을 해결하는 것은 훨씬 더 쉬울 것이라고 덧붙인다.[46] 이로부터 클라인헤이런브링크는, 일반적으로 내가 나와 대립적인 '생성의 철학자들'의 진영에 들뢰즈를 자리하게 했다는 사실에서 짐작되듯이, 들뢰즈와 OOO 사이에 내가 용인한 것보다 더 광범위한 양립 가능성이 존재한다는 점을 예증하려는 흥미로운 노력을 기울인다.[47] 클라인헤이런브링크의 수행 방식은 『질 들뢰즈의 사변적 실재론』의 독자들에게 익숙할 것이다. 즉, 클라인헤이런브링크는 들뢰즈의 초기 경력이 그를 생성의 철학자로 만든다는 나의 주장에 동의하는 한편, 들뢰즈가 펠릭스 과타리와 공동으로 저술한 유명한 책 『안티 오이디푸스』에서 회집체와 개체로 전회함으로써

---

45. 같은 곳.
46. 같은 글, 551.
47. 클라인헤이런브링크는 무엇보다도 Harman, "Whitehead and schools X, Y, and Z"를 참조한다.

상황이 (더 좋은 쪽으로) 급변한다고 주장한다.[48] 이 책은 들뢰즈의 경력을 어떻게 해석하는 것이 최선인지에 대하여 논증하는 자리가 아니지만, 이런 방향으로 이루어진 클라인헤이런브링크의 노력은 언제나 자극적이고 시사적이다.

클라인헤이런브링크와 내가 동의하지 않는 것의 핵심 요지는, 그가 시간은 실재적인 것에 어떤 거점을 마련해야 한다고 생각한다는 점이다. 왜냐하면 그렇지 않다면 실재적인 것은 정지한 상태로 있을 것이기에 결코 생산적일 수가 없을 것이기 때문이다. 이런 까닭에 OOO의 시간 모형은 (그래튼이 주장하듯이) 플라톤주의적인 것처럼 보일 것이고, 게다가 (울펜데일이 주장하듯이) 변화를 불가능하게 만들 것이다. 그런데 OOO의 실재적 객체는 (아리스토텔레스의 개별적인 일차적 실체처럼) 창조될 수도 있고 파괴될 수도 있다는 단순한 이유로 인해 OOO의 시간 모형은 플라톤주의적인 것이 아니다. 그리고 그 모형은 변화를 불가능하게 만들지 않는데, 왜냐하면 OOO에서 시간은 간헐적으로 실재적 층위에서 변화를 촉발하기 때문이다. 이런 관념은 결코 선례가 없지 않다. 『형식논리학과 선험논리학』에서 후설이 이미 수행했던 대로 『세계의 논리』에서 바디우는 소급성을 위해 유사한 노력을 기울이며, 그리고 데란

---

48. Deleuze and Guattari, *Anti-Oedipus*. [들뢰즈·과타리, 『안티 오이디푸스』.]

다는 창발적 회집체에 관한 논의에서 소급성의 가능성을 전적으로 허용한다.[49] 그런데 클라인헤이런브링크의 우려는 더 구체적이며, 이런 까닭에 더 유용하다. 그의 논문이 거의 마무리되는 부분에서 인용된 핵심 구절은 다음과 같다.

> OOO는 감각적 객체가 그 배후에 잠복하여 있는 실재적 객체의 번역물이라고 생각한다. 그러므로 무엇이든 어떤 존재자가 파악하거나 경험하는 것은 실재적 객체가 **생산한** 감각적 객체이며, 이것은 언제나 실재적 객체가 그다음에 **생산하는** 후속의 감각적 객체에 의해 대체될 수 있을 따름이다. 이런 연쇄 전체에 걸쳐서 계속 현존하는 것은 이런 변이를 등록하는 실재적 객체이다.[50]

이 구절에서 표명된 두 가지 핵심 주장은 다음과 같다. (a) 실재적 객체가 감각적 객체를 **생산한다**. 이는 실재적 객체 역시 시간성에 거점을 마련해야 한다는 것을 함축한다. (b) 감각적 영역의 격렬한 유동 전체에 걸쳐서 변함없이 존속하는 것은 이런

---

49. A. Badiou, *Logics of Worlds*; E. Husserl, *Formal and Transcendental Logic* [에드문트 후설, 『형식논리학과 선험논리학』]; DeLanda, *A New Philosophy of Society* [데란다, 『새로운 사회철학』].
50. Kleinherenbrink, "The two times of objects," 548.

변이를 등록하는 실재적 객체이다. OOO는 이 주장들에 어떻게 대응할 수 있을까?

첫 번째 주장에 대하여, 실재적 객체가 감각적 객체를 생산한다고 말하는 것은 정확히 옳은 언명은 아니다. 예를 들면, 내가 어느 소나무를 마주칠 때 내가 마주치는 것은 물러서 있는 실재적 소나무라기보다는 오히려 감각적 소나무이다. 그런데 그 이유는 그 소나무가 자신의 감각적 캐리커처를 끊임없이 생산하고 어떤 시점에 내가 우연히 그것을 마주치게 되기 때문이 아니다. 오히려 일어나는 일은 그런 상호작용이 이루어지는 바로 그때 현장에서 감각적 캐리커처가 생산된다는 것이다. 이런 일은 직접 일어나지 않고 오히려 선재하는 감각적 매개자에 의해 간접적으로 일어난다. 그런데 이것은 당분간 제쳐 둘 수 있는 별개의 쟁점이다. 요점은 이렇다. 감각적 객체를 '생산'하는 것은 그것과 상관된 실재적 객체가 아니라 오히려 실재적 소나무와 실재적 나 사이의 (간접적인) 상호작용이다. 그 두 실재적 객체 중 어느 것도 자신의 이미지를 생산하지 않는다. 실재적 객체는 영원불멸의 것이 아니지만, OOO의 경우에 실재적 객체는 불활성의 불변적인 것이기에 단지 외부로부터 수정되거나 파괴될 수 있을 뿐이다. 실재적 객체들은 직접 접촉할 수 없기에 들뢰즈와 클라인헤이런브링크가 '사건'이라고 일컫는 것은 감각적 매개자가 필요하다. 이는 감각적 객체와 감각적 성질 사이의 시간적 긴장이 연루되어야 한다는 것을 뜻한다. OOO의 시간 모형의 '부수현상적' 특질에 대한 불평이 어떠하든 간에 그런 현상적 시간은 실재적인 것으로 되돌아가서 자국을 남기는 경로를 개척하는 데 도움을 줄 수 있다. 여태까지 이런 과정에 관한 충분히 상세한 설명이 출판되지 않았다는 것은 사실이지만, 나는 종종 이것이 그 모형이 작동하게 되어 있는 방식임을 분명히 했다. 클라인헤이런브링크는 이와 관련된 한 가지 흥미로운 논평을 제시하면서 우리가 공생을 통한 변화를 고려하는 것이 세계에서 생겨나는 것을 설명하는 데 충분한지에 대하여 우려한다. 즉, 그는

> 실재적 변화는 … 드물다는 하먼의 테제에 약간의 의심을 [드리운다]. 중대한 실재적 변화는 드문 반면에 **점진적인 실재적 변화**는 상당히 흔할 것이라고 말하는 것이 더 적절한 것처럼 보인다. 실재적 객체가 자신의 모든 감각적 마주침에 열려 있다면 그런 마주침이 어떤 객체의 실재적 성질들의 경미한 변화를 초래하는 일도 일어날 수 있음이 틀림없는데, 그것이 그런 성질들의 변화보다 오히려 재생을 초래하는 일이 일어날 수 있음이 틀림없는 것과 마찬가지로 말이다.[51]

---

51. 같은 글, 549.

이 논평은 전적으로 옳다. 그런데 공생은 모든 가능한 변화에 대한 모형으로서 의도된 것이 아니라 어떤 사회적 객체의 정체성을 바꾸는 중대한 변화에 관한 설명으로서 의도되었을 따름이다. 나는 "점진적인 실재적 변화"가 얼마나 광범위한지에 대하여 클라인헤이런브링크 등과 벌일 후속 논쟁을 기꺼이 받아들인다. 그 주제는 여전히 미해결 상태에 있다.

실재적 객체가 감각적 변화를 등록하는 방식에 관하여 클라인헤이런브링크가 제기한 두 번째 주장의 경우에, 그는 한 가지 중요한 고려를 진술하지 않은 채로 남겨둔다. 일반적으로 OOO의 독자는 실재적 객체를 그것의 감각적 윤곽 배후에 숨어 있는 것으로 간주할 것이다. 감각적 객체의 관찰자 역시 하나의 실재적 객체라는 점이 종종 망각된다. 소나무를 경험하고 있는 나는 실재적 나이지, 누군가가 바라보거나 무언가 다른 것이 마주치는 감각적 객체가 아니다. 그런데 이 두 실재적 객체 중 어느 것도 자체적으로는 아무것도 생산하지 않는데, 왜냐하면 어떤 감각적 매체를 통한 그것들의 상호작용만이 이런 일을 가능하게 만들 뿐이기 때문이다. 실재적 객체는 감각적인 것에 의해 수동적으로 영향을 받을 때까지 변화의 외부에 자리한다. '내적' 유동에 대한 우리의 명백한 경험조차도 이런 식으로 설명되어야 한다.

C. 시간의 비실재성에 관한 맥태거트의 이론

영국 관념론 철학자 J. M. E. 맥태거트는 20세기 초 케임브리지대학교에서 전성기를 보냈다. 그는 대륙철학의 전통에서 거의 철저히 무시되지만, 분석철학자들 사이에서는 그의 이름이 종종 시간에 관한 논의에서 거론되는 첫 번째 인물이다. 맥태거트는 시간이 실재적이지 않다는 관념과 관련되어 있고 지금까지 OOO는 마찬가지의 관념을 진술한다는 이유로 비난받았기에 객체지향 시간 모형과 맥태거트의 시간 모형을 간략히 비교하는 것은 유용할 것이다. 그 주제에 관한 맥태거트의 고전적 논의는 1908년에 『마인드』에 실린, 「시간의 비실재성」이라는 다분히 직설적인 제목의 논문에서 찾아볼 수 있다.[52] 그 논문은 중대하게 상이한 시간의 두 가지 양태를 구분함으로써 시작된다.

> 시간이 우리에게 자명하게 현시되는 대로의 시점時點들은 두 가지 방식으로 구분된다. 각각의 시점은 그 밖의 시점들의 어떤 시점들보다 앞서고 어떤 시점들보다 뒤선다. 그리고 각각의 시점은 과거이거나 현재이거나 아니면 미래이다. 전자

---

52. J. M. E. McTaggart, "The unreality of time."

종류의 구분은 영속적인 반면에 후자 종류의 구분은 영속적이지 않다.[53]

로마 제국은 언제나 미합중국보다 앞설 것이지만, 그 두 정치적 존재자의 과거, 현재, 그리고 미래로서의 상태는 변화했고, 게다가 후자의 경우에는 계속해서 변화할 것이다. 로마 제국은 현재였고, 그다음에 마침내 과거가 되었다. 우리는 그런 일이 476년에 일어났는지(오도아케르에 의한 서로마 황제의 폐위), 1453년에 일어났는지(메흐메트 2세에 의한 콘스탄티노플의 함락), 또는 어떤 다른 시점에 일어났는지에 대하여 언제나 논쟁을 벌일 수 있지만 말이다. 이 글을 쓰고 있는 시점에 미합중국은 여전히 현재로서 존속하지만, 태양 아래 모든 것이 그러하듯이, 언젠가는 확실히 과거가 될 것이다. 맥태거트는 이전/이후와 과거/현재/미래가 마찬가지로 시간에 **본질적이지만 후자가 더 근본적**이라는 견해를 표명한다. 어쩌면 이런 이유로 인해 현재 유명한 그의 용어법은 과거/현재/미래를 A계열로, 이전/이후를 B계열로 일컫는다. 그는 자기 논문의 결론을 다음과 같이 예고한다. "내가 보기에는 과거, 현재, 그리고 미래의 구분이 시간에 본질적이기에 … 나는 시간을 비실재적인 것으로 간주한

---

53. 같은 글, 458.

다."⁵⁴ 다시 말하자면, 맥태거트는 과거, 현재, 그리고 미래의 현존을 부인하며, 그런 까닭에 그는 시간의 현존을 부인한다.

맥태거트의 논문은 그 자체로 상당히 명료하지만, 여기서 나는 OOO의 시간 모형과 더 직접적으로 관련된 방식으로 그 논문의 주안점들을 재평가하기 위해 간략한 해설을 제시할 것이다. 맥태거트의 첫 번째 논점은, [단순한 전후관계를 나타내는] B계열만으로는 우리가 일반적으로 '시간'이라고 일컫는 것을 충분히 반영할 수 없다는 것이다. 사건들은 이전부터 이후까지의 순서로 정렬된다. 그런데 시간은 변화와 연관되지 않으면 무의미하며, 그리고 B계열은 변화와 무관하고 단지 이전과 이후의 불변적인 관계들과 관련되어 있을 뿐이다.⁵⁵ 상상컨대 우리의 우주가 아무리 초혼돈 상태가 되더라도, 아무리 많은 자연법칙이 언젠가 위반되거나 전도되더라도, 로마 제국이 미합중국보다 앞섰고 언제나 앞설 것이라는 사실을 바꿀 수 있는 것은 아무것도 없다. 모든 변화는 사건들이 미래로부터 현재를 거쳐 과거로 움직이는 A계열에서 생겨날 수 있을 따름이다.

맥태거트는 그 논점을 OOO가 보기에는 잘못된 방식으로 약간 더 밀어붙인다. 즉, 그는 시제의 변화가, 한 사물이 다

---

54. 같은 곳.
55. 같은 곳.

른 한 사물로 변화하지 않은 채로 변화할 수 있는 사물의 유일한 성질이라고 주장한다. 그는 이렇게 표현한다. "한 사건이 동일한 사건으로 남아 있으면서 변화할 수 있는 사건의 어떤 특질들이 존재하는가? … 내가 보기에는 유일한 종류의 그런 특질 — 즉, A계열에 의거한 사건의 결정 — 이 존재할 따름이다."[56] 맥태거트는 1714년 8월 1일에 일어난 앤 여왕의 사망 사건을 인용하면서 그것은 언제나 한 영국 여왕의 바로 그 사망 사건일 것이고 변화할 수 있는 유일한 것은 이 사망 사건이 더욱더 과거로 미끄러진다는 점이라고 말한다. OOO의 관점에서 바라보면, 우리는 맥태거트가 객체와 성질 사이의 구분 같은 것은 전혀 인식하지 않음을 어김없이 지각할 수 있다. 이런 사태는 문제를 설정하는 그의 방식에 다음과 같은 영향을 미치게 된다. 첫째, 과거, 현재, 그리고 미래가 어떤 사물이 자체적으로 변화하지 않은 채로 변화할 수 있는 사물의 유일한 특질이라고 주장할 때 맥태거트는 다분히 성질들의 다발을 견지하는 영국 경험론자, 후설이 아직 태어나지 않았기에 그의 저서를 읽은 적이 없었던 영국 경험론자인 것처럼 보인다. 왜냐하면 후설주의적 현상학 전체가 어떤 사물의 성질들은 그 사물을 변화시키지 않은 채로 끊임없이 변화한다는 관념에 기반을 두고

---

56. 같은 글, 460.

서 구축된다고 말해도 과언이 아니기 때문이다. 나는 재주넘고 끽끽대는 한 원숭이가 매 순간에 다른 원숭이라고 전혀 상상하지 않은 채로 그 원숭이의 새로운 면모들을 끊임없이 경험한다. 그리고 앤 여왕의 임종 순간을 우연히 지켜본 모든 사람의 경우에도 사정은 마찬가지라는 점에 맥태거트는 동의할 것임이 확실하다. 죽어가는 여왕의 성질들은 모든 관찰자에게 끊임없이 변화하고 뒤섞이는 듯 보였지만, 그럼에도 그 죽음은 여전히 동일한 죽음이었다. OOO와는 달리 맥태거트는 철학자들이 내부 관계라고 일컫는 것의 확고한 신봉자라는 점을 인식할 가치가 있다. "Y에 대한 X의 관계는 X의 내부에 Y에 대한 관계의 성질이 현존함을 수반한다."[57] 일례를 제시하면, 내가 어떤 한 소나무를 지각할 때 그 소나무에 대한 나의 관계는 나의 내부에 현존하는 그 소나무에 대한 관계를 수반한다. 그런데 이것은 바로 OOO가 부정하는 것이다. OOO의 경우에, 그러한 관계는 그 소나무와 내가 함께 구성하는 어떤 더 큰 존재자가 그 소나무와 나를 부분들로서 포함하는 부분-전체 관계로 이루어져 있을 따름이다. 그리고 이런 더 큰 존재자는 자신의 부분들에 소급적 영향을 미칠 수 있을 것이다. 하지만 그런 소급적 영향을 미치는 사태는 어느 때나 반드시 일어나는 것

---

57. 같은 글, 461.

은 아니다. 관계는 본질적으로 우발적이거나 외부적이다.

그런데 그 논문의 후반부에서 맥태거트는 계속해서 A계열은 자기모순적인 개념이라고 주장한다. 그리고 그가 시간의 현존은 A계열에 의존한다고 생각한다는 점을 참작하면 시간은 현존하지 않는다는 점이 도출된다. 여기서는 그가 수행한 상세한 논증 과정 전체를 검토하지는 않을 것이다. 요컨대 그 논증의 기본 관념은 다음과 같다. 과거, 현재, 그리고 미래는 모순적인 결정물들이다. 그런데 동일한 순간은 그 세 가지를 모두 갖추고 있는 것으로 상정된다. 따라서 시간의 현존은 불가능하다고 할 수밖에 없다. 누군가가 동일한 순간은 그런 모순되는 것들을 **동시에** 갖추고 있는 것이 아니라 오직 상이한 시점들에 갖출 뿐이라는 예상된 반론을 제기하면, 이런 대응은 순환적이라고 볼 수 있다. 왜냐하면 그것은 논쟁 중인 바로 그 시간 개념을 전제하기 때문이다. 그런데 아무튼 맥태거트는 이것이 핵심을 벗어난 것이라고 간주하는데, 그 이유는 A계열과 관련된 한 가지 더 심층적인 문제가 있기 때문이다. 즉, "우리가 방금 A계열을 현실에 적용하면서 발견한 모순을 무시하더라도 우리가 A계열이 현실적으로 유효하다고 가정해야 할 어떤 실증적인 이유라도 있었을까?"[58] 그 물음은 수사적 표현의 형식

---

58. 같은 글, 471.

을 띠고 있다. 맥태거트의 대답은 '아니요'이다. 그는 또 다른 물음을 제기하는데, 이번에는 직설적 표현의 형식으로 답변한다. "우리는 왜 사건들이 과거, 현재, 그리고 미래로 구분되어야 한다고 믿는가? 나는 그런 믿음이 우리 자신의 경험을 구분하는 데서 비롯된다고 생각한다."[59] 그가 뜻하는 구분은 지각, 기억, 그리고 예상 사이의 구분이다. 이것들은 모두 불확정적인 길이를 갖는 우리의 경험 속 '지금'을 가리키는 '가상현재'에서 생겨나는데, 이 길이는 갈렌 스트로슨에 의해 300밀리초만큼 짧다고 추산되고, 배리 데인턴에 의해 대략 0.5초로 추산되고, 마이클 록우드에 의해 1초에서 1.5초까지에 이른다고 추산되며, 에른스트 푀펠에 의해 훨씬 더 길다고 추산된다.[60] 이런 지적인 의견 불일치를 제쳐 놓고 보자면, 우리는 상이한 나이에 또는 상이한 상황에서, 각기 다른 개인들 사이에서, 그리고 다양한 종에서 상이한 시간 경험의 생물학적 차이들에서 비롯되는 시간의 감속 또는 가속이라는 개념에 친숙하다.[61] 맥태거트의

---

59. 같은 곳.
60. 같은 글, 472. G. Strawson, *Selves*, 5 ; B. Dainton, *Stream of Consciousness*, 171 ; M. Lockwood, *The Labyrinth of Time*, 381 ; E. Pöppel, "Lost in time," 298. 인용된 개별 숫자들의 출처는 B. Dainton, "Temporal consciousness"이다.
61. 예를 들면 J. von Uexküll, *A Foray into the Worlds of Animals and Humans, with a Theory of Meaning* [야곱 폰 윅스퀼, 『동물들의 세계와 인간의 세계』]을 보라.

논문의 요점은 가상시간의 가변성에 관한 어떤 논의도 객관적 실재로서의 **실재적** 시간을 정립할 수 없다는 것인데, 다시 말해서, 그 속에서 사건이 지각 주체와 무관하게 자체적으로 전개되는 시간의 실재성을 입증할 수 없다는 것이다.

그의 관점을 요약하는 듯한 구절을 찾아내기 위해 맥태거트 논문의 마지막 페이지를 살펴보자. "[나의] 견해가 채택되면, 그 결과는 칸트가 도달한 결과보다 오히려 헤겔이 도달한 결과와 훨씬 더 유사할 것이다. 왜냐하면 헤겔은 시간-계열의 질서를 시간을 초월한 실재의 실재적 본성이 지닌 무언가의 반영으로 간주했기 때문이다(왜곡된 반영이지만 말이다)."[62] 여기서 우리는 헤겔 부분을 무시할 수 있는데, 왜냐하면 맥태거트는 헤겔을, 마땅하든 그렇지 않든 간에, 전형적으로 영국 관념론적인 '형이상학적' 해석에 종속시키기 때문이다. 우리에게 남게 되는 것은 실재 자체가 "시간을 초월한" 것이라는 맥태거트의 관념과 우리가 시간이라고 일컫는 것은 본질적으로 실재적인 것에 대한 경험이라기보다는 오히려 어떤 주관적 가상현재에 대한 경험이라는 그의 관념이다. 이것은 울펜데일, 그래튼, 그리고 클라인헤이런브링크가 비판한 OOO 모형과 어느 정도까지 동일한가? 유사점도 있고 차이점도 있다. OOO는 모

---

62. McTaggart, "The unreality of time," 474.

든 것을 균일한 속도로 전진시키는 일종의 뉴턴주의적 시간 같은 것은 존재하지 않는다는 맥태거트의 견해에 동의한다. 그런 시간에 대한 증거는 자연에서 어떤 사물들이 균일하게 생겨나는 것처럼 보인다는 사실 외에는 없으며, 그리고 이런 사실이 의미하는 바는 단지 어떤 존재자들이 인간 영역에서 일어나는 사건들보다 훨씬 더 예측 가능하게도 주기적으로 움직인다는 것일 뿐이다. 모래시계를 관통하는 모래의 흐름이나 원자의 진동은 인간의 기분보다 훨씬 더 확실하게 지구의 공전과 상관되어 있지만, 이것이 그것들을 그렇게 움직일 수밖에 없게 하는 어떤 균일한 우주적인 전진적 움직임의 현존을 입증하지는 않는다. 변화가 시간을 전제로 하는 것이 아니라 시간이 변화를 전제로 하며, 이런 점에서 우리는 맥태거트에게 동조한다. 또한 우리는 과거와 미래에 대한 증거가 다양한 기억과 예상을 갖춘 가상현재에 전적으로 한정되어 있다는 그의 의견에 동의한다. 이것은 과거 사건이나 미래 사건을 언급하는 것이 나의 현재 기억이나 예상만을 언급하는 것을 뜻할 뿐이라는 점을 수반하지 않고, 오히려 그것은 과거 사건이나 미래 사건이 우주적 기억의 어떤 저장소에, 허구의 양식에 더 가까운 무언가에 현존하지 않는다고 말하는 것이다. 이런 까닭에 우리는 종종 역사적 사실을 접할 때, 특히 자신의 생애 이전의 사건을 접할 때 그것을 일종의 서사적 구성물로 받아들이게 된다.

마지막 논점을 제기하자면, OOO가 '시간'이라고 일컫는 것은 삼중의 A계열에서 생겨나지 않고 오히려 가상현재에서 생겨날 따름이다. 이런 견해는 맥태거트의 견해와 다르지 않다. 왜냐하면 그는 A계열을 실재적 시간과 동일시하며, 그리고 우리는 실재적 시간이 현존하지 않는다는 그의 의견에 동의하기 때문이다. 그런데 한 가지 중요한 차이점이 있다. 맥태거트는 시간적 경험을 '시간을 초월한' 실재의 투사와 동일시하는 반면에 OOO는, 그랜트의 잘못된 초상과는 대조적으로, 시간을 초월한 현존과 같은 것을 전혀 인정하지 않는다. SO-SQ 긴장 관계의 외부에 현존하는 것은 무엇이든 시간이 아니라는 최소한의 의미에서의 그런 현존을 제외하고 말이다. 맥태거트의 '시간을 초월한'이라는 낱말이 뜻하는 바는 '영원한' 무언가인 것처럼 보이지만, OOO에는 영원성을 위한 여지가 전혀 없다. 어쩌면 무언가가 결국 영원히 현존할 수도 있을 것이지만, 그것이 자체의 현존에 대한 모든 순차적인 위협을 극복해 내는 경우에만 그럴 수 있을 뿐이다. 실재적 객체에 대한 OOO 모형은 영원한 부동의 사물에 대한 모형이 아니며, 오히려 간헐적으로 움직이는 사물에 대한 모형이다. 무시간성보다 더 좋은 비유는 체스판 바로 위의 준-혼돈적인 감각적 세계에서 생겨나는 무언가에 의해 움직여지지 않는다면 여전히 불변의 정지 상태에 있는 (대리석, 뼈, 플라스틱, 종이, 또는 담배로 만들어진)

체스 기물의 모형일 것이다. 어떤 조건 아래서 체스 기물은 움직여지거나 파괴될 수 있으며, 심지어 새로운 기물이 만들어질 수 있다. 이 비유에서는 체스 기물과 관련하여 '시간을 초월한' 것이 전혀 없고, 그리하여 특정한 체스 기물의 바로 그 자기동일성이 어쨌든 모든 운동에 대한 모욕인 것처럼 우리에게 영원성과 연속적인 유동 중 하나를 선택하라고 요구하는 것은 그릇된 대안이다. 요컨대, 어떤 식으로든 자체적으로 불변인 채로 있으면서 '과거' 접사가 붙은 과거 존재자 또는 '미래' 접사가 붙은 미래 존재자 같은 것은 존재하지 않는다. 이런 점에서 우리는 모순이 존재한다는 맥태거트의 견해에 동의한다. 그런데도 현재에서 우리는 지금 존재하지 않는 사물들을 가리키는 기억과 예상을 지니고 있다. 가상현재에서 우리가 마주치는 것은 감각적 객체와 그 성질들 사이의 느슨한 관계에 기반을 둔 불안정성이며, 그리고 이것이 우리에게 시간 이행의 감각을 부여하는 것이다. 모든 감각적 객체가 충분히 안정적인 일단의 성질을 갖추고 있다면 우리는 결코 시간을 경험하지 않을 것이다.

출판되기 전에 이 책을 검토하는 고된 작업을 수행한 존 코그번은 OOO의 시간론에서 그가 과소결정된 것으로 간주하는 몇 가지 논점을 지적했다. 그의 논평은 포괄적이고 매혹적이지만, 여기서 나는 그것을 세 가지 기본 범주로 축약할 수밖에 없으며, 그리하여 그 논평을 충분하게 다룰 수는 없다. 첫 번째 의문은 맥태거트가 'C계열'이라는 표제어 아래 다룬 시간의 방향성과 관련되어 있다. 두 번째 의문은 하이데거가 한 순간에 담긴 그의 동시적 시간성에서 우리가 '시계 시간'이라고 일컫는 것과 유사한 것으로 이행할 방법은 전혀 없다는 OOO의 비판과 관련되어 있는데, 코그번은 OOO 자체는 그런 조치를 취할 방법을 어떻게 제안하는지 묻는다. 세 번째 의문은 클라이헤이런브링크에 대한 나의 초기 대응이 칸트가 우선 (흄에 맞서서) 인과관계는 순전히 현상적이라고 주장한 다음에 (버클리에 맞서서) 본체계는 현상계를 초래할 수 있어야 한다는 외관상 모순적인 주장을 개진할 때 그가 빠진 딜레마 ― 독일 관념론으로 하여금 OOO는 할 수 없음이 명백한 방식으로 물자체를 포기하게 한 수수께끼 ― 와 같은 딜레마에 빠지는지 여부와 관련되어 있다. 이 의문들을 차례로 살펴보자.

그 유명한 논문에서 맥태거트는 앞서 내가 단순성을 이유로 나의 설명에서 빠뜨린 'C계열'에 관해서도 언급한다.[63] 그런 점에서 코그번이 그것이 관해 묻는 것은 옳다. C계열은 변화를 포함하지 않고(그러므로 엄밀한 의미에서의 시간을 포함하지 않는다) 단지 순서를 포함할 뿐이다. 알파벳 문자들을 A에서 Z까지 나열하는 것은 정의상 하나의 순서이지만 시간적 순

---

63. 같은 글, 461~4.

서는 아닌데, 왜냐하면 우리는 그 대신에 사전을 Z에서 A까지 마찬가지로 쉽게 읽을 수 있을 것이기 때문이다. 맥태거트의 표현에 따르면 "C계열은 순서를 결정하지만 그 방향을 결정하지는 않는다."[64] 시간적 용어들로 다시 표현하면, C계열만으로는 시간이 미래에서 과거로 흘러야 하는 이유를 제시하지 못한다. 지금까지 많은 사람이 열역학 법칙들을 알맞게 사용함으로써 이런 일은 일어날 수 없다고 말했다. 맥태거트는 A계열을 C계열과 조합하기만 하면 시간이 산출된다고 주장한다. 여기서 우리는 단지 C계열 순서의 한 지점이 현재라고 말할 필요가 있을 뿐인데, 그리하여 앞서 지나간 지점들은 과거이고, 아직 지나가지 않은 지점들은 미래이다. 앞서 우리는 A계열과 B계열이 시간에 대하여 마찬가지로 '본질적'인 것이지만, 마찬가지로 '근본적'인 것은 아니라는 그의 견해를 마주했다.[65] 그리고 여기서 우리는 그 이유를 알게 된다. 왜냐하면 "변화와 방향을 부여하는 A계열이 영원성을 부여하는 C계열과 조합될 때만 [이전과 이후의] B계열이 생겨날 뿐"이고, 그리하여 우리가 완전한 시간상에 도달할 수 있게 되기 때문이다.[66] 그렇지만 우리는 이미, 맥태거트가 사건들을 과거, 현재, 또는 미래로

---

64. 같은 글, 462.
65. 같은 글, 463.
66. 같은 글, 464.

분류할 수 있다고 생각하지 않으며, 이런 까닭에 그는 시간이 현존하지 않는다고 생각한다는 점을 이해했다.

맥태거트는 A계열을 모든 '변화'의 현장으로 간주하는 한편으로 이 책에서 논의된 시간성의 두 가지 기본적인 진영 중 어느 진영에도 결코 명시적으로 동조하지 않는다는 점을 인식할 가치가 있다. 즉, 우리가 시간의 철학자들을 불연속적인 순간들의 사상가들과 그런 순간들이 현존한다는 점을 부인하는 사상가들로 나눌 수 있다면, 전자는 알-아샤리, 말브랑슈, 화이트헤드, 라투르, 그리고 하이데거 같은 인물들을 포함하는 '기회원인론자' 집단이고, 후자는 아리스토텔레스, 베르그손, 그리고 후설 같은 인물들을 포함하는 '연속주의자' 집단이다. 후자의 세 인물의 경우에, 그들이 '현재'에 관해 언급하더라도 후속적으로 분석될 수 있는 점 모양의 순간과 같은 것은 단적으로 존재하지 않는다. 그런데 맥태거트는 순간적인 현재에 대한 기회원인론적 모형을 선호하는 것처럼 보인다. "한 시점은 한 순간으로 일컬어진다"라고 맥태거트는 말하는데, 이는 우리가 아리스토텔레스, 베르그손, 후설에게서, 또는 심지어 OOO에서도 읽을 수 있을 법한 것이 전혀 아니다.[67] 이것은, 그 논문의 같은 페이지[p. 458]에서 맥태거트가 현 순간에 생겨나는 모

---

67. 같은 글, 458

든 것은 단일한 사건으로 합쳐진다고 시사할 때 더욱더 강화된다. 그리고 이 논점과는 전적으로 별개로, A계열이 '변화'를 관장하게 함으로써, 그는 A계열을 모든 것이 전진하도록 견인하는 어떤 뉴턴주의적 시간과 암묵적으로 동일시한다. 이와는 대조적으로 OOO에서는 경험된 현재의 흐름이 결코 변화와 연계되지 않는데, 왜냐하면 SO-SQ 긴장은 순전히 세계의 표면에 현존하기 때문이다. 그러므로 OOO의 경우에는 A계열(변화)과 C계열(순서)의 어떤 조합도 변화를 초래할 수 없다. 왜냐하면 객체지향 사상가는 어떤 뉴턴주의적 판본의 A계열을 수용하지 않기 때문이다. 우리의 경우에 시간의 방향성은 어딘가 다른 곳에서, 즉 결합하여 제3의 존재자를 생성하는 두 존재자에서 유래하며, 그리하여 이 제3의 객체는 자신의 성분들에 비가역적인 소급적 영향을 미칠 수 있다. 그런 일이 일어날 때 실재의 풍경은 바뀌는데, 비록 그것은 감각적 경험의 흐름 및 유동의 영역 바로 너머에 현존하는 실재적 객체들을 포함하고 있지만 말이다. 이런 까닭에 OOO는 그런 변화를 시간적이라고 일컫기보다는 오히려 공간적이라고 일컫는다. 앞서 제시된 심상의 견지에서 체스 기물은 때때로 자신에 휘몰아치는 돌풍에 의해 이동되거나 변형되지만, 그런 돌풍의 영향을 항구적으로 받는 상태에 있는 것은 아니다.

이제 하이데거를 살펴보면서 OOO가 시계 시간을 그 독일

철학자보다 아무튼 더 잘 다룰 수 있는지 여부에 관한 물음도 검토하자. 나의 주장은, 하이데거는 어느 단일한 순간에 생겨나는 것을 아주 기막히게 부각하는 철학자이지만 사실상 결코 우리를 순간에서 시간의 '흐름'으로 인도하지는 않는다는 것이다. OOO는 결코 시간의 한 순간이 현존한다는 것을 인정하지 않고 오히려 언제나 시간을 연속적인 것으로 간주한다는 사실을 인식하는 것이 중요하다. 달리 진술하면, 연속주의자 집단의 여타 견해들의 경우와 마찬가지로, 시계 시간(그런데 오히려 그것을 '흐름 시간'이라고 일컫자)은 처음부터 OOO에 내장되어 있다. OOO가 존재자는 이산적이라고 생각하지만 연속체는 이산적이지 않다고 생각한다는 사실이 아리스토텔레스의 『형이상학』과 『자연학』에서 각각 발견되는 견해들보다 더 모순적인 것은 아니다. (절대 해결되지도 않았고 사실상 공식화되지도 않았던) 하이데거의 문제는 순간으로부터 흐름 시간에 도달할 수 있는 방법이다. OOO의 문제는 매우 다르다. 즉, 흐름 시간으로부터 '연대기적 시간'으로 일컬어질 수 있을 무언가에 도달할 수 있는 방법은 무엇인가? 요컨대, OOO의 경우에는 오직 현재가 현존할 뿐이다. 로마 제국은 현재 어디에도 없다. 비록 그것은 현재의 역사가들이나 고고학자들이 재구성할 수 있게 하는 수많은 유물을 남겼지만 말이다. OOO의 경우에 시간은 SO-SQ의 순전히 감각적인 긴장 ─ [순전히 감각적이기에] 그 긴장 속에서는 필연적으로 아무것도 생겨나지 않는다 – 이라는 점을 참작하면, 한낱 표면에서 연출되는 사태에 불과한 그런 것이 실재적인 것 자체의 변화를 도대체 어떻게 초래할 수 있을까? 요컨대, 그것은 소급성 문제이다.

그 의문을 해결하기 위해 클라인헤이런브링크에게로 돌아가자. 그가 들뢰즈에 의해 고무되어 제기한 비판의 핵심은 OOO가 아이온만을, 즉 "실재적 객체들이 파악하는 대로의 감각적 객체들과 그 성질들의 다양한 연출"을 위한 여지만을 갖추고 있을 뿐이라는 것이다.[68] 그는 이것에 크로노스, 즉 "신체들과 사건들 사이의 시간적 회로 … 객체들의 물러서 있는 절반과 객체들의 감각적 절반 사이의 회로"를 추가하기를 원한다.[69] 당연하게도, OOO는 그런 회로가 현존해야 한다는 점에 동의한다. 우리는 단지 그것이 '시간적'이라고 일컬어져야 한다는 점을 부정할 뿐이다. 더 정확히 말하자면, OOO의 경우에 그것은 시간적이라기보다는 오히려 공간적인 연대기적 시간의 의미에서만 시간적일 뿐이다. OOO의 관념은 합성으로 인해 시간이 이행한다는 것인데, 두 가지 별개의 실재적 존재는 때때로 상호작용이 이루어지게 하는 어떤 감각적 매개를 통해서

---

68. Kleinherenbrink, "The two times of objects," 548.
69. 같은 곳.

이따금 상호작용한다. (시의 독자와 같은) 실재적 객체는 감각적 성질들을 갖춘 감각적 객체를 직면함으로써 시작하지만, 결국에는 독자의 존재의 일부로서 공연되거나 시연되기보다는 오히려 직전에 관찰된 감각적 성질들과 **융합된** 실재적 객체가 된다. (실재적 객체로서의) 나-독자는 마치 메소드 연기자처럼 포도주-성질들을 갖춘 바다가 **되며**, 그리고 하이데거의 부러진 도구와 같은 사례들을 비롯하여 실재적 객체 더하기 감각적 성질들은 바로 OOO가 공간으로 규정하는 것이 된다. 모든 실재적 존재자와 마찬가지로, 이것 — 실재적 포도주-빛-짙은-바다로서의 나 자신 — 역시 그 요소들, 즉 실재적 나와 감각적 포도주-성질들에 소급적 영향을 미친다.[70] 우리는 비유를 '보지 못할' 수는 없는데, 비록 우리가 비유에 싫증이 나게 될 수 있고 또 싫증이 나게 되어서 비유가 결국 직서주의적인 것이 되더라도 말이다. 무생물의 영역에서도 이와 유사한 일이 일어날 수 있는데, 어떤 실재적 객체가 그것이 이전에는 갖추고 있지 않았던 성질들과 융합하게 될 경우에 그러하다.

어쨌든, OOO의 경우에, 시간의 비가역성을 창출하는 것은 전체가 이전에는 분리되어 있던 자신의 성분들에 소급적 영향

---

70. * 이와 관련된 자세한 논의는 Harman, *Art and Objects* [하먼, 『예술과 객체』]를 보라.

을 미치는 그런 소급성이다. 포도주 빛 짙은 바다에 점점 더 싫증을 내게 되는 독자는 그것을 아직 마주치지 않았던 독자와 동일한 독자가 아니다. 코그번은 이런 개괄적인 해법에 대하여 엄밀하고도 독창적인 이의를 제기한다. OOO의 접근법은, 예를 들면, 소나무에 대한 나의 지각이 실재적 나와 감각적 소나무 둘 다를 포함하는 하나의 더 큰 객체의 내부에서 생겨난다는 점을 수반한다. 두 대의 비행기가 충돌하는 경우에도 그것들이 통일된 제3의 객체를 형성함으로써 그 객체가 두 대의 비행기에 소급적 영향을 미쳐야만 한다. OOO 모형에 따르면, 제3의 객체 또는 (코그번의 용어를 사용하면) '상위' 객체의 내부에서 생겨나는 것은 실재적 나와 감각적 소나무 사이의 대면을 포함해야 한다(그리고 소나무가 나와 접촉하는 경우에는 상이하지만 밀접히 연관된 또 하나의 상위 객체가 존재한다). 그런데 여기서 코그번은 한 가지 가능한 난제를 포착한다. 그 포괄적 객체는 자신의 내부에 있는 두 개의 하위 객체 — 하나의 실재적 객체와 하나의 감각적 객체 — 와 어떤 종류의 관계를 맺고 있어야 한다. 그런데 그 포괄적 객체는 정의상 실재적일 뿐만 아니라, 제안된 가설에 따르면, 내부의 실재적인 것과도 접촉하기에 이것은 두 개의 실재적 객체가 결코 직접 관계를 맺을 수 없다는 OOO 원칙을 무시하게 된다. 그런데 이런 이유로 인해 내부의 두 객체가 모두 감각적일 수밖에 없다고 가정하면 그것들은 관계를 맺지 못하게 될 것이다. 왜냐하면 OOO의 경우에 두 개의 감각적 객체는 결코 직접 관계를 맺을 수 없고, 관계를 맺으려면 어떤 실재적 객체에 의해 매개되어야 하기 때문이다.

여기서 코그번은 내가 아는 것과 내가 모르는 것 사이의 경계에 도달한다. 그런 난제들은 언제나 가장 어렵지만 보람도 가장 크다. 그런데 우리가 사례를 바꾼다면 그의 의문에 대한 잠정적인 대답은 아주 명료해진다. 어떤 의미에서, 우리는 물이 수소와 산소 둘 다를 '포함한다'고 말할 수 있다. 하지만 물은 결코 **실재적** 수소와도 **실재적** 산소와도 접촉하지 않는다. 여타의 전체와 마찬가지로, 물은 수소와 산소 원자들의 모든 양태가 물과 관련된 것은 아니라는 사실을 통해서 이런 더 작은 실재적 존재자들로부터 분리된다. 상위 객체의 내부에서 실재적 '나'가 감각적 소나무를 대면한다는 사실은 이 상위 객체가 실재적 '나와 직접 접촉함을 뜻하지는 않는데, 비록 내가 그것의 내부에 있지만 말이다. 어떤 의미에서 콜라 캔은 콜라를 '포함하'고 있지만, 그것은 콜라 캔이 실재적 콜라를 포함하고 있음을 뜻하지는 않는다 — 그것에 의해 움직임이 제약되는 어떤 유체를 포함할 뿐인데, 이것은 콜라 자체라기보다는 오히려 콜라에 대한 단순화된 모형이다. 콜라 캔이 할 수 있는 일은 이것밖에 없으며, 여타의 존재자도 사정은 마찬가지이다. 요컨대, 포함 역시 직접적인 관계라기보다는 오히려 하나의 매개된 관계이다. 물이 수소 및 산소와 간접적으로 접촉하는 것에서 벗어날 수 없는 것과 마찬가지로, 내가 상위 객체의 내부에 거주한다는 사실은 그것이 나를 간접적인 방식으로 다룬다는 것을 수반할 따름이다.

D. 과정, 소급작용, 그리고 과거의 지위

1장에서 이미 다루어진 논점으로 이 장을 마무리하고자 한다. 많은 현대 철학자 사이에는 '과정철학'에 대하여 체계적이지 못한 논의가 이루어지는 경향이 있는데, 요컨대 그 명칭 아래 전적으로 상이한 두 가지 관념이 조합된다. 화이트헤드가 그 용어를 사용할 때, 그가 뜻하는 바는 한 사물의 동일성이 단지 순간적으로 지속할 뿐이라는 점과 무엇이든 그것을 대체하는 것은 매우 유사한 것이지만 이전의 것과 정확히 동일한 것은 아니라는 점이다. 엄밀히 말하자면, 현실적 존재자는 결코 **되지** 않는다. 오히려 현실적 존재자는 사라지고 어떤 잇따른 존재자로 대체될 수 있을 따름이다. 다른 한편으로, 지금 누군가가 베르그손이나 들뢰즈를 '과정철학자'로 언급한다면 그가 뜻하는 바는 그들이 **생성[되기]**의 철학자라는 것인데, 화이트헤드는 결코 생성의 철학자이었던 적이 없다. 화이트헤드와의 차이점을 고려하면, 베르그손은 존재자들이 단지 찰나의 순간

동안 현존한 다음에 매우 유사한 존재자로 대체될 뿐이라고 생각한다고 주장하는 것은 터무니없을 것이다. 들뢰즈의 '도주선'이 이산적인 위치들로 이루어져 있지 않은 것과 마찬가지로 베르그손의 지속^{durée}은 순간들로 이루어져 있지 않다. 어딘가에서 나는, 화이트헤드는 'X학파'에 속하고 베르그손과 들뢰즈는 'Y학파'라고 일컬어지는 다른 집단에 속한다고 언급했다.[71] 그 두 학파는 "그들은 모두 실체의 철학자들에 대립되는 과정 철학자들이다"라고 진술함으로써 통일될 수 있음이 확실하다. 왜냐하면 화이트헤드와 베르그손은 아리스토텔레스의 일차적 실체$^{prote\ ousia}$에도 여타 종류의 지속하는 개별자들에도 전혀 공감하지 않는다는 점에서 통일되어 있다는 것은 그런대로 사실이기 때문이다. 그런데 이런 식으로 사용되는 경우에 '과정철학'이라는 용어는 그 두 학파가 과정에 관하여 구상하는 방식들이 나타내는 중추적인 차이점을 은폐한다. X학파는 시간을, 비교적 기술이 발전하지 않았던 나의 어린 시절의 〈신드바드의 모험〉과 그 밖의 영화들에서 등장한 단속적인 진흙 괴물들처럼, 불연속적인 것으로 간주한다. 반면에 Y학파는 시간을 끊어지지 않은 유동으로 간주하고, 그리하여 시간을 단속적인 것이라기보다는 연속적인 것으로 간주한다.

---

71. Harman, "Whitehead and schools X, Y, and Z."

이 장의 나머지 부분에서 나는 현재 OOO가 직면하는 두 가지 핵심 쟁점에 관하여 언급할 것이다. (a) 비실재적인 시간적 변화(SO-SQ)가 실재적인 층위에서 변화가 생겨날 수 있게 하는 방식은 정확히 무엇인가? 앞서 논의된 체스판 비유의 견지에서, 실재적 체스 기물은 어떻게 해서 표면 위에서 생겨나는 것에 의해 항상 움직여지거나 생겨나거나 파괴되지 않고 오히려 간헐적으로 그러한가? (b) 현재만이 존재할 뿐이라면, 현재에서 이루어지는 회상이 지시하는, 현재에 현실적으로 존재하지 않는 존재자들의 존재론적 지위는 무엇인가? 현재가 순간적인 찰나가 아니라 오히려 소용돌이치는 감각적 성질들의 가상현재일지라도 말이다. 이 두 가지 물음은, 논의의 진전은 불과 몇 페이지에 걸쳐 어느 정도 이루어질 수 있을지도 모르지만 그 정도로는 결코 해명될 수 없는 난제들이다.

여러 해 동안 나는 실재의 표면이 모든 것이 생겨나는 장소라는 주장을 개진했다. OOO와 마찬가지로 실재적 객체들이 인간 관찰자를 비롯하여 서로 맺는 직접적인 관계들로부터 물러서 있다는 것을 받아들이는 사람이라면 누구든 다소 불가피하게도 그런 주장을 개진할 수밖에 없다. 이렇게 해서 관계들은 결국 간헐적이고 생겨나기 어려운 것으로 전환된다. 다시 말하자면, 표면의 어떤 배치들만이 심층에 영향을 미칠 수 있을 뿐이다. 물론 나는 오늘날 모든 철학자가 심층에 의구심을 표명한다는 것을 알고 있다. 하이데거 이후에 심층에 대하여 반발하는 일반적인 경향이 나타났으며, 구조주의와 포스트구조주의는 둘 다 깊이를 거짓 신으로 조롱하는 경향에 속하는 사조들일 뿐이다. 공교롭게도 최근에 나는 라캉을 많이 읽고 있는데, 그는 프로이트에게서 은폐된 것이라는 의미에서의 실재적인 것을 매우 무자비하게 제거해 버린다. 라캉의 고유한 실재계는 직접적인 향유의 표면 바깥에 독립적으로 현존하지 않고, 단지 상징계의 실패를 특징지을 뿐이다.[72]

그런데 라캉은 현상학자가 절대 아님에도 불구하고 하이데거를 뒤따랐던 현상학적 퇴행 – 심지어 데리다도 책임이 있는 퇴행 – 을 모방한다. OOO가 심층을 고수하는 이유는, 실재적인 것에 현행적으로 표현되지 않은 잉여가 없다면 어떤 변화도 가능하지 않기 때문이다. 다시 말해서, 그림 속 어딘가에 RO와 RQ가 없다면 변화를 설명할 방법이 전혀 없다. '차이'를 상정하는 것만으로는 변화를 제대로 설명할 수 없다. 데리다는 차이가 자동으로 시간성을 낳는다고 잘못 가정한다.

과거에 나는 "표면의 복수"에 관해 글을 썼다. 그 글에서 나

---

72. 주요한 저작집은 J. Lacan, *Écrits*[자크 라캉, 『에크리』]이다. 프로이트에 이미 얼마간 친숙한 사람이라면 누구나 여러 권으로 이루어진 라캉의 세미나를 1권(J. Lacan, *The Seminar of Jacques Lacan, Book 1* [자크 라캉, 『자크 라캉 세미나 1』])부터 시작하여 완독하기를 권고한다.

는 (하이데거, 매클루언, 그리고 그린버그 같은) 심층의 사상가들이 심층을 너무 깊게 만들어서 그곳에서 필시 아무것도 생겨날 수 없게 하는 경향이 있다는 사실을 또다시 언급했다.[73] 그런데 우리가 찾고 있는 것은 심층과 표면의 추상적인 대립이라기보다는 오히려 내용과 매체가 서로 암시할 뿐만 아니라 상호작용할 수도 있고 서로 변환시킬 수도 있는 역동적인 상황이다. 매클루언은 우리가 추구하고 있는 것에 근접한다. 비록 매클루언은 OOO 자체와 마찬가지로 예전의 객체들 자체로 다시 파고들기보다는 오히려 예전의 실재적 객체들 위에 새로운 실재적 객체들이 형성되는 사태에 더 많이 주목하지만 말이다. 예를 들면, OOO에서는 한 감상자가 어떤 미학적 객체 자체와 맺은 관계가 어떻게 하나의 새로운 객체가 되는지가 초점이었다.[74] 다시 말해서, OOO에서는 감각적 출발점으로부터 새로운 실재적 객체들을 생산하는 사태에 주의가 집중된다. 따라서 일부 학자들은 다음과 같은 의문을 제기한다. OOO이 그런 방식이 감각적인 것들의 배후에 숨어 있는 애초의 실재적 객체들을 알고자 하는 오래된 탐구를 연극적으로 회피하는 것은 아닌가? 나는 이것이 진짜 문제라고 생각하지 않는다. 그 이유는

---

73. Harman, "The revenge of the surface."
74. Harman, *Art and Objects*. [하먼, 『예술과 객체』.]

하이데거와 그린버그가 이미 예전의 객체들이 직접 현시될 필요가 없이 그것들을 간접적으로 암시하기 위한 모형들을 제공했기 때문이다. 우리에게 더 큰 관심사는 감각적 영역이 그 아래의 실재적 영역에 인과적 영향을 미치게 되는 방식이다. 여기서 매클루언은 OOO와 같은 입장에 선다. 그와 그의 아들/공저자 에릭은 반전과 회복이 새로운 매체를 생성할 수 있는 방식에 관해 훌륭한 이론을 전개했다.[75] 그런데 두 경우에 모두 관건은 새로운 매체를 창출하는 것이지, 예전의 매체들에 소급적으로 영향을 미치는 것이 아니다.

이 시점에서 내가 여러 해 동안 염두에 두고 있던 관념을 소개하고자 한다. 주지하다시피 OOO는 실재적 객체를 그것의 모든 현행적인 관계적 표현보다 더 깊은 잉여로, 세계 속 그것의 현행 상태를 넘어서는 것으로 간주한다. 그렇게 해서 우리는 『형이상학』에서 아리스토텔레스가 메가라학파에 대하여 제기한 유명한 비판에 연루된다. 그런데 OOO 및 철학의 역사에서 또 다른 종류의 잉여가 존재한다. 그러나 여기서 나는 맑스의 잉여가치를 뜻하는 것은 아니다. 왜냐하면 그것은 존재론적 의미를 띠기보다는 오히려 정치적 의미나 경제적 의미, 또는 심지어 도덕적 의미를 띠기 때문이다. 실재적 객체들과 더

---

75. M. McLuhan and E. McLuhan, *Laws of Media*.

불어 감각적 성질들은 한 가지 다른 종류의 잉여임을 인식하자. 또다시 사과를 생각하자. 나는 그것을 관찰하고 있고, 그것을 손에 쥐고 있으며, 그리고 그것의 성질 대다수는 그것들이 그 사과의 동일성은 여전히 유지되면서 박탈될 수 있다는 의미에서 잉여적이다. 몹시 놀랍게도, 이것은 우리를 현재 철학에서 가장 인기 없는 역사적 학파 중 하나인 신플라톤주의와 연계시키는 지점이다.[76] 여기서 우리는 '방사'(아포로에$\alpha\pi o \rho \rho o \acute{\eta}$) 또는 마찬가지로 좋은 번역어인 '유출'에 관하여 이야기할 수 있다. 더 상위의 사물들은 각각 가시적 세계를 주도면밀하게 창조하기보다는 오히려 마치 우연처럼 그다음 하위 층위로 유출된다. 이슬람의 신플라톤주의에서 이 과정은 각각의 알려진 행성들, 태양, 그리고 달을 포함하는데, 예언 자체가 종종 이런 식으로 설명될 정도이다. 물론, 유출설에는 OOO와 전혀 양립할 수 없는 무언가 다른 것, 즉 그것의 위계적 구조가 있다. 그런데 OOO는, 레비 브라이언트의 독자들이 기억할 것처럼, 객체들에 관한 더 민주주의적인 구상을 품고 있고, 따라서 우리는 어떤 세속화된 유출설을 선호한다.[77] 사과는 자신의 다양한 감각적 성질들을 방사한다거나, 또는 그 대신에 그런 성질

---

76. Plotinus, *The Essential Plotinus*.
77. Bryant, *The Democracy of Objects*. [브라이언트, 『객체들의 민주주의』.]

들이 사과에서 유출된다고 말할 수 있을 것이다. 이런 종류의 감각적 잉여가 없다면 우리는 아무것도 지각하지 못할 것이다. 그러므로 두 가지 종류의 잉여, 즉 감춰진 실재적 객체의 잉여와 명백한 감각적 성질들의 잉여가 있다. OOO가 다루어야 하는 한 가지 새롭고 가치 있는 주제는 다음과 같을 것이다. 이 두 가지 매우 상이한 종류의 잉여 사이에 도대체 어떤 관계가 맺어지는가?

클라인헤이런브링크가 제기한 비판 중 한 가지를 떠올리자. OOO의 시간론에 대하여 그가 제기하는 주요한 이의 중 하나는, 그 이론이 실재적 객체가 자신의 감각적 판본을 생산한다는 관념과 양립할 수 없다는 것이다. 나의 응답은 실재적 객체 자체가 어떤 것도 먼저 일방적으로 생산하지 않는다는 것이었다. 오히려, 모든 실재적 객체의 감각적 대리물은 현장에서 실시간으로 생산된다. 그것으로 내가 뜻하는 바는, 한 실재적 객체가 다른 한 실재적 객체와 결합하여 그 수명이 아무리 짧은 것이라도 하나의 새로운 복합 객체를 형성할 때에만 그 감각적 판본이 방사된다는 것이다(그리고 모든 객체는 복합체이다). 심지어 지각의 경우에도 나와 무엇이든 내가 지각하는 것 – 어떤 나무 또는 닭 또는 건축물 또는 그 밖의 것들 – 이 결합함으로써 하나의 새로운 객체가 형성된다. 어떤 더 넓은 객체 속에서 결합하여 있음에도 지각하는 것과 지각되는 것의 **분리성**이 강조되는 지각 자체는 바로 그 더 큰 객체의 내부에서 생겨난다. 여기서 나는 두 가지 주장을 제기한다. 첫째, 모든 객체는 비대칭적이다. 내가 어떤 나무를 지각한다는 사실은 곧장 그 나무 역시 나를 지각함을 뜻하지는 않는다. 내가 그 나무 표면의 껍질을 만질 때의 경우처럼 그 나무 역시 나를 지각할 수도 있지만, 그런 경우에는 그 나무가 지배적인 당사자로서 작용하는, 동시적이지만 분리된 또 하나의 [더 큰] 객체가 있을 것이다. 두 번째 주장은 다음과 같다. 모든 지각(그리고 '의식적으로' 그런 것은 아닐지라도 모든 관계는 지각이다)이 그 구성요소들에 소급적 영향을 미치는 것은 아니다. 우리의 대다수 지각은 아무것도 초래하지 않지만, 일부 지각은 지각자에게 소급적 영향을 미친다. 정신병원에서 알아들을 수 없는 말을 계속 지껄이는 광인으로서 생을 마감하는 등장인물들이 매우 가증스러운 우주적 괴물들을 목격하는 H. P. 러브크래프트의 소설을 고려하자.[78] 덜 심란하게 하는 사례들도 있다. 그런데 어떤 지각하는 객체에 소급적 영향을 미치기 위한 최소 조건은 그것의 경험이 직서적인 것이라기보다는 오히려 수행적인 것이어야 한다는 점이다. 그렇지 않다면 그것은 그것 자체에 외재적인 하나의 스펙터클을 완전히 몰입하지 않은 채로 단순히 관찰하고 있을 뿐이

---

78. H. P. Lovecraft, *Tales*.

기 때문이다. 단순한 지각은 일반적으로 산문적이고 직서적인데, 요컨대 세계의 객체들을 성질들의 다발들로 경험한다. 반면에, 심미적 경험은 객체와 그 성질들 사이에 균열을 창출한다. 내가 종종 보여주었듯이, 이것은 일련의 영향을 초래한다. 지각되는 감각적 객체는 실재적 객체로 대체된다. 그런데 실재적 객체는 실재적이기에 우리는 그것에 접근할 수 없다.[79] 우리가 "포도주 빛 짙은 바다"라는 호메로스의 어구를 읽을 때, 우리는 포도주-성질들에는 접근할 수 있지만 포도주와 같은 바다가 어떠할지는 알지 못한다. 이 실재적 객체는 우리가 접근할 수 없도록 사라지지만, 포도주-성질들은 (그 밖의 다른 것들과 마찬가지로) 객체와 분리되어 현존할 수 없기에 지각자로서의 나 자신이 그 장면에서 유일한 실재적 객체이고, 따라서 사라진 바다를 대신해야 한다. 아무 대안도 없기에 지각자는 포도주 빛 짙은 성질들을 연기하는 일종의 메소드 연기자가 된다. 이것이 예술에서 수행되는 미메시스의 참된 의미이다. 우리는 사물의 사본을 생산하는 것이 아니라 오히려 사물의 사본이 된다.

어쨌든 이것은 표면이 그것의 근저에 있는 심층에 소급하

---

79. G. Harman, "Materialism is not the solution"; G. Harman, "A new sense of mimesis."

여 영향을 미치는 방식에 관한 일반적 관념이다. 지중해에 대한 나의 경험은, 호메로스가 독자적인 성질들을 갖춘 바다의 관계에 개입하는 경우를 제외하면, 산문적이고 직서적일 수밖에 없을 것이다. 그리고 그것이 나 자신의 존재가 결국 SO-SQ의 시간적 층위에서 발생하는 사건들에 의해 교란을 받게 되는 방식이다. 시인들의 명시적 비유는 이런 일이 일어날 수 있는 한 가지 방식에 지나지 않는다. 『실재론적 마술』이라는 책에서 티머시 모턴이 논의하듯이, 비유적 구조는 순전한 물리적 인과관계를 가능하게 만드는 것이기도 하다.[80] 물론, 그 주제에 관하여 말할 것은 많이 있다. 그런데 여기서 우리의 주제는 시간이기에 단지 나는 근저에 자리하는 체스판에 간헐적으로 변화를 일으키는 시간적 표면 변화는 상상도 못 할 일은 아니라는 점을 주장하고자 했을 뿐이다. 그런 까닭에 나는, 클라인헤이런브링크의 논문은 나에게 전적으로 흥미로웠지만, 그가 제시한 종류의 해법이 필요하다고 생각하지 않는다.

우리가 다루어야 하는 나머지 다른 한 쟁점은 과거의 현존이다. 앞서 나는 맥태거트가 견지한 견해의 양태들에 대체로 동의한다는 의견을 표명했다. 즉, 나에게 '시간'은 순전히 감각적인 현상이며, 그리고 내가 단일한 무한소의 지금-시점이 아

---

80. T. Morton, *Realist Magic*. [티머시 모턴, 『실재론적 마술』.]

니라 확대된 현재 또는 가상현재로 해석하는 '지금'에 한정된 것이다. 그렇다면 고고학이 연구하는 과거 객체들의 지위는 무엇인가? 몹시 명백하게도 이런 과거 객체들은 현재에 존재하지만, 우리가 그것들을 현재로 환원한다면 우리는 유적으로서의 현재 배치에만 접근할 수 있을 뿐이라고 말함으로써 상관주의의 오류를 반복하는 셈이다. 유적은 현행의 상태보다 더 깊은 무언가를 가리킴이 명백하며, 그리고 그로부터 우리는 이전에 사라진 세계를 재구성한다. 라캉은 실재적인 것들(상징계에서 느슨하게 찢어진 산산조각이 난 인공물들)의 영역에서 상상적인 것들의 영역으로 이행한다고 말할 것이다. 여기서 라캉과 대척점에 있는 OOO는, 유적의 과거 실재는 우리가 접근할 수 없도록 사라지기에 고고학자 또는 심지어 여행객에 의해 재연된다고 말할 것이다. 그리하여 유적 자체는 여전히 유적으로 남아 있게 되는 경향이 있음에도 불구하고 이런 방식으로 유적 자체의 존재가 소급적으로 변형된다. 그런 차이가 나타나는 이유는 라캉이 실재적인 것에 대한 충분히 견실한 감각을 갖추고 있지 않기 때문이고, 직접적인 향유와 상징화될 수 없는 트라우마 속에서만 실재적인 것을 찾아낼 뿐이기 때문이다.

5
4장에 관한 논의

크리스 위트모어 4장에서 당신은 OOO가 시간을 규정하는 방식에 대하여 명쾌하고 상세한 설명을 제시했습니다. 객체들의 사중 구조를 간략히 요약함으로써 시작한 후에 당신은 그 밖의 철학자들이 이 구조를 해석한 방식을 비교·평가하고(추가적인 명료화를 위한 기회로 이용했습니다), 그다음에 '시간의 비실재성'에 관한 맥태거트의 논의를 검토했습니다. 끝으로, 마지막 절에서 당신은 이 통찰들을 '과정철학', 기회원인론, 그리고 과거의 현존에 관한 몇 가지 성찰과 연결시킴으로써 4장을 마무리했습니다. 저는 결론 부분에서 당신이 제기한 몇 가지 논점으로 곧장 뛰어들고 싶지만, 3장에서 그랬듯이, 시간과 시간성에 관한 OOO의 시각을 요약하는 '시간의 사중성'이라는 첫 번째 절로 시작하여 4장의 절들을 순서대로 검토하는 것이 유익하리라 생각합니다.

OOO에서 구상된 시간을 이해하려면 우리는 시간을 객체들의 사중 구조에서 생겨나는 하나의 긴장으로 인식해야 합니다. 그리고 당신은 사중체들이 다양한 변양태로 나타난다고 언급하지만 — 사실상 많은 고고학자는 그 자체로 아리스토텔레스의 고유한 대립 사각형을 개정한 알기르다스 그레마스의 기호학적 사각형에 더 친숙할 것입니다 — 당신의 사중체들은 한편으로는 실재와 감각 사이의 한 균열과 다른 한편으로는 객체와 성질 사이의 다른 한 균열을 따라 형성된 네 가지 극과 네 가지 상호작용을 포함합니다.[1] "감각적 객체들과 그것들의 감각적 성질들 사이의 긴장"으로서의 시간은 네 가지 극 사이에서 생겨나는 네 가지 상호작용 중 하나입니다. 시간은 외부 매개변수도 아니고 절대적 용기도 아니라는 점이 중요합니다. 오히려, 당신이 서술하듯이, 시간은 "객체들 자체에서 어긋난" 것으로 생겨나는 무언가입니다. 시간은 객체보다 더 깊지도 않고 객체의 내부에서 생성되지도 않습니다. 오히려 시간은 사물의 표면에서, 전적으로 경험, 지각, 그리고 지성의 영역 내부에서 생겨납니다(사실상 후자를 관계들에 속한다고 간주하는 것은 근대 철학과의 근본적인 단절을 이룹니다).[2] 외관상 피상적일지라도 시간 역시 심층적인데, 왜냐하면 그것은 "변화가 촉발될 수 있는" 유일한 장소이기 때문입니다. 나중에 저는 변화라는 쟁점으로 되돌아갈 것입니다. 당분간은 무엇보다도 제가 당신의 모형과 관련하여 매혹적이라고 깨닫게 되는 것, 즉 그것이 다수의 과거 사회에서 그러했었을 것처럼 시간을 객체들에 국소적이고 특정적인 것으로 유지하는 방식을 검토합시다. 이것은 고고학자들, 인류학자들, 그리고 역사학자들에게 우리가 이질적인 시간들을 어떻게 설명할 수 있을지에 관한 근본적인

---

1. E. Domanska, "The material presence of the past"; Shanks, *The Archaeological Imagination*, 132~44.
2. Harman, "The only exit from modern philosophy."

물음을 제기합니다. 우리의 독자층이 이 분야들의 실천자들로 구성될 것이라는 점을 참작하면, 우리는 뒤로 물러서서 이 시간들을 수용할 수 있을 다른 가능한 형태들 또는 양식들을 추측함으로써 시작할 수 있지 않겠습니까? 우리는 이미 몇 가지 형식을 상세히 논의했습니다. 선형적 시간 대 삼투하는 시간, 위상학적 시간, 그리고 시간에 관한 순환적 구상을 덧붙일 수 있을 것입니다. OOO의 경우에 시간이 취할 수 있는 가능한 형식들은 무엇입니까?

그레이엄 하먼 우선 떠오르는 것은 OOO의 시간 모형이 시간성에 관한 획기적인 구상을 품을 수 있게 한다는 점입니다. 시간을 실재의 바로 그 중심 근처 어딘가에 자리하게 하는 시간론의 경우에는 언제나 모든 것이 덧없고 새로운 변화가 끊임없이 일어난다는 취지에서 일종의 히스테리가 있습니다. 그린버그는 시간에 관한 이런 구상을 "모든 것은 빠르게 변화하고 있다!"라는 저널리즘의 기본 원리와 연계시켰습니다. 여러 가지 점에서 그것은 정말로 시간에 관한 저널리즘적 구상인데, 저널리스트들을 공격할 의도는 전혀 없습니다. 그린버그는 구체적으로 예술 경향이 언제나 더 빨리 가속하고 있다고 자주 주장하는 예술계 논평자들에 관해 이야기하고 있었습니다. 이런 논평에 대하여 그린버그는 현대 미술의 역사 전체에 걸쳐서 지배적인 경향들은 언제나 대략 십이 년의 기간에서 십오 년의 기간까지 지속했음을 보여주는 분석으로 반박했습니다. 1960년 대처럼 명백히 파란만장한 십 년 동안에도 사실상 속도 변화가 없었습니다. 십이 년의 기간에서 십오 년의 기간까지는 적당한 것처럼 들리며, 그리고 저는 거의 모든 분야에서 사정이 마찬가지라고 추정합니다. 그 이유는 지적·정치적·예술적 경향들의 변화를 조절하는 한 가지 불변의 인자, 즉 인간 세대들이 있기 때문입니다. 어떤 시점에서 어떤 새로운 관념이 젊은 세대의 상상을 포획하고, 그리하여 그들은 그것에 숙달하고, 그것의 적용법을 익히며, 어쩌면 그들 나름의 방식을 덧붙이는 일에 전념합니다. 그런데 모든 지도적 관념은 과도한 점뿐만 아니라 텅 빈 공간도 지니고 있고, 따라서 관념들의 어떤 집합체도 영원히 지배할 자격을 갖추고 있지 않습니다. 후속 세대가 등장함에 따라 이전의 지배적인 관념은 이제 지배 권력이 되기에는 더는 만족스럽지 않게 됩니다. 그리하여 예전의 관념들과 얼마간 어긋나는 새로운 관념들이 생겨날 것입니다.

그런데 OOO의 SO-SQ 모형이 시간에 대한 어떤 새로운 심상들을 고무할 수 있을 것인지와 관련된, 당신이 제기한 물음의 핵심을 살펴봅시다. 그 모형의 첫 번째 측면은, 그것이 OOO가 객체들의 근원적인 배치에 언제나 많은 것을 초래할 필요는 없는 피상적인 과정으로 간주하는 만물의 외관상의 유동과 흐름에 대한 더 조용하고 더 느슨한 접근법이라는 것입니다. 게다가 이런 측면은 모든 작업이 생산적이지는 않다는 약간 두려운 결과를 수반합니다. 우리가 여러 해 동안 무언가에 노력을 쏟았지만, 그것이 감각적인 가구를 옮기는 것 외에는 아무것도 하지 못하는 것으로 귀결될 가능성은 실재합니다. 실재의 신경을 건드려서 상황을 진전시키는 것은 사실상 다소 어렵습니다. 여러 세대 또는 심지어 여러 세기에 걸쳐서 그들은 무언가에 대하여 대단한 진전을 이루고 있다고 생각하지만, 사실상 그들은 내부에서 알아채기 어려운 장기적인 관례에 갇혀 있을 수 있습니다. 어딘가에서 저는 이런 상황에 관한 글을 적었습니다. 다가올 24세기의 초超고등 철학에 이르는 관문으로서 가장 '미래주의적'이라고 여겨지는 두 명의 철학자는 셸링과 메를로-퐁티입니다.[3] 애초에 그 두 철학자는 주체와 객체 사이의 근대적 관계를 고찰하는 우리의 방식을 크게 뒤흔드는 것처럼 보이며, 그리고 그들은 둘 다 '객체' 쪽에 근대적 관례 이상의 우위성을 부여함으로써 그렇게 합니다. 또한 철학은 수많은 셸링 르네상스(수십 년마다 나타나는 새로운 르네상스)를 겪으며, 메를로-퐁티의 경우에도 그 추이가 동일한 패턴으로 전개되리라 생각할 수 있는데, 그의 저작에 대한 관

---

3. 같은 글, 142.

심은 더 한결같고 안정적인 것처럼 보이지만 말입니다. 하지만 궁극적으로 두 사상가는 주체-객체 또는 사유-세계 대립쌍을 반전시키려고만 시도할 뿐이기에 여전히 자신의 주의를 그런 대립쌍에 집중하게 됩니다. 그 두 사상가 중 누구도 바로 그 이원성을 벗어나려는 실제적인 노력은 전혀 하지 않습니다. 그런데 철학에서 우리가 정말로 실행해야 하는 것은 자연과학의 배타적인 영역이 되어버린 객체-객체 관계로 되돌아가는 것입니다. 저는 셸링과 메를로-퐁티가 사소한 인물들이라고 확실히 말하지 않을 것이지만, 철학의 역사에서 그들이 차지하는 실제 위치는 그들의 찬양자들이 생각하는 경향이 있는 것보다 상당히 더 낮다고 자신 있게 말할 수 있습니다. 지적 이력은 언제나 중요한 것과 덜 중요한 것에 대한 위험한 내기이며, 많은 내기는 그저 실패한 내기로 귀결될 따름일 것입니다. 우리는 이런 종류의 비극적인 이력이 있다는 사실을 직시해야 합니다. 자신의 경력 전체에 걸쳐 축적된 작업량은 그다지 많지 않아도 됩니다. 우리는 평등에 대하여 예외적으로 헌신적인 시대에 살고 있기에 이런 교훈을 염두에 두기를 원하는 사람은 거의 없습니다. 그저 대세에 편승함으로써 자신의 경력을 망치기는 엄청나게 쉽습니다.

OOO에는 시간이 중대한 무언가를 초래하지 않는다면 시간 자체는 중요하지 않다는 획기적인 관념과 더불어 가역적인 것으로서의 시간에 관한 개념도 있습니다. 물론, 먼저 라투르가 있었습니다. 1970년대 어린 시절의 나는 노예제나 해적 행위에 미래가 있다고 상상한 적이 결코 없었습니다. 잠시 정치적인 발언을 표명하자면, 또한 우리는 미국이 우리 생애에 독재와 결탁할 것이라고는 상상도 하지 못했습니다. 우리는 조 바이든의 승리 연설이 그런 상황을 잠정적으로 종식하리라 희망할 수 있지만, 미국 대중의 47퍼센트 이상이 저급한 무솔리니가 미국을 다스린다는 생각을 여전히 편안하게 여긴다는 사실은 명백하고, 그러므로 저는 우리가 숲을 아직 빠져나오지 못했다고 생각합니다. 또한 동시대 철학에서 종종 우리는, 아리스토텔레스는 돌이킬 수 없게 낡았고 칸트의 코페르니쿠스적 혁명 이후에 생겨나지 않은 것은 모두 그다지 중요하지 않다는 평범한 가정을 마주치게 됩니다. 이런 가정에 맞서서 저는, 누군가가 그것에 대한 훌륭한 논변을 전개할 수 있다면 무엇이든 귀환할 수 있으며, 그리고 우리는 그런 논변을 전개하기 위해 누가 출현할지 결코 예측할 수 없다고 말하곤 합니다. 이런 까닭에 매클루언이 서술한 매체의 미래 – 어떤 '예술가'가 우연히 출현함으로써 사라진 지 오래된 매체가 회복되어서 세계를 변화시킬 수 있게 됩니다 – 와 마찬가지로 모든 분과학문의 미래는 예측 불가능합니다.

획기성과 가역성이라는 의미에서의 시간과 더불어 어쩌면

OOO는 시간에 대한 인간의 통제에 관한 갱신된 의미도 제공할 것입니다. 한편으로, 당신의 삶이 더 길게 느껴지는 방식으로 소규모의 시대들을 만들어낼 수 있습니다. 그런데 저는 결코 주택 소유자인 적이 없었기에 기껏해야 사 년마다 주택을 바꾸려고 시도합니다. 그렇지 않았더라면 저는 시간이 끊임없는 연속체로 용해되고 만사가 너무 빨리 지나가는 경향이 있다는 점을 깨달았을 것입니다. 제 기억 속에는 다양한 아파트가 있기에 과거 시간을 조각들로 분할하는 것이 쉽게 이루어집니다. 더욱이, 제가 책을 쓰는 것을 좋아하는 이유 중 하나는 글쓰기 행위가 언제나 우리를 어떤 다른 심적 공간으로 데려다 주기 때문이고, 게다가 제가 책을 빨리 쓸 수 있다면 저는 더 자주 변신을 겪을 수 있기 때문인데, 각각의 변신은 그에 선행하는 변신들에 기반을 두고서 생겨납니다. 다시 말하자면, 책을 쓰는 행위는 저의 개인적인 원자시계와 같습니다. 최근까지 저는 매달 말일에 그달에 일어났던 모든 좋은 일과 나쁜 일, 그리고 제가 만났던 모든 새로운 사람을 요약하는 글도 쓰곤 합니다. 그 이유는 단지 제가 은퇴했거나 늙은 사람들 사이에서 일반적인 것처럼 보이는 "세월은 어디로 갔을까?"에 대한 경험을 두려워하기 때문입니다. 저는 세월이 어디로 갔는지에 관하여 매우 좋은 생각을 갖기를 원합니다. 방이 많은 어떤 집을 기억한다고 합시다. 이런 기억은 우리가 어느 정도 통제할 수 있는데, 왜냐하면 상황을 자동으로 전진시키는 '시간'이라고 일컬어지는 독립적인 힘은 존재하지 않기 때문입니다. 우리가 '시간'이라고 일컫는 것은 객체들의 배치 변화를 견인하는 엔진이라기보다는 오히려 객체들의 배치 변화가 낳는 생산물입니다. 우리가 시간에 대한 통제권을 상실한다는 의미는 우리를 구성하는 생물학적 물질들의 불가피한 열화劣化에서 유래합니다. 물론 OOO는 그 방면에서 항구적인 인간의 비극에 어떤 위안도 제공할 수 없습니다.

위트모어 근대 시대의 경향은 직선을 시대적 모형들을 위한 연결 조직으로 간주하는 것이었을 뿐만 아니라, 또한 그 방향성의 감각에 기반을 둔 진보의 이미지를 단언하는 것이었습니다. 당신의 경우에 그렇듯이, 우리가 아파트를 옮기기, 책을 쓰기, 그리고 어떤 철학적 관점을 성숙한 단계로 발전시키기에 관한 당신의 이야기를 일련의 개선으로 해석한다고 해서 반드시 OOO에 위배되는 것은 아닙니다. 우리가 정반대 방향으로의 비극적 움직임을 쇠퇴의 소용돌이 속으로 빠져드는 것 - 코로나19 팬데믹 상황에서 매우 많은 사람이 그랬듯이 자신의 생활을 상실함으로써 불행한 상태로 빠져드는 것, 그리고 소수의 선택지에 직면했을 때 절망에 빠져드는 것 - 으로 간주한다고 해서 잘못을 저지르는 것은 아닙니다. 우리는, 누군가가 이 일화들을 각각의 국소적 환경보다 어느 정도 더 깊거나 그것에 외재적인 어떤 시간적 흐름의 속성들로 표현함으로써 OOO에 위배될 것이라고 말할 수 있을 것입니다. 누군가는 이 일화들이 비가역적이며 인간의 모든 통제를 넘어서는 운동학적 흐름에 끊임없이 증가하는 속도로 맡겨진다고 단언함으로써 잘못을 저지를 것입니다. 그러므로 OOO의 시간 모형은 획기적이고 직선의 형태를 취할 수 있지만, 그것의 가역성으로 인해 라투르의 의미에서 근대적인 것은 결코 아닙니다. 그 이유는 객체들과 그 관계들이 시간을 생성하기 때문입니다.

또다시, 3장에서 당신이 제기한 역설로 되돌아가면, 획기적인 것은 특정한 객체들과 그 연합체들 사이의 접촉에서 생겨나기에 시대들은 어떤 임의로 분할 가능한 연속체 내의 단위체들이 아닙니다. 우리는 이런 대조를 일日, 월月, 연年과 옛날 바빌로니아의 문화적 창조물인 칠 일의 주週 사이의 대조로서 예시할 수 있는데, 일, 월, 그리고 연年이 또 다른 시간의 질서, 즉 순환적 질서를 시사하는 방식을 강조하기만 한다면 말입니다.[4] 지적 플랫폼들이 십이 년에서 십오 년까지의 기간 내에서 전복

---

4. 어떻게 해서 칠 일의 주가 천체들 사이에서 질서를 찾고자 한 노력의 부산물이었는지 언급되어야 한다. 즉, 그것은 일곱 개의 천체 ─ 황도를 따라 움직이는 현실적 존재자들(태양, 달, 그리고 맨눈으로 보이는 다섯 개의 행성)이든 북쪽 하늘의 가장 밝은 항성들이든 간에 ─ 에 대한 관찰을 통해서 출현했었을 것이다. L. S. Copeland, "Sources of the seven-day week"를 보라.

되는 방식이나, 또는 연구의 방앗간 — 회전과 반복의 의미를 내포하는 용어입니다 — 에서 노동하는 매우 많은 학자 사이에서 나타나는 생산성 결여에 관한 당신의 논의가 함축하듯이, 우리는 획기적인 것들을 원형으로 정렬할 수 있을 것입니다.

그다음 절로 넘어가기 전에, 저는 OOO가 이런 방향으로 사유를 개방하는 대로의 순환적 연속체에 관하여 조금 더 언급하는 것이 중요하다고 생각합니다. 얀 아스만이 매우 효과적으로 부각한 사례를 취하면, 고대 이집트인들은 순환적 시간과 비순환적 시간을 구분했습니다.[5] 네헤Neheh는 동일한 것의 재현으로서의 시간을 가리키는 고대 이집트의 개념으로, 예컨대 하늘과 지하 세계를 관통하는 태양의 반복되는 회로, 매년 나타나는 나일강의 상승과 하락, 매년 곡물 씨앗을 심기 위해 토양을 준비하고, 싹이 트는 것을 기다리고, 수확하며, 이 식량들을 저장하는 활동이 있습니다. 반면에, 제트Djet는 비순환적이지만, 그렇다고 그것이 선형적임을 뜻하지는 않습니다. 제트는 지속하는 것입니다. 아스만이 서술하듯이, 그것은 "불변의 영속성에 보존된 … 항구성의 신성한 차원이다 … 제트는 정지 상태에 있는 시간이다."[6] 우리는 순환적인 것이 적절한 것으

---

5. Assmann, *The Mind of Egypt*, 18~9.
6. 같은 곳.

로서, 심지어 획기적인 것들을 정렬하는 데 필요한 형태로서, 또는 적어도 선형적인 것에 대한 필수적인 보완물로서 나타나는 국면에 이르렀을까요? 연구와 관련되든 재활용 프로그램들과 관련되든 생태적 순환들과 관련되는 간에 우리의 불안정한 시대에 시간적 형태로서 고대의 원이 회복되는 사태에 관하여 당신은 어떻게 생각하십니까?

하먼 시간의 순환적 모형에 관한 당신의 물음에 응답하기 전에 저는 최근에 일어난 일을 공유하고 싶습니다. 저는 진화가 진실에 상응하여 이루어지기보다는 오히려 적합성에 상응하여 이루어지는지에 관하여 인지심리학자 도널드 호프만 및 색채 철학 전문가 마즈비타 키리무타와 멋진 온라인 토론을 벌였습니다. 호프만의 견해는 우리의 논의에 특히 적절합니다. 그 견해는 『실재에 반대하는 변론』이라는 널리 읽히는 책에서 다루어집니다.[7] 호프만은 공간과 시간조차도 실재와의 적절한 관련성이 전혀 없는 그저 진화적으로 고안된 계면interface들에 지나지 않는다고 생각합니다. 게다가, 그는 물리학의 친숙한 시공간이 불행한 운명을 맞이했다고 생각합니다. 이것은 부분적으로 블랙홀이 사실상 이차원 홀로그램에 지나지 않는다고 시사

---

7. D. Hoffman, *The Case Against Reality*; M. Chirimuuta, *Outside Color*.

하는 '홀로그래피 원리'에서 기인합니다.[8] 하지만 시간에 관한 한, 호프만은 최근에 하버드대학교에서 시공간이 무언가 더 심층적인 것으로 대체된다면 많은 양자역학 방정식들이 훨씬 더 단순해짐을 예증한 니마 아르카니-하메드의 강연에서 표명된 견해에 동의합니다.[9] 그런데 저는 진화 과정이 실재와 인간 경험 사이의 간극에 대한 주요 현장이라는 점에 동의하지 않지만(이 간극은 창조론이 사실이더라도 현존할 것입니다), 그리고 또한 저는 철학이 과학의 현재 상태에 동조하며 나아가야만 한다고 생각하지 않지만, 그런데도 저는 모든 것을 가차 없이 전진시키는 일방적인 연속체로서의 시간에 관한 관념이 최근에 물리학에서도 의심받고 있다는 사실을 알게 되는 것은 우리에게 많은 것을 시사한다고 생각합니다.

주기적 또는 순환적 시간에 관한 당신의 물음으로 되돌아가면, 이 모형에는 약간의 진실이 있지만 의심받을 약간의 근거도 있습니다. 예를 들면, 『비유물론』에서 저는 모든 사회적 객체가 먼저 대략 여섯 번의 공생을 거쳐 성숙의 시기에 이른 다음에 쇠퇴와 궁극적인 죽음을 겪는 현상에 관해 이야기했습니다. 이런 일이 모든 사회적 주체와 그 계승자들에게 일어

---

8. L. Susskind and J. Lindsay, *An Introduction to Black Holes, Information and the String Theory Revolution*을 보라.

9. N. Arkani-Hamed, "Spacetime & quantum mechanics."

난다고 제가 이해하는 한, 그런 의미에서 모든 그런 존재자에 운명지어진 어떤 순환적 움직임이 있습니다. 그런데 그런 움직임을 진보적 움직임과 결합하는 것은 어렵지 않습니다. 헤겔주의적 변증법이나 맑스주의적 변증법은 역사에서 재현하는 과정이 어김없이 진보를 수반한다고 이해합니다. 제가 선호하는 사례는 화학에서 정립된 원소의 주기율표입니다. 어떤 의미에서 우리는 계속해서 알칼리 토금속이나 불활성 기체로 되돌아가지만, 또 다른 의미에서는 우리가 그 표를 가로지르는 동안 동일한 원소는 절대 반복되지 않습니다. 따라서 주기성은 순환성에 대한 훌륭한 대안입니다. 왜냐하면 그것은 아무도 배제하기를 원하지 않을 진보적인 차원을 덧붙이기 때문인데, 보수주의자들은 그것을 배제하려고 시도할지라도 말입니다.

철학에서 순환적 시간은 저의 흥미를 끌지 못하는 영원의 철학philosophia perennis이라는 전통과 종종 연계됩니다. 철학은 반복적으로 가려지고 여러 세대에 걸쳐 회복되는 '참된 내용'을 찾아내는 것과 관련이 있다는 관념은 역사가 비가역적인 진보를 이루거나 심지어 후퇴한다는 사실을 놓치게 됩니다. 예를 들면, 우리는 하이데거가 후설의 철학을 오해했다는 주장, 또는 라캉이 프로이트를 오해했다는 주장, 또는 그 밖의 사례들에 관한 주장을 제기할 수 있을 것입니다. 그런데 당신이 하이데거를 결코 읽은 적이 없는 후설주의자이거나, 또는 라캉을 결코 진지하게 여긴 적이 없는 프로이트주의자라면 필시 편협한 독단주의에 빠질 수밖에 없다는 사실은 여전히 남게 됩니다. 또는 비견할 만한 일례를 들면, 저는 공교롭게도 데리다가 하이데거를 결코 제대로 이해하지 못했다고 생각하지만, 하이데거가 데리다 이후에 상당히 다르게 보인다는 점에는 의문의 여지가 없습니다. 데리다가 간과한 것은 참된 하이데거주의적 내용을 구제하는 것의 문제가 아니라 오히려 그 두 사람이 둘 중 한 사람이 또는 두 사람이 모두 전제했거나 놓쳤을 수 있던 것을 알아내기 위해 서로 대결하는 것의 문제입니다.

이렇게 해서 우리는 공생이라는 주제로 되돌아가게 됩니다. 제 생각에, 공생은 과거와 미래 사이의 대칭성이 깨지는 곳입니다. 라투르가 올바르게 거부한 어떤 근대적 정화 운동을 통해서가 아니라 오히려 이전에 각기 다른 두 가지 요소들의 예기치 못한 결합을 통해서 말입니다. 그러므로 우리가 들뢰즈를 (저 자신이 그렇듯이) 스피노자와 베르그손의 결합체라는 일반적인 방식으로 읽는다면, 우리는 철학의 역사에서 돌아다니는 새로운 동물로서의 들뢰즈를 대면할 뿐만 아니라, 또한 이전과는 다른 베르그손과 스피노자를 마주치게 됩니다. 모든 분야에서 고전적 인물들을 연구하는 이유는 진실을 알아내기 위해서가 아니라 오히려 새로운 고전을 구축해 내는 기본 요소들을 파악하기 위해서입니다. 저는 비非정전적 작품들이 너무나 쉽게 내용으로 환원된다는 단순한 이유에서 정전적 작품들에 관한 관념을 옹호합니다.

위트모어 알겠습니다. 그러한 순환적인 고대적 움직임들을 중단시키려고 시도하는 것은 일방적인 연속체로서의 시간에 관한 근대주의적인 (그리고 종말론적인) 관념입니다. 그런데 인간이 어떤 통제권을 행사하는 OOO의 에피소드적이고 가역적인 시간 모형에 수반되는 이점을 알아채려면 이런 주기적 구상이 어떻게 정립될 수 있는지 이해하는 것이 중요합니다. 시간의 움직임과 움직임의 결여를 나타내려면, 생산적인 연구 유형들의 경우에, 선분이든 원이든 또는 심지어 나선이든 간에 다양한 모양이 필요합니다. 계절의 전환은 세계에서 일 년 동안 일어나는 간헐적인 질적 변화를 예시하는 네 부분으로 이루어진 고리인 반면에, OOO의 관점에서 바라보면 아스완 하이 댐과의 합병을 통해서 퇴적물이 적재된 나일강의 수위 상승과 하강(고대 이집트인들로 하여금 어떤 근원적인 주기, 네헤라는 개념을 구상하게 한 현상)을 멈추게 하는 것은 공생인데, 이는 블루 나일강과 그랜드 에티오피아 르네상스 댐의 융합을 통해서 더한층 심화됩니다(선물이 가득한 나일강은 이 댐들을 제거함으로써 복원될 것이기에 이런 공생은 확실히 가역적인 것일지라도 말입니다.)[10] 우리가 OOO의 시간 모형이 어떻게 해서 온갖 종류의 객체-객체 관계를 포괄하는지 인식한다면, 탄소, 인, 질소, 물, 그리고 산소의 생물지구화학적 순환이나 쓰레기 재활용의 배후에 자리하는 그런 객체-객체 관계들의 현시가 어떻게 해서 인류세 시대에 인간이 이런 역동적인 순환들을 관찰하는 데 가장 중요할지 고찰하는 것은 적절한 것처럼 보일 것입니다.[11]

사실상 이렇게 해서 우리는, OOO의 시간 개념에 대한 세 가지 비판을 처리함으로써 지적인 해명 작업을 수행한 4장의 두 번째 절에 이르게 됩니다. 당신의 경우에, 그런 작업은 철학의 핵심, 즉 지혜에 대한 사랑과 관련된 것의 핵심을 겨냥합니다. 더욱이, 모든 철학적 작업이 정전적인 것의 층위로 올라갈 수 있게 하는 것은 **발명**입니다. 상이한 방식들로 울펜데일, 그래튼, 그리고 클라인헤이런브링크는 OOO의 경우에 시간은 오로지 피상적 현상들 사이에서 생겨난다는 점을 들어 당신의 발명품(당신의 경우에는 언제나 OOO의 선행 이론들에 대한 관대한 인정을 동반하는 것)에 이의를 제기합니다. 여기서 당신의 작업은 여러 가지 이유로 비난받거나 오해를 받습니다.

---

10. 고대 세계에서는 아름다운 것과 순환적인 것이 동일했다. 고대 그리스어 낱말 'horaios'는 계절의 전환, 계절성, 순환적인 것, 올바른 때, 생명의 전성기, 젊음, 아름다운 것을 뜻했다.

11. A. Arènes, B. Latour, and J. Gaillardet, "Giving depth to the surface"를 보라.

가장 긴급한 난제 — 시간의 감각적 영역이 어떻게 해서 실재적인 것들의 더 깊은 층위에 인과적 영향을 미칠 수 있는가? — 가 4장 전체의 근간을 이룹니다. 그런데 이 핵심에 접근하기 전에 이것을 우리가 이미 이 책 전체의 다양한 지점에서 검토한 쟁점과 연결하는 것이 유익할 것입니다. 어느 정도까지 이 비판들은 OOO가 시간의 "실재계 속 발판"을 설명하지 못한다는 모든 가정과 관련된 만큼이나 시간에 관한 **공간화된** 견해에 수반되는 예상과도 관련되어 있습니까? 당신의 비판자들은 시간으로부터 너무 많은 것을 기대하지 않습니까?

하먼 4장에서 논의되었듯이, 지적인 우선 사항들이 매우 다른 (그리고 다양한 수준으로 공정을 기하는) 세 명의 비판자들은 모두 시간이 모든 것으로 하여금 그것을 따라 계속 움직이게 하는 포괄적인 용기이어야 한다는 점에는 동의합니다. 울펜데일의 태도는 뉴턴과 일반 상대성 이론이 말해야만 하는 것에 대한 상당히 직설적인 과학주의적 맹종입니다. 그래튼은 모든 종류의 동일성을 인식하는 것이 터무니없는 소박한 태도에 해당한다는 자신의 데리다주의적 가정을 좇아서 시간을 차이와 동일시합니다. 데리다의 작업과 마찬가지로 이런 관념은 결코 완전히 부각되지는 않은 차이의 정치와의 연계에서 비롯되는 모호한 배경을 지지대로 삼고 있습니다. 저는 이런 정치적 비판을 일축하지 않고 오히려 동일성이 문제의 근원이라는 가정을 일축할 뿐이라는 점을 분명히 하겠습니다. 세 사람 중 유일하게 저에게 우호적인 마음을 품고 있는 클라인헤이런브링크는 들뢰즈주의적 배경에서 비판을 전개합니다. 어떤 간접적인 의미에서 이것은 그가 실재의 응결된 배치에 대하여 의구심을 품는 것으로 유명한 베르그손 학파 출신임을 뜻합니다. 또한 이것은 클라인헤이런브링크로 하여금 시간을 만물이 잠겨 있는 끊임없이 흐르는 강으로 간주하는 길을 따라 내려가게 합니다. 이 비판들은 모두 원인으로서의 시간에 관한 관념을 공유하는 반면에, OOO 모형에서 시간은 그래튼이 주장하는 대로 '부수현상적인' 것이 아니라 오히려 일종의 잔류물 또는 덧붙여진 것인데, 이를테면 방사 열차의 마지막 역입니다. 그런데 실재의 배수背水에 자리하는 인상적이지 않은 이런 위치에서도 시간은 생겨나는 모든 것의 온상이나 비료가 됩니다. "이와 같이 꼴찌가 첫째가 되고 첫째가 꼴찌가 될 것이다."[12]

대체로 동시대 사상은 그것이 오래된 실체 이론들에서 찾아내는 이른바 화석화의 정신에 반대하는 것을 자랑하고, 그리하여 삼차원적이라기보다는 이차원적인 비판을 많이 낳게 됩니다. 그래튼이 OOO는 아무튼 동일성에 관한 어떤 관념도

---

12. 마태복음 20장 16절.

수용하기에 그것은 플라톤주의라고 암시할 때, 그는 실재적 객체와 관련하여 영원한 것은 전혀 없다는 논점을 완전히 놓쳐버립니다. OOO의 실재적 객체는 헤라클레이토스주의적 유동 또는 베르그손주의적 지속 또는 데리다주의적 차이에 잠겨 있지 않더라도 빈번히 생성되고 파괴되며, 종종 아무도 인식하지 못할 정도로 매우 빨리 생성되고 파괴됩니다. 이것이 이차원 접근법으로 제가 뜻하는 바입니다. "모든 것이 완전한 유동의 조건에 처해 있도록 허용하지 않는다면 당신은 플라톤주의자임이 틀림없다." 여기서 그래튼을 가려낼 필요는 없습니다. 제가 선호하는 철학자 중 한 사람인 화이트헤드에게서도 마찬가지의 편견이 나타납니다. 화이트헤드의 경우에, 전통적인 실체 개념이 폐기되어야 하는 것은 매우 중요하기에 그는 모든 것이 '항구적인 소멸' 상태에 처해야 한다는 포괄적인 요구를 제기합니다. 물론, 아이러니한 점은 이런 소멸이 매우 항구적인 것으로 판명되어서 화이트헤드에게 시간과 유사한 어떤 것도 전혀 남지 않게 된다는 것입니다. 서로 단절된 끝없는 일련의 단속적 형태의 순간들이 있을 따름입니다. 그런데 그는 이런 상황을 서술하기 위해 '과정'이라는 낱말을 사용하기에 거의 모든 사람 ― 또다시 네일은 제외됩니다 ― 은 게으르게도 화이트헤드가 유동 학파에 속한다고 가정합니다. 그의 경우에 (하이데거와 마찬가지로) 상황은 정반대이지만 말입니다.

레비 브라이언트는 사유를 촉발하는 그의 많은 블로그 글 중 하나 — 2012년에 작성된 「안정성과 변화」라는 제목의 글 — 에서 이 논점에 대하여 다소 흥미로운 이중적 태도를 보입니다. 서두에서 짐작되듯이, 처음에 그것은 "모든 것은 언제나 변화하고 있다"라는 관점에서 작성된 것처럼 보입니다. "이해해야 할 중요한 점은, 설명이 필요한 것은 변화, 운동, 그리고 생성의 가능성이 아니라 오히려 지속, 안정성, 그리고 존속의 가능성이라는 것이다. 비개연적인 것은 엔트로피가 아니라 오히려 안정적인 존재자이다."[13] 그런데 나중에 그 포스트 글에서 그는 정반대의 직관을 표명합니다. "진짜 문제는 사물이 변화하는 것이 어떻게 가능한가가 아니라 오히려 왜 사물이 그냥 해체되지 않는가이다." 이 두 번째 구절에 대한 저의 해석은 브라이언트가 어떤 식으로든 증명의 부담을 안정성이나 동일성을 소박하게 믿는 사람들에게 지게 하려고 노력하고 있는 것이 아니라 오히려 정반대로 노력하고 있다는 것입니다. 즉, 당신이 모든 것이 언제나 변화하고 있다고 생각한다면, 왜 사물이 끊임없이 해체되지 않고 있는지 설명할 부담은 당신이 지게 됩니다. 브라이언트는 즉각적으로 "사물, 패턴, 안정성, 조직은 일과 에너지를 필요로 한다"라고 덧붙이지만, 어딘가에서 그가 변화, 차이,

---

13. L. Bryant, "Stability and change."

그리고 변이는 일과 에너지를 필요로 한다는 점에 동의한다고 말하는 것을 저는 들었습니다. 예전에 제가 서술했듯이, 때로는 사실상 아무것도 생겨나지 않고 때로는 많은 것이 생겨난다는 사실을 설명하려면 '안정성 이론' 같은 것이 필요합니다.[14] 매우 역설적이게도, 제가 '극치의 유동 학설'이라고 일컫는 것은 결국 지루한 순간과 급진적인 변화의 순간이 존재론적으로 동일하다고 간주하게 됩니다. 처음에 빅뱅이 무로부터 우주를 창조합니다. "아, 헤라클레이토스가 옳았다!" 그다음에 제가 나태한 자세로 조용히 앉아 있을 때 머리카락 하나가 제 머리에서 떨어집니다. "아, 헤라클레이토스가 옳았다!" 그런데 우리는 모두 그 두 사례 사이에 차이가 있음을 알고 있습니다. 그리하여 저는 우리가 『자연학』에서 아리스토텔레스가 이미 꽤 심하게 훼손한 "모든 것은 언제나 변화하고 있다"라는 추상적 가설을 신봉할 수밖에 없다고 가정할 이유가 없다고 봅니다.[15] 그렇습니다. 당신의 질문에서 표명된 표현을 사용하면, 시간이 모든 것을 포괄하는 인과적 힘이라는 것은 시간에 대하여 너무 많은 것을 기대하는 셈입니다. 시간은 만물의 혈관을 관통하여 흐르는 어떤 마법적인 운동의 묘약이 아닙니다. 시간은 어

---

14. Harman, "Conclusions."
15. Aristotle, *Physics*. [아리스토텔레스, 『자연학』.]

떤 감각적 객체와 그것의 다양한 외양 사이의 놀랍도록 피상적인 긴장입니다. 앞서 저는 이 표면이 모든 종류의 직접적인 접촉이 생겨날 수 있거나, 또는 모든 종류의 변화가 촉발될 수 있는 우주의 유일한 장소이기 때문에 과소평가되지 말아야 한다고 말했지만 말입니다.

위트모어 최근의 많은 고고학 이론은 끊임없이 흐르는 항구적인 생성의 강으로 완전히 뛰어들고자 하는 강한 충동이 있는데, 단 여기에는 "끊임없는 떠들썩한 유동"이 다양한 속도로 생겨난다는 단서 조항이 붙습니다.[16] 그리고 에페소스의 눈물을 흘리는 철학자 헤라클레이토스의 후류後流에서 헤엄치는 사람들이 눈송이의 형성과 영국 신석기의 출현을 동일한 존재론적 견지에서 이해할 수밖에 없는 것은 분명히 사실입니다. 예를 들면, 최근에 출판된 레이첼 J. 크렐린의 책에는 변화가 "언제나 회집체 내부의 관계들에서 비롯된다"라는 구절이 있는데, 회집체는 (들뢰즈를 추종하는) 베넷의 표현대로 "살아 있는, 진동하는 연합체"로 규정되는 용어입니다.[17] 이런 관점에

---

16. Cipolla, "Earth flows and lively stone"; Crellin, *Change and Archaeology*; Govier and Steel, "Beyond the 'thingification' of worlds"; Harris, "(Re-)assembling communities."
17. Crellin, *Change and Archaeology*, 165; Bennet, *Vibrant Matter*, 23 [베넷, 『생동하는 물질』].

서 바라보면 중요한 것은 "사물들을 동일하게 유지하도록 작용하는 회집체" 속 "관계들의 밀도"인 한편, 여기서 우리는 변화와 안정성을 거의 동일한 견지에서 설명하려는 유사한 경향을 마주치게 되는데, 제가 거의라는 낱말을 사용한 까닭은 차이가 집합체 내부의 변화하는 크기 또는 정합성에 관한 쟁점으로 귀결되기 때문입니다.[18] 이것은 단지 변화를 단언하는 것일 뿐만 아니라, 어딘가 다른 곳에서 당신이 지적했듯이, 또한 존속을 완전히 무시하는 것입니다. 그리하여 우리에게는 그 둘 다에 대한 명료하고 이해 가능한 설명이 남지 않게 됩니다. 우리는 크렐린의 텍스트가 시간을 불균질하고 창발적인 것으로 표현할 때 그 텍스트에서 추천할 만한 것을 많이 찾아낼 수 있지만, 그럼에도 그것은 청동기 무기 저장물이 영국의 토양에서 끊임없이 해체되고 있지 않은 이유에 대한 설명의 부담을 덜어주지 못합니다. 누군가가 우주는 항구적인 유동 상태에 있다고 가정한다고 합시다. 그 경우에, 당신과 브라이언트가 올바르게 주장하듯이, 그 누군가는 사물들이 실제로 변화에 저항하는 상황을 설명해야 합니다. 예를 들면, 그리스 신석기가 수천 년 동안 존속했으며, 게다가 혜택받은 소수를 중심으로 배치된 사회의 출현을 훌쩍 넘어서 농업에 종사한 다수 사이에

---

18. Crellin, *Change and Archaeology*, 69~74, 170~1, 173.

서 훨씬 더 오랫동안 존속한 이유는 무엇일까요?[19] 물론, 누군가가 안정성이 규범이라는 공리를 수용하자마자 그는 정반대 방향으로, 변화가 아무리 간헐적이라도 결국에는 상황이 어떻게 변화하는지 설명함으로써 작업할 수밖에 없습니다. 헤라클레이토스에게 마땅한 경의를 표하며, 위로 올라가는 길과 아래로 내려가는 길이 서로 다른 산들을 휘감는다면 그 길들은 하나일 수가 없는 것처럼 보입니다.

이렇게 해서 우리는, 표면에 현존하는 시간에 이의를 제기함으로써, 다양한 정도로, 시간에 관한 자신의 이해를 거듭 주장하고 싶은 유혹에 굴복하는 당신의 비판자들에게 되돌아가게 됩니다. 당신의 변론에서 당신은 독자들에게 표면을 과소평가하지 말 것을 경고합니다. 4장에서 당신은 이 논점을 어느 정도 이 책에 대한 코그번의 서평에 대응하여 다루었지만, 만약에 당신이 우리로 하여금, 4장의 세 번째 절에서 당신이 개진한 언표 ― "변화가 시간을 전제로 하는 것이 아니라 시간이 변화를 전제로 한다" ― 로 요약되었듯이, 시간이 "변화에 의해 생성되"면서도 또한 아무튼 사전에 가정될 수 있는 방식을 더 잘 이해하도록 도움을 베푼다면 그것은 고고학, 인류학, 또는 역사학에 종사하는 독자들에게 유익할 것이라고 저는 믿고 있습

---

19. Witmore, "The end of the Neolithic?"

니다. 당신은 OOO의 현상적 시간 모형이 어떻게 해서 "실재적인 것으로 되돌아가서 자국을 남기는 경로를 개척하는 데 도움을 줄 수 있는"지는 매우 명백할 것임이 틀림없다고 진술하지만, 이것이 작동하는 방식을 분명히 좇는 것은 OOO에 능숙한 많은 독자에게도 반드시 쉬운 일은 아닙니다.

하면 저의 답변이 약간 길어지지 않을까 우려됩니다. 몇 가지 잠정적인 새로운 용어를 소개함으로써 시작합시다. 철학에서 실재적인 것에 도달하는 것과 관련하여 취할 수 있는 방법은, 적어도 그것이 쉽지 않다고 생각하는 저 같은 사람들에게는, 두 가지가 있습니다. 일반적인 방법은, 실재적인 것이 파도 아래에 잠겨 있기에 우리는 그것이 보일 수 있도록 표면으로 가져와야 한다고 말하는 것입니다. 이런 의미에서 실재적인 것을 가리키기 위해 '해저의'submarine라는 형용사를 사용합시다. 많은 합리론자의 경우에, 여기에는 결코 아무런 문제가 없습니다. 올바른 인식론적·과학적·수학적 절차를 따르기만 하면 당신은 쉽게 실재적인 것을 표면으로 가져올 수 있습니다. 그런데 OOO의 경우에는 칸트 및 하이데거와 마찬가지로 이런 작업이 단순한 것일 수가 없음이 명백합니다. 칸트는, 표면 아래에 자리하고 있는 것은 본체이며, 인식될 수는 없고 사유될 수 있을 뿐이라고 말하곤 했습니다. 하이데거는, 그것은 탈

은폐 과정을 통해서 점진적으로 또는 점근적으로 표면으로 부각될 수 있지만 결코 완전히 부각될 수는 없다고 말하곤 했습니다. OOO는 이 두 입장 사이 어딘가에 있습니다. 우리는 본체적인 것과 관련하여 말할 것이 칸트가 깨달은 것보다 더 많이 있다고 생각합니다. 본체적인 것은 직접 인식될 수 없다는 칸트의 주장은 옳지만 말입니다. 하이데거와 일치하지 않는 점은 OOO가 존재에 대한 어떤 '부분적인' 접근법도 가능하지 않다고 생각한다는 것입니다. '부분적인'이라는 낱말은 결국 '직접적이지만 부분적인'이라는 것을 뜻하고, 그리하여 모든 그런 모형과 관련된 문제는 그것들이 우리가 볼 수 있는 바나나의 부분이 우리가 볼 수 없는 바나나의 부분과 관련되는 방식을 설명할 수 없다는 것입니다. 어떤 의미에서 바나나는 단적으로 통일된 단 하나의 바나나이고, 따라서 당신은 자신이 그것의 72퍼센트를 경험한 반면에 나머지 28퍼센트는 인식되지 않았다는 일종의 비현실적인 추정을 내릴 수 있지만, 그 경우에 당신은 그것을 경험론적 방식으로 '성질들의 다발'로 간주하고 있을 따름입니다. 울펜데일은 이런 취지로 사물에는 단지 미지의 '양적' 과잉이 있을 뿐이고 '질적' 과잉은 없다고 주장합니다.[20] 그런데 이것은 실재적인 것을 원칙적으로 아무 변형 없

---

20. Wolfendale, *Object-Oriented Philosophy*, 70.

이 인식 가능한 이미지로 번역될 수 있는 무언가로 간주함을 뜻하며, 그리고 라투르는 철학의 역사에서 변형 없는 전송의 불가능성을 파악한 최초의 인물이 아니었습니다. 우리는 이것을 몇몇 스콜라 철학자에게서도 찾아볼 수 있는데, 특히 프란치스코 수아레즈가 토마스주의적인 '한정된 질료'materia signata, 즉 형태[형상]가 찍힌 물질[질료]의 모형을 거부한 점에서 찾아볼 수 있습니다. 역사적으로 말하자면, 철학에서 '물질'이라는 바로 그 관념은 주로 사물 속의 형태가 그것과 관련하여 우리가 마음속에 품는 형태와 관련되는 방식에 관해 충분한 설명을 제시하지 못하는 것에 대한 변명거리로서 고안되었습니다. 여기서 문제가 되는 것은 '물질'로부터 형태만을 추출하여 마음속으로 가져오는 과정이 아닙니다. 도처에는 형태들 이외에 아무것도 존재하지 않으며, 그리고 당신이 형태를 사물에서 마음속으로, 또는 어딘가 다른 곳으로 옮길 때 형태는 바뀝니다. 어쨌든, 이것이 실재적인 것에 대한 '해저의' 구상입니다. 이것이 당신의 질문과 관련된 것이며, 그리고 저는 조만간에 그것을 다룰 것입니다. 그런데 먼저 우리는 실재적인 것을 다루는 정반대의 방법에 관해 이야기해야 합니다.

정반대의 방법은 '해상의'supermarine 것이라고 일컬어질 수 있을 방법입니다. 이 방법은 표면 아래의 실재가 현존하는 유일한 종류가 아니라고 말하는 것에 해당합니다. 예를 들면, 일상적인 지각의 경우에는 실재적이라기보다는 감각적인 것으로 여겨지는 수많은 이미지와 윤곽이 있습니다. 그런데 이런 감각적 실재의 경험자는 언제나 실재적인 것입니다. 즉, 세계를 바라보는 '나'는 감각적 객체들을 마주치는 하나의 실재적 객체입니다. 저 자신은 감각적 객체가 아닙니다. 외부의 관찰자가 나를 그런 식으로 바라봄이 틀림없더라도, 그리고 심지어 내성^{內省}을 수행하는 중에 나는 나 자신을 실재적 객체라기보다는 오히려 감각적 객체로 마주치더라도 말입니다. 그런 사실을 이용하면 우리는 감각적 영역의 부분들로 하여금 이미 실재적인 것으로 알려진 객체, 즉 나 자신과 어떤 특별한 종류의 관계를 맺게 함으로써 그것들을 실재적 객체의 성분들로 전환할 수 있습니다. 여태까지 OOO는 이 논점을 대체로 미학과 연결지어 전개했습니다.[21] 호메로스가 "포도주 빛 짙은 바다"라고 말할 때 이 어구의 비^非직서성은 바다-객체를 그것의 포도주-성질로부터 분리합니다. 왜냐하면 그것들의 관계는 모호하게 주의를 끌지만 어쨌든 불가능한 것이기도 하기 때문입니다. 포도주-성질들은 우리 앞에 여전히 존재하는데, 모든 실재적 객체와 마찬가지로 접근할 수 없는 실재적 바다와 불가능한 결합을 이루고서 말입니다. 그러므로 실재적 객체로서의 나 자신이 그 실

---

21. Harman, "A new sense of mimesis."

재적 바다를 대체해야 하는데, 요컨대 콘스탄틴 스타니슬랍스키의 연기 체계(주지하다시피 미합중국에서는 '메소드 연기'라고 일컬어지지만, 스타니슬랍스키 자신은 체계라고 일컬었습니다)와 유사한 방식으로 그것을 연극적으로 연기해야 합니다.[22] 그런데 미학 이외에도 그런 사례들이 많이 있습니다. 예를 들면, 언어행위 이론에서는 약속이나 맹세가 단순한 서술적 언술이 그러하지 못할 방식으로 실재를 창출한다는 사실이 알려진 지는 오래되었습니다.[23] 라캉은 모든 언표가 발화되는 것 이상의 것이라고 말하곤 했습니다. 왜냐하면 모든 언표는 그것을 발화하는 사람의 입장도 표명하기 때문입니다. 레비나스는 말해진 것을 말함과 대조합니다. 이것들은 모두, 선재하는 실재를 표면으로 가져오고자 하는 '해저의' 방법과는 대조적으로, 선재하는 감각적 영역의 꼭대기에 실재를 구축하는 '해상의' 방법입니다. OOO는 해상의 방법들을 먼저 검토했습니다. 그 이유는 단지 그것들이 일견 철학자들에게 덜 친숙하더라도 철학적으로 이해하기에는 더 쉽기 때문입니다.

해저의 방법과 관련된 문제로 되돌아가기 전에 해상의 방법의 전사前史에 관해 몇 마디 말씀드리겠습니다. 앞서 언급되

---

22. K. Stanislavski, *An Actor's Work*.
23. J. L. Austin, *How to Do Things with Words*.

었듯이, OOO는 이런 가능성을 다룬 첫 번째 이론이 아닙니다. 한 가지 명백한 사례는 『형식논리학과 선험논리학』에서 이루어진 "선험적 발생"에 관한 후설의 논의입니다.[24] 첫째, 후설의 철학에서는 해저의 실재가 전혀 없음을 떠올려야 합니다. 후설은 가능한 의식적 접근과 상관되지 않은 실재에 관한 칸트의 관념이 터무니없다고 깨닫습니다. 그런데 물론 후설의 경우에 의식적 주체는 독자적인 실재가 있으며, 그리고 그는 이 주체가 세계 속에서 자신이 겪은 경험으로부터 새로운 지속적인 특성들을 획득할 수 있을 가능성을 탐구합니다. 데리다는 바로 이 문제와 관련하여 『후설 철학에서 발생의 문제』라는 흥미로운 석사학위 논문을 저술했습니다.[25] 선험적 발생은 OOO의 심미적 연극성과 전적으로 동일한 것은 아니지만, 둘 다 주변의 감각적 세계 속에서 실재적인 것을 정립하기 위한 해상의 접근법입니다.

또 다른 최근의 노력은 바디우의 철학에서, 특히 『세계의 논리』에서 찾아볼 수 있습니다.[26] 바디우의 경우에 '세계'는 '초험적인'transcendental 것이 관장하는 특정한 현상적 상황이고,

---

24. Husserl, *Formal and Transcendental Logic*. [후설, 『형식논리학과 선험논리학』.]
25. J. Derrida, *The Problem of Genesis in Husserl's Philosophy*. [자크 데리다, 『후설 철학에서 발생의 문제』.]
26. Badiou, *Logics of Worlds*.

따라서 이런 점에서 그것은 모든 것이 이미 '세어진'counted 상황이기에 그 상황의 외부에서 세어지지 않은 것이 분출하는 바디우의 소중한 '사건'과 정반대되는 것입니다. 그런데도 또한 바디우는 그 상황에서 생겨나는 것들은 아무튼 그 상황 자체 이상의 것을 소급해서 수정할 수 있다고 넌지시 주장합니다. 그렇지 않다면 작용하는 것은 전혀 무의미할 것입니다. 누군가가 정치적 혁명, 과학적 혁명, 그리고 미학적 혁명을 동시에 수행하면서 사랑에도 빠질 수 있는 바디우주의적인 초超천재일지라도 모든 것은 그것이 우연히 처하게 되는 평범한 상황에 용해될 것입니다. 사건이 중요하려면 상황과 진실[진리] 사이에 연계를 확립할 방법이 있어야 하는데, 이것이 바로 『세계의 논리』의 주제입니다. 좋습니다. 하지만 문제는 바디우주의적 사건이 일종의 해저의 것인가 아니면 일종의 해상의 것인가입니다. 저는 후자라고 주장할 것인데, 왜냐하면 (모든 특정한 세어진 상황의 외부에 자리하는) 그의 "비정합적 다자"는 철학적으로 실재론적인 의미에서 자율적인 현존을 갖추고 있는 것처럼 보이지 않기 때문입니다. 바디우는 그것을 "공백"이라고 일컬음으로써 사실상 이 관념을 명시적으로 정통적인 집합론에서 모든 집합에 속하는 것으로서의 공집합에 연계시킵니다.[27] 모든

---

27. A. Badiou, *Being and Event*. [알랭 바디우, 『존재와 사건』.]

상황에서 비정합적 다자는 세어지고 인식된 모든 것의 그림자처럼 존재하지만, 그것은 실제로 독립적으로 존재하지는 않습니다. 어떤 의미에서 바디우는 모든 주어진 정치적 상황이 어떤 사람들(노숙자들, 불법 이민자들)을 사실상 셈하지 않고 배제한다는 사실과 그런 사람들이 어떤 정치적 혁명을 위한 기초를 형성할 수 있다는 사실을 활용합니다. 이렇게 해서 그들은 모든 셈의 외부에서 정말로 독자적으로 현존하는 것처럼 보이게 됩니다. 그런데 바디우의 존재론은 사실상 이것을 가능하게 하지 못합니다. 그의 '비정합적 다자'는 인식 불가능한 본체도 무형의 아페이론apeiron도 아니라 단지 모든 특정한 셈의 부정일 뿐입니다. 그러므로 제가 보기에 바디우의 사건 역시 해상의 것이고, 따라서 감춰진 어떤 것도 드러내지 못하고 오히려 어떤 특정한 사건에 대한 어떤 주체의 충실성에서 구축된 하나의 새로운 혼종 실재를 구성할 따름입니다. 다시 말하자면, 한낱 감각적 우발 사건 또는 상황적 우발 사건에 불과한 것 — 1789년 파리에서 수백 명의 사람이 감옥을 습격하여 수감자들을 풀어준 우발 사건 — 은 프랑스 혁명이 개시되었다고 확언하는 주체들의 충실성을 통해서 실재적 사건이 됩니다.

이제 해저의 것에 관한 주제로 되돌아갑시다. 저는 이 쟁점을 다루고자 하는 어떤 설득력 있는 시도도 알지 못합니다. 한편으로, 실재를 인식하는 것과 관련하여 진지한 문제는 전혀 없다고 생각하는 사람들이 있습니다. 일반적으로 과학, 수학, 또는 합리론적 철학의 방식으로 적절한 지적 기법들을 사용하여 사물들의 참된 특성들을 찾아내기만 하면 됩니다. 제 동료 메이야수는 이 진영에 속합니다. 다른 한편으로, 플라톤, 플로티노스, 칸트, 하이데거 등처럼 실재적인 것과 감각적인 것을 선명히 구분하는 철학자들이 있습니다. 그리고 이 사상가들은 실재적인 것을 포착하는 다양한 방법을 제시하지만, 결코 우리가 그것을 변화시킬 수 있다고 주장하지는 않습니다. 어쩌면 어떤 의미에서 인간의 활동은 실재적인 것에 '관여할' 수 있을 것이지만, 플라톤의 완벽한 형상이나 칸트의 본체가 여기 지상에서 생겨나는 어떤 것에 의해서도 변경되거나 결합되거나 훼손될 수 있는 방법은 전혀 없습니다. 때때로 우리는 하이데거 학자들이 인간(현존재Dasein)의 행위가 존재 자체에 영향을 미칠 수 있는 것처럼 "신에게는 우리가 필요하다"와 같은 공식적 언표들을 표명하는 것을 봅니다.[28] 그런데 그것이 작동하는 방식도, 하이데거가 그런 입장을 일관되게 유지하는지조차도 절대 명료하지 않습니다.

그런데 또한 제가 선호하는 데란다의 구절 중에서 『새로운

---

28. 예를 들면 E. Wolfson, "*Gottwesen* and the de-devinization of the last god"를 보라.

사회철학』의 앞부분에서 나타나는 구절이 있습니다. 그곳에서 데란다는 통일된 실재를 갖추지 않은 다수 존재자의 콜라주에 불과한 것에 속하기보다는 오히려 어떤 실재적 회집체에 속하는 다양한 종류의 면모들을 논의합니다. 사람들이 일반적으로 이야기하는 것은 창발적 특성들입니다. 물은 별개의 수소에도 별개의 산소에도 속하지 않는 특질들을, 예컨대 불을 끄고 동물의 갈증을 풀 수 있는 역량들을 지니고 있음이 명백합니다. 데란다는 어딘가 다른 곳에서 이 주제에 관한 훌륭한 글을 적었습니다.[29] 그런데 그것은 『새로운 사회철학』의 주요 관심사가 아닙니다. 새로운 회집체에 대한 데란다의 다른 규준 중 하나는 그가 "잉여적 인과관계"라고 일컫는 것으로, 그것은 (종종 그렇듯이) 그가 주류 분석철학자들과 다르게 사용하는 어구입니다. 데란다의 경우에, 그것이 뜻하는 바는 회집체가 모든 **특정한** 부분과 독립적이라는 것입니다. 6천 킬로미터를 주행한 후에 우리는 자신의 자동차 타이어를 교체하지만, 그렇다고 해서 우리는 결코 그 자동차를 다른 자동차라고 일컫지 않을 것입니다. 어떤 모호한 한계 내에서는 어떤 타이어도 사정은 마찬가지일 것입니다. 이것은 데란다와 라투르 사이의 한 가지 주요한 차이를 보여주는 데 도움이 됩니다. 왜냐하면 라투

---

29. M. DeLanda, *Philosophical Chemistry*.

르의 '블랙박스' 개념은 한 사물의 모든 부분과 역사가 그 사물 자체에 존재하고 대부분의 시간 동안 보이지 않게 감춰져 있을 따름이라는 것을 함축하기 때문입니다. 데란다는 (제가 그럴 것처럼) 블랙박스가 자신의 내부 성분들을 감추는 데 진력할 뿐만 아니라 이 성분들로부터 자신의 상대적인 독립성을 정립하는 데에도 진력한다고 이의를 제기할 것입니다. 우리 신체의 원자들이 종종 떨어져 나가고 새로운 원자들로 대체되는 상황을 고려한 후에 이제 그것이 얼마나 사소한 일인지 생각해 봅시다. 사실상 이런 까닭에 데란다는 물리학보다 화학을 선호합니다. 화학에서 중요한 것은 더는 추가적인 힘이나 물질에 관한 물음이 아니라 오히려 자신의 성분 부분들과 구분되는 실재의 새로운 층위들에 관한 물음입니다.

그런데 데란다의 논의에서 가장 흥미로운 것은 어딘가 다른 곳에, 실재적 회집체들의 두 가지 다른 특질에 자리하고 있습니다. 첫 번째 특질은 새로운 부분들을 창출할 수 있는 회집체들의 능력입니다. 이것은 새로운 세포들을 끊임없이 생산한다고 알려진 유기체만이 갖추고 있는 것은 아닙니다. 또한 그것은 로스앤젤레스만큼 비자연적인 회집체의 경우에도 생겨납니다. 로스앤젤레스는 새로운 부서들을 세울 수 있고 이전의 교외들을 병합할 수 있는데, 그 과정에서 그것들 모두에게 어떤 모호한 '로스앤젤레스 정취'를 부여합니다. 그런데 어떤 회집체가 새로운 부분을 전혀 창출하지 않을 때에도 그것은 자신을 구성하는 부분들에 소급적 영향을 미칠 수 있습니다. 로스앤젤레스 지역으로 이사 온 이후에 저와 제 아내의 생활양식과 태도는 뚜렷하게 바뀌었습니다. 왜냐하면 우리는 이전에 이집트, 터키, 또는 아이오와에서 살 때에는 알지 못했던 어떤 문화적 규범들과 활동 패턴들을 채택했기 때문입니다. 이제 우리는 로스앤젤레스의 '부분들'이지만, 로스앤젤레스는 우리가 그것을 구성하는 것에 못지않게 우리를 구성하며, 그것도, 우리의 작은 크기와 우리가 그 대도시에 미치는 제한적인 영향을 고려한다면, 훨씬 더 그러함이 틀림없습니다. 이것이 우리가 감각적 영역에서 일어나는 표면 우발 사건들이 "실재적인 것으로 되돌아가서 자국을 남기는 경로를 개척하는 데 도움을 줄 수 있는" 방식에 대한 암시를 얻게 되는 지점입니다.

OOO의 인과관계 모형은, 대체로 개별적인 통시적 존재자들의 덧없는 순간적인 충돌에 주목하는 일반적인 모형이 아니라는 점을 기억해야 합니다. 궁극적으로 OOO의 경우에는 모든 인과관계가 본질상 합성적입니다. 십 년 전에 「시간, 공간, 본질, 그리고 형상」이라는 제목의 논문이 출판되었는데, 여기서 저는 공중에서 발생한 비행기 충돌 사례를 제시합니다. 저는 이 사태를 두 개의 개별적 존재자 사이의 공간 속 충돌로 간주하기보다는 오히려 모든 진정한 관계가 그 자체로 하나의 새로운 객체를 생산한다고 언급했습니다.[30] 이에 대한 이유는 객체가 인간에 의해 쉽게 인식되는, 오래가는 물리적 고체일 필요가 없기 때문입니다. 오히려, '객체'에 관한 더 기본적인 개념은 외부 관찰자들이 헤아릴 수 없는 새로운 실재라는 개념입니다. 비행기 충돌 사태는 객체에 대한 이런 확장된 정의를 충족함이 명백합니다. 그 충돌 사태는 관찰자들이 그것에 관해 이야기하는 것으로도 환원될 수 없고, 그것이 미합중국 연방항공청 규제와 희생자 가족들의 삶에 미치는 영향으로도 환원될 수도 없습니다. 오히려, 그 충돌 사태는 별개로 고려된 두 대의 비행기 이상의 것입니다. 그것은 아무리 불안정하고 일시적일지라도 하나의 새로운 객체입니다. 그것들의 비극적인 만남을 통해서 그 두 대의 비행기는 둘 다를 포함하는 더 큰 제3의 존재자의 성분들이 됩니다. 그 존재자는 자신의 두 가지 주요한 조각에 소급적 영향을 미침이 분명한데, 그 조각들은 둘 다 새로운 제3의 객체의 내부에 여전히 남아 있으면서 수정됩니다. 그런데 그것들은 그 충돌-객체에 영구적으로 융합되기보다는 오히려 어떤 독립성을 유지하며, 그리고 이 객체의 본질적인 불안정성을 고려하면 그것들은 그 충돌 사태 이전과는 매우 다른 형태를 갖추고서 재빨리 분리됩니다.

---

30. Harman, "Time, space, essence, and eidos."

이것이 당신의 질문에 대한 저의 잠정적인 답변입니다. 인과적 상호작용은 실재의 표면에서 일어날 뿐만 아니라, 이전에 독립적이었던 두 개의 항을 포함하는 새로운 제3의 객체의 내부에서도 일어납니다. 공교롭게도 저는 모든 인과적 관계에서 단지 두 개의 항이 관여될 수 있을 뿐이라고 생각합니다. 왜냐하면 그 관계는 하나의 실재적 객체와 하나의 감각적 객체를 필요로 하고, 그리하여 "셋이 하나의 무리"이기 때문입니다. 그런데 그 문제의 관건은 인과관계가 언제나 하나의 감각적 항과 더불어 하나의 실재적 항을 포함한다는 것인데, 물리적 현실에서는 대칭성이 작동하고 있는 것처럼 보일지라도 말입니다. 실재적 비행기 A는 감각적 비행기 B와 접촉하는 한편으로, 실재적 비행기 B는 감각적 비행기 A와 접촉합니다. 모든 관계의 경우에 상황이 이런 것은 아님을 인식해야 합니다. 저는 아무 영향도 받지 않은 채로 망원경을 통해서 오래전에 사라진 항성을 볼 수 있습니다. 왜냐하면 그 실재적 항성은 더는 현존하지 않기에 어떤 것에 의해서도 영향을 받을 수 없기 때문입니다.

위트모어 그러므로 현상적 시간은 실재적인 것에 길을 새길 수 있습니다. 그 이유는 그것이 새로운 제3의 객체의 표면에서 생겨나기 때문만이 아니라 두 객체 사이의 실재적 및 감각적 대응물들을 통한 간접적인 접촉 때문이기도 합니다. 이런 마주침을 통해서 그 두 객체는 아무리 일시적이라도 제3의 객체의 성분들이 됩니다. 자신의 내부에 자리하는 두 개의 실재적 객체와 접촉하는 이런 제3의 실재적 객체에 대하여 코그번에 의해 제기된 가능한 난점을 살펴봅시다. 우리가 어떤 역사적 실례에 의거하여 당신의 답변을 다시 진술할 수 있다면, 서기 79년에 베수비우스 화산이 분출한 일련의 화산 쇄석들은 해변 도시에 쇄도하여 하루 이상의 기간에 걸쳐 헤르쿨라네움을 삼킴으로써 하나의 새로운 객체 – 건축물 속에서 피난처를 찾았던 인간 거주자들이든 그들의 반려동물들이든 또는 이전에 그늘이나 양식을 제공했던 식물이든 간에 모든 생명체에 적대적인, 과열된 도로들, 구역들, 신전들, 주택들, 광장, 극장, 그리고 용암 흐름의 치명적인 가마 – 의 형성을 촉발했습니다. 이 매장된 화산 지옥의 불안정성을 고려하면, 쇄도한 화산 쇄석은 결국 매장된 로마 시대 도시의 옛날 하부구조에서 분리될 것인데, 요컨대 탄화된 목재 들보들, 가구, 그리고 심지어 빌라 데이 파피리Villa dei Papiri의 서재에서 발견된 것들과 같은 두루마리들과 더불어 소결된 매장물들과 고형화된 흐름들을 남겼습니다.[31] 소小 플리니우스가 늘어선 건축물들 주위에 형성된 화산 쇄석 흐름들의 격변적 축적을 관찰할 수 있었더라면 그는 시간 – 당

---

31. A. Wallace-Hadrill, *Herculaneum*.

신의 경우에 감각적 객체들의 그 감각적 성질들과의 대면과 관련된 시간 – 을 인식했었을 것입니다. 한편으로 해저의 층위들에서 생겨난 인과적 관계들은 18세기에 발굴됨으로써 급격히 변화하기 시작했을 따름인 잘 보존된 로마 시대의 도시를 남겼습니다.32 그러므로 이런 식으로, 시간은 변화에 의해 생성되면서 또한 역설적으로 변화를 가정할 수 있습니다.

맥태거트에 관한 당신의 논의를 검토하기 전에 여기서 당신의 응답은 두 가지 후속 사유를 촉발합니다. 첫째, 그 논의에서 한발 물러서서 당신의 답변을 존재도학ontography에 의거하여 정위하는 것이 유익할 것입니다. 당신의 경우에, 존재도학은 (철학에서든 인류학에서든 고고학에서든 간에 다른 사람들에 의해 다양한 방식으로 규정됨에도) 객체들의 사중 특질에서 비롯되는 짝짓기들을 서술하고 결정하는 것과 관련이 있는 용어입니다.33 당신이 더 자세한 존재도학적 지도 – 여기서 당신이 시간과 인과관계에 대하여 행한 방식으로 가능한 상호작용들을

---

32. 화산 분출과 소 플리니우스의 관찰에 관한 서술은 H. Sigurdsson, S. Cashdollar, and S. R. J. Sparks, "The Eruption of Vesuvius in A.D. 79"를 보라.
33. Ian Bogost, *Alien Phenomenology* [이언 보고스트, 『에일리언 현상학』]; M. Holbraad, "Ontology, ethnography, archaeology"와 비교하라. 고고학 내에서는 O. J. T. Harris, *Assembling Past Worlds*, 199~221을 보라. 사중 객체에 관해서는 Harman, *The Quadruple Object*, 124~35 [하먼, 『쿼드러플 오브젝트』]를 보라.

세밀히 나타내는 지도 – 의 필요성을 공표한 지도 십 년 이상이 지났습니다.[34] 이런 노력은 완성에 이르는 경로를 따라 얼마나 멀리 나아갔습니까?

둘째, '물질문화'를 연구하는 인류학자들과 자신의 연구 대상을 '물질'로 간주하는 고고학자들은 당신의 논점, 철학에서 물질이 "주로 사물 속의 형태가 그것과 관련하여 우리가 마음속에 품는 형태와 관련되는 방식에 관해 충분한 설명을 제시하지 못하는 것에 대한 변명거리로서" 고안되었다는 논점은 약간 당혹스럽다고 깨달을 것입니다. 당신은 이 논점을 지나가는 길에 진술했더라도 물질과 형태에 관한 당신의 관점을 한층 더 맥락화하는 것은 제가 보기에 매우 중요할 것입니다. 특히, 유물론을 거부하는 당신의 태도에 익숙하지 않은 독자들에게 말입니다.[35] 당신의 철학이 지닌 많은 중요한 속성 중 하나는 객체가 물질과 동의어가 아니라는 것입니다. 왜냐하면 객체는 관념도, 허구도, 상상의 산물도 될 수 있기 때문입니다. 또 하나의 속성은 객체가 물질로 환원될 수도 없고, 물질에 종속될 수도 없다는 것입니다. 왜냐하면 객체들은 물질적이든 비물

---

34. Harman, *The Quadruple Object*, 135. [하먼, 『쿼드러플 오브젝트』.]
35. G. Harman, "I am also of the opinion that materialism must be destroyed"; Harman, "Materialism is not the solution"; Harman, *Immaterialism* [하먼, 『비유물론』]; Harman, "On behalf of form."

질적이든 간에 다양한 모양과 크기로 나타나기 때문입니다. 그런데 당신은 훨씬 더 나아갑니다. OOO는 이산적인 객체들을 실재의 명확한 근거로 정위함으로써 거의 모든 형태의 유물론과 어긋나게 됩니다. 왜냐하면 유물론들의 체계는 원초적 궁극자, 약동하는 전체, 또는 물리적 특성들의 다발로서 물질의 이미지 위에 세워져 있기 때문입니다. 저는, 어떤 객체를 특징짓는 것은 그것의 물질적 기체基體가 아니라(왜냐하면 인간[마음]과 세계라는 특권적인 이원론적 구도를 벗어날 때, 또한 객체는 비물질적인 것일 수도 있기 때문입니다) 오히려 그것은 언제나 어떤 구조를 갖추고 있다는 당신의 주장, 그것은 언제나 형성되어 있다는 주장을 받아들입니다.[36] 그런데 '유물론'이라는 용어를 거부하는 당신의 태도는 주로 어머니를 뜻하는 라틴어 'mater'에서 유래하는 '물질'의 원초적 의미 ─ 실재적인 것을 우리 주변 세계 아래의 기체와 연관시키는 경향이 있던 소크라테스 이전 철학자들과 관련될 수 있는 유산 ─ 와 관련되어 있습니다.[37] 그런데 '물질'이라는 용어의 물리적 의미, 즉 목재, 판재, 건설 재료, 또는 물체를 뜻하는 라틴어 'materia'나 'materies'에서 유래되는 의미는 어찌해야 할까요? 당신이 진술하듯이 도처에

---

36. Harman, "Materialism is not the solution," 96.
37. Harman, *The Quadruple Object*, 8~10 [하먼, 『쿼드러플 오브젝트』]; C. Witmore, "Matter."

"형태들만 있을 뿐"이라면 당신은 청동으로 만들어진 물항아리와 도자기로 만들어진 물항아리 사이의 특정한 차이점들을 설명하고자 하는 고고학자들에게 어떻게 대응하시겠습니까? 브라이언트를 좇아서 물질을 이런 원료의 견지에서 구상하는 동시에 창발적인 것으로 간주할 수 있지 않겠습니까?[38] 유물론은, 그 용어를 재정의하려는 시도에 열린 채로 있고 객체를 그것의 물리적 성질들에 종속시키기를 거부한다면 어떤 효용을 보유할 수 있을까요?

하먼 물질에 관한 질문으로 시작한 다음에 존재도학에 관한 질문으로 되돌아갑시다. 청동 항아리와 도자기 항아리 사이의 차이에 관한 당신의 논점으로 시작합시다. 그 함의는, 우리가 물질을 무시한다면 우리에게는 그것들을 분별할 방법이 전혀 없는 채로 단지 동일한 형태가 있을 뿐이라는 것처럼 보입니다. 그런데 여기서 당신이 실제로 묻고 있는 것은 성분들이며, 그런 성분들은 형태의 적실한 부분입니다. 다시 말하자면, 청동 항아리와 도자기 항아리는 사실상 상이한 **형태들**을 갖추고 있습니다. 누군가가 언제나 그 두 객체를 둘 다에 공통적인 것처럼 보이는 어떤 물리적 모양에 이를 정도로 추상화할 수

---

38. L. R. Bryant, *Onto-Cartography*. [레비 R. 브라이언트, 『존재의 지도』.]

있을지라도 말입니다. 그런데 그런 작업이 이루어지면 당신은 이미 객체 자체로부터 아래로 꽤 멀리 내려간 상태에 처하게 됩니다. 예를 들면, 칸트는 100개의 현실적 동전과 100개의 가상적 동전 사이에 실재적 차이는 전혀 없다 — 이는 현실적 신과 가상적 신 사이에도 실재적 차이가 전혀 없음을 수반합니다 — 고 진술함으로써 신의 존재를 옹호하는 유명한 존재론적 변론을 논파하려고 시도합니다. 칸트가 진술하듯이, "존재는 실재적 속성이 아닙니다." 오히려 칸트는 그 차이가 단지 '위치'의 차이일 뿐이라고 주장하는데, 이는 궁극적으로 우리에 대한 현실적 동전/신과 가상적 동전/신 사이의 상이한 위치들을 뜻합니다. 이에 대응하여 제가 말씀드릴 것은, 현실적 객체와 가상적 객체의 경우에 현시되는 상황은 당신이 둘 중 하나는 현존하고 나머지 다른 하나는 현존하지 않는다는 사실을 제외한 모든 측면에서 동일한 두 가지 사물을 가지게 된다는 것은 아니라는 점입니다. 현존하는 것은 현존하지 않는 것과 다른 성질들을 실제로 갖추고 있으며, 그런 이유로 인해 현존하는 것은 현존하지 않는 것과 다른 성분들을 지니고 있습니다. 당신의 사례로 되돌아가면, 청동 항아리와 도자기 항아리는 상이한 형태들을 갖추고 있습니다. 그렇습니다. 우리는 언제나 무언가를 한 매체에서 다른 한 매체로 번역하려고 시도할 수 있습니다만, 이것은 형태의 변화를 수반합니다.

브라이언트에 대하여 말씀드리자면, 저는 언제나 그가 물질이라는 개념을 그토록 유지하기를 바라는 이유가 무엇인지 정확히는 알지 못합니다. 그런데 브라이언트가 유일한 인물인 것은 아닙니다. 슬라보예 지젝이 표명하는 유물론적 입장과 지금까지 '유물론'으로 일컬어진 모든 입장 사이에 유사성이 아주 적다는 사실을 고려하면, 저는 특히 지젝에 대하여 마찬가지의 의구심을 갖습니다.[39] 저는 사람들이 그 용어가 발하는 계몽된 해방, 미신으로부터의 자유, 기타 등등의 울림을 향유하고 있을 따름인 것이 아닌가 생각합니다.[40] 유물론은 우리를 대담하게 권위에 도전한, 종종 언급되듯이, 권력에 진실을 말한 사상가들의 유명한 계보에 정위하는 것처럼 보입니다. 오늘날의 유물론들은 일반적으로 그 성향이 더는 맑스주의적이지도 않고 에피쿠로스주의적이지도 않으며, 오히려 지금까지 다른 것들만큼 많은 주목을 받지 못한 **형태들** ─ 이것들이 고고학적 유물이든, 여성의 신체이든, 요리 관행이든, 동물이 매장된 방식이든, 그 밖의 것들이든 간에 ─ 을 환기시키기를 원합니다. 서적에서 나타나는 낱말들과 대조할 때 그런 사물들이 '물질'처럼 보이는 이유는 이해하기 쉽지만, 그것들은 어느 모로 보나 가

---

39. S. Žižek, *The Parallax View* [슬라보예 지젝, 『시차적 관점』]; G. Harman, "Žižek's parallax, or the inherent stupidity of all philosophical positions."
40. 정반대의 견해는 R. Sbriglia, "Notes toward an extrimate materialism"을 보라.

장 정교한 개념적 고안물만큼이나 고유한 구조를, 형태를 갖추고 있습니다. 당신이 물어볼 수 있듯이, 왜 저는 '물질'과 '유물론' 같은 용어들에 그토록 적대적일까요? 한 가지 순전한 철학적 이유가 있습니다. 그것은 제가 형태의 이동, 존속, 그리고 번역에 매혹되어 있기 때문입니다. 그리고 당신이 [정해진 형태가 없는] 물질이라는 개념을 도입하자마자 이런 문제들은 인위적으로 절단됩니다. 왜냐하면 당신은 언제나 무엇이든 당신이 그것에 집어넣는 것을 지지할 수 있는 어떤 중립적인 용기[무슨 형태든 수용할 수 있는 물질]를 규정할 수 있기 때문입니다. 비록 당신은 당신의 고유한 판본의 물질이 '역동적'이라는 단서를 덧붙일 수 있더라도 말입니다. 이렇게 해서 가장 흥미로운 것처럼 보이는 모든 철학적 의문들이 훼손당하게 됩니다. 어떤 방식으로 다수의 형태가 결합하여 하나의 새로운 형태를 생산합니까? 그 성분 조각들이 변화할 때 어떤 형태들이 그 밖의 다른 형태들에 비해 훨씬 더 오랫동안 존속하는 이유는 무엇입니까? 형태의 사소한 변화와 획기적인 변환 사이의 차이는 무엇입니까? 형태들이 때로는 숨고 때로는 바뀐 조건에서 나타나는 이유는 무엇입니까? 이런 일련의 의문은 모두 유물론을 구상함으로써 사전에 회피됩니다. 훨씬 더 나쁜 점은 이런 신유물론이 그 자체로 하나의 새로운 정통이 되었다는 것입니다. 그것이 끊임없이 그 목적이 재조정된 놀라운 인습 타파의 분위기를 조성하지만 말입니다. 오늘날 지적 생활에서 누가 '물질성'을 더 많이 요청하지 않겠습니까? 그런데도 우리는, 바디우가 벗어나지는 못했더라도 명확히 진단했듯이, 근대적 분류학을 계속해서 재활용하고 있습니다. "신체들과 언어들만이 있을 뿐이다."[41] 저는 이런 정서에 동의하며, 단지 '진리'가 이 분류학에서 배제된 귀중한 제3의 항이라는 바디우가 제시한 해결책에 동의하지 않을 뿐입니다. 제 경험에 따르면, '진리'를 언급하는 사람들은 일반적으로 너무나 성급하게 자신이 이미 진리를 지니고 있다고 가정합니다.

단지 모든 불필요한 공격을 유발하는 것을 방지하기 위해 저는 모든 분야에서 사람들이 중소 규모의 물리적 존재자들에 관한 현실적 작업을 수행할 때 그것을 좋아한다는 점을 덧붙이겠습니다. 저는 모든 사람이 제가 이런 작업을 좋아한다는 것을 알고 있다고 생각합니다. 그리고 필시 그런 이유로 인해 지금까지 저는 고고학 집단들 사이에서 꽤 널리 읽혔습니다. 저는 '유물론'이 이런 종류의 활동을 가리키는 올바른 명칭이라고 생각하지 않을 따름입니다. 당신이 사물들에 관해 작업하고 있다면 당신은 그런 사물들의 **형태들**에 관해 작업하고 있는 것입니다. 물질과 같은 것은 결코 있었던 적이 없습니다.

---

41. Badiou, *Logics of Worlds*, 1.

물질의 현존을 단언하는 유일한 이유는 형태가 변화하지 않은 채로 한 장소에서 다른 한 장소로 이동하는 방식을 설명할 나태한 기체를 제공하는 것인데, 그리하여 형태의 안정성과 운동을 설명할 철학적 가능성들의 풍성한 광맥이 은폐됩니다. 지금까지 신유물론의 사조는 우리가 누구나 텍스트와 권력만을 이야기하기를 원했던 시대의 사조에서 벗어나게 하는 데 유용한 운동이었지만, 지성사의 최근 두 시기에서 나타난 그 두 가지 사조 사이에는 여전히 중첩하는 것이 너무 많이 있습니다. 둘 다 모든 것은 일차적으로 무언가 다른 것과 관계를 맺고서 현존한다고 생각하고, 게다가 너무나 자주 그 관계에 인간이 연루된다고 생각합니다. 둘 다 동일성 개념을 터무니없을 정도로 근절하기를 좋아합니다. 둘 다 실재적인 것이 인간 행위에 대한 저항이나 반항에 불과한 것이 아닌가 생각합니다(훌륭하게도 베넷은 신유물론자임도 불구하고 이런 구상에 반대합니다).[42] 그 두 가지 사조는 더 나은 권력과 더 나은 권위를 확립할 필요성에 대한 감각은 너무나 부족한 채로 권력을 '침범당'해야 하는 것 또는 손가락 욕을 받아야 하는 것으로 간주하는 일방적인 관점을 갖추고 있습니다. 둘 다 모든 것이 끊임없이 변화하고 있다는 가정을 품고서 작동하는 것처럼 보이는

---

42. Bennett, *Vibrant Matter*, 61. [베넷, 『생동하는 물질』.]

데, 그리하여 항상 우리를 둘러싸는 연속적인 유동-소음이 아닌 실재적 변화를 개념화하는 것을 어렵게 만드는 부작용이 있습니다. 그리고 물론, 마우리치오 페라리스의 반대 의견이 주지시켰듯이,[43] 둘 다 욕망이 언제나 승화되어야 하기보다는 오히려 해방되어야 하는 것이라고 가정합니다. 이런 교착 국면에서 신유물론은 더는 우리에게 도움이 될 수 없습니다.

당신의 다른 질문은 2011년에 『쿼드러플 오브젝트』가 출판된 이후로 존재도학과 관련하여 어떤 진전이 이루어졌는지에 관한 것이었습니다. 존재도학은 저의 적극적인 연구 노선이며, 이는 존재도학이 여전히 확립되지 않았기에 존재도학의 어떤 조치들이 돌이킬 수 없는지, 잠정적인지, 굳건한지, 또는 여전히 의문시될 수 있는지 알기는 어려울 수 있다는 것을 뜻합니다. 존재도학은 두 종류의 객체들과 두 종류의 성질들 사이에서 가능한 다양한 배열을 서술하는 사중 도표를 가리킵니다. 우리는 이전의 저자들에게서 유사한 도표들 — 자크 라캉의 L 도식, 당신이 언급한 그레마스의 기호학적 사각형, 또는 마셜 매클루언과 에릭 매클루언의 테트라드 — 을 찾아볼 수 있습니다.[44]

---

[43]. M. Ferraris, *Manifesto of New Realism*.

[44]. J. Lacan, *The Seminar of Jacques Lacan, Book II*; A. J. Greimas, *Structural Semantics*; McLuhan and McLuhan, *Laws of Media*. 매클루언 판본의 도표에 관한 논의는 G. Harman, "The tetrad and phenomenology"를 보라.

물론, 이 모든 도표의 시각적 유사성은 그들의 도표들과 저의 도표가 모두 두 가지 별개의 이원론을 통합하려고 노력하고 있다는 사실의 불가피한 산물일 따름입니다. 그리하여 당신이 그런 노력을 할 때 그 작업은 자동으로 사중 구조로 귀결될 것입니다. 다양한 방법을 서로 분별케 하는 것은 네 가지 극의 특정한 특질과 그 상호작용들의 역학입니다. 예를 들면, OOO 존재도학 도표는 단일한 순간(이것은 점 모양이 아니지만 말입니다)에 적용 가능한 반면에 매클루언 테트라드의 경우에는 한 매체가 다른 한 매체로 반전되거나 다른 한 매체를 회복시키는 데에는 현실적인 연대기적 시간이 필요합니다.

여러 해 전에 저는, 자신의 감각적 성질들 배후에 숨어 있는 실재적 객체들이 존재한다고 가정하는 기본적으로 하이데거주의적인 모형으로 시작했습니다. 이것들은 그 초기 단계에서 제가 사용한 용어들이 아니었지만 말입니다. 하이데거는 사실상 존재 또는 은폐성의 영역을 복수의 것으로 간주하기를 꺼려 하고, 사물들의 복수성을 부러진 도구에서 나타나는 파생적인 현전의 영역에 한정하는 경향이 있습니다. 부러질 때까지 모든 것은 하나의 매끈한 체계로서 작동합니다. 그런데 이 쟁점에 대하여 『도구-존재』에서 제가 제시한 해석은 이미 하이데거와 결별했습니다. 그 후 여러 해 동안 저는 하이데거의 실재적 도구-객체와 후설의 지향적 객체를 분별하려고 노력했습니다. 결국, 지향적 객체 역시 그것이 현시하게 되는 모든 다양한 감각적 음영의 배후에 '숨어' 있지 않을까요? 그렇지 않습니다! 그것은 첫 번째 자물쇠가 열리는 소리였습니다. 후설이 우리로 하여금 사과나 까마귀를 지향하게 할 때 이 존재자들은 결코 감춰져 있지 않습니다. 그것들은 우리 앞에 직접 존재합니다. 왜냐하면 우리는 이미 그것들의 현존을 인식하고 있기 때문입니다. 그것들의 다양한 우유적 윤곽들은 그것들을 감추지 않고 오히려 그것들을 장식하고 있을 따름입니다. 그러므로 우리가 객체의 본질을 찾아내기를 원한다면 그런 윤곽들은 제거되어야만 할 뿐입니다. (당시에는 아직 현존하지 않았던) 나중에 정립된 OOO 용어를 사용하여 당시의 노선 방향을 예견해 보면, 적절히 해석된 하이데거는 RO-SQ 축을 낳게 됩니다. 이 축은 브렌타노학파 내의 젊은 후설의 경쟁자인 탁월한 폴란드인 사상가 카지미에르츠 트바르도프스키의 저작에서 이미 나타났습니다.[45] 또한 트바르도프스키는 마음의 외부에 있는 객체와 마음의 내부에 있는 성질에 관해 이야기했습니다. 그다음에 후설은 자신의 현상학이 가능하도록 '마음의 외부에' 있는 모든 것을 포기해야 했지만, 보상물로서 마음의 내부에서 새로운 이원론 – 후설로 하여금 객체를 성질들의 다

---

45. K. Twardowski, *On the Content and Object of Presentations*.

발로 환원하는 영국 경험론과 완전히 결별할 수 있게 한 객체와 성질 사이의 이원론 – 을 발견했습니다. 그것은 우리에게 하이데거/트바르도프스키 RO-SQ에 동반되는 SO-SQ를 제공합니다. 어느 시점에 저는 OOO에서 현재 '본질'로 알려진 RO-RQ를 추가했습니다. 저는 느지막이 2007년에 암스테르담에서 안식년을 보내면서 단지 시간, 공간, 그리고 본질에 관해서만 글을 쓰고 강연했던 상황을 기억합니다. 그런데 과학의 경우에도 그렇듯이, 도표 및 모형의 중요한 이점 중 하나는 그것들 덕분에 우리가 현행 모형의 간극을 찾아냄으로써 미지의 새로운 사물들의 현존을 예측할 수 있게 된다는 점입니다. 존재도학에서 남은 간극은 빠져 있던 SO-RQ 축이었으며, 당연하게도 후설이 그 축도 이미 발견했다는 사실을 아는 데까지는 그다지 오래 걸리지 않았습니다. 후설은 우리가 마주치는 감각적 객체와 그것의 실재적 성질들 – 그것이 우리의 마음속에서 무언가 다른 것으로 바뀌기보다는 오히려 그런 것으로서 계속 인식되려면 필요한 것들 – 사이의 차이를 발견했습니다. 이것은 현재 제가 '형상'eidos이라고 일컫는 것입니다. 그런데 후설은 이런 성질들에 감각이 아니라 지성을 통해서 접근할 수 있다고 잘못 생각했습니다. 하이데거는 이미 우리에게 지성과 감각 사이에 거대한 존재론적 간극이 존재하지 않음을 보여주었습니다. 왜냐하면 지성과 감각은 둘 다 우리에게 사물 자체라기보다는 오히려 사물의 캐리커처를 제공하기 때문입니다. 감각과 지성은 둘 다 현전의 영역을 밀거래하기 때문입니다.

그리하여 OOO 존재도학 도표는 완전한 형태의 사중체로 완결됩니다. 이 사중체는 몇 가지 측면에서 하이데거의 악명 높은 사방Geviert에 비견될 수 있지만 그 밖의 측면들에서는 상이합니다. 그 구조를 가리키는 '존재도학'이라는 명칭은 2009년에 고故 마크 피셔의 결혼식장에서 우연히 마주치게 됩니다. 거기 있는 동안 저는 (아이러니하게도 피셔와 그의 아내가 결혼한 바로 그 교회에서 세례를 받았던) M. R. 제임스의 유령 이야기들이 수록된 책을 집어 들었으며, '존재도학'이 그 책에 수록된 어떤 한 편의 이야기에서 등장한 현학적인 교수의 전공 학문을 가리키는 제임스의 희극적 용어임을 알게 되었습니다.[46] 저는 즉시 그 용어를 객체와 성질의 사중 구조를 서술하는 데 사용했습니다. 일단 당신이 무언가를 가리키는 좋은 이름을 갖게 된다면, 그것은 속도를 내면서 당신의 주의를 더 많이 끌기 시작합니다. 존재도학이 중요하다고 결정하는 데까지는 시간이 오래 걸리지 않았습니다. 왜냐하면 모든 가능한 분야는 자신의 주요한 객체들이 무엇이고 그리고 그것들이 자체의 성

---

46. M. R. James, *Casting the Runes and Other Ghost Stories*, 57. [* 존재도학에 관한 더 자세한 내용에 대해서는 이언 보고스트, 『에일리언 현상학』, 2장을 보라.]

질들과 어떤 관계를 맺는지에 관한 물음을 제기하기 때문입니다. 어쨌든, 2011년 이후로 존재도학에 무슨 일이 일어났는지에 관한 당신의 물음에 대하여 언급하자면, 존재도학의 경우에 논의할 주제는 세 가지 — 극^{pole}, 긴장, 그리고 변환 — 가 있을 것입니다.

여기서 극은 단지 네 가지 기본 원소, 즉 실재적 객체[RO], 실재적 성질[RQ], 감각적 객체[SO], 감각적 성질[SQ]을 뜻할 뿐입니다. 이것들에는 어떤 변화도 있을 법하지 않습니다. 왜냐하면 저는 여러 해에 걸쳐서 대체로 홀로 이 다리를 여러 번 주의 깊게 건넜기에 그것들이 안전하고 견고하다는 것을 확신하기 때문입니다. 대다수 현존하는 철학은 이 네 가지 극 중 하나 이상을 삭제하기에 여전히 수행해야 할 비판적인 교육적 작업이 많이 있습니다. 예를 들면, 현상학자들은 SO와 별개로 RO가 있음을 인정하기를 절대 원하지 않습니다. 왜냐하면 후설의 경력 전체는 (칸트의 감춰진 물자체 또는 하이데거의 존재에 비견되는) RO가 현존하지 않는다는 가정에 기반을 두고 있었기 때문입니다. 더 자연주의적이거나 과학적인 성향의 사람들은 SO에 더 적대적이며, 그리고 또한 당신은 감춰진 실재적 성질의 바로 그 현존을 부정하는 책을 저술한 울펜데일처럼 RO와 SO를 구분하는 것에 반대하는 사람을 찾아낼 수 있습니다. 사실상 그것은 유서 깊은 비판적 전통입니다. '불가사의한 성질'에 반대하는 그 전통은 본질적으로 알 수 없는 것은 존재할 수 없다는 과학적 믿음에 지나지 않습니다. 2011년 이후로 실제로 변화한 것은, 실재적 객체들이 모든 상황의 아래에서뿐만 아니라 위에서도 현존하는 방식에 대한 저의 인식이 점점 더 심화된다는 점입니다. 앞서 언급되었듯이, 제가 어떤 나무를 관찰할 때 그 상황에서 물러서는 실재적 나무는 홀로 있지 않습니다. 왜냐하면 저 역시 그 나무를 인식할 때 실제로 동원되는 실재적 객체이기 때문입니다. 비유의 경우에 그렇듯이, 이것은 어떤 사례들에서 제가 그 나무를 대체할 수 있음을 뜻하는데, 다시 말해서, '해상의' 영역을 가리킵니다.

긴장에 대해서 언급하자면, 저는 네 가지 조합, 즉 SO-SQ(시간), SO-RQ(형상), RO-SQ(공간), 그리고 RO-RQ(본질)을 뜻합니다. 여기서 비판적인 교육적 작업은 대체로 시간과 공간 같은 용어들이 실제로 존재도학적 기초를 갖추고 있는지 예증하려는 시도로 이루어집니다. 시간과 공간은 서양철학에서뿐만 아니라 통상적인 의미의 일상생활과 명멸하는 지성을 지닌 모든 인간의 사적인 사변에서도 긴 역사가 있음이 명백합니다. 시간의 다양한 역설에 매혹되지 않는 사람이 누가 있겠습니까? 공간은 시간만큼 철학적으로 경이로운 주제가 아닐지도 모르지만, 그것은 그럴 자격이 있습니다. 어쨌든, 지금까지 시간과 공간은 두 가지 거대한 존재 영역으로 알려졌으며,

그리고 그것들은 불가사의하고 궁극적으로 비길 데 없는 연속체들로 간주되는 경향이 있습니다. 아인슈타인과 민코프스키 이후로 단일한 시공간에 관해 언급하는 것은 일반적인 일이 되었고, 게다가 끈 이론이 등장하면서 삼차원 이상의 다차원 공간에 관해 사변하는 것도 점점 더 일반적인 일이 되었습니다. 그런데 이런 복잡한 상황에도 불구하고 시간과 공간은 언제나 동시에 언급되는 한편, 그것들과 함께 언급될 자격을 갖춘 것은 전혀 없다고 간단히 가정됩니다. 그 혼합물에 다른 항들을 추가하려고 시도한 어떤 철학, 종교, 또는 신화학적 체계가 있습니까? 설령 그런 것이 있다 하더라도 저는 아직 그것을 마주치지 못했습니다. 사실상 제가 가장 자랑스럽게 여기는 OOO의 결과 중 하나는, 우리의 소중한 시간(SO-SQ)과 공간(RO-SQ)이 객체들과 그 성질들 사이의 더 심층적인 구분에 의해 생성되며, 그리고 존재도학적 모형이 마찬가지로 중요한 두 가지 항, 즉 본질(RO-RQ)과 형상(SO-RQ)의 현존을 예측한다는 놀라운 결과입니다. 저는 이것을 적극적으로 모색하지 않았지만, 그것은 그 모형의 결과로서 자연히 나타났고 그 이후로 줄곧 저를 사로잡았습니다. 요컨대, 시간과 공간이 현존하는 이유는 객체들이 자신의 성질들과 불편한 관계를 맺고 있기 때문인데, 이는 아리스토텔레스가 실체가 상이한 시점에 상이한 성질을 가질 수 있음을 인식했을 때 이해한 것입니다. 소크라테스는 여전히 소크라테스인 채로 남아 있으면서 기쁜 상태에서 슬픈 상태로, 서 있는 상태에서 앉아 있는 상태로 바뀔 수 있습니다.

존재도학에서 실제 작용은 변환으로, 또는 때때로 제가 일컫듯이 '회전'으로 나타납니다. 각각의 긴장은 본성상 불안정하고, 따라서 인접한 긴장으로 변화하는 경향이 있습니다. 『매체의 법칙』에서 매클루언 부자는 과도한 정보로 인한 매체 '과열'이라는 그들의 개념으로 이런 사태를 고찰하는데, 요컨대 과열된 매체는 정반대로 반전되거나 뒤집힙니다. 또다시, 라캉은 네 가지 담론 ─ 주인 담론, 대학 담론, 히스테리 담론, 그리고 분석가 담론 ─ 의 시계방향으로의 회전에 관한 이론을 갖춘 뛰어난 선구자입니다.[47] 2011년 이후로 존재도학에서 대부분의 진보가 이루어진 영역들은, 존재도학의 네 가지 긴장이 각각 불안정해져서 어떤 다른 긴장이 되는 방식과 사물이 끊임없이 변환하지 않도록 장기적인 안정 시기가 있는 이유와 관련된 영역들이었습니다. 라캉이 저에게 중요한 원천으로서 등장한 사실이 이런 상황에 대한 한 가지 지표입니다. 왜냐하면 이전의 저작에서는 제가 그를 논의한 적이 거의 없기 때문입니다. 게다가 저는 그레마스에 대해서도 그다지 언급하지 않았습니다. 그런

---

47. Lacan, *The Seminar of Jacques Lacan, Book XVII*.

데 사람들이 가까운 미래에 출판될 그다음 판본의 존재도학을 보게 된다면, 그들은 과거보다 더 적은 현상학적 준거와 훨씬 더 많은 수의 구조주의적 준거를 보게 될 것이며, 그리고 어쩌면 사이버네틱스적 특색을 지닌 다른 준거들도 보게 될 것입니다.

    동시에 저는 존재도학에 즉시 대응되지 않는 그 밖의 경로들을 추구하고 있었습니다. 그것들을 존재도학에 대응시키기 위해 흥미로운 작업이 수행될 수 있었을 것이지만 말입니다. 예를 들면, 에르판 기아시라는 이란 출신의 예민한 젊은 사진가가 어느 날 로스앤젤레스에 나타나서 『비유물론』에서 논의된 공생이 존재도학적 의미에서 어떻게 작동하는지 물었습니다. 저는 사실상 그가 그 물음을 제기하기 전까지는 결코 그것을 생각해 본 적이 없었으며, 그리고 그 이후에야 저는 그것이 고찰할 만한 흥미로운 문제라고 깨달았습니다. 또한 저는 최근에 제가 완결한 건축에 관한 책이 존재도학적 동학에 대응되는 방식이 분명하다고 생각하지 않습니다.[48] 저는 자신의 작업에서 모든 것을 조급하게 함께 묶지 않는 것이 중요하다고 생각합니다. 왜냐하면 그렇게 할 때는 상황을 억지로 끼워 맞추기가 너무 쉽기 때문입니다. 저는 저의 정신이 느린 비언어적

---

48. G. Harman, *Architecture and Objects*. [그레이엄 하먼, 『건축과 객체』.]

방식으로 모든 것을 꿰맞추고 있으며, 그리하여 언젠가 저는 그것이 모두 어떻게 연결되는지 보게 될 것이라고 믿고 있습니다. 이런 일은 이미 종종 일어났습니다.

위트모어 당신의 존재도학이 얼마나 진전되었는지 분명히 밝혀준 점에 대하여 감사드립니다. 저의 다음 질문으로 넘어가기 전에, 고고학 내에서 '물질'이라는 표제어 아래서 얼마나 많은 상이한 의미가 일상적으로 융합되는지 다양한 독자에게 강조하는 것이 중요하다고 봅니다. 가공되지 않고, 촉각적이고, 무게가 있고, 질량을 지니고 있으며, 바깥 세계에 현존하는 것들이 단일한 용어로 총괄될 수 있을 것처럼 **물질적인** 것은 습관적으로 고고학적 객체들에 대한 형용 수식어로 활용됩니다.[49] 몇몇 사람에게 이것은 고고학적 사물들을 담론적 사물들과 구분하는 꽤 편리한 방편으로 사용됩니다.[50] 다른 몇몇 사람에게 **물질적인** 것은 어떤 유물의 서술적인 물리적 속성들

---

49. 이런 경향은 매우 만연하여서 인용 출처를 밝힐 필요가 거의 없다. 그런데 다만 한 가지 실례를 제공하자면, (프랑스어 판본은 2008년에, 영어 번역본은 2011에 출간된) 『시간의 어두운 심연 : 고고학과 기억』이라는 영향력이 매우 큰 책에서 올리비에가 고고학의 양태들과 역사의 양태들 사이의 차이를 정당화하기 위해 '물질적'이라는 용어를 활용하는 방식을 고려하라.
50. Sørensen, "That raw and ancient cold"에서 이루어진 논의를 보라. 또한 C. Witmore, "Review of Karen Bassi," 517~8을 보라.

을 포괄하는 편리한 어구입니다.51 또 다른 몇몇 사람에게 그 것은 어느 특정한 객체의 정체성과 관련되는 차이의 표식입니 다. 여기서 물항아리에 관한 당신의 논점은 잘 취해졌습니다. 왜냐하면 차이에 관한 고고학적 의문은 사물 자체로 개시되었 기보다는 오히려 공통의 용기 모양들에 의거한 유형학적 추상 화의 관점에서 개시되었기 때문입니다. 사실상 몇몇 객체는 '재료'와 동의적인 것으로 여겨지는데, 마치 물항아리를 구성하는 재료가 물을 담는 용기로서의 물항아리보다 더 실재적인 것처럼 말입니다.52 그 밖의 사람들에게 그것은, 베넷의 방식으로, "인간 행위에 저항하는 맥락" 이상의 활력 있는 세계를 나타내는 데 점점 더 사용되고 있습니다.53 어쨌든, 대다수 고고학자가 정반대 방향인 것처럼 보이는 관점에서 그 쟁점에 접근하고 있는 현재 상황에서 결과적으로 그들은 당신이 어떻게 해서 형태를 옹호하고 있는지 이해하기 어렵게 됩니다.

많은 고고학자가 물질을, 그리고 나아가서 물질적인 것을 개념적 상부구조 아래에 자리하고 있는 심층의 층위로 간주하는 반면에, 당신은 라투르와 마찬가지로 그것을 관계들에 묻

---

51. Witmore, "Matter"를 보라.
52. T. Ingold, "Materials against materiality." 예를 들면 N. Boivin, *Material Cultures, Material Minds* ; C. Conneller, *An Archeology of Materials*를 보라.
53. Bennett, *Vibrant Matter*, 111 [베넷, 『생동하는 물질』]; Govier and Steel, "Beyond the 'thingification' of worlds."

어 들어가 있는 것으로 간주합니다.[54] 저는 이제 우리가, 왁스, 아마인유, 그리고 달걀노른자를 독자적인 객체들로 간주하기보다는 오히려 회화의 성분들로 간주하는 것이 어떻게 해서, 당신의 표현을 빌리면, 회화라는 객체를 "구성하거나 형성하"려는 시도인지 이해할 수 있다고 생각합니다. 왜냐하면 객체들의 실재는 언제나 외부로부터 규정되는 그것들의 물리적 구성요소들에 대한 어떤 고려보다도 더 깊은 층위에 자리하고 있기 때문입니다.[55] 더욱이, 누군가가 객체들 ─ 고고학적이든 그렇지 않든 간에 ─ 을 물질적 영역에 결부시키자마자 그는 사냥의 여신 아르테미스의 효험성이나 현존, 노르웨이 포세그리멘의 매력, 또는 해로운 습지 수증기들에 대한 두려움을 더 받아들이지 않게 됩니다.[56] 이것들은 습지를 모면함으로써 드러나게 되는 신전들, 중세 농가들, 또는 인문지리들만큼이나 역사적 관심의 대상들이 아닐까요?

당신이 서술했듯이, 형태로서의 객체는 "결코 그것을 구성하는 것과도 동일하지 않고 그것이 서술되거나 인식되는 방식들과도 동일하지 않[습니]다."[57] 그러므로 당신이 형태로 암시

---

54. B. Latour, "Can we get our materialism back, please?"; Harman, *Prince of Networks*, 139~44 [하먼, 『네트워크의 군주』].
55. Ingold, "Materials against materiality," 7 ; C. Witmore, "Confronting things," 241 ; Harman, *Prince of Networks*, 142 [하먼, 『네트워크의 군주』].
56. Witmore, *Old Lands*, 455~69 ; Witmore, "Objecthood," 59~60.

하고 있는 바는 사물의 가시적 외관이 아닙니다. 왜냐하면 현상적 양태는 사물이 관찰자와 맺은 관계에 의존하기 때문입니다. 당신은 물리적 모양을 구상하고 있지도 않습니다. 왜냐하면 어떤 객체의 모양은 그 객체를 돌이킬 수 없게 변화시키지 않은 채로 바뀔 수 있기 때문입니다. 오히려, 4장에서 당신이 아리스토텔레스에 준거하여 주장하듯이, 형태라는 용어로 당신은 자율적인 것, 사물 자체에 깊이 내재하는 것을 환기시키고 있습니다. 형태라는 용어로 당신은 그 밖의 사물들에 의지하지 않은 채로 한 객체의 특이한 정체성에 관하여 언급하고 있습니다. 그러므로 두 가지 물항아리를 변별하기와 관련된 문제는 물질적인 것의 문제가 아닙니다. 왜냐하면, 거듭해서 말하지만, 이 경우에 고고학자는 종종 어떤 공통의 유형, 즉 고고학적 연구의 오랜 역사에 걸쳐서 이루어진 성취로 시작하며, 그리고 한 사물이 어떠해야 할지를 규정하는 기성의 성분들을 제공하기 때문입니다. 반면에, 다양한 형태로 시작하는 것은 본연의 객체로 시작하는 것입니다. 그리고 한 객체의 형태는 다양할 수 있다는 점이 중요합니다.

제가 오래 끄는 점을 양해하여 주십시오. 그런데 저는 실례들로 또는 실례들과 함께 생각함으로써 고고학 독자들에 대

---

57. Harman, "Materialism is not the solution."

한 모든 난점을 극복하기를 원합니다. 1장에서 우리는 파리의 생앙드레 데자르 거리가 습지 가장자리 주변의 신석기 시대 길의 곡선을 따르는 상황을 논의했습니다. 우리는 그 현대의 거리를 그 신석기 시대 길의 형태의 '유출'로 간주할 수 있을 것인데, 이 오래된 객체가 파리 거리들과 건축물들의 정립된 방향을 통해서 초기 농경 세계들의 환경 너머로 확대하는 식으로 말입니다. 그다음에 또다시 당신은 우리를 훨씬 더 흥미로운 방향으로 이끌고 있습니다. 루테티아의 카르도 막시무스는, 그것이 훨씬 더 오래된 경로를 따르는 것처럼 보인다는 사실에도 불구하고, 어쩌면 매장됨으로써 그것이 계속해서 새로운 표면들의 반복적인 축적물을 떠받칠 뿐만 아니라 또한 중세 파리를 가로지르는 이동을 조건 지을 때 더욱더 그것 자체가 됩니다.[58] 심지어 당신은 카르도 막스무스가 생자크 거리의 매끈한 포장도로를 비롯하여 수많은 재포장 물질들을 계속해서 떠받침으로써 어떤 미학적 의미에서 그 이상의 무언가가 된다고 언명할 수 있을 것입니다. 카르도 막시무스가 21세기까지 하나의 객체로서 존속하기 위해서는 보행자들 또는 수레들, 말들 또는 낙엽들이 원래의 로마 시대 포석들과 접촉하게 될 필요는 없습니다. 특히 고고학적 독자들에게 강조되어야 하는 것은 이

---

58. L. Deutsch, *Metronome*, 24.

것이 각각의 새로운 표면이 독자적인 객체로서 지닌 중요성을 감소시키지 않는다는 점입니다. 우리는 각각의 표면이 어떻게 해서 독자적인 존재자인 동시에 로마 시대 도로의 "형태의 일부를 구성하는 하나의 요소"인지 이해할 수 있습니다.

어쨌든, 이 실례는 4장의 세 번째 절과 관련된 논의로 자연스럽게 넘어가게 합니다. 그 절에서 당신은 OOO 판본의 시간을 「시간의 비실재성」이라는 유명한 논문에서 논의된 것과 비교하기 위해 맥태거트에게 전념합니다.[59] A계열과 B계열 사이에서 우리는, 과거, 현재, 그리고 미래로 나타내어지거나 또는 사건들을 이전과 이후로 판단함으로써 시간상의 위치들이 정렬될 수 있는 두 가지 상이한 방식을 마주치게 됩니다. 가상현재에서 전개되는 감각적 긴장으로서의 시간에 관한 OOO 모형을 설파하기 위해 당신은 먼저 B계열의 역사적 위치 설정이 어떻게 해서 시간이 아닌지 설명합니다. 왜냐하면 그것은 변화와 아무 관계도 없기 때문입니다. 그다음에 계속해서 당신은 A계열과의 유사점들과 차이점들을 지적하고, C계열과 관련된 방향성에 대한 코그번의 우려를 다룹니다. 그런데 위상학에 관한 우리의 논의를 고려하면, 맥태거트의 논문에서는 무언가

---

59. McTaggart, "The unreality of time." 고고학의 맥락에서 이루어진 맥태거트에 관한 논의는 Lucas, *The Archaeology of Time*, 21~2; Lucas, "Archaeology and contemporaneity," 10을 보라.

가 누락되어 있는 것처럼 보일 것입니다. 비교해 보면, 결코 계열적이지 않은 시간적 위치들의 가능성이 누락되어 있습니다. 당신은 하나의 역사적 종점의 견지에서 로마 제국의 몰락(476년으로 규정하든 1453년으로 규정하든 간에)을 언급하며, 그리고 여기서 맥태거트는 우리에게 로마 제국을 미합중국보다 이전의 것으로 순차적으로 자리매김하거나, 또는 그저 과거에 속하는 것으로 자리매김할 것을 권고합니다. 그런데 고고학적 관점에서 바라보면, OOO의 경우와 마찬가지로, (루테티아의 카르도 막시무스의 경우처럼) 쟁점은 그것들 자체가 객체인 로마 제국의 구성요소들이 잔존한다는 것입니다. 어떤 오래된 사물, 이천 년 동안 존속하는 어떤 안정적인 객체와의 대면은 상이한 지속을 갖춘 객체들이 서로 나란히 자리하게 되는 어떤 다른 시간적 위치성을 시사하지 않겠습니까? 그렇습니다. 저는 누군가가 이것을 OOO의 견지에서 '공간'으로 간주할 수 있는 상황을 인식합니다. 생자크 거리를 따라 운행하는 2021년 BMW 모델 X_2는 로마 시대 도로와 동일한 공간에 연장되어 있지만, 시간적 견지에서 보면 이렇게 연장된 객체들에는 더 많은 긴장이 있는 것처럼 보입니다. 왜냐하면 저를 비롯하여 다른 객체들의 변화를 인식할 근거를 제공하는 영속의 감각이 있기 때문입니다. 시간은 현상적 표면에 존재하기에 그런 영속적인 객체(그 자체이든 또는 현대 파리의 구성요소이든 간에)

는 시간의 간헐적인 움직임을 탐지하는 데 근본적인 것처럼 보일 것입니다. 더욱이, 시베리아 영구동토층에서 드러나는 털코뿔소의 완벽히 보존된 주검을 마주칠 때 겪게 되는 기묘한 경험의 경우처럼 인류세 시대에 점점 더 자주 경험되는 '어긋난 시간'의 경우에 외관상 역설적인 비순차성의 감각이 필요하다고 생각하는 것은 잘못일까요?

하먼 여기서 두 가지 의문이 제기되었습니다. 첫 번째 의문은 과거와의 접촉이 어떻게 해서 언제나 직접적이지는 않은지에 관한 것이고(4장에서 제시된 코그번의 논의를 살펴보십시오), 두 번째 의문은 상이한 시간들의 비순차성에 관한 것입니다. 첫 번째 논점에 대응하여 저는 앞으로 출판될 피터 캠벨과 사라 리치가 편집한 모음집에 실릴 「테세우스의 난파선」이라는 제목의 논문을 막 끝냈습니다.[60] 고고학자들과 철학자들은 공히 '테세우스의 배' 역설에 대체로 친숙한 것처럼 보입니다만, 다시 간단히 서술하자면, 상상컨대 배의 모든 목재 조각이 새로운 조각으로 교체되더라도 그것은 여전히 테세우스의 배일까요? 훨씬 더 문제적이게도, 그 배에서 제거된 오래된 목

---

60. Harman, "The shipwreck of Theseus"; Rich and Campbell, *Contemporary Philosophy for Maritime Archaeology*.

재 조각들이 새로운 유사한 판본의 배를 조립하는 데 사용된다면 어떻게 될까요? 후자의 경우에는 우리에게 두 척의 배가 있을 것입니다. 자신의 원래 목재 조각들을 모두 서서히 잃어버린 테세우스의 배로 알려진 것(배 A)과 그다음에 공교롭게도 첫 번째 배의 모든 오래된 조각으로 만들어지는 완전히 새로운 배(배 B)가 있습니다. 철학자들은 이 오래된 역설을 골똘히 생각하는 것을 좋아하고, 저는 그것에 관한 대다수 논문이 놀랍도록 통찰력이 있음을 깨닫습니다. 그런데 우리가 배 A를 선택하든 또는 배 B를 선택하든 간에 근본적인 가정은 그것이 동일한 배이기 위해서는 어떤 종류의 **세부**가 보존되어야 한다는 것인데, 그 세부가 (시각적 의미에서) 형태적인 것이든 또는 물질적인 것이든 간에 말입니다. 그다음에 부분전체론(부분-전체 관계들에 관한 철학적 연구)의 권위자인 철학자 피터 시몬스의 판본처럼 흥미로운 변양태들이 있습니다. 사실상 시몬스는 배 A와 배 B가 둘 다 원래 테세우스의 배의 정당한 후예들이라고 주장합니다.[61] 이제 동등하지만 상이한 기반 위에 놓인 두 가지 상이한 테세우스의 배가 있습니다.

저는 정반대 방향으로 접근합니다. 왜냐하면 저는 사물이 그 세부를 **희생**하고 더 기본적인 면모들로 간소화될 때 대체로

---

61. P. Simons, *Parts*.

그 자체로 남아 있게 된다고 생각하기 때문입니다. 이런 까닭에 저는 최근에 출판된 리치의 책 『난파선 유령도학』을 높이 평가합니다. 왜냐하면 제가 보기에, 상세한 복원은 종종 배의 파괴된 형태가 우리에게 재건된 형태가 가르쳐주지 않는 것을 가르쳐줄 수 있다는 사실을 놓치기 때문입니다.[62] 그것은, 고고학이 역사가들의 손에 종종 맡겨지는 세부의 저장고를 다루기보다는 오히려 객체와 텍스트의 파편들을 대체로 다루는 것이 여러 가지 점에서 더 좋은 상황이라고 옹호하는 저의 논변과 유사합니다.[63]

앞서 우리가 논의한 실례 중 하나로 되돌아가면, 현재의 생앙드레 데자르 거리가 여러 가지 점에서 습지의 가장자리를 따라 난 원래의 길에 대한 선명한 사진보다 더 많은 것을 시사합니다. 우리는 종종 시간의 이행을 단지 우울한 의미에서의 상실로 간주할 뿐입니다. 그런데 또한 시간의 이행은 우리로 하여금 중요한 것과 중요하지 않은 것을 구분하는 데 도움을 주는 미덕을 지니고 있습니다. 어딘가에서 쇼펜하우어는 누구도 60세까지 살 수 있는 기회를 놓치지 말아야 한다고 말합니다. 왜냐하면 그 나이가 되면 당신의 지인들이 쓴 모든 가면이 벗

---

62. Rich, *Shipwreck Hauntography*.
63. Harman, "The coldness of forgetting."

겨졌을 것이기 때문입니다. 그때쯤에는 위선이 사라질 것이고 우리에게는 모든 사람이 실제로 내린 삶의 선택들에 대한 더 명료한 시각이 남게 됩니다. 그 나이에 이르게 되면 우리는 각자 자신의 생애에서 비롯된 자기 몫의 무거운 짐을 지고 있을지라도, 필경 사십 년의 삶보다 육십 년의 삶을 요약하기가 훨씬 더 쉬울 것입니다. 이 세상에서 보낸 당신의 삶에서 당신이 정말로 진지하게 여겼고 당신이 온 힘을 다해 전념했던 것들은 무엇이었습니까? 이것이 카르도 막시무스와 관련하여 당신이 제기한 물음에 대한 만족스러운 답변인지 잘 모르겠습니다. 그리고 어쩌면 저의 말은 평소보다 더 들뢰즈주의적인 것처럼 들리겠지만, 어떤 의미에서는 반복이 더 효과적입니다. 그것이 원래의 것의 간소화된 판본일 때에도, 현시대의 관심사에 의해 증강된 판본일 때에도 그렇습니다.[64] 지금까지 제가 관람한 최고의 셰익스피어 연극은 강철 대들보들로 이루어진 기하학적으로 추상적인 격자 위에서 연출된 〈리어왕〉이었는데, 바보 광대가 시끄러운 종이 달린 신발을 신고 위에서 대화를 엿듣고 있었습니다. 리하르트 바그너의 〈반지〉 사이클의 경우에는 장면에서 바그너 특유의 키치적 북유럽 바이킹 취향이 드러나지 않을 때 언제나 제게 더 좋은 것처럼 보였습니다. 솜브레로 모

---

64. Deleuze, *Difference and Repetition*. [들뢰즈, 『차이와 반복』.]

자를 쓰고 안대를 낀 보탄Wotan, 또는 억압받는 스팀펑크 공장 노동자들로서의 니벨룽겐 종족이, 바이로이트 축제극장에서 공연되더라도, 나치가 즐겨 보기 위해 그들에게 지정한 의상을 입은 그들보다 훨씬 더 좋습니다. 무엇보다도 위대한 초기 건축적 보수주의자 중 한 사람이었던 외젠 에마뉘엘 비올레-르-뒥 역시 유사한 견해를 제시했습니다. 그의 말에 따르면, 어떤 한 사물을 어떤 사실상의 과거 상태로 복원한다고 해서 그 사물 자체가 복원되는 것은 아닙니다. 사실상 저는 그의 정확한 진술을 제시할 수 있는데, 왜냐하면 제가 지도하는 학생인 조나 클링호퍼가 마침 오늘 자신의 기말 논문에서 그 말을 인용했기 때문입니다.[65] 비올레-르-뒥이 진술하듯이, "건축물을 복원하는 것은 그것을 보존하는 것도 아니고, 수리하는 것도 아니고, 개축하는 것도 아닙니다. 그것은 건축물을 어떤 특정한 시점에서도 결코 현존할 수 없었을 완전성의 조건으로 복귀시키는 것입니다."[66] 저는 이것이 고고학자들 역시 꽤 오랫동안 논쟁을 벌였던 그런 종류의 의문이라고 추측합니다.

그리고 물론, 이것은 비순차적인 시간에 관한 당신의 두 번

---

65. J. Klinghoffer, "A hybrid methodology of thinking in architectural restoration."
66. E. Viollet-le-Duc, *Dictionary of French Architecture from 11th to 16th Century*.

째 물음으로 직접 이어집니다. 어떤 의미에서, 과거에서 비롯된 모든 것은 단지 지금 현존할 뿐입니다. 그리고 그 지금은 오직 그것의 비본질적인 세부가 제거되고 후대 세대들이 그것을 (과도하게) 단순화할 때에만 자신의 완전한 의미를 획득할 것입니다. 몇 달 전에 저는 트위터에서 이름이 기억나지 않는 한 젊은 여성 학자와 흥미로운 논쟁을 벌였습니다. 그는 모든 분야에서 교육의 핵심에 속하는 것으로서의 고전에 반대하는 주장을 개진한 반면에 저는 찬성하는 주장을 펼쳤습니다. 그의 논지는 대충 다음과 같았습니다. "우리가 고전을 읽는 이유는 내용 때문일 수가 없는데", – 추정컨대 그 이유는 이들 저자 중 많은 사람이 이제는 시대에 뒤떨어진 노예 소유주였거나 남성 우월주의자였거나 나치 등이었기 때문이라고 추정됩니다 – "고전을 읽는 유일한 이유는 역사적 중요성 때문입니다." 그런데 핵심은 우리가 고전을 읽는 것은 내용 때문도 아니고 역사적 중요성 때문도 아니라는 것입니다. 고전을 고전으로 만드는 것은 그것이 이들 중 어느 것으로도 환원될 수 없다는 점입니다. 예를 들어, 중간 수준의 철학 고전인 1600년대의 말브랑슈를 살펴봅시다. 물론 2022년에 당신은 '내용' 때문에, 그리고 여러 가지 이유로 그를 읽지 않을 것입니다. 우선, 가톨릭교회의 역할에 대한 그의 견해는 오늘날의 교양 있는 많은 독자에게 끔찍하게 반동적이라는 인상을 줄 것입니다. 둘째, 그는 때때로 우리의 현재 관점에서 바라보면 어리석기 짝이 없는 것을 말하는데, 예컨대 음식에 관하여 너무 많이 생각하는 임산부는 결국 "사과, 배, 포도, 그리고 그 밖의 유사한 것들처럼 자신이 먹고 싶어 했던 과일"을 낳는다는 당혹스러운 주장이 있습니다.[67] 그런데 오로지 "그가 라이프니츠에게 얼마나 많은 영향을 미쳤는지"에 관해 또는 "루이 14세 치하의 프랑스 가톨릭 사상의 상태"에 관해 알기 위해 말브랑슈를 읽는 것도 지루할 수 있을 것입니다. 오히려 저는 그의 가장 깊고 가장 역설적인 관념, 즉 그의 기회원인론적 체계를 즐기기 위해 말브랑슈를 읽습니다. 이것의 중요성을 이해하려면, 당연히 우리는 OOO가 기회원인론을 새로운 형이상학에 필수적으로 중요한 자원으로 간주하는 이유를 알아야 합니다. 기회원인론의 신학적 판본은 더는 우리의 관심을 끌지 않지만 말입니다. 그런데 이와 같은 상황을 이해하기는 쉽지 않습니다. 이런 까닭에 말브랑슈에 관한 바디우의 멋진 세미나는 기회원인론적 인과관계를 그의 사상의 생생한 핵심으로 간주하기보다는 오히려 그의 사상을 훼손한 당혹스러운 오점으로 간주합니다.[68]

그러므로 우리가 역사를 새로운 보물들이 계속해서 씻겨

---

67. Malebranche, *The Search After Truth*, 117.
68. Badiou, *Malebranche*.

내려오는 해변으로 간주한다면, 그것들은 과거에 이미 해변으로 씻겨 내려온 보물 집합체에 추가될 수 있습니다. 새로운 것들은 때때로 우리로 하여금 오래된 보물 중 일부가 우리가 애초에 생각한 것보다 가치가 있지 않다는 결론을 내리게 할 수 있을 것입니다. 그런데 책의 가치가 주로 '좋은 내용'에 있다는 관념은 나쁜 의미에서 직서적인 관념이자 역사주의적인 관념이기도 합니다. 직서주의가 나쁜 이유는 그 관념이 무엇이든 무언가의 가치는 그것에 관한 명료한 명제적 산문으로 진술될 수 있는 것일 따름이라고 생각하기 때문입니다. 오히려 가장 가치 있는 것의 대다수는 말로 적절히 서술하는 데 수십 년은 아닐지라도 수년이 걸릴 수 있고, 게다가 그때에도 우리는 결코 제대로 해내지 못합니다. 과도한 역사주의가 나쁜 이유는 그 관념이 어떤 공유된 틀 내에서 다소간 균일한 진보에 관한 관념에 의존하기 때문입니다. 그리하여 순전한 시간의 이행은 오늘날 대학에 재직하는 임의의 비판이론가를 플라톤과 아리스토텔레스보다 더 중요한 인물로 만들게 됩니다. 플라톤과 아리스토텔레스가 현대의 자유주의적인 미국인들(저의 고전주의에도 불구하고 저도 그들에게 속합니다)을 불쾌하게 하는 어떤 관념들을 지니고 있었다는 단순한 이유로 말입니다. 제가 보기에 현시대에 좋은 삶을 영위하는 최선의 방법은 인간 정신의 가장 위대한 성취들에 친숙해지는 것인데, 다만 그 성취들을 그 세부적인 면들과 곧장 동일시하는 골동품 숭배적 태도에 빠지지 않은 채로 말입니다. 한 가지 놀라운 사례를 들면, 저는 검은 숲에 실제로 가서 손수 오두막을 지은, 하이데거 전문가인 한 미국인 철학 교수를 알고 있었습니다. 저는 이제는 고인이 된 고대 철학의 권위자인 또 다른 미국인 철학 교수를 알고 있었는데, 그는 그리스어를 읽지 못하면서 플라톤과 아리스토텔레스를 이해한다고 주장하는 사람들을 조롱하곤 했습니다. 글쎄요, 언어를 배우는 것은 언제나 좋은 일이지만, 아리스토텔레스에 대한 역사상 가장 위대한 두 명의 해석자(아베로에스와 성 토마스 아퀴나스)는 그를 원어로 읽을 수 없었습니다. 인간 정신이 다루는 모든 것은 다중의 의미에서 번역될 수밖에 없으며, 그리고 우리 자신이 거장이 되는 것은 거장을 흉내냄으로써 이루어지지 않습니다. 우리는 그들을 21세기 언어로 번역해야 하는 한편으로, 또한 우리가 고전으로부터 얻은 통찰에 따라서 자신의 새로운 방언을 주조해야 합니다.

그러므로 마침내 당신의 두 가지 질문에 응답하면, 우리는 수많은 시기와 장소에서 이루어진 발견과 발명 속에서 살아갑니다. 그런데 이것은 역사적 절충주의가 아닙니다. 왜냐하면 우리는 언제나 과거가 우리에게 남긴 사물들로부터 추출하거나 그것들을 증식하라는 압력을 받고 있습니다. 최근에 저는 트로이에 처음 방문했는데, 그것은 강력한 경험이었으며, 그리고 당신 같은 고고학자들에게는 그 밖의 사람들의 경우보다 훨씬 더 강력함이 확실합니다. 폐허를 관통하는 판자 산책로를 따라 걸으면서 열 개의 상이한 트로이를 바라보는 것은 매혹적이었는데, 그중 어느 것도 동일한 현장에 있었던 자신의 전신前身들을 분명 그다지 인식하지 못했을 것입니다. 저는 먹거리의 견지에서뿐만 아니라 말 사육 같은 그 밖의 것들의 견지에서도 문화적 연속성이 상당했으리라 추측할 것이지만 말입니다. 어쩌면 근처의 트로이 박물관에서 제가 알게 된 가장 놀라운 것은 트로이가 오늘날 여행객으로서의 우리가 찾는 사람들, 즉 알렉산더 대왕, 율리우스 카이사르, 메흐메트 2세에게 이미 대단한 여행지였다는 사실일 것입니다. 게다가 트로이 바로 건너편에는 오스만 제국이 1차 세계대전의 가장 비통한 전투 중 하나에서 승리한 현장인 갈리폴리가 있는데, 그곳은 그야말로 근대의 터키 시민들로 하여금 눈물을 흘리게 하는 장소입니다. 트로이의 폐허 안에 서서 저 멀리 떨어진 갈리폴리 전투 기념관을 바라보는 것은 매우 놀라운 경험이었습니다. 그리고 어떤 전쟁이 트로이 4기를 실제로 종식시켰든 간에 대다수 사람은 오직 호메로스의 『일리아스』를 통해서 과하게 번역된 형태로서 그것을 알고 있을 뿐입니다. 그런데 오스만 제국 사람들은 그 분쟁 상황에서 자신들을 트로이 사람들과 동일시했고, 무스타파 케말 아타튀르크는 갈리폴리에서 자신이 헥

토르의 이름으로 행하는 복수에 부분적으로 고무되었다고 선언했습니다! 오늘날에는 그런 정서를 위험한 역사적 낭만주의의 한 형태로 간주하는 경향이 있지만, 저는 그런 반복과 연속성이 멋지다고 깨닫습니다. 때때로 그런 일은 심지어 동일한 시기 내에서도 일어납니다. 미합중국 남북전쟁 시기에 버지니아 주의 머내서스(또는 불런)에서 벌어진 두 번의 전투는 물리적으로 방대하게 중첩되지만, 첫 번째 전투와 두 번째 전투 사이에서 전투의 성격이 얼마나 많이 바뀌었는지 잠깐 생각해 보십시오.

위트모어 옳은 말씀입니다. 복원하는 것, 강화하는 것, 확장하는 것, 다시 묻는 것, 또는 그냥 그대로 두는 것은 유적지와 관련하여 작업하는 모든 고고학자에게 오랫동안 존속된 근본적인 의문입니다.[69] 상실로서의 폐허에 대한 감각에 의해 추동되는 세부의 복원이 종종 폐허화의 긍정적인 측면을 무시하는 한, 사라 리치 역시 옳습니다.[70] 라이너 마리아 릴케는 파

---

69. C. DeSilvey, *Curated Decay*; Pétursdóttir, "Small things forgotten now included, or what else do things deserve?"; Pétursdóttir, "Things out-of-hand"를 보라.
70. 폐허화의 긍정적인 측면에 대해서는 C. DeSilvey, "Observed decay"; Olsen and Pétursdóttir, *Ruin Memories*를 보라. 또한 Shanks, *The Archaeological Imagination*을 보라.

리의 황폐한 집들의 사례를 통해서 그의 독자들에게 폐허를 계시적인 것으로 간주하도록 가르쳐주지 않았습니까?[71] 낡고 부스러지는 페인트는 이제는 폐허가 된 조타실을 둘러싸는 데 사용된 나무의 결을 드러낼 수 있습니다. 갑판 피복의 부서지고 파열된 판자들 사이에서 형성된 뻥 뚫린 구멍들은 어느 버려진 어선 내부의 갑판 아래 있는 후미진 곳을 들여다보는 창으로 활용됩니다. 우리는 그 버려진 어선이 어떻게 해서 그 자체의 벗겨진 판본 ― 디젤 엔진, 해치 커버, 추진축, 프로펠러, 굴뚝, 닻, 그물, 줄, 그리고 건조, 사용, 또는 소유의 모든 역사가 제거된 판본 ― 인지 이해할 수 있음이 확실합니다. 그런데 또한 그 폐허화는 일종의 자기-발굴과 유사한데, 여기서 균열이 간 모든 표면, 벗겨진 모든 조각은 아래에 놓여 있던 층들을 드러냅니다.[72] 그러므로 새로운 세부가 그 어선이 관리되고 사용 중일 때에는 지나가는 사람에게 명백하지 않았을 방식으로 출현합니다.

이런 주장들은 우리를 객체에 대한 동일성에 관한 물음으로 되돌아가게 합니다. 당신은 그 어선 자체에 관해 이야기하고 있는 반면에 어떤 한 고고학자는 그것의 구성요소들에 사

---

71. R. M. Rilke, *The Notebooks of Malte Laurids Brigge*, 46~8. [라이너 마리아 릴케, 『말테의 수기』.]
72. Olsen and Pétursdóttir, *Ruin Memories*, 11~2.

로잡히거나, 또는 심지어 페인트에 대한 화학적 분석이 이루어질 때 출현하는 관계적 객체에 사로잡힐 것입니다. 모든 경험적 세부가 드러나도록 파편적 사물들을 압착하고 그것들로부터 새로운 정보 층위들을 추출하기 위해 노동하는 모든 고고학자가 자체의 비본질적인 세목이 제거된 객체를 더 중시하는 것은 힘든 일입니다.[73] 당신의 논점은 세부에 대한 골동품 애호주의적 찬양으로 인해 역사의 더 넓은 구조를 찾아내는 것이 더 어려워질 수 있다는 것입니다. 강화된 항만이나 포장된 연결 도로가 없는 작은 어촌 마을이 버려짐에 따라 오래된 어장에 이르는 거리가 증가한 북부 핀마르크의 해안 거주의 변화하는 지리학을 참작하면, 버려진 선체로서 그 어선의 세목에도 불구하고 그것의 작은 크기는 그것을 무용지물로 만들 것입니다.[74]

하먼 사람들이 OOO가 관계의 중요성을 무시한다고 비난할 때, 그들은 관계를 바라보는 두 가지 상이한 방식이 있다는 점을 망각하고 있습니다. 첫째, 모든 객체는 관계들로 구성되어 있고, 따라서 그런 의미에서 모든 객체의 이면에는 구성의

---

73. Sørensen, "That raw and ancient cold."
74. Olsen and Witmore, "Sværholt."

노르웨이 스배르홀트에 버려진 한 어선

관계가 있습니다. 관건은 아래로 환원하기를 삼가는 것입니다. 당신이 물은 오로지 H_2O일 따름이라고 말함으로써 물을 설명한다면 당신은 물을 완전히 오해한 셈이 됩니다. 물은 당신이 수소와 산소에서 결코 찾아내지 못할 특성들을 갖추고 있을 뿐만 아니라, 이 두 원소가 별개로 지닌 어떤 특성들, 불을 부채질할 수 있는 역량 같은 특성들도 **결여하고** 있습니다. 열 개의 트로이 각각의 경우에도 틀림없이 상황은 마찬가지일 것입니다.

위트모어 무엇보다도 당신은 트로이나 미케네를 돌아다니는 경험 속에서 저기에-있음에 대하여 출현하는 한 가지 핵심적인 차이를 부각합니다. 우리는 오늘날의 방문객들에게 제공되는 틀 ― 오래된 사물들의 당혹스러운 뒤범벅을 수천 년에 걸친 트로이 또는 미케네 공동체들에 관한 인간 이야기의 견지에서 유의미하게 만드는 틀 ― 을, OOO가 우리로 하여금 고려하도록 고무하는 것 ― 고고학자들이 옹호해야만 하는 것 ― 즉, 황폐해진 성벽이든 이전에 묻힌 관문이든 간에 자율적인 존재자로서 객체들의 내부에서 (그리고 객체들과 함께 있음으로써) 생겨나는 기묘함과 조화시켜야 합니다.[75] 바로 여기서 우리는 우리가 수다스러운 역사와 관련시키는 것이 아닌 과거에, 암묵적이지만 어느 모로 보나 중요한 과거에 개방될 것입니다. 우리가 목표로 삼고 있기에 대화를 나누면서 계속해서 되돌아가게 되는 것은 상이한 객체들이 간직한 상이한 과거들에 관한 문제입니다. 『일리아스』가 전달하는 과거는 반드시 트로이 4기의 폐허 또는 미케네의 성채가 시사하는 것은 아닙니다. 그 성문은 우리에게 그것을 통과한 사람들(또는 수 세기가 지난 후에 그곳을 통과했다고 추정된 사람들)을 말해주지 않고, 그 성벽은 밤의 어둠 속에서 그것을 지킨 사람들(또는 또다시 나중 세대들

---

75. Olsen, *In Defense of Things*.

이 버려진 흙벽과 관련하여 떠올린 사람들)을 기억하지 않습니다. 그런데도 트로이 1기, 2기, 그리고 3~4기의 주요 성문들의 남쪽으로 향하는 일관된 방향은 유의미하며, 미케네의 성벽을 이루는 거대한 돌덩어리들 사이 접합의 정렬도 마찬가지로 유의미합니다. 성문과 성벽이 어딘가 다른 곳으로부터 자신의 실재성을 획득하지 않는다면, OOO가 인식하듯이, 그것들에 의해 내부화되는 관계적 과거도 돌로 만든 성문과 성벽에 독특한 방식들로 재규정됩니다. 고고학자들이 매우 상이한 이런 객체들과의 마주침을 통해서 출현하는 그런 과거들을 설명해야만 하는 것과 마찬가지로 OOO는 우리가 이 객체를 저 객체에 의거하여 설명하는 필수적인 작업 — 언제나 비용을 치르게 되는 작업 — 을 수행하지 않은 채로 이 객체를 저 객체에 내세우지 않도록 촉구합니다.

저는 당신이 우리에게 특이한 세부의 쌀겨에서 중요한 국면들의 쌀알을 골라내라고 촉구하고 있는 방식을 분명히 이해합니다. 또한 저는, 테세우스의 배의 경우이든 트로이의 경우이든 간에, 당신이 우리로 하여금 이르게 하는 교훈이 어떻게 해서 "더 큰 객체의 그 물질적 구성요소들의 총합으로의 환원 불가능성"과 관련되어 있는지 이해합니다.[76] 중요한 점은 OOO

---

76. G. Harman, *Objected-Oriented Ontology*, 28.

가 모든 규모와 신조의 객체들에 대한 자체의 민주주의적인 성향으로도 유명하다는 것입니다. 사실상 고고학자로서 제가 당신의 작업에 처음 끌리게 된 것은 통속적인 존재자들, 평범한 객체들, 두드러지지 않은 사물들에 대한 관심과 개별적 돌들, 성벽들, 또는 관문들의 존엄성을 언제나 인정하는 점 — 여기서 우리는 라투르식으로 나열된 객체들에 관한 당신의 긴 목록을 떠올릴 수 있을 것입니다 — 이었습니다. 확실히 우리는 OOO가 상이한 추상화 층위들을 인식하는 방식을 강조해야 하는데, 이는 한 층위에서 비본질적이거나 쓸모없는 것처럼 보이는 세부가 다른 한 층위에서는 결코 우유적이지도 않고 폐기될 수도 없음을 뜻합니다. 사실상, 어떤 도시의 파괴(6기 혹은 7a기)가 호메로스에게 영감을 제공했는지에 관한 고고학적 논쟁을 부채질하는 것은 발굴된 화살촉과 타 버린 유적의 특이한 세부, 트로이 7기에서 비롯된 면모들과 연관된 세부입니다. 이렇게 해서 저는 마지막 질문에 이르게 됩니다.

일부 독자는 트로이와 테세우스의 배, 비행기 충돌 사태와 로스앤젤레스, 솜뭉치와 망치 사이에서 왔다 갔다 할 수 있는 당신의 능력에 깊은 인상을 받을 것입니다. 이런 움직임은, 당신이 표명했듯이, 만물 이론으로서 OOO의 본성을 증언합니다.[77] 그런데 OOO에 대하여 제가 높이 평가하는 것은 "어떤 그림?" "어떤 구조?"에 관한 물음이 당면 과제의 부산물로서 출현하는 방식입니다. 여기서 그렇다면 새로운 통찰을 얻을 방법을 알아내기 위해 고고학자가 어떻게 당신의 작업에 관여할지에 관한 한 가지 물음이 제기됩니다. 어딘가 다른 곳에서 당신이 다루었듯이, 방법으로서 또는 "약한 이론"으로서의 객체지향 철학과 형이상학으로서 또는 "강한 이론"으로서의 객체지향 존재론 사이에는 차이점이 있습니다.[78] 전자의 경우에, 우리는 일단의 가벼운 이론적 단서를 추출하거나, 또는 우리가 어떤 특정한 사태를 협상하는 데 도움을 주고, 우리가 조치를 취할 때 어떤 특정한 상황의 적절한 면모들을 탐지하는 데 도움을 주는 지침 ─ 분류학적 편견의 회피, 객체의 그 구성요소들이나 효과들로의 환원 불가능성, 또는 자율성과 관계의 대칭성 ─ 을 추출할 수 있습니다. 후자의 경우에, 이제 우리는 우리에게 저곳에 배열된 면모들 ─ 객체들과 사물 속 성질들 사이의 균열 또는 객체들의 사중체 특질 ─ 을 찾아낼 방법을 보여주는 점점 더 미묘해지는 형이상학을 마주치게 됩니다. (고고학자로서, 인류학자로서, 또는 역사학자로서) 얼마나 많은 독자가 이론을 갖고

---

77. 같은 책.
78. Latour, Harman, and Erdélyi, *The Prince and the Wolf*, 58~9. 약한 이론과 강한 이론 사이의 구분에 관해서는 E. K. Sedgwick, "Paranoid reading and reparative reading"; K. Stewart, "Weak theory in an unfinished world"; Pétursdóttir and Olsen, "Theory adrift"; Olsen and Witmore, "When defense is not enough"를 보고, 또한 G. Lucas and C. Witmore, "Paradigm lost"를 보라.

서 작업하는지를 참작하면, 방법으로서의 객체지향 존재론에 대한 더 부드러운 관여 대 만물에 적용 가능한 이론으로서의 객체지향 존재론에 대한 더 강력한 이해에 관한 당신의 생각은 어떠한지 말씀해 주시겠습니까?

하먼 제 생각에 아이러니는 OOO가 현재 방법으로서 발전되기보다는 오히려 이론으로서 발전되어 있다는 것입니다. 그 이유는 어쩌면 라투르의 행위자-네트워크 이론의 경우에 그랬듯이 하나 이상의 특정한 분과학문에서 일단의 문제를 해결해야 하는 압력을 받기보다는 오히려 그것이 철학이라는 분과학문 안에서 발전되었기 때문일 것입니다. '방법'에 대한 저의 감각은 우리가 원하는 만큼 기계적으로 적용됨으로써 어떤 상황의 기존 상태를 뒤흔드는 데 도움을 줄 수 있는 일단의 느슨하고 유익한 규칙에 대한 감각입니다. 예를 들면, 어떤 대학은 교수의 봉급을 질보다 측정하기가 더 쉽다고 알려진 출판량에 순전히 의거하여 정하기로 결의할 수 있을 것입니다. 그리고 이것은 개별적 사례들에서 터무니없는 부정의를 초래할 수 있을 것입니다. 탁월하지만 덜 생산적인 완벽주의자는 과소평가되는 반면에 다작의 평범한 교수는 엄청난 봉급을 받게 됩니다(이런 일은 실제로 일어납니다). 그런데 놀랍도록 많은 사례에서 양은 질과 상관될 것이기에 그 방법은 사실상 끔찍한 방법은 아닙니다. 또 다른 예를 들면, 최근에 저는 라캉을 많이 읽고 있기에 그를 요약하는 한 가지 좋은 방식은 그가 세 가지 별개의 기록부, 즉 상상계, 상징계, 그리고 실재계를 정신에 도입한다고 말하는 것입니다. 첫 번째 상상계는 거울-단계, 나르시시즘, 그리고 대항 의식과 관련이 있습니다. 두 번째 상징계는 아버지의 법이 지배하는 사회적 질서 및 언어와 관련이 있습니다. 세 번째 실재계는 트라우마나 향유처럼 상징계 내에서 동화될 수 없는 것과 관련이 있습니다. 라캉은 세 가지 기록부에 관한 그의 새로운 이론이 그의 경쟁자들의 추정상 오류들을 어떻게 밝히는지 보여주는 것만으로도 많은 것을 얻게 됩니다. 예를 들면, 『세미나 4』에서 라캉은 안나 프로이트, 멜라니 클라인, 그리고 도널드 위니컷에 맞설 강력한 명분을 획득하며, 그리고 예컨대 남근이 상상적 차원, 상징적 차원, 그리고 실재적 차원을 동시에 갖추고 있다고 주장함으로써 어니스트 존스를 거의 완전히 파괴하기 위한 추가적인 명분을 획득합니다. 그것은 여러 가지 점에서 라캉이 프로이트조차도 넘어서게 하는 방법인 동시에 라캉이 모든 특정한 정신분석적 문제를 어떻게 다룰지 상상하기 위한 훌륭한 경험 법칙이기도 합니다. 그런데 물론 그것은 하나의 방법에 불과하며, 그 자체로 그것은 라캉의 이론 전체를 망라하지 못합니다.

작업하기 위해 앉을 때마다 저는 여전히 초심자라는 느낌이 들고 이론 전체를 처음부터 개편해야 한다는 고통스러운 경험을 거듭해서 겪습니다. 물론, 또한 저는 요청하는 모든 사람에게 사중체 도표를 묘사할 수 있고, 심지어 그 도표가 제가 적어도 느슨하게나마 친숙한 모든 분과학문에 대하여 함축할 수 있을 일단의 의미를 요약할 수 있습니다. 그것은 OOO의 '방법' 부분입니다. 그리고 직업적으로 저는 어떤 식으로든 철학과 연관된 방법들을 계속해서 생성해야 합니다. 현재 최선의 실례는 건축입니다. 왜냐하면 그것은 현재 제가 고용된 분야이기 때문입니다. 재능 있는 많은 젊은 건축가가 OOO를 선택하였고, 그것으로 흥미로운 작업을 수행하고 있습니다. 저는 건축 분야에 관하여 거의 아무것도 모른 채로 시작하였지만, 지금은 그 분과학문의 역사와 이론을 상당히 또는 최소한 충분히 파악하고 있기에 저의 진술은 건축 관련 청중에게 무의미하지 않습니다. 그리고 제 입장에 있는 누군가가 건축 형식을 제정하려고 시도하는 것은 터무니없을 것이지만, 청중은 언제나 저에게 시도해 볼 것을 원합니다. 다양한 독서와 토론을 통해서 저는 건축에 매우 핵심적인 형태/기능 구분을 공략하기로 결심하게 되었는데, 이런 구분의 지속적인 적실성을 부인하는 사람들도 있지만 말입니다. 때때로 우리는 그런 구분이 낡은 것이라는 말을 듣지만, 그것은 사실이 아닙니다. 그 구분은 (이제는 의고적인 것으로 여겨지는 삼중 구분을 사용한) 비트루비우스까지 거슬러 올라가며, 모더니즘 담론에 절대적으로 중추적인 것입니다. 저는 건물을 설계하는 방법을 전혀 알지 못하지만, 제가 OOO에 기반을 두고서 건축에 대해 제가 말할 수 있는 흥미로운 것들이 있습니다. 예를 들면, 전통적인 형태/기능 구분은 재고되어야 합니다. 왜냐하면 두 항은 모두 관계적이기 때문입니다. 형태는 일반적으로 건축물의 시각적 외관을 뜻하는 것으로 여겨지고, 기능은 건축물의 목적으로 여겨집니다. 그것들이 관계적인 한, 그것들은 둘 다 '감각적' 영역에 속하고 실재적인 것에 닿지 못합니다. 제가 제로-형태라고 일컬으며 어느 한 건축물과의 상이한 마주침들을 통시적으로 접합하는 것과도 관계가 있는 어떤 '심층' 형태로 방향을 전환하는 것은 그다지 어렵지 않습니다. 더 어려운 문제는 제로-기능이지만, 저는 렘 콜하스의 경력을 그것에 이르는 길을 개척하는 것으로 해석하게 되었습니다. 칸트가 기능을 배제함으로써 예술의 순수성을 구조하고자 한다는 사실도 있는데, 그리하여 건축은 예술에서 부속적인 지위에 한정됩니다. 반면에 저는, 기능이 유지되는 한편으로 테세우스의 부서진 난파선의 양식으로 기능을 추상화함으로써 그것을 미학화하는 방식으로 '제로화'될 수 있다고 생각합니다. 이렇게 해서 OOO는 헤겔과 프랑크푸르트학파의 정당화되지 않은 관계적 과잉으로 빠지지 않은 채로 칸트주의적 미학의 근거에 이의를 제기하기 위한 발판이 될 수 있습니다.

새로운 분과학문이 저에게 방문해 달라고 요청할 때마다 이런 종류의 일을 수행하는 것은 매우 보람이 있습니다. 그리고 그것은 언제나 저 자신의 철학에 소급적으로 새로운 빛을 비춥니다. 그런데 저는 그 정도까지만 나아갈 수 있을 뿐입니다. 왜냐하면 저는 이 모든 분야에서 건축가, 고고학자, 또는 문학비평가가 자신의 전문 영역에서 훈련하듯이 훈련할 수 있는 방대한 신체를 갖추고 있지 않기 때문입니다. 하지만 일반적으로 저는 대화에 무언가를 추가할 수 있음을 깨달았습니다. 그 이유는 필시 (라투르와 심지어 지젝처럼) 제가 다른 철학자들보다 철학 외의 분야들에서 더 널리 읽히기 때문일 것입니다. 저는 이에 대한 몇 가지 이유를 생각할 수 있습니다. 한 가지 이유는 철학이 가장 느리게 움직이는 분과학문이라는 것입니다. 여러 가지 점에서 철학자들은 여전히 1780년대의 칸트적 우주에 거주하면서 그의 기본적인 틀과 그것에 대한 다양한 비판적 응답 내에서 작업하고 있습니다. 그런데 건축이나 고고학이 1780년대의 관점에서 작업하는 것은 터무니없을 것입니다. 당신은 그보다 훨씬 더 빨리 움직이고, 그리하여 저 역시 저의 안전지대를 떠나서 훨씬 더 빨리 움직일 수밖에 없게 됩니다. 당신은 혁신과 관련하여 철학이 지금까지 받은 것보다 훨씬 더 큰 압력을 받고 있습니다. 그렇습니다. 분석철학은 자연과학처럼 더 **빠른** 속도로 움직이려고 하지만, 저는 이것이 철학에 올바른 **빠르기**인지 의심스럽습니다. 또 다른 쟁점은, 특히 근대 철학이 다른 분야들과 대화를 나눌 채비를 그다지 잘 갖추고 있지 않다는 것입니다. 그것은 분업에 만족합니다. 철학은 사유-세계 관계를 연구하는 반면에 객체들 사이의 관계는 그 밖의 분과학문 중 하나에 속합니다. 저는 그런 분업을 받아들이지 않으며, 그리고 그런 까닭에 저는 다른 사람들의 학술 분야에서 좌충우돌하도록 계속해서 요청받고 있습니다. 사실상, 저는 종종 직업적으로 망명한 단테와 같은 느낌이 들곤 합니다. 저는 급히 연구하고 제가 할 수 있는 모든 도움을 제공하려고 최선을 다하며, 그 대가로 저에게는 언제나 새로운 용어법과 이전에는 몰랐던 저자들과 새로운 사례 연구들의 집합이 주어지게 됩니다.

마지막 생각으로 마무리합시다. 당신은 한 객체가 상이한 역사들을 어떻게 가질 수 있는지에 관해 또다시 언급했습니다. 게다가 한 객체는 상이한 동시적인 것들도 가질 수 있으며, 이것은 형식주의에 대한 저의 관심과 결부됩니다. 태양 아래 모든 주제를 역사화하거나 사회화하거나 정치화하기를 원하는 사람을 뜻하는 반反형식주의자와 관련하여 저를 괴롭히는 것은 그들이 이전에 제가 장애물 경기라고 일컬은 것을 벌인다는 점입니다. 그것은, 자신에게는 치우기 쉬운 매우 낮은 장애물을 제공하고 적에게는 매우 높은 장애물을 제공하는 낡은 수법입니다. "형식주의자는 어떤 예술 작품이 그것의 사회적 및 역사적 맥락과 그 작가의 전기에서 완전히 단절된다고 주장한다. 하지만 이것은 터무니없음이 명백하다! 그러므로 이제 나는 나 자신이 선호하는 사회정치적 대의들과 역사적 화제들을 선별한 다음에 여타의 모든 것을 무시한 채로 그것들에 의거하여 예술 작품을 설명할 것이다." 그런데 사실 형식주의는 관계를 전적으로 배제할 필요가 없습니다. 단지 난잡한 관계성을 배제할 필요가 있을 뿐입니다. 자하 하디드의 건축은 사회적 및 전기적 선례들이 있음이 확실하지만, 학자는 어떤 것들이 중요하고 어떤 것들이 중요하지 않은지 파악하는 어려운 작업을 수행해야 합니다. 예전에 티머시 모턴은 관계주의적 태도가 "모든-것이-여타의-모든-것인 들뢰즈주의적 힌두이즘"의 일종에 해당한다고 농담했는데, 결과적으로 그 공격은 힌두교 신자를 겨냥하기보다는 오히려 들뢰즈주의적 전체론자를 겨냥했습니다. OOO의 경우에 객체는 자족적이지만, 그것은 아무것도 객체에 영향을 미칠 수 없음을 뜻하지는 않습니다. 그것은 단지 어떤 객체가 유한한 수의 다른 객체들의 에너지를 흡수함을 뜻할 뿐이며, 그리고 우리에게는 어떤 것들이 그러한 것인지 탐지할 새로운 방법이 필요합니다. 그런 영향 중에서 하나(자본주의가 좋은 일례입니다)를 단순히 선택하여 그것에 보편적인 편재적 힘을 부여하는 것은 그리 좋은 방법이 아닙니다. 왜냐하면 그럴 때 그것은 모든 것에 대한 마법적 응답이 될 따름이기 때문입니다. 저에게 형식주의는 철저한 고립성과 관련되어 있지 않고 오히려 모든 객체에는 문지기가 있기에 오직 한정된 수의 영향이 그 문을 통과할 뿐이라는 사실과 관련되어 있습니다. 그리고 그럴 때에도 그런 영향은 (자본이 그것이 접촉하는 모든 것을 더럽히게 되어 있는 방식으로) 해당 객체를 직접 지배하지 않고 오히려 그 객체의 고유한 견지에 의거하여 부분적으로 변형됩니다. 『탄소 민주주의』라는 널리 읽히는 책에서 티머시 미첼은 석유의 물리적 특성이 자본주의가 석유에 영향력을 행사하는 것만큼 자본주의에 영향력을 행사한다고 지적합니다.[79] 그리고 이것은 제가 저의 철학이 다른 분과학문들과 맺는 관계를 이해하는 방식입니다. 그것은 다른 분과학문들에 적용할 규정을 제정하는 OOO와 관련되어 있지 않고 오히려 **건축적 OOO** 또는 **트로이의 OOO**를 저술할 방법을 배우는 것과 관련되어 있습니다.

---

79. T. Mitchell, *Carbon Democracy*. [티머시 미첼, 『탄소 민주주의』.]

시간 모형에 관한 단상

『반시대적 객체』에서는 시간에 관한 선형적 구상과 대조를 이루는 몇 가지 시간 모형이 논의되었다. 우리가 '선형적'이라는 낱말로 뜻하는 바는 과거를 뒤에 남기는 식으로 전진하는 것으로서의 시간에 관한 관념인데, 이것이 (대다수 정치적으로 진보적인 모형에서처럼) 잠재적 개선의 형식을 취하든 아니면 (대다수 보수적인 모형에서처럼) 안정성이나 쇠퇴의 형식을 취하든 간에 말이다. 이 책에서 논의된 대안들은 다음과 같다.

- **소급적 시간성.** 소급적 시간 모형에서는 과거가 미래 사건의 견지에서 새로운 의미를 끊임없이 띠게 된다는 의미에서 여전히 살아 있다. 율리우스 카이사르의 시대에 알렉산더 대왕은 죽은 지 오래되었지만, 그는 비견할 만한 나이에 아직 알렉산더의 업적에 미치지 못했다는 사실에 대하여 눈물을 흘린 젊은 카이사르에 의해 선구자로서 받아들여진다. 1066년에 이루어진 노르만인의 잉글랜드 정복 사건은 그 후 그 섬을 지배하기를 열망했던 스페인 무적함대, 히틀러, 그리고 그 밖의 몽상가들에 의한 일천 년 동안의 정복 실패 이후에 소급적으로 탁월한 군사적 위업이 된다. 어떤 사물들은 그것들이 실제로 생겨났던 시기보다 더 뒤에 생겨난다. 물리학에서 양자론에 의해 초래된 혁명을 살펴보자. 일견, 상황은 그 이론이 1900년에 막스 플랑크가 흑체 복사 문제에 대한

해법을 제시했을 때 처음 나타난 것처럼 보인다. 그런데 9년이 지난 후에야, 즉 1909년에야 플랑크는 자신의 발견이 지닌 혁명적 특질을 소급적으로 파악했을 뿐이었다.

- **삼투하는 시간성**. 위트모어의 표현에 따르면, 이것은 "저수지에 고여 있거나 주머니 속에 들어 있는 시간, 걸러지고 흡수되는 시간, 갑자기 가속하고 서서히 흘러가는 시간, 참신성과 반복의 소용돌이 내에서 파열되고 되돌아오는 시간"이다. 삼투는 전진 운동의 간헐적인 반전뿐만 아니라 시간의 모든 자동적 이행에 저항하는 정적인 저수지의 격리도 허용함으로써 선형적 시간에 대립한다. 이란 혁명은 구시대적 경로를 따라 되돌아감으로써 푸코를 놀라게 한다. 카이로의 거리에서는 전기자동차가 저 멀리 피라미드가 보이는, 나세르 시대에 건설된 한 아파트 단지 앞에서 **뼈**로 가득 찬 당나귀 수레를 지나간다.

- **역류**. 석유 가격이 상승함으로써 범선이 화물선으로서 다시 출현한다. 구더기가 귀환하여 총상을 치료하는 데 사용되는데, 그것들은 더 비싼 현대의 기술보다 더 효과적으로 치료한다. 인도네시아와 소말리아반도에서는 해적이 다시 대거 출몰한다. 전근대적인 민족 갈등이 21세기 집단학살 사건으로 비화한다. 많은 우버 운전사는 택시 운전사로 되돌아가고, 분노한 어른은 거슬리는 스마트폰을 포기하고 원시적인

폴더폰으로 되돌아가며, 서양의 도시인들은 닭을 키우기로 작정한다.
- 위상학적 시간. 연대기적으로 멀리 떨어진 시점들이 형식적 유사성을 통해서 서로 가까워진다. 현대의 자동차 경주와 우주선 발사는 고대의 인신공양 제의를 수천 년이 지났음에도 다시 구현한다. 플로리다에서 봄방학을 보내는 대학생들과 『캔터베리 이야기』의 대학생들은 비견할 만한 비행을 저지른다. 알 아흘리(2012년 포트사이드), 유벤투스(1985년 브뤼셀)의 팬들과 녹색당(532년 콘스탄티노플)으로 알려진 전차 경기 팬들을 대상으로 스포츠 행사 학살 행위가 저질러진다. 어떤 특정한 위상학이 타당한지 아니면 부당한지 여부를 둘러싸고 격렬한 논쟁이 벌어진다. 오늘날의 이스라엘은, 상이한 사람들로부터 동시에, 고대 사람들의 계승자라고 주장되는 한편으로 최근의 유럽 식민주의적 기획으로 비난받을 수 있다. 러시아는 동로마 제국 또는 키에프 루스의 계승자라는 외피를 취하는 한편으로, 또한 동로마 제국으로부터 조롱을 받거나 키에프 루스로부터의 격렬한 저항에 직면한 것으로 여겨진다.
- 순환적 시간. 계절은 개인적 삶의 단계와 마찬가지로 매년 예측 가능한 순서로 이행한다. 어쩌면 민주주의는 어떤 시점에 폭정으로 퇴화할 것이고, 또한 어쩌면 새로운 권력의 부상

은 언제나 기성 권력과 갈등을 촉발할 것이다. 수 세기 동안 유라시아 스텝의 폭력적인 과잉 인구가 간헐적으로 유럽과 중동에 쇄도했다. 호모 사피엔스를 비롯하여 지배적인 동물 종은 자기 소멸의 씨앗을 뿌린다.

- 세대적 시간. 이븐 칼둔은 한 왕조가 기껏해야 네 세대 동안 지속할 수 있다고 경고한다. 어떤 지배적인 관념은 그것을 배우도록 강요받는 학생 세대를 지루하게 한다. 그들은 새로운 관념을, 여러 측면에서 이전의 관념과 정반대인 관념을 몰래 들여온다. 모든 인구의 가장 불안정하고 위협적인 부분(젊은 남자들)은 민간 소요 사태를 촉발하지 않도록 공부하거나 일하거나 또는 참전하게 해야 한다. 자신의 후손을 통해서 생명을 연장하려는 소망은 안정한 상속 메커니즘과 비교적 영구적인 사회적 계급을 낳는다.

- OOO 시간. 우리가 시간으로 일컫는 것은 변화하는 우유적인 성질들을 갖춘 어떤 오래가는 감각적 객체의 표면 현상일 따름이다. 이런 피상적인 드라마는, 안정한 체스 기물이 이따금 특별히 강한 돌풍에 의해 움직여지는 것과 마찬가지로, 단지 간헐적으로 실재적인 것에 소급적 영향을 미칠 뿐이다.

- 고고학, OOO, 그리고 시간. 『반시대적 객체』라는 이 책은 시간과 관련하여 고고학과 철학 사이의 수많은 교차점을 탐구

하는 한편, 또한 그것은 인간과 사회의 장기적인 변화의 견지에서 고고학과 OOO의 공생 가능성에 대한 성찰을 요청한다. 우리는 그런 인간 객체들의 창의적인 제작과 유지의 견지에서 '포이에시스'poiesis에 대한 의미를 염두에 두고서 이것을 '인류생성'Anthropoiesis으로 일컫는다. 인간화에 관한 이런 대안 이론은 선택과 경쟁에 기반을 두지 않고 오히려 협동과 공생에 기반을 두고서 작동한다.[1] 인간의 진화에서 생겨난 모든 주요한 변화는 하나의 새로운 복합 객체로 흡수된 두 가지 자율적인 존재자 ― 아슐리안 주먹도끼에서 건축과 유도된 식물군을 거쳐 자동차에 이르기까지, 인간과 비인간 ― 의 병합에서 비롯된다고 우리는 주장한다.[2] 인류생성은 자율적인 존재자로서 창발할 뿐만 아니라 더 큰 복합 객체의 구성요소로서도 창발한다. 이런 노력의 참신성은 고고학과 OOO 공생의 생산적인 잠재력을 가리킨다. 왜냐하면 그것은 앙드레 르루아-구랑, 매클루언, 그리고 세르가 옹호한 외부화 이론들에 대한 포괄적인 생물학적 대안을 제공하기 때문이다. 이들에 따르면 컴퓨터 처리장치는 인간의 대뇌 피질을 향상시켰고, 글쓰기는 기억을 향상시켰고, 돌망치는 손을 향

---

1. Margulis, *Symbiotic Planet*. [마굴리스, 『공생자 행성』.]
2. Witmore, "Anthropoiesis revisited."

상시켰고, 금속 절단기는 앞니를 향상시켰다. 오히려 지침이 되는 모형은 외부적 존재자들의 인간 내부화에 관한 모형일 것이다. 이때 이 외부적 존재자 중 많은 것은 비인간이거나 심지어 무생물일 것이다.

:: 참고문헌

Ackerman, R., *J. G. Frazer: His Life and Work* (Cambridge: Cambridge University Press, 1987).

Alberti, B., "Archaeologies of ontology," *Annual Review of Anthropology*, vol. 45 (2016): 163~214.

Alberti, B., A. M. Jones, and J. Pollard, eds., *Archaeology After Interpretation: Returning Materials to Archaeological Theory* (Walnut Creek: Left Coast Press, 2013).

Alcock, S. E., *Graecia Capta: The Landscapes of Roman Greece* (Cambridge: Cambridge University Press, 1993).

_____, *Archaeologies of the Greek Past: Landscape, Monuments, and Memories* (Cambridge: Cambridge University Press, 2002).

Alcock, S. E. and J. F. Cherry, *Side-by-Side Survey: Comparative Regional Studies in the Mediterranean World* (Oxford: Oxbow, 2004).

Arènes, A., B. Latour, and J. Gaillardet, "Give depth to the surface: An exercise in the Gaiagraphy of critical zone," *The Anthropocene Review*, vol. 5, no. 2 (2018): 120~35.

Aristotle, *The Art of Rhetoric*, trans. H. Lawson-Tancred (London: Penguin, 1992). [아리스토텔레스, 『아리스토텔레스수사학』, 박문재 옮김, 현대지성, 2020.]

_____, *Metaphysics*, trans. C. D. C. Reeve (Indianapolis: Hackett, 2016). [아리스토텔레스, 『아리스토텔레스의 형이상학』, 김진성 옮김, 서광사, 2022.]

_____, *Physics*, trans. C. D. C. Reeve (Indianapolis: Hackett, 2018). [아리스토텔레스, 『자연학』, 허지현 옮김, 허지현연구소, 2022.]

Arkani-Hamed, N., "Spacetime & quantum mechanics: Total positivity and motives." YouTube lecture, September 6, 2019, at ⟨https://www.youtube.com/watch?v=Sn0W_mwA7Q0⟩.

Assmann, J., *The Mind of Egypt: History and Meaning in the Time of the Pharaohs* (Cambridge: Harvard University Press, 2003).

Augé, M., *Non-places: Introduction to an Anthropology of Supermodernity* (London: Verso, 1995). [마르크 오제, 『비장소: 초근대성의 인류학 입문』, 이상길·이윤영 옮김, 아카넷, 2017.]

Austin, J. L., *How to Do Things with Words*, 2nd ed. (Cambridge: Harvard University Press, 1975). [J. L. 오스틴, 『말과 행위』, 김영진 옮김, 서광사, 2005.]

Austin, M., "To exist is to change: A friendly disagreement with Graham Harman about why things happen," *Speculations*, vol. 1, no. 1 (2010): 60~83.

Badiou, A., *Being and Event*, trans. O. Feltham (London: Continuum, 2005). [알랭 바디우, 『존

재와 사건』, 조형준 옮김, 새물결, 2013.]

____, *Logics of Worlds: Being and Event II*, trans. Alberto Toscano (London: Continuum, 2009).

____, *Malebranche: Theological Figure, Being 2*, trans. J. Smith with S. Spitzer (New York: Columbia University Press, 2019).

Baedeker, K., *Greece: A Handbook for Travellers*, 2nd rev. ed. (Leipzig: Karl Baedeker, 1894).

Bailey, G., "Concepts of time in Quaternary prehistory," *Annual Review of Anthropology*, vol. 12 (1983): 165~92.

____, "Time perspectives, palimsests and the archaeology of time," *Journal of Anthropological Archaeology*, vol. 26 (2007): 198~223.

Barad, K., *Meeting the Universe Halfway: Quantum Physics and the Entanglement of Matter and Meaning* (Durham: Duke University Press, 2007).

Barrett, J. C., "The material constitution of humanness," *Archaeological Dialogues*, vol. 21, no 1. (2014): 65~74.

____, "The new antiquarianism?" *Antiquity*, vol. 90, no. 354 (2016): 1681~6.

Bassi, K., *Traces of the Past: Classics Between History and Archaeology* (Ann Arbor: University of Michigan Press, 2016).

Benjamin, W., H. Eiland, and M. W. Jennings, *Selected Writings, Volume 4: 1938-1940* (Cambridge: Belknap Press, 2006).

Bennett, J., *Vibrant Matter: A Political Ecology of Things* (Durham: Duke University Press, 2010). [제인 베넷, 『생동하는 물질: 사물에 대한 정치생태학』, 문성재 옮김, 현실문화, 2020.]

____, "Systems and things: A response to Graham Harman and Timothy Morton," *New Literary History*, vol. 43 (2012): 225~33.

Bergson, H., *Matter and Memory*, trans. N. M. Paul and W. S. Palmer (New York: Zone Books, 1991). [앙리 베르그손, 『물질과 기억』, 박종원 옮김, 아카넷, 2005.]

____, *Creative Evolution*, trans. A. Mitchell (Mineola: Dover, 1998). [앙리 베르그손, 『창조적 진화』, 황수영 옮김, 아카넷, 2005.]

____, *Time and Free Will: An Essay on the Immediate Data of Consciousness* (Mineola, Dover, 2001).

Berkeley, G., *A Treatise Concerning the Principles of Human Knowledge* (Indianapolis: Hackett, 1982). [조지 버클리, 『인간 지식의 원리론』, 문성화 옮김, 계명대학교출판부, 2010.]

Betancourt, P. P., *Introduction to Aegean Art* (Philadelphia: Institute for Aegean Prehistory Academic Press, 2007).

Binford, L. R., *Nunamiut Ethnoarchaeology* (New York: Academic Press, 1978).

____, "Behavioural archaeology and the Pompeii premise," *Journal of Anthropological Research*, vol. 37 (1981): 195~208.

____, *Bones: Ancient Men and Modern Myths* (New York: Academic Press, 1981).

____, *In Pursuit of the Past: Decoding the Archaeological Record* (New York: Thames and Hudson, 1983).

Bintliff, J. L., *The Annals School and Archaeology* (Leicester: Leicester University Press,

1991).

_____, "Reconstructing the Byzantine countryside : New Approaches from landscape archaeology," in *Byzanz als Raum*, ed. K. Bleike et. al. (Vienna : Österreichische Akademie der Wissenschaften, 2000), 37~63.

_____, *The Complete Archaeology of Greece : From Hunter-Gatherers to the 20th Century AD* (Chichester : Wiley-Blackwell, 2012).

Bogost. I., *Alien Phenomenology, or What Is It Like to Be a Thing* (Minneapolis : University of Minnesota Press, 2012). [이언 보고스트, 『에일리언 현상학, 혹은 사물의 경험은 어떠한 것인가』, 김효진 옮김, 갈무리, 2022.]

Boivin, N., *Material Cultures, Material Minds : The Impact of Things on Human Thought, Society, and Evolution* (Cambridge : Cambridge University Press, 2008).

Bradley, R., *The Past in Prehistoric Societies* (London : Routledge, 2002).

Brentano, F., *Psychology from an Empirical Standpoint*, trans. A. Rancurello, D. B. Terrell, and L. McAlister (New York : Routledge, 1995).

Broodbank, C., *The Making of the Middle Sea : A History of the Mediterranean from the Beginning to the Emergence of the Classical World* (Oxford : Oxford University Press, 2013).

Bryant, L. R., *The Democracy of Objects* (Ann Arbor : Open Humanities Press, 2011). [레비 R. 브라이언트, 『객체들의 민주주의』, 김효진 옮김, 갈무리, 2021.]

_____, "Stability and change." *Larval Subjects* blog post. December 10, 2012, at ⟨https://larvalsubjects.wordpress.com/2012/12/10/stability-and-change/⟩.

_____, *Onto-Cartography : An Ontology of Machines and Media* (Edinburgh : Edinburgh University Press, 2014). [레비 R. 브라이언트, 『존재의 지도 : 기계와 매체의 존재론』, 김효진 옮김, 갈무리, 2020.]

_____, "Wilderness heritage : For an anthology of the Anthropocene," in *Heritage Ecologies*, ed. T. R. Bangstad and þ. Pétursdóttir (Abingdon : Routledge, 2021), 66~80.

_____, "Wild things," in *After Discourse : Things, Affects, Ethics*, ed. B. Olsen, M. Burström, C. Desilvey, and þ. Pétursdóttir (Abingdon : Routledge, 2021), 42~58.

Bryant, L. R., N. Srnicek, and G. Harman, eds., *The Speculative Turn : Continental Materialism and Realism* (Melbourne : re.press, 2011).

Buchli, V. and G. Lucas, eds., *Archaeologies of the Contemporary Past* (London : Routledge, 2001).

Burford, A., *The Greek Temple Builders at Epidauros : A Social and Economic Study of Building in the Asklepian Sanctuary* (Toronto : University of Toronto Press, 1969).

Burkert, W., *Griechische Religion der archaischen und klassischen Epoche* (Stuttgart : Kohlhammer, 1977).

Chang, C., *The Archaeology of Contemporary Herding Sites in Greece*, Doctoral Dissertation, State University of New York at Binghamton (1981).

Cherry, J. F., "Regional survey in the Aegean : The 'New Wave' (and after)," in *Beyond Site : Regional Studies in the Aegean Area*, ed. P. N. Kardulias (Lanham : University Press of America, 1994), 91~112.

_____, "Archaeology beyond the site: Regional Survey and its future," in *Theory and Practice in Mediterranean Archaeology: Old World and New World Perspectives* (Los Angeles: Costen Institute of Archaeology, University of California, 2003), 137~60.

Cherry, J. F., J. L. Davis, and H. Mantzourani, *Landscape Archaeology as Long-term History: Northern Keos in the Cycladic Islands from Earliest Settlement to Modern Times* (Los Angeles: UCLA Institute of Archaeology, 1991), 137~60.

Childe, V. G., *The Dawn of European Civilization* (London: Paul, Trench, Trubner & Co, 1925).

Chirimmuta, M., *Outside Color: Perceptual Science and the Puzzle of Color in Philosophy* (Cambridge: MIT Press, 2017).

Cipolla, C. N., "Postscript: Postcolonial archaeology in the age of things," in *Foreign Objects: Rethinking Indigenous Consumption in American Archaeology*, ed. C. N. Cipolla (Tucson: University of Arizona Press, 2017), 222~9.

_____, "Earth flows and lively stone: What differences does 'vibrant' matter makes?" *Archaeological Dialogues*, vol. 25, no. 1 (2018): 49~70.

Clarke, D. L., *Analytical Archaeology* (London: Methuen, 1968).

_____, "Archeology: The loss of innocence," *Antiquity*, vol. 47 (1973): 6~18.

Conneller, C., *An Archaeology of Materials: Substantial Transformations in Early Prehistoric Europe* (Abingdon: Routledge, 2011).

Copeland, L. S., "Source of the seven-day week," *Popular Astronomy*, vol. 47, no. 4 (1939): 175~82.

Courbin, P., *What is Archaeology? An Essay on the Nature of Archaeological Research*, trans. P. G. Bahn (Chicago: University of Chicago Press, 1988).

Crellin, R. J., *Change and Archaeology* (Abingdon: Routledge, 2020).

Crossland, Z. and A. Bauer, "Im/materialities," *Semiotic Review*, vol. 4 (2017), at ⟨https://semioticreview.com/ojs/index.php/sr/article/view/9⟩.

Dainton, B., *Stream of Consciousness* (London: Routledge, 2000).

_____, "Temporal consciousness," in *The Stanford Encyclopedia of Philosophy* (Winter 2018 Edition), ed. Edward N. Zolta, at ⟨https://plato.stanford.edu/archives/win2018/entries/consciousness-temporal/⟩.

Damaskos, D, and D. Plantzos, eds., *A Singular Antiquity: Archaeology and Hellenic Identity in Twentieth-Century Greece* (Athens: The Benaki Museum, 2008).

Daniel, G. E., *The Three Ages: An Essay on Archaeological Method* (Cambridge: Cambridge University Press, 1943).

Davies, S. and J. L. Davies, *Between Venice and Istanbul: Colonial Landscapes in Early Modern Greece* (Princeton: American School of Classical Studies at Athens, 2007).

Davies, J. L., " 'That special atmosphere outside of national boundaries': Three Jewish directors and the American School of Classical Studies at Athens," *Annuario della Scuola Archaeologica Italiana di Atene*, vol. 87 (2010): 119~31.

Deetz, J., *In Small Things Forgotten: An Archaeology of Early American Life*, exp. and rev. ed.

(New York : Doubleday, 1996).

DeLanda, M., *A New Philosophy of Society: Assemblage Theory and Social Complexity* (New York : Continuum, 2006). [마누엘 데란다, 『새로운 사회철학: 배치 이론과 사회적 복합성』, 김영범 옮김, 그린비, 2019.]

____, "Emergence, causality and realism," in *The Speculative Turn: Continental Materialism and Realism*, ed. L. R. Bryant, N. Srnicek, and G. Harman (Melbourne : re.press, 2011), 381~92.

____, *Philosophical Chemistry: Genealogy of a Scientific Field* (London : Bloomsbury, 2015).

____, *Assemblage Theory* (Edinburgh : Edinburgh University Press, 2016).

DeLanda, M. and G. Harman, *The Rise of Realism* (Cambridge : Polity, 2017). [마누엘 데란다·그레이엄 하먼, 『실재론의 부상』, 김효진 옮김, 갈무리, 2025.]

Deleuze, G., *Bergsonism*, trans. H. Tomlinson and B. Habberjam (New York : Zone Books, 1990). [질 들뢰즈, 『베르그손주의』, 김재인 옮김, 그린비, 2021.]

____, *Logic of Sense*, trans. M. Lester and C. Stivale (New York : Columbia University Press, 1990). [질 들뢰즈, 『의미의 논리』, 이정우 옮김, 한길사, 1999.]

____, *Difference and Repetition*, trans. P. Patton (New York : Columbia University Press, 1994). [질 들뢰즈, 『차이와 반복』, 김상환 옮김, 민음사, 2004.]

____, *Proust and Signs: The Complete Text*, trans. R, Howard (Minneapolis : University of Minnesota Press, 2000). [질 들뢰즈, 『프루스트와 기호들』, 서동욱·이충민 옮김, 민음사, 2004.]

Deleuze, G. and F. Guattari, *Anti-Oedipus: Capitalism and Schizophrenia*, trans. R. Hurley, M. Seem, and H. Lane (Minneapolis : University of Minnesota Press, 2010). [질 들뢰즈·펠릭스 과타리, 『안티 오이디푸스: 자본주의와 분열증』, 김재인 옮김, 민음사, 2014.]

Demakopoulou, K., ed., *Troy, Mycenae, Tiryns, Orchomenos: Heinrich Schliemann, the 100th Anniversary of his Death* (Athens : Ministry of Culture Greece, 1990).

Derrida, J., *Of Grammatology*, trans. G. C. Spivak (Baltimore : Johns Hopkins University Press, 1997). [자크 데리다, 『그라마톨로지』, 김성도 옮김, 민음사, 2010.]

____, *The Problem of Genesis in Husserl's Philosophy*, trans. M. Hobson (Chicago : University of Chicago Press, 2003). [자크 데리다, 『후설 철학에서 발생의 문제』, 심재원·신호재 옮김, 그린비, 2019.]

____, *Voice and Phenomenon: Introduction to the Problem of the Sign in Husserl's Phenomenology*, trans. L. Lawlor (Evanston : Northwestern University Press, 2011). [자크 데리다, 『목소리와 현상: 후설 현상학에서 기호 문제에 대한 입문』, 김상록 옮김, 인간사랑, 2006.]

Descartes. R., *Meditations on First Philosophy*, trans. D. Cress (Indianapolis : Hackett, 1993). [르네 데카르트, 『제일철학에 관한 성찰』, 이현복 옮김, 문예출판사, 2021.]

DeSilvey, C., "Observed Decay: Telling stories with mutable things," *Journal of Material Culture*, vol. 11, no. 3 (2006) : 318~38.

____, *Curated Decay: Heritage Beyond Savings* (Minneapolis : University of Minnesota Press, 2017).

Deutsch, L., *Metronome: A History of Paris from the Underground Up* (New York : St. Martin's

Griffin, 2013).

Diamond, J. M., *Guns, Germs, and Steel: The Fates of Human Societies* (New York: W. W. Norton, 1998). [재레드 다이아몬드, 『총 균 쇠: 인간 사회의 운명을 바꾼 힘』, 강주헌 옮김, 김영사, 2023.]

Domanska, E., "The material presence of the past," *History and Theory*, vol. 45, no. 3 (2006): 337~48.

Edgeworth, M., "Follow the cut, follow the rhythm, follow the material: With comments and reply," *Norwegian Archaeological Review*, vol. 45, no. 1 (2012): 76~114.

Escobar, A., "Thinking-feeling with the earth: Territorial struggles and the ontological dimension of the epistemologies of the south," *Revista de Antropología Iberoamericana*, vol. 11, no. 1 (2015): 11~32.

Fabian,, J., *Time and the Other: How Anthropology Makes Its Objects* (New York: Columbia University Press, 2014).

Fakhry, M., *Islamic Occasionalism: And its Critique by Averroes and Aquinas* (New York: Routledge, 2007).

Farstadvoll, S., *A Speculative Archaeology of Excess: Exploring the Afterlife of a Delelict Landscape Garden*, Doctoral Dissertation, UiT The Arctic University of Norway (2019).

_____, "Growing concerns: Plants and their roots in the past," *Journal of Contemporary Archaeology*, vol. 5, no. 2 (2019): 174~93.

Feichtinger, M., "The obstinate real: Barad, Escobar, and object-oriented ontology," *Open Philosophy*, vol. 2 (2019): 86~97.

Ferraris, M., *Manifesto of New Realism*, trans. S. De Sanctis (Albany: State University of New York Press, 2014).

Finley, M. I., *The World of Odysseus* (New York: The New York Review of Books, 2002).

Forbes, H., *Meaning and Identity in a Greek Landscape: An Archaeological Ethnography* (Cambridge: Cambridge University Press, 2007).

Fotiatis, M., "Modernity and the past-still-present: Politics in the birth of regional archaeological projects in Greece," *American Journal of Archaeology*, vol. 99 (1995): 59~78.

Foucault, M., *The Order of Things: An Archaeology of Human Sciences* (New York: Pantheon Books, 1970). [미셸 푸코, 『말과 사물』, 이규현 옮김, 민음사, 2012.]

_____, *The Archaeology of Knowledge* (New York: Vintage, 1982). [미셸 푸코, 『지식의 고고학』, 이정우 옮김, 민음사, 2000.]

_____, "Nietzsche, genealogy, history," in *The Foucault Reader*, ed. P. Rabinow (New York: Pantheon Books, 1984), 76~100.

Fowler, C., *The Emergent Past: A Relational Realist Archaeology of Early Bronze Age Mortuary Practices* (Oxford: Oxford University Press, 2013).

Fowler, H. N., "Corinth and the Corinthia," in *Corinth I.i: Introduction, Topography, Architecture*, ed. H. N. Fowler and R. Stillwell (Cambridge: Harvard University Press, 1932), 18~114.

Frazer, R., *The Making of the Golden Bough: The Origins and Growth of an Argument* (New

York: St. Martin's Press, 1990).

_____, "Introduction," in J. G. Frazer, *The Golden Bough: A New Abridgement* (Oxford: Oxford University Press, 1994).

Frazer, J. G., *Pausanias's Description of Greece*, vol. 3 (London: Macmillan, 1898).

Furumark, A., *The Mycenaean Pottery: Analysis and Classification* (Stockholm: K. Vitterhets Historie och Antikvitets Akademien, 1941).

_____, *The Mycenaean Pottery: The Chronology* (Stockholm: K. Vitterhets Historie och Antikvitets Akademien, 1941).

Garcia, T., "Crossing Ways of Thinking: On Graham Harman's system and my own," trans. M. A. Ohm, *Parrrhesia*, vol. 16 (2013), 14~25.

Gardin, J. C., *Archaeological Constructs: An Aspect of Theological Archaeology* (Cambridge: Cambridge University Press, 1980).

González-Ruibal, A., "Time to destroy: An archaeology of supermodernity," *Current Anthropology*, vol. 49 (2008): 247~79.

_____, ed., *Reclaiming Archaeology: Beyond the Tropes of Modernity* (London: Routledge, 2013).

_____, "Archaeology and the time of modernity," *Historical Archaeology*, vol. 50 (2016): 144~64.

_____, "Ethnoarchaeology or simply archaeology?" *World Archaeology*, vol. 48, no. 5 (2016): 687~92.

_____, "Ethics of archaeology," *Annual Review of Anthropology*, vol. 47 (2018): 345~60.

_____, *An Archaeology of the Contemporary Era* (London: Routledge, 2019).

Gosden, C. and L. Malafouris, "Process archaeology (P-Arch)," *World Archaeology*, vol. 47, no. 5 (2015): 701~17.

Gould, R. A. and M. B. Schiffer, *Modern Material Culture: The Archaeology of Us* (New York: Academic Press, 1981).

Govier, E. and L. Steel, "Beyond the 'thingification' of worlds: Archaeology and the new materialisms," *Journal of Material Culture*, vol. 26, no. 3 (2021): 298~317.

Graeber, D. and D. Wengrow, *The Dawn of Everything: A New History of Humanity* (New York: Penguin, 2021).

Gräslund, B., *The Birth of Prehistoric Chronology: Dating Methods and Dating Systems in Nineteenth-Century Scandinavian Archaeology* (Cambridge: Cambridge University Press, 1987).

Gratton, P., *Speculative Realism: Problems and Prospects* (London: Bloomsbury, 2014).

Graves-Brown, P., ed., *Matter, Materiality, and Modern Culture* (London: Routledge, 2000).

Greenberg, C., *Art and Culture: Critical Essays* (Boston: Beacon Press, 1965). [클레멘트 그린버그, 『예술과 문화』, 조주연 옮김, 경성대학교출판부, 2019.]

_____, *Late Writings* (Minneapolis: University of Minnesota Press, 2003).

Greimas, A. J., *Structural Semantics: An Attempt at a Method*, trans. D. McDowell, R. Schleifer, and A. Velie (Lincoln: University of Nebraska Press, 1983).

Gumbrecht, H. U., *After 1945: Latency as Origin of the Present* (Stanford: Stanford University Press, 2013).

____, "The future of reading? Memories and thoughts toward a genealogical approach," *boundary 2*, vol. 41, no. 2 (2014): 99~111.

Hall, J. M., *A History of the Archaic Greek World, ca. 1200-479 BCE*, 2nd ed., (Malden: John Wiley, 2013).

____, *Artifact and Artifice: Classical Archaeology and the Ancient Historian* (Chicago: University of Chicago Press, 2014).

Halstead, P., "Studying the past in the present: Archaeological engagement with modern Greece," *British School at Athens Studies*, vol. 47 (2009): 201~15.

Hamilakis, Y., *The Nation and Its Ruins: Antiquity, Archaeology, and National Imagination in Greece* (Oxford: Oxford University Press, 2007).

Hamilakis, Y. and A. Anagnostopoulos, "What is archaeological ethnography?" *Public Archaeology: Arahaeological Ethnographies*, vol. 8 (2009): 65~87.

Hamilakis, Y. and F. Ifantidis, "The other Aeropolises: Multi-temporality and the persistence of the past," in *The Oxford Handbook of the Contemporary World*, ed. P. Graves-Brown, R. Harrison, and A. Piccini (Oxford: Oxford University Press, 2013), 758~81.

Harman, G., *Tool-being: Heidegger and the Metaphysics of Objects* (Chicago: Open Court, 2002).

____, *Guerrilla Metaphysics: Phenomenology and the Carpentry of Things* (Chicago: Open Court, 2005).

____, "On vicarious causation," *Collapse*, vol. II (2007): 171~205.

____, "The tetrad and phenomenology," *Explorations in Media Ecology*, vol. 6, no. 3 (2007): 189~96.

____, *Prince of Networks: Bruno Latour and Metaphysics* (Melbourne: re.press, 2009). [그레이엄 하먼, 『네트워크의 군주: 브뤼노 라투르와 객체지향 철학』, 김효진 옮김, 갈무리, 2019.]

____, "The McLuhans and metaphysics," in *New Waves in Philosophy of Technology*, ed. J.-K. Berg Olsen, E. Selinger, and S. Riis (London: Palgrave, 2009): 100~22.

____, *Towards Speculative Realism: Essays and Lectures* (Winchester: Zero Books, 2010).

____, "Time, space, essence, and eidos: A new theory of causation," *Cosmos and History*, vol. 6, no. 1 (2010): 1~17.

____, "I am also of the opinion that materialism must be destroyed," *Enviornment and Planning D: Society and Space*, vol. 28, no. 5 (2010): 772~90.

____, *The Quadruple Object* (Winchester: Zero Books, 2011). [그레이엄 하먼, 『쿼드러플 오브젝트』, 주대중 옮김, 현실문화, 2019.]

____, "The well-wrought broken hammer: Object-oriented literary criticism," *New Literary History*, vol. 43, no. 2 (2012): 183~203.

____, "The revenge of the surface: Heidegger, McLuhan, Greenberg," *Paletten*, nos. 291/292 (2013): 66~73.

____, "Undermining, overmining, and duomining: A critique," in *Metaphysics*, ed. J. Sutela

(Aalto : Aalto Design Research Laboratory, 2013), 40~51.

____, "Entanglement and relation : A response to Bruno Latour and Ian Hodder," *New Literary History*, vol. 45, no. 1 (2014) : 37~49.

____, "Stengers on emergence," *BioSocieties*, vol. 9, no. 1 (2014) : 99~104.

____, "Greenberg, Duchamp, and the next avant-grade," *Speculations*, vol. V (2014) : 251~74.

____, "Conclusions : Assemblage theory and its future," in *Reassembling International Theory : Assemblage Thinking and International Relations*, ed. M. Acuto and S. Curtis (London : Palgrave Macmillan, 2014) : 118~31.

____, "Whitehead and schools X, Y, and Z," in *The Lure of Whitehead*, ed. N. Gaskill and A. J. Nocek (Minneapolis : University of Minnesota Press, 2014), 231~48.

____, "Materialism is not the solution : On matter, form, and mimesis," *Nordic Journal of Aesthetics*, vol. 47 (2014) : 94~110.

____, *Immaterialism : Objects and Social Theory* (Cambridge : Polity, 2016). [그레이엄 하먼, 『비유물론 : 객체와 사회 이론』, 김효진 옮김, 갈무리, 2020.]

____, "On behalf of form : The view from archaeology and architecture," in *Elements of Architecture : Assembling Archaeology, Atmosphere, and the Performance of Building Space*, ed. M. Bille and T. F. Sørensen (London : Routledge, 2016), 30~46.

____, "A new occasionalism?" in *Reset Modernity!*, ed. B. Latour and P. Weibel (Cambridge : MIT Press, 2016), 129~38.

____, "Buildings are not processes : A disagreement with Latour and Yaneva," *Ardeth*, vol. 1, no. 9 (2017) : 113~22.

____, *Object-Oriented Ontology : A New Theory of Everything* (London : Penguin, 2018).

____, "Hyperobjects and prehistory," in *Time and History in Prehistory*, ed. S. Souvatzi, A. Baysal, and E. L. Baysal (London : Routledge, 2019), 195~209.

____, "The coldness of forgetting : OOO in philosophy, archaeology, and history," *Open Philosophy*, vol. 2 (2019) : 270~9. [그레이엄 하먼, 「망각의 차가움 : 철학, 고고학, 그리고 역사에서의 객체지향 재 론」, 『비유물론 : 객체와 사회 이론』, 김효진 옮김, 갈무리, 2020, 216~47쪽.]

____, "On progressive and degenerating research programs with respect to philosophy," *Revista Portuguesa de Filosofia*, vol. 75, no. 4 (2019) : 2067~102.

____, "A New Sense of Mimesis," in *Aesthetics Equals Politics : New Discourses Across Art, Architecture, and Philosophy*, ed. M. F. Gage (Cambridge : MIT Press, 2019), 49~63.

____, *Art and Objects* (Cambridge : Polity, 2020). [그레이엄 하먼, 『예술과 객체』, 김효진 옮김, 갈무리, 2022.]

____, "The only exit from modern philosophy," *Open Philosophy*, vol. 3 (2020) : 132~46.

____, *Skirmishes : With Friends, Enemies, and Neutrals* (Brooklyn : punctum, 2020).

____, "Žižek's parallax, or the inherent stupidity of all philosophical positions," in *Parallax : The Dialectics of Mind and World*, ed. D. Finkelde, C. Menke, and S. Žižek (London : Bloomsbury, 2021), 27~38.

____, *Architecture and Objects* (Minneapolis : University of Minnesota Press, 2022). [그레이엄 하먼, 『건축과 객체』, 김효진 옮김, 갈무리, 2023.]

_____, "The shipwreck of Theseus," in *Contemporary Philosophy for Maritime Archaeology: Flat Ontologies, Oceanic Thought, and the Anthropocene*, ed. P. Cambell and S. Rich (Leiden: Sidestone Press, 2023).

_____, *Waves and Stones: The Continuous and the Discontinuous in Human Thought* (London: Allen Lane, 2023).

Harris, O. J. T., "(Re)assembling communities," *Journal of Archaeological Method and Theory*, vol. 21 (2014): 76~97.

_____, "Archaeology, process and time: Beyond history versus memory," *World Archaeology*, vol. 53, no. 1 (2021): 104~21.

_____, *Assembling Past Worlds: Materials, Bodies, and Architecture in Neolithic Britain* (London: Routledge, 2021).

Harris, O. J. T. and C. N. Cipolla, *Archaeological Theory in the New Millenium: Introducing Current Perspectives* (London: Routledge, 2017).

Harrison, R. and A. J. Schofield, *After Modernity: Archaeological Approaches to the Contemporary Past* (Oxford: Oxford University Press, 2010).

Hartog, F., *Regimes of Historicity: Presentism and Experiences of Time*, trans. S. Brown (New York: Columbia University Press, 2015).

Hegmon, M., "Setting theoretical egos aside: Issues and theory in North American archaeology," *American Antiquity*, vol. 68, no. 2 (2003): 213~43.

Heidegger, M., *Being and Time*, trans. J. Macquarrie and E. Robinson (New York: Harper, 1962). [마르틴 하이데거, 『존재와 시간』, 이기상 옮김, 까치, 1998.]

_____, *Identity and Difference*, trans. J. Stambaugh (New York: Harper & Row, 1969). [마르틴 하이데거, 『동일성과 차이』, 신상희 옮김, 민음사, 2000.]

_____, "The origin of the work of art," in *Off the Beaten Track*, trans. J. Young and K. Haynes (Cambridge: Cambridge University Press, 2002), 1~55. [마르틴 하이데거, 「예술작품의 근원」, 『숲길』, 신상희 옮김, 나남출판, 2020, 9~114쪽.]

_____, "The Thing," in *Bremen and Freiburg Lectures: Insight into That Which Is and Basic Principles of Thinking*, trans. A. Mitchell (Bloomington: Indiana University Press, 2012), 5~22.

Herodotus, *The Histories*, trans. T. Holland (London: Penguin, 2015). [헤로도토스, 『역사』, 천병희 옮김, 도서출판 숲, 2009.]

Hingley, R., "Living landscape: Reading Hadrian's Wall," *Landscapes*, vol. 12, no. 2 (2012): 41~62.

Hodder, I., *Archaeology as Long-term History* (Cambridge: Cambridge University Press, 1987).

_____, *The Domestication of Europe: Structure and Contingency of Neolithic Societies* (Oxford: Basil Blackwell, 1990).

_____, "Of mice and men: Collingwood and the development of archaeological thought," in *Philosophy, History and Civilization: Interdisciplinary Perspective on R. G. Collingwood*, ed. D. Boucher, J. Connelly, and T. Modood (Cardiff: University of Wales Press, 1995), 364~83.

_____, "Archaeology as a discontinuous domain," in *Essential Tensions in Archaeological Method and Theory*, ed. C. S. VanPool and T. L. VanPool (Salt Lake City : University of Utah Press, 2003).

_____, *Entangled : An Archaeology of the Relationships between Humans and Things* (Malden : John Wiley, 2012).

Hodder, I., W. L. Rathje, M. Shanks, and C. Witmore, "Ian Hodder," in *Archaeology in the Making : Conversations through a Discipline*, ed. W. L. Rathje, M. Shanks, and C. Witmore (London : Routledge, 2013), 122~38.

Hoffman, D., *The Case Against Reality : Why Evolution Hid the Truth from Our Eyes* (New York : W. W. Norton, 2019).

Holbraad, M., "Ontology, ethnography, archaeology : An afterword on the ontography of things," *Cambridge Archaeological Journal*, vol. 19 (2009) : 431~41.

Holtorf, C. and A. Piccini, eds., *Contemporary Archaeologies : Exchange Now* (Frankfurt : Peter Lang, 2009).

Holtorf, C. and H, Karlsson, eds. *Philosophy and Archaeological Practice : Perspectives for the 21th Century* (Goteborg : Bricoleur Press, 2000).

Hope Simpson, R., "The Mycenaean highways," *Échos du monde classique : Classical Views*, vol. 42, no. 2 (1998) : 239~60.

Horden, P. and N. Purcell, *The Corrupting Sea : A Study of Mediterranean History* (Oxford : Blackwell, 2000).

Hume, D., *A Treatise of Human Nature* (Oxford : Oxford University Press, 1978). [데이비드 흄, 『인간이란 무엇인가 : 오성·정념·도덕 本性論』, 김성숙 옮김, 동서문화사, 2009.]

Husserl, E., *Logical Investigations*, 2 vols., trans. J. N. Findlay (London : Routledge and Kegan Paul, 1970). [에드문트 후설, 『논리 연구 1·2』, 이종훈 옮김, 한길사, 2018.]

_____, *Formal and Transcendental Logic*, trans. D. Cairns (The Hague : Martinus Nijhoff, 1977). [에드문트 후설, 『형식논리학과 선험논리학』, 이종훈 옮김, 한길사, 2019.]

_____, "Intentional objects," in *Early Writings in the Philosophy of Logic and Mathematics*, trans. and ed. D. Willard (Dordrecht : Kluwer, 1993), 345~87.

_____, *The Phenomenology of Internal Time-Consciousness*, trans. J. Churchill (Bloomington : Indiana University Press, 2019). [에드문트 후설, 『에드문트 후설의 내적 시간의식의 현상학』, 이남인·김태희 옮김, 서광사, 2020.]

Iakovidis, S. E., E. B. French, K. Shelton, C. Ioannides, A. Jansen, and J. Lavery, eds., *Archaeological Atlas of Mycenae* (Athens : Archaiologikē Hētaireia, 2003).

Ibn Sina, "Ibn Sina," in *Classical Arabic Philosophy : An Anthology of Sources*, ed. J. McGinnis and D. Reisman (Indianapolis : Hackett, 2007), 146~237.

Ingold, T., "The temporality of the landscape," *World Archaeology*, vol. 25, no. 2 (1993) : 152~74.

_____, "Material against materiality," *Archaeological Dialogues*, vol. 14, no. 1 (2007) : 1~16.

_____, "Toward an ecology of materials," *Annual Review of Anthropology*, vol. 41 (2012) : 427~42.

_____, *Making : Anthropology, Archaeology, Art and Architecture* (London : Routledge, 2013).

_____, "Archaeology with its back to the world," *Norwegian Archaeological Review*, vol. 49, no. 1 (2016): 30~2.

Ion, A., "A taphonomy of a dark Anthropocene: A response to þóra Pétursdóttir's OOO-inspired 'Archaeology and Anthropocene'," *Archaeological Dialogues*, vol. 25, no. 2 (2018): 191~203.

James, M. R., *Casting the Runes and Other Ghost Stories* (Oxford: Oxford University Press, 1987).

Jameson, M. H., "A Greek countryside," *Expedition Magazine*, vol. 19, no. 1 (1976): 2~4.

Jarvis, K. E., S. J. Parry, and J. M. Piper, "Temporal and spatial studies of autocatalyst-derived platinum, rhodium, and palladium and selected vehicle derived traces in the environment," *Environmental Science and Technology*, vol. 35 (2001): 1031~6.

Jervis, B., *Assemblage Thought and Archaeology* (London: Routledge, 2019).

Jones, A., *Memory and Material Culture* (Cambridge: Cambridge University Press, 2007).

Kant, I., *Critique of Pure Reason*, trans. N. K. Smith (New York: St. Martin's Press, 1965). [임마누엘 칸트, 『순수이성비판 1·2』, 백종현 옮김, 아카넷, 2006.]

Karlsson, H., ed., *It's About Time: The Concept of Time in Archaeology* (Goteborg: Bricoleur Press, 2001).

Karo, G., "Die Schachtgräber von Mykenai," *Mitteilungen des Deutschen Archäologischen Instituts, Athenische Abteilung*, vol. 40 (1915): 113~230.

_____, *Die Schachtgräber von Mykenai* (Munich: F. Bruckmann, 1930).

Klein, N. L., "Excavation of the Greek temples at Mycenae by the British School at Athens," *The Annual of the British School at Athens*, vol. 92 (1997): 247~322.

Kleinherenbrink, A., *Against Continuity: Gilles Deleuze's Speculative Realism* (Edinburgh: Edinburgh University Press, 2019). [아연 클라인헤이런브링크, 『질 들뢰즈의 사변적 실재론: 연속성에 반대한다』, 김효진 옮김, 갈무리, 2022.]

_____, "The two times of objects: A solution to the problem of time in object-oriented ontology," *Open Philosophy*, vol. 2 (2019): 539~51.

Klindt-Jensen, O., *A History of Scandinavian Archaeology* (London: Thames and Hudson, 1975).

Klinghoffer, J., "A hybrid methodology of thinking in architectural restoration." Final paper submitted to HT 2735 (Ecological theories of Bruno Latour), Summer 2021, Southern California Institute of Architecture. Instructor: Graham Harman.

Knauss, J., *Späthelladische Wasserbauten: Erkundungen zu wasserwirtschaftlichen Infrastrukturen der mykenischen Welt: Zusammenfassung aller bisherigen Untersuchungsergebnisse* (Munich: Lehrstuhl und Versuchsanst für Wasserbau und Wasserwirtschaft der Technischen Univ. München, 2001).

Knodell, A. R., T. C. Wilkinson, T. P. Leppard, and H. A. Orengo, "Survey archaeology in the Mediterranean world: Regional traditions and contributions to long-term history," *Journal of Archaeological Research*, DOI: 10.1007/s10814-022-09175-7 (2022).

Kobayashi, C. and M. Marion, "Collingwood as an archaeologist and the Gabbay-Woods schema for abductive reasoning," in *Natural Arguments: A Tribute to John Woods. Tributes 40*, ed. D. Gabbay, L. Magnany, W. Park, and A.-V. Pietarinen (London: College Publications, 2019), 481~96.

Kohler, E. L. and E. K. Ralph, "C-14 dates for sites in the Mediterranean area," *American Journal of Archaeology*, vol. 65 (1961): 357~67.

Koster, H., *The Ecology of Pastoralism in Relation to Changing Patterns of Land Use in the Northeast Peloponnese*, Doctoral Dissertation, Department of Anthropology, University of Pennsylvania (1977).

Kourelis, K., "Byzantium and the avant-garde: Excavations at Corinth, 1920s~1930s," *Hesperia*, vol. 76, no. 2 (2007): 391~442.

Kripke, S., *Naming and Necessity* (Hoboken: Wiley-Blackwell, 1981). [솔 크립키, 『이름과 필연』, 정대현·김영주 옮김, 필로소픽, 2014.]

Kuhn, T., *Black-Body Theory and the Quantum Discontinuity, 1894-2012* (Chicago: University of Chicago Press, 1978).

____, *The Road Since Structure: Philosophical Essays, 1970-1993, With an Autobiographical Interview* (Chicago: University of Chicago Press, 2000).

Lacan, J., *The Seminar of Jacques Lacan, Book II: The Ego in Freud's Theory and in the Technique of Psychoanalysis, 1954-1955*, trans. S. Tomaselli (New York: W. W. Norton, 1991).

____, *Écrits: The First Complete Edition in English*, trans. B. Fink (New York: W. W. Norton, 2007). [자크 라캉, 『에크리』, 홍준기·이종영·조형준·김대진 옮김, 새물결, 2019.]

____, *The Seminar of Jacques Lacan, Book XVII: The Other Side of Psychoanalysis, 1969-1970*, trans. R. Grigg (New York: W. W. Norton, 2007).

____, *The Seminar of Jacques Lacan, Book I: Freud's Papers on Technique, 1953-1954*, trans. J. Forrester (New York: W. W. Norton, 2013).

Ladyman, J. and D. Ross, *Every Thing Must Go: Metaphysics Naturalized* (Oxford: Oxford University Press, 2009).

Lakatos, I., *The Methodology of Scientific Research Programs: Philosophical Papers, Vol. 1* (Cambridge: Cambridge University Press, 1978).

Langlois, C.V. and C. Seignobos, *Introduction aux études historiques* (Paris: Hachette, 1898).

Langton, R., *Kantian Humility: Our Ignorance of Things in Themselves* (Oxford · Clarendon Press, 2001).

Latour, B. "Irreductions," trans. J. Law, in *The Pasteurization of France*, trans. A. Sheridan and J. Law (Cambridge: Harvard University Press, 1988), 153~238.

____, *We Have Never Been Modern*, trans. C. Porter (Cambridge: Harvard University Press, 1993). [브뤼노 라투르, 『우리는 결코 근대인이었던 적이 없다』, 홍철기 옮김, 갈무리, 2009.]

____, *Aramis, or The Love of Technology*, trans. C. Porter (Cambridge: Harvard University Press, 1996).

____, *Pandora's Hope: Essays on the Reality of Science Studies* (Cambridge: Harvard University Press, 1999). [브뤼노 라투르, 『판도라의 희망: 과학기술학의 참모습에 관한 에세이』, 장하원·홍성욱 책임 번역, 휴머니스트, 2018.]

_____, "On the partial existence of existing *and* non-existing objects," in *Biographies of Scientific Objects*, ed. L. Daston (Chicago : University of Chicago Press, 2000), 247~69.

_____, *Politics of Nature : How to Bring the Sciences into Democracy*, trans. C. Porter (Cambridge : Harvard University Press, 2004).

_____, *Reassembling the Social : An Introduction to Actor-Network-Theory* (Oxford : Oxford University Press, 2007).

_____, "Can we get our materialism back, please?" *Isis*, vol. 98, no.1 (2007) : 138~42.

_____, *An Inquiry into Modes of Existence : An Anthropology of the Moderns*, trans. C. Porter (Cambridge : Harvard University Press, 2013). [브뤼노 라투르, 『존재양식의 탐구 : 근대인의 인류학』, 황장진 옮김, 사월의책, 2023.]

_____, *Rejoicing : Or the Torments of Religious Speech*, trans. J. Rose (Cambridge : Polity, 2013).

Latour, B. and A. Yaneva, " 'Give me a gun and I will make all buildings move' : An ant's view of architecture," in *Explorations in Architecture : Teaching, Design, Research*, ed. R. Gesier (Basel : Birkhäuser Verlag, 2008), 80~9.

Latour, B. and E. Hermant, *Paris Invisible City*, trans. L. Carey-Libbrecht, corrected by V. Pihet (1998), at ⟨http://www.bruno-latour.fr/virtual/index.html⟩.

Latour, B., G. Harman, and P. Erdélyi, *The Prince and the Wolf : Latour and Harman at the LSE* (Winchester : Zero Books, 2011).

Lehmann, H., *Argolis : Landeskunde der Ebene von Argos und ihrer Randgebiete* (Athens : Deutsches Archäologisches Institut, 1937).

Leibniz, G. W., *Philosophical Essays*, trans. R. Ariew and D. Garber (Indianapolis : Hackett, 1989).

Leibniz, G. W. and S. Clarke, *Correspondence* (Indianapolis : Hackett, 2000).

Levinas, E., *Existence and Existents*, trans. A. Lingis (The Hague : Martinus Nijhoff, 1988). [에마누엘 레비나스, 『존재에서 존재자로』, 서동욱 옮김, 민음사, 2003.]

_____, *Otherwise Than Being, or Beyond Essence*, trans. A. Lingis (The Hague : Martinus Nijhoff, 1998). [에마누엘 레비나스, 『존재와 달리 또는 존재성을 넘어서』, 문성원 옮김, 그린비, 2021.]

Locke, J., *An Essay Concerning Human Understanding*. 2 vols (Mineola : Dover, 1959). [존 로크, 『인간지성론 1·2』, 정병훈·이재영·양선숙 옮김, 한길사, 2014.]

Lockwood, M., *The Labyrinth of Time* (Oxford : Oxford University Press, 2005).

Lorenz, C., " 'The times they are a-changin' ' : On time, space and periodization in history," in *Palgrave Handbook of Research in Historical Culture and Education*, ed. M. Carretero, S. Berger, and M. Grever (London : Palgrave Macmillan, 2017), 109~31.

Love, G. and M. Meng, "Histories of the dead?" *Time and Mind*, vol. 9, no. 3 (2016) : 223~44.

Lovecraft, H. P., *Tales* (New York : Library of America, 2005).

Lowenthal, D., *The Past is a Foreign Country* (Cambridge : Cambridge University Press, 1985). [데이비드 로웬덜, 『과거는 낯선 나라다』, 김종원 옮김, 개마고원, 2006.]

Lucas, G., *Critical Approaches to Fieldwork : Contemporary and Historical Archaeological Practice* (London : Routledge, 2001).

_____, "Modern disturbances: On the ambiguities of archaeology," *Modernism/Modernity*, vol. 11 (2004): 109~20.

_____, *The Archaeology of Time* (London: Routledge, 2005).

_____, *Understanding the Archaeological Record* (Cambridge: Cambridge University Press, 2012).

_____, "Time," in *The Oxford Handbook of Archaeological Theory*, ed. A. Gardner, M. Lake, and U. Sommer (Oxford: Oxford University Press, 2014).

_____, "Archaeology and contemporaneity," *Archaeological Dialogues*, vol. 22 (2015): 1~15.

_____, "Periodization in archaeology: Starting in the ground," in *Time and History in Prehistory*, ed. S. G. Souvatzi, A. Baysal, and E. L. Baysal (New York: Routledge, 2018), 77~94.

_____, *Making Time: The Archaeology of Time Revisited* (London: Routledge, 2021).

Lucas, G. and C. Witmore, "Paradigm lost: What is a commitment to theory in contemporary archaeology?" *Norwegian Archaeological Review*, vol. 55, no. 1 (2022): 1~14.

Lucas, G. and L. Olivier, *Conversations About Time* (Abingdon: Routledge, 2022).

McDonald, W. A. and G. R. Rapp, *The Minnesota Messenia Expedition: Reconstructing a Bronze Age Regional Environment* (Minneapolis: University of Minnesota Press, 1972).

McGlade, J., "The times of history: Archaeology, narrative and non-linear causality," in *Time and Archaeology*, ed. T. Murray (London: Routledge, 1999): 139~63.

McGlade, J. and S. E. van der Leeuw, eds., *Time, Process and Structured Transformation in Archaeology* (London: Routledge, 1997).

McGuire, R. H., "A Relational Marxist critique of posthumanism in archaeology," *Cambridge Archaeological Journal*, vol. 31, no. 3 (2021): 495~501.

_____, "Writing the deep history of human economy," in *The Critique of Archaeological Economy*, ed. S. Gimatzidis and R. Jung (Cham: Springer, 2021), 19~33.

McLuhan, M., *Understanding Media: The Extensions of Man* (Cambridge: MIT Press, 1994). [마셜 매클루언, 『미디어의 이해: 인간의 확장』, 김상호 옮김, 커뮤니케이션북스, 2011.]

McLuhan, M. and E. McLuhan, *Laws of Media: The New Science* (Toronto: University of Toronto Press, 1992).

McLuhan, M. and W. Watson, *From Cliche to Archetype* (New York: Viking, 1970).

McTaggart, J. M. E., "The unreality of time," *Mind*, vol. 17 (1908): 456~73.

Malafouris, L., C. Gosden, and A. Bogaard, eds., "Process Archaeology," *World Archaeology*, vol. 53, no. 1 (2021).

Malebranche, N., *Dialogues on Metaphysics and Religion*, ed. N. Jolley and D. Scott (Cambridge: Cambridge University Press, 1997).

_____, *The Search After Truth: With Elucidations of the Search After Truth*, ed. T. Lennon and P. Olscamp (Cambridge: Cambridge University Press, 1997).

Manning, S., "Chronology and terminology," in *The Oxford Handbook of the Bronze Age Aegean (ca. 3000-1000 BC)*, ed. E.H. Cline (Oxford: Oxford University Press, 2010), 11~28.

Manning, S., C. B. Ramsey, W. Kutschera, T. Higham, B. Kromer, P. Steier, and E. M. Wild, "Chronology for the Aegean Late Bronze Age 1700~1400 B.C.," *Science*, vol. 312, no. 5773

(2006) : 565~69.

Marchand, S. L., *Down from Olympus: Archaeology and Philhellenism in Germany, 1750-1970* (Princeton : Princeton University Press, 1996).

Margulis, L., *Symbiotic Planet: A New Look at Evolution* (New York : Basic Books, 2008). [린 마굴리스, 『공생자 행성: 린 마굴리스가 들려주는 공생 진화의 비밀』, 이한음 옮김, 사이언스북스, 2007.]

Matz, F., "Georg Karo," *Gnomon*, vol. 36, no. 6 (1964) : 637~40.

Mee, C. and H. Forbes, *A Rough and Rocky Place: The Landscape and Settlement History of the Methana Peninsula, Greece. Results of the Methana Survey Project, Sponsored by the British School at Athens and the University of Liverpool* (Liverpool : Liverpool University Press, 1997).

Meillassoux, Q., *After Finitude: An Essay on the Necessity of Contingency*, trans. R. Brassier (London : Continuum, 2008). [퀭탱 메이야수, 『유한성 이후: 우연성의 필연성에 관한 시론』, 정지은 옮김, 도서출판b, 2010.]

Miles, R., *Carthage Must Be Destroyed: The Rise and Fall of an Ancient Civilization* (New York : Viking, 2011).

Miller, D., "Materiality : An introduction," in *Materiality*, ed. D. Miller (Durham : Duke University Press, 2005).

Mitchell, T., *Carbon Democracy: Political Power in the Age of Oil* (London : Verso, 2013). [티머시 미첼, 『탄소 민주주의: 화석연료 시대의 정치권력』, 에너지기후정책연구소 옮김, 생각비행, 2017.]

Momigliano, A., "Ancient history and the antiquarian," *Journal of the Warburg and Courtauld Institutes*, vol. 13, no. 3-4 (1950) : 285~315.

Moore, A. D. and W. D. Taylour, *Well-Built Mycenae, fascicule 10, The Temple Complex* (Oxford : Oxbow, 1999).

Morris, I., "The use and abuse of Homer," *Classical Antiquity*, vol. 5, no. 1 (1986) : 81~138.

____, *Classical Greece: Ancient Histories and Modern Archaeologies* (Cambridge : Cambridge University Press, 1994).

____, *Archaeology as Culture History* (Oxford : Blackwell, 2000).

____, "Archaeology, standards of living, and Greek economic history," in *The Ancient Economy: Evidence and Models*, ed. I. Morris and J.G. Manning (Stanford : Stanford University Press, 2003), 91~126.

____, *Why the West Rules - For Now: The Patterns of History, and What They Reveal About the Future* (New York : Farrar, Straus and Giroux, 2010). [이언 모리스, 『왜 서양이 지배하는가: 지난 200년 동안 인류가 풀지 못한 문제』, 최파일 옮김, 글항아리, 2013.]

Morton, T., *Hyperobjects: Philosophy and Ecology after the End of the World* (Minneapolis : University of Minnesota Press, 2013). [티머시 모턴, 『하이퍼객체: 세계의 끝 이후의 철학과 생태학』, 김지연 옮김, 현실문화, 2024.]

____, *Realist Magic: Objects, Ontology, Causality* (Ann Arbor : Open Humanities Press, 2013). [티머시 모턴, 『실재론적 마술: 객체, 존재론, 인과성』, 안호성 옮김, 갈무리, 2023.]

_____, "Inheritance," in *Heritage Ecologies*, ed. T. R. Bangstad and þ. Pétursdóttir (Abingdon: Routledge, 2021), 383~90.

Mouliou, M., "The concept of diachronia in the Greek archaeological museum: reflections on current challenges," in *Medieval and Post-Medieval Greece: The Corfu Papers*, ed. J. L. Binliff and H. Stöger (Oxford: Archaeopress, 2009), 233~41.

Murray, T., ed., *Time and Archaeology* (London: Routledge, 1999).

Mylonas, G. E., *Ancient Mycenae: The Capital City of Agamemnon* (Princeton: Princeton University Press, 1957).

Nadler, S., *Occasionalism: Causation among the Cartesians* (Oxford: Oxford University Press, 2011).

Nagy, G., *Homeric Questions* (Austin: University of Texas Press, 1996).

Nail, T., *Being and Motion* (Oxford: Oxford University Press, 2018). [토머스 네일, 『존재와 운동: 움직임에 대한 철학의 역사』, 최일만 옮김, 앨피, 2021.]

_____, *Theory of the Object* (Edinburgh: Edinburgh University Press, 2021). [토머스 네일, 『객체란 무엇인가: 운동적 과정 객체론』, 김효진 옮김, 갈무리, 2024.]

Nativ, A., "On the object of archaeology," *Archaeological Dialogues*, vol. 25, no. 1 (2018): 1~21.

Nativ, A. and G. Lucas, "Archaeology without antiquity," *Antiquity*, vol.94, no. 376 (2020): 852~63.

Netz, R., *Barbed Wire: An Ecology of Modernity* (Middletown: Wesleyan University Press, 2004).

Newton, I., *Philosophiae Naturalis Principia Mathematica*, Bk. 1, trans. A. Motte, rev. F. Cajori (Berkeley: University of California Press, 1934). [아이작 뉴턴, 『프린키피아』, 박병철 옮김, 휴머니스트, 2023.]

Nietzsche, F., "On the uses and disadvantages of history for life," in *Untimely Meditations*, trans. R. J. Hollingdale (Cambridge: Cambridge University Press, 1997), 57~124. [프리드리히 니체, 「삶에 대한 역사의 공과」, 『비극의 탄생·반시대적 고찰』, 이진우 옮김, 책세상, 2005, 285~388쪽.]

Norden, E. and M. McLuhan, "Marshall McLuhan: A candid conversation with the high priest of the popcult and metaphysician of media," *Playboy*, vol. 16, no. 3 (1969): 53~74, 158.

Nyerup, R., "Oversyn over Fædernelandets Mindesmærker fra Oldtiden, saaledes som samme kan tænkes opstillede i et tilkommende National-Museum. Et Forsøg," *Historisk-statistisk Skildring af Tilstanden i Danmark og Norge i ældre og nyere Tider*, vol. 4. (Copenhagen: Soldin, 1806).

Olivier, L., "The Hochdorf princely grave and the question of the nature of archaeological funerary assemblages," in *Time and Archaeology*, ed. T. Murray (London: Routledge, 1999), 123~52.

_____, "The past of the present: Archaeological memory and time," *Archaeological Dialogues*, vol. 10, no. 2 (2004): 204~13.

_____, *Le sombre abîme du temps: mémoire et archéologie* (Paris: Seuil, 2008).

_____, *The Dark Abyss of Time: Archaeology and Memory*, trans. A. Greenspan. (Lanham: AltaMira Press, 2011).

_____, "The business of archaeology is the present," in *Reclaiming Archaeology: Beyond the Tropes of Modernity*, ed. A. González-Ruibal (London: Routledge, 2013), 117~29.

_____, "I can't get no satisfaction: For an archaeology of the contemporary past," in *Clashes of Time: The Contemporary Past as a Challenge for Archaeology*, ed. J.-M. Blaising, J. Driessen, J.-P. Legendre, and L. Olivier (Louvain-la-Neuve: UCL Presses universitaires de Louvain, 2017), 11~22.

Olsen, B., "Material culture after text. Re-membering things," *Norwegian Archaeological Review*, vol. 36 (2003): 87~104.

_____, "Scenes from a troubled engagement: Post-structuralism and material culture studies," in *Handbook of Material Culture*, ed. C. Tilley, W. Keane, S. Kuechler, M. Rowlands, and P. Spyer (London: SAGE, 2006), 85~103.

_____, "Keeping things at arm's length: A genealogy of asymmetry," *World Archaeology*, vol. 39, no. 4 (2007): 579~88.

_____, *In Defense of Things: Archaeology and the Ontology of Objects* (Lanham: AltaMira Press, 2010).

_____, "After interpretation: Remembering archaeology," *Current Swedish Archaeology*, vol. 20 (2012): 11~34.

_____, "Reclaiming things: An archaeology of matter," in *How Matter Matters: Objects, Artifacts and Materiality in Organization Studies*, ed. P. L. Carlile, D. Nicolini, A. Langley, and H. Tsoukas (Oxford: Oxford University Press, 2013), 171~96.

_____, "Memory," in *The Oxford Handbook of the Archaeology of the Contemporary World*, ed. P. Graves-Brown, R. Harrison, and A. Piccini (Oxford: Oxford University Press, 2013), 204~18.

Olsen, B. and A. Svestad, "Creating prehistory: Archaeology museums and the discourse of modernism," *Nordisk Museologi*, vol. 1 (1994): 3~20.

Olsen, B. and C. Witmore, "Sværholt: Re-covered memories from a POW camp in the far north," in *Ruin Memories: Materialities, Aesthetics and the Archaeology of the Recent Past*, ed. B. Olsen and Þ. Pétursdóttir (London: Routledge, 2014), 162~90.

_____, "Archaeology, symmetry, and the ontology of things: A response to critics," *Archaeological Dialogues*, vol. 22, no. 2 (2015): 187~97.

_____, "When defense is not enough: On things, archaeological theory, and the politics of misrepresentation," *Forum Kritische Archäologie*, vol. 10 (2021): 67~88.

Olsen, B. and S. Vinogradova, "(In)significantly Soviet: The heritage of Teriberka," *International Journal of Heritage Studies*, vol. 26, no. 9 (2020): 901~18.

Olsen, B. and Þ. Pétursdóttir, eds., *Ruin Memories: Materialities, Aesthetics and the Archaeology of the Recent Past* (London: Routledge, 2014).

Olsen, B., M. Shanks, and C. Witmore, "Innocence regained? Or is there a new consensus in archaeology," Paper given in the Stanford Archaeology Lecture Series, November 20, 2003.

Olsen, B., M. Shanks, T. Webmoor, and C. Witmore, *Archaeology: The Discipline of Things* (Berkeley: University of California Press, 2012).

Olsen, B., M. Burström, C. DeSilvey, and þ. Pétursdóttir, eds., *After Discourse: Things, Affects, Ethics* (Abingdon: Routledge, 2021).

Pétursdóttir, Þ., "Small things forgotten now included, or what else do things deserve?" *International Journal of Historical Archaeology*, vol. 16, no. 3 (2012): 577~603.

_____, "Things out-of-hand: The aesthetics of abandonment," in *Ruin Memories: Materiality, Aesthetics, and the Archaeology of the Recent Past*, ed. B. Olsen and þ. Pétursdóttir (London: Routledge, 2014), 335~64.

_____, "Lyrics for a duskier Enlightenment: In response to Alexandra Ion," *Archaeological Dialogues*, vol. 25, no. 2 (2018): 205~13.

Pétursdóttir, Þ. and B. Olsen, "Theory adrift: The matter of archaeological theorizing," *Journal of Social Archaeology*, vol. 18, no. 1 (2018): 97~117.

Piggot, S., "Mycenae and barbarian Europe," *Sbornik Narodniho Muzea v Praza*, vol. 20 (1966): 117.

Pikoulas, Y., *Odikó díktyo kaí ámyna. Apo tín Kórintho stó Árgos kaí tín Arkadías* (Athens: Horos, 1995).

Pilaar Birch, S. E., ed., *Multispecies Archaeology* (Abingdon: Routledge, 2018).

Piteros, C., "Ergasies Diamorphosis - Anadeixes: Arkadiko," *Archaiologikon deltion*, vol. 60, B1 (Chronika) (2005): 267.

Plotinus, *The Essential Plotinus* (Indianapolis: Hackett, 1975).

Pollock, S., R. Bernbeck, C. Jauß, J. Greger, C. von Rüden, and S. Schreiber, "Entangled discussions: Talking with Ian Hodder about his book Entangled," *Forum Kritische Archäologie*, vol. 3 (2014): 151~61.

Pöppel, E., "Lost in time: A historical frame, elementary processing units and the 3-second window," *Acta Neurobiologie Experimentalis*, vol. 64 (2004): 295~301.

Powell, B., "The Temple of Apollo at Corinth," *American Journal of Archaeology*, vol. 9, no. 1 (1905): 44~63.

Prag, A. J. N. W., L. Papazoglou-Manioudaki, R. A. H. Neave, D. Smith, J. H. Musgrave, and A. Nafpliot, "Mycenae revisited Part 1: The human remains from Grave Circle A: Stamatakis, Schliemann and two new faces from Shaft Grave VI," *Annual of the British School at Athens*, vol. 104 (2009): 233~77.

Preucel, R. W., "Pragmatic archaeology and semiotic mediation," *Semiotic Review*, vol. 4 (2016), at ⟨https://semioticreview.com/ojs/index.php/sr/article/view/11⟩.

Prigogine, I. and I. Stengers, *Order Out of Chaos: Man's New Dialogue with Nature* (Toronto: Bantam Books, 1984). [일리야 프리고진·이자벨 스텡거스, 『혼돈으로부터의 질서: 인간과 자연의 새로운 대화』, 신국조 옮김, 자유아카데미, 2011.]

Protonotariou-Deilaki, E., "Tholotos taphos Kazarma," *Archaiologika Analekta ex Athinon/Athens Annals of Archaeology*, vol. 1 (1968): 236~8.

_____, "Tholotos taphos Kazarma," *Archaiologika Analekta ex Athinon/Athens Annals of Ar-*

chaeology, vol. 2 (1969) : 3~6.

Ramenofsky, A., "The illusion of time," in *Unit Issues in Archaeology: Measuring Time, Space, and Material*, ed. A. Ramenofsky and A. Steffen (Salt Lake City : University of Utah Press, 1998), 74~84.

Rathje, W. L., "Modern material culture studies," *Advances in Archaeological Method and Theory*, vol. 2 (1979) : 1~27.

Rathje, W. L. and C. Murphy, *Rubbish! The Archaeology of Garbage* (Tucson : University of Arizona Press, 2003).

Rathje, W. L., M. Shanks, and C. Witmore, eds., *Archaeology in the Making: Conversations through a Discipline* (London : Routledge, 2013).

Raud, R., *Being in Flux: A Post-Anthropocentric Ontology of the Self* (Cambridge : Polity, 2021).

Renfrew, C., "Wessex without Mycenae," *Annual of the British School at Athens*, vol. 63 (1968) : 277~85.

____, *The Emergence of Civilisation: The Cyclades and the Aegean in the Third Millennium B.C.* (London : Methuen, 1972).

____, *Before Civilization: The Radiocarbon Revolution and Prehistoric Europe* (New York : Knopf, 1973).

____, "The great tradition versus the great divide : Archaeology as anthropology?" *American Journal of Archaeology*, vol. 84 (1980) : 287~98.

Rich, S. A., *Shipwreck Hauntography: Underwater Ruins and the Uncanny* (Amsterdam : University of Amsterdam Press, 2021).

Rich, S. A. and P. B. Campbell, eds., *Contemporary Philosophy for Maritime Archaeology: Flat Ontologies, Oceanic Thought, and the Anthropocene* (Leiden : Sidestone Press, 2023).

Richardson, R. B., "The excavations at Corinth in 1896," *American Journal of Archaeology*, vol. 1, no. 6 (1987) : 455~80.

Rilke, R. M., *The Notebooks of Malte Laurids Brigge*, trans. M. D. Herter Norton (New York : W. W. Norton, 1949). [라이너 마리아 릴케, 『말테의 수기』, 문현미 옮김, 민음사, 2005.]

Robb, J., "Material culture, landscapes of action, and emergent causation : A new model for the origins of the European Neolithic," *Current Anthropology*, vol. 54, no. 6 (2013) : 657~83.

Robb, J. and T. Pauketat, eds., "Time and change in archaeological interpretation," Special Section of *Cambridge Archaeological Journal*, vol. 18, no. 1 (2003) : 57~99.

Rojas, F., *The Pasts of Roman Anatolia: Interpreters, Traces, Horizons* (Cambridge : Cambridge University Press, 2019).

Rudwick, M. J. S., *Bursting the Limits of Time: The Reconstruction of Geohistory in the Age of Revolution* (Chicago : University of Chicago Press, 2005).

____, *Earth's Deep History: How it Was Discovered and Why it Matters* (Chicago : University of Chicago Press, 2014). [마틴 러드윅, 『지구의 깊은 역사: 지구의 기원을 찾아가는 장대한 모험』, 김준수 옮김, 동아시아, 2021.]

Runia, E., "Presence," *History and Theory*, vol. 45, no. 1 (2006) : 1~29.

Runia, E. and M. Tamm, "The past is not a foreign country : A conversation," *Rethinking His-*

tory, vol. 23, no. 3 (2019) : 403~33.

Salmon, M., *Explanation and Archaeology* (New York : Academic Press, 1992).

Sbriglia, R., "Notes toward an extimate materialism : A reply to Graham Harman," *Open Philosophy*, vol. 4, no. 1 (2021) : 106~23.

Schiffer, M. B., *Formation Processes of the Archaeological Record* (Albuquerque : University of New Mexico Press, 1987).

Schliemann, H., *Mycenae : A Narrative of Researches and Discoveries at Mycenae and Tiryns* (London : John Murray, 1878).

Schnapp, A., *The Discovery of the Past : The Origins of Archaeology*, trans. I. Kinnes and G. Varndell (London : British Museum Press, 1997).

_____, "Eduard Gerhard : Founder of classical archaeology?" *Modernism/Modernity*, vol. 11, no. 1 (2004) : 169~71.

Sedgwick, E. K., "Paranoid reading and reparative reading : Or, you're so paranoid, you probably think this introduction is about you," in *Novel Gazing : Queer Readings in Fiction*, ed. E. Sedgwick (Durham : Duke University Press, 1997), 1~40.

Sellars, J., "Aiôn and chronos : Deleuze and the Stoic theory of time," *Collapse*, vol. 3 (2007) : 177~205.

Serres, M., *Hermes : Literature, Science, Philosophy* (Baltimore : The Johns Hopkins University Press, 1982).

_____, *Statues : le second livre des fondations* (Paris : Editions Julliard. 1987).

_____, *Les origines de la géométrie : Tiers livre des fondations* (Paris : Flammarion, 1993).

_____, *Genesis*, trans. G. James and J. Nielson (Ann Arbor : University of Michigan Press, 1995).

_____, *Rome : The First Book of Foundations*, trans. R. Burks (London : Bloomsbury, 2015a).

_____, *Statues : The Second Book of Foundations*, trans. R. Burks (London : Bloomsbury, 2015b).

Serres, M. and B. Latour. *Conversations on Science, Culture, and Time*, trans. R. Lapidus. (Ann Arbor : University of Michigan Press, 1995).

Shanks, M., *Classical Archaeology of Greece : Experiences of the Discipline* (London : Routledge, 1996).

_____, *The Archaeological Imagination* (Walnut Creek : Left Coast Press, 2012).

Shanks, M. and C. Tilley, *Re-constructing Archaeology* (London : Routledge, 1992).

Shelton, K., "The long lasting effect of Tsountas on the study of Mycenae," *Mythos : La préhistoire égéenne du XIXe au XXIe siècle après J.-C. BCH suppl.*, vol. 46 (2006) : 159~64.

Shryock, A. and D. L. Smail, *Deep History : The Architecture of Past and Present* (Berkeley : University of California Press, 2011).

Siapkas, J., "Negotiated positivism : The disregarded epistemology of Arne Furumark," *Journal of Archaeology and Ancient History*, vol. 22 (2013) : 1~21.

Sider, T., "Four dimensionalism," *Philosophical Review*, vol. 106 (1997) : 197~231.

Sigurdsson, H., S. Cashdollar, and S. R. J. Sparks, "The Eruption of Vesuvius in A.D. 79 : Reconstruction from historical and volcanological evidence," *American Journal of Archaeology*, vol. 86, no. 1 (1982) : 39~51.

Simondon, G., *Individuation in Light of Notions of Form and Information*, trans. T. Adkins (Minneapolis : University of Minnesota Press, 2020). [질베르 시몽동, 『형태와 정보 개념에 비추어 본 개체화』, 황수영 옮김, 그린비, 2017.]

Simons, P., *Parts: A Study in Ontology* (Oxford : Clarendon Press, 2000).

Simpson, R. H. and D. K. Hagel, *Mycenaean Fortifications, Highways, Dams and Canals* (Sävedalen : Paul Åströms Förlag, 2006).

Sloterdijk, P., "Spheres theory : Talking to myself about the poetics of space," *Harvard Design Magazine*, vol. 30 (2009) : 1~8.

_____, "Society of centaurs : Philosophical remarks on automobility," trans. K. Ritson, *Transfers*, vol. 1, no. 1 (2011) : 14~24.

_____, "Museum - School of alienation," trans. I. B. Whyte, *Art in Translation*, vol. 6 (2014) : 437~48.

Snodgrass, A. M., "Greek archaeology and Greek history," *Classical Antiquity*, vol. 4, no. 2 (1985) : 193~207.

_____, *An Archaeology of Greece : The Present State and Future Scope of a Discipline* (Berkeley : University of California Press, 1987).

Sørensen, T. F., "That raw and ancient cold : On Graham Harman's recasting of archaeology," *Open Philosophy*, vol. 4, no. 1 (2021) : 1~19.

Souvatzi, S., A. Baysal, and E. L. Baysal, eds., *Time and History in Prehistory* (London : Routledge, 2019).

Spinoza, B., *A Spinoza Reader : The Ethics and Other Works*, trans. E. Curley (Princeton : Princeton University Press, 1994).

Stanislavski, K., *An Actor's Work* (New York : Routledge, 2010).

Stengers, I., *Thinking with Whitehead : A Free and Wild Creation of Concepts*, trans. M. Chase (Cambridge : Harvard University Press, 2014).

Stern, W., "Pyschische Präsenzzeit," *New Yearbook for Phenomenology and Phenomenological Research*, vol. 5 (2007) : 310~51.

Stewart, K., "Weak theory in an unfinished world," *Journal of Folklore Research*, vol. 45, no. 1 (2008) : 71~82.

Stocking, G., *After Tylor : British Social Anthropology, 1888-1951* (Madison : University of Wisconsin Press, 1995).

Strawson, G., *Selves* (Oxford : Oxford University Press, 2009).

Stroulia, A. and S. B. Sutton., "Archaeological sites and local places : Connecting the dots," *Public Archaeology : Archaeological Ethnographies*, vol. 8 no. 2~3 (2009) : 124~40.

Suárez, F., *On Efficient Causality : Metaphysical Disputations 17, 18, and 19*, trans. A. Freddoso (New Haven : Yale University Press, 1994).

Susskind, L. and J. Lindesay, *An Introduction to Black Holes, Information and the String Theory Revolution : The Holographic Universe* (Singapore : World Scientific Publishing, 2004).

Tamm, M. and L. Olivier, *Rethinking Historical Time: New Approaches to Presentism* (London: Bloomsbury Academic, 2019).

Trigger, B. G., *A History of Archaeological Thought* (New York: Cambridge University Press, 2010).

Tsountas, C. and J. I. Manatt, *The Mycenaean Age: A Study of the Monuments and Culture of Pre-Homeric Greece* (London: Macmillan & Co, 1897).

Twardowski, K., *On the Content and Object of Presentations: A Psychological Investigation*, trans. R. Grossmann (Dordrecht: Springer, 1977).

Uexküll, J. von., *A Foray into the Worlds of Animals and Humans, with a Theory of Meaning*, trans. J. O'Neil (Minneapolis: University of Minnesota Press, 2010). [야콥 폰 윅스퀼, 『동물들의 세계와 인간의 세계: 보이지 않는 세계의 그림책』, 정지은 옮김, 도서출판b, 2012.]

Van Dyke, R., "Materiality in practice: An introduction," in *Practicing Materiality*, ed. R. Van Dyke (Tucson: University of Arizona Press, 2015), 3~32.

____, "Ethics, not objects," *Cambridge Archaeological Journal*, vol. 31, no. 3 (2021): 487~93.

Vernant, J.-P., *Mythe et pensée chez les Grecs: études de psychologie historique* (Paris: François Maspero, 1955). [장 피에르 베르낭, 『그리스인들의 신화와 사유』, 박희영 옮김, 아카넷, 2005.]

____, *Religion grecque, religions antiques* (Paris: François Maspero, 1976).

Viollet-le-Duc, E., *Dictionary of French Architecture from the 11th to 16th Century* (Paris: B. Bance, 1854). English translation by Wikisource at ⟨https://en.wikisource.org/wiki/Translation:Dictionary_of_French_Architecture_from_the_11th_to_16th_Century⟩.

Wace, A. J. B., *Mycenae, an Archaeological History and Guide* (Princeton: Princeton University Press, 1949).

____, "The last days of Mycenae," in *The Aegean and the Near East: Studies Presented to Hetty Goldman on the Occasion of her Seventy-fifth Birthday*, ed. S. S. Weinberg (New York: J. J. Augustin Publisher, 1956), 126~35.

Wace, A. J. B. and F. H. Stubbings, *A Companion to Homer* (London: Macmillan, 1962).

Wallace-Hadrill, A., *Herculaneum: Past and Future* (London: Frances Lincoln, 2011).

Wandsnider, L., "Solving the puzzle of the archaeological labyrinth," in *Side-by-Side Survey: Comparative Regional Studies in the Mediterranean World*, ed. S. E. Alcock and J. F. Cherry (Oxford: Oxbow Books, 2004), 49~62.

Warren P. M. and V. Hankey, *Aegean Bronze Age Chronology* (Bristol: Bristol Classical Press, 1989).

Watkins, C., ed., *The American Heritage Dictionary of Indo-European Roots*, 2nd ed. (Boston: Houghton Mifflin, 2000).

Webmoor, T., "Archaeology: Philosophy and science," in *International Encyclopedia of the Social & Behavioral Sciences*, 2nd ed., ed. J. D. Wright (Amsterdam: Elsevier, 2015), 891~8.

Webmoor, T. and C. Witmore, "Things are us! A commentary on human/things relations under the banner of a 'social' archaeology," *Norwegian Archaeological Review*, vol. 41, no. 1 (2008): 53~70.

White, H., *The Practical Past* (Evanston: Northwestern University Press, 2014).

Whitehead, A. N., *The Aims of Education and Other Essays* (New York : The Free Press, 1929). [알프레드 노스 화이트헤드, 『교육의 목적』, 오영환 옮김, 궁리, 2004.]

____, *Process and Reality* (New York : Free Press, 1978). [알프레드 노스 화이트헤드, 『과정과 실재』, 오영환 옮김, 민음사, 2003.]

Willerslev, R., "Frazer strikes back from the armchair : A new search for the animist soul," *Journal of the Royal Anthropological Institute*, vol. 17 (2011) : 504~26.

Williams, R., *Television : Technology and Cultural Form*, 3rd ed. (London : Routledge, 2003). [레이먼드 윌리엄스, 『텔레비전론』, 박효숙 옮김, 현대미학사, 1996.]

Witmore, C., "Vision, media, noise and the percolation of time : Symmetrical approaches to the mediation of the material world," *Journal of Material Culture*, vol. 11, no. 3 (2006) : 267~92.

____, "Landscape, time, topology : An archaeological account of the Southern Argolid, Greece," in *Envisioning Landscape : Situations and Standpoints in Archaeology and Heritage*, ed. D. Hicks, L. McAtackney, and G. Fairclough (Walnut Creek : Left Coast Press, 2007), 194~225.

____, "Prolegomena to open pasts : On archaeological memory practices," *Archaeologies*, vol. 5, no. 3 (2009) : 511~45.

____, "The realities of the past : Archaeology, object-orientations, pragmatology," in *Modern Materials : Proceedings from the Contemporary and Historical Archaeology in Theory Conference 2009*, ed. B. R. Fortenberry and L. McAtackney (Oxford : Archaeopress, 2012), 25~36.

____, "Which archaeology? : A question of chronopolitics," in *Reclaiming Archaeology : Beyond the Tropes of Modernity*, ed. A. González-Ruibal (London : Routledge, 2013), 130~44.

____, "Archaeology and the new materialisms," *Journal of Contemporary Archaeology*, vol. 1 (2014) : 203~46.

____, "Confronting things : A Reply to Edgeworth, Hodder, Ingold and Lazzari," *Journal of Contemporary Archaeology*, vol. 1, no. 2 (2014) : 239~46.

____, "No past but within things : A cave and archaeology in the form of a dialogue," in *The Allegory of the Cave Painting Reader*, ed. M. Mircan and V. W. J. van Gerven Oei (Milan : Mousse Publishing, 2015), 575~94.

____, "Things are the grounds of all archaeology," in *Clashes of Times : The Contemporary Past as a Challenge for Archaeology*, ed. J. M. Blaising, J. Driessen, J. P. Legendre, and L. Olivier (Louvain : Louvain University Press, 2017), 231~46.

____, "Complexities and emergence : The case of Argos," in *Regional Approaches to Society and Complexity : Studies in Honor of John F. Cherry*, ed. A. R. Knodell, and T. P. Leppard (Sheffield : Equinox Publishing Ltd, 2017), 268~87.

____, "The end of the Neolithic? At the emergence of the Anthropocene," in *Multispecies Archaeology*, ed. S. E. Pilaar Birch (Abingdon : Routledge, 2018), 26~46.

____, "Review of Karen Bassi, *Traces of the Past : Classics between History & Archaeology*, Ann Arbor : University of Michigan Press, 2016," *Cambridge Archaeological Journal*, vol. 28. no. 3 (2018) : 515~18.

____, *Old Lands: A Chorography of the Eastern Peloponnese* (Abingdon : Routledge, 2020).

____, "Objecthood," in *A Cultural History of Objects: Modern Period, 1900 to Present*, ed. L. Wilkie and J. Chenoweth (London : Bloomsbury, 2020), 37~64.

____, "Chronopolitics and archaeology," in *Encyclopedia of Global Archaeology*, ed. C. Smith (New York : Springer, 2020).

____, "Finding symmetry? Archaeology, objects, and posthumanism," *Cambridge Archaeological Journal*, vol. 31, no. 3 (2021) : 477~85.

____, "Matter," in *The International Encyclopedia of Anthropology*, ed. H. Callan (Oxford : Wiley Blackwell, 2021).

____, "Anthropoiesis revisited : Hominization through the incorporation of nonhumans," in *The Oxford Handbook of Cognitive Archaeology*, ed. F. Coolidge, K. Overmann, and T. Wynn (Oxford : Oxford University Press, 2022).

Witmore, C. and M. Shanks, "Archaeology : An ecology of practices," in *Archaeology in the Making: Conversations through a Discipline*, ed. W. L. Rathje, M. Shanks, and C. Witmore (London : Routledge, 2013), 380~98.

Wittgenstein, L., *Tractatus Logico-Philosophicus*, trans. C. K. Ogden (New York : Harcourt, Brace & Company, 1922). [루트비히 비트겐슈타인, 『논리-철학 논고』, 이영철 옮김, 책세상, 2020.]

Wolfendale, P., *Object-Oriented Philosophy: The Noumenon's New Clothes* (Falmouth : Urbanomic Media, 2014).

Wolfson, E., "Gottwesen and the de-divinization of the last god : Heidegger's meditation on the strange and incalculable," in *Heidegger's Black Notebooks and the Future of Theology*, ed. M. Björk and J. Svenungsson (London : Palgrave Macmillan, 2017), 211~55.

Woolf, G., *Becoming Roman: The Origins of Provincial Civilization in Gaul* (Cambridge : Cambridge University Press, 1998).

Wylie, A., *Thinking from Things: Essays in the Philosophy of Archaeology* (Berkeley : University of California Press, 2002).

Wylie, A., M. Shanks, T. Webmoor, and C. Witmore, "Alison Wylie," in *Archaeology in the Making: Conversations through a Discipline*, ed. W. L. Rathje, M. Shanks, and C. Witmore (London : Routledge, 2013), 103~31.

Yoffee, N., *Negotiating the Past in the Past: Identity, Memory, and Landscape in Archaeological Research* (Tucson : University of Arizona Press, 2007).

Young, N., "Only two peas in a pod : On the overcoming of ontological taxonomies," *Symposia Melitensia*, vol. 17 (2021) : 27~36.

Žižek, S., *The Parallax View* (Cambridge : MIT Press, 2009). [슬라보예 지젝, 『시차적 관점』, 김서영 옮김, 마티, 2009.]

:: 인명 찾아보기

ㄱ

가르시아, 트리스탕(Garcia, Tristan) 280
게르하르트, 에두아르트(Gerhard, Eduard) 97
겔, 윌리엄(Gell, William) 121
과타리, 펠릭스(Guattari, Félix) 48, 286, 287
그래튼, 피터(Gratton, Peter) 18, 66, 269, 276~280, 283, 286, 287, 299, 342~345
그레마스, 알기르다스(Greimas, Algirdas) 326, 375, 383
그레이버, 데이비드(Graeber, David) 103, 104, 227
그린버그, 클레멘트(Greenberg, Clement) 68~70, 316, 317, 328
기아시, 에르판(Ghiasi, Erfan) 384

ㄴ

나폴레옹 보나파르트(Napoleon Bonaparte) 52
네일, 토머스(Nail, Thomas) 13, 45, 345
뉴턴, 아이작(Newton, Isaac) 236, 270~273, 285, 343
니에루프, 라스무스(Nyerup, Rasmus) 84, 90
니체, 프리드리히(Nietzsche, Friedrich) 54, 230, 242, 243

ㄷ

단테 알리기에리(Dante Alighieri) 415
데란다, 마누엘(DeLanda, Manuel) 20, 76, 77, 149, 150, 244, 251, 287, 288, 359~361
데리다, 자크(Derrida, Jacques) 57~62, 64, 66, 67, 239, 277, 278, 283, 315, 340, 343, 356
데미르, 미타드(Demir, Mithat) 246
데미르 하먼, 네클라(Demir Harman, Necla) 182, 252
데인턴, 배리(Dainton, Barry) 298
데카르트, 르네(Descartes, René) 42
도드웰, 에드워드(Dodwell, Edward) 121
도르펠트, W.(Dorpfeld, W.) 24
도만스카, 이와(Domanska, Ewa) 10, 327
드골, 샤를(de Gaulle, Charles) 50
들뢰즈, 질(Deleuze, Gilles) 19, 33~35, 45, 48, 67, 207, 280~283, 285~287, 289, 308, 312, 313, 340, 348, 395
딜런, 밥(Dylon, Bob) 242

ㄹ

라메노프스키, 앤(Ramenofsky, Ann) 139, 140, 171
라부아지에, 앙투안(Lavoisier, Antoine) 50
라이프니츠, G. W.(Leibniz, G. W.) 42, 78, 265, 266, 270~275, 284, 398
라카토슈, 임레(Lakatos, Imre) 281
라캉, 자크(Lacan, Jacques) 236, 274, 315, 323, 339, 355, 375, 383, 411
라투르, 브뤼노(Latour, Bruno) 6, 7, 18, 19, 45~51, 54~56, 72~74, 81, 129, 136, 137, 170, 171, 182, 184, 185, 191, 192, 205, 223, 226, 227, 231, 259, 305, 332, 335, 340, 342, 353, 360, 386, 387, 408~410, 414
래디먼, 제임스(Ladyman, James) 273
랭튼, 래(Langton, Rae) 257, 258
러드윅, 마틴(Rudwick, Martin) 103, 166, 167
러브크래프트, H. P.(Lovecraft, H. P.) 320
레비나스, 에마뉘엘(Levinas, Emmanuel) 38, 355
렌프류, 콜린(Renfrew, Colin) 93, 98, 103, 219
로스, 돈(Ross, Don) 273
로크, 존(Locke, John) 260, 261
록우드, 마이클(Lockwood, Michael) 298
루니아, 엘코(Runia, Eelco) 85, 87, 90
루이 14세(Louis XIV) 398

루카스, 개빈(Lucas, Gavin) 10, 22, 86, 87, 90, 93, 95, 96, 102, 106~109, 140, 144, 147, 148, 186, 205, 214, 215, 218, 220, 390, 409

르루아-구랑, 앙드레(Léroi-Gourhan, André) 424

리비, 윌러드(Libby, Willard) 216

리치, 사라(Rich, Sara) 88, 175, 392, 394, 402

리크, 윌리엄 마틴(Leake, William Martin) 122

릴케, 라이너 마리아(Rilke, Rainer Maria) 402, 403

ㅁ

마굴리스, 린(Margulis, Lynn) 16, 78, 151, 223, 224, 424

마네토(Manetho) 216

말브랑슈, 니콜라(Malebranche, Nicolas) 42, 235, 236, 305, 397, 398

맑스, 칼(Marx, Karl) 317

매클루언, 마셜(McLuhan, Marshall) 18, 68, 69, 247, 317, 375, 383

매클루언, 에릭(McLuhan, Eric) 69, 317, 375, 383

맥글레이드, 제임스(McGlade, James) 30

맥태거트, J. M. E.(McTaggart, J. M. E.) 18, 292~305, 322, 326, 366, 390, 391

메를로-퐁티, 모리스(Merleau-Ponty, Maurice) 330, 331

메이야수, 퀑탱(Meillassoux, Quentin) 61, 73, 254, 359

메흐메트 2세(Mehmet II) 293, 401

모리스, 이언(Morris, Ian) 98, 104, 134, 229

모턴, 티머시(Morton, Timothy) 88, 248, 322, 416

몬드리안, 피에트(Mondrian, Piet) 70

몬텔리우스, 오스카(Montelius, Oscar) 96

미로, 호안(Miró, Joan) 70

미첼, 티머시(Mitchell, Timothy) 417

민코프스키, 헤르만(Minkowski, Hermann) 64, 274, 382

ㅂ

바그너, 리하르트(Wagner, Richard) 395

바디우, 알랭(Badiou, Alain) 20, 73, 74, 235, 236, 287, 356~358, 373, 398

바시, 캐런(Bassi, Karen) 92

바알 하몬(Baal Hammon) 192, 194, 195

바이든, 조(Biden, Joe) 332

반 데르 리우, 샌더(van der Leeuw, Sander) 30

버라드, 캐런(Barad, Karen) 37, 207, 237, 238

버클리, 조지(Berkeley, George) 42, 260, 261, 303

버틀러, 주디스(Butler, Judith) 203

베넷, 제인(Bennet, Jane) 13, 38, 207, 348, 374, 386

베르그손, 앙리(Bergson, Henri) 16, 19, 33~35, 37, 38, 40, 45, 49, 55, 61, 108, 142, 277, 305, 312, 313, 340, 344

베르낭, 장-피에르(Vernant, Jean-Pierre) 225

베일리, 제프(Bailey, Geoff) 30, 205

벤야민, 발터(Benjamin, Walter) 97

벨, 거트루드(Bell, Gertrude) 122

보블레이, 퓌용 드(Boblaye, Puillion de) 122

부르케르트, 발터(Burkert, Walter) 225

브라이언트, 레비(Bryant, Levi) 10, 48, 88, 318, 346, 349, 369, 371

브렌타노, 프란츠(Brentano, Franz) 57, 58, 261, 262

브로델, 페르낭(Braudel, Fernand) 101

비올레-르-뒥, 외젠(Viollet-le-Duc, Eugène) 396

비트겐슈타인, 루트비히(Wittgenstein, Ludwig) 71

비트루비우스(Vitruvius) 412

빈포드, 루이스(Binford, Lewis) 29, 105, 106
빙켈만, 요한(Winckelmann, Johann) 97

ㅅ

사이더, 테드(Sider, Ted) 64
살몬, 메릴리(Salmon, Merrilee) 15, 166
섕크스, 마이클(Shanks, Michael) 10, 15, 23, 29, 80, 86, 87, 94, 95, 97, 98, 106~109, 129, 162, 163, 174, 187, 202~205, 208, 233, 327, 402
샤이억, 앤드루(Shryock, Andrew) 103
세르, 미셸(Serres, Michel) 6, 17, 18, 55, 56, 90, 109, 129, 137, 146, 165, 170, 171, 182, 185, 191~194, 200, 205, 223, 424
셀라스, 존(Sellars, John) 282
셰익스피어, 윌리엄(Shakespeare, William) 244, 395
셸링, F. W. J.(Schelling, F. W. J.) 236, 330, 331
소크라테스(Socrates) 45, 72, 210, 368, 383
소 플리니우스(Pliny the Younger) 365, 366
쇠렌센, 팀 플로르(Sørensen, Tim Flohr) 87, 248, 385, 404
쇼펜하우어, 아르투르(Schopenhauer, Arthur) 51, 394
수아레스, 프란치스코(Suárez, Francisco) 255, 353
슐리만, 하인리히(Schliemann, Heinrich) 91, 92, 99, 132, 133, 137, 138, 154~156, 159, 215
스노드그래스, 앤서니(Snodgrass, Anthony) 99, 100, 104
스메일, 대니얼 로드(Smail, Daniel Lord) 103
스몰린, 리(Smolin, Lee) 5
스타니슬랍스키, 콘스탄틴(Stanislavski, Konstantin) 355
스타마타키스, 파나이오토스(Stamatakis, Panaiotis) 92, 137, 138
스텐게르스, 이자벨(Stengers, Isabelle) 45, 55, 204
스트로슨, 갈렌(Strawson, Galen) 298
스피노자, 바뤼흐(Spinoza, Baruch) 42, 340
슬로터다이크, 페터(Sloterdijk, Peter) 94, 196, 197
시몬스, 피터(Simons, Peter) 393
시몽동, 질베르(Simondon, Gilbert) 19, 35, 37

ㅇ

아가멤논(Agamemnon) 92, 155
아르고스(Argos) 99, 111, 121, 128, 131, 133, 142, 152, 171, 176, 180, 232
아르노, 앙투안(Arnauld, Antoine) 78
아르카니-하메드, 니마(Arkani-Hamed, Nima) 338
아르테미스(Artemis) 188, 387
아리스토텔레스(Aristotle) 35~38, 49, 55, 59, 64, 71, 72, 211, 246, 255, 259, 275, 277, 287, 305, 307, 313, 317, 326, 332, 347, 382, 388, 399, 400
아베로에스(Averroës) 400
아비첸나(Avicenna) 263
아스만, 얀(Assmann, Jan) 216, 336
아스클레피오스(Asclepios) 110, 117, 122, 126, 187, 188
아인슈타인, 알베르트(Einstein, Albert) 64, 75, 274, 382
아케나텐(Akhenaten) 217
아퀴나스, 성 토마스(Aquinas, St. Thomas) 400
아타튀르크, 무스타파 케말(Atatürk, Mustafa Kemal) 401
알-가잘리, 아부 하미드(Al-Ghazali, Abu Hamid) 41
알렉산더 대왕(Alexander the Great) 401, 420
알-아샤리, 아부 알하산(Al-Ash'ari, Abū Al-Hasan) 41, 305

애커먼, 로버트(Ackerman, Robert) 189
어셔, 제임스(Ussher, James) 166
에라토스테네스(Eratosthenes) 216
에렌페스트, 파울(Ehrenfest, Paul) 75
에르망, 에밀리(Hermant, Émilie) 51
에스코바르, 아르투로(Escobar, Arturo) 237, 238
오스틴, 마이클(Austin, Michael) 277
오제, 마르크(Augé, Marc) 116
올리비에, 로랑(Olivier, Laurent) 10, 23, 25, 26, 85, 87, 90, 96, 100, 107, 136, 140, 145, 146, 152, 153, 163, 167, 186, 218, 220, 232, 385
올센, 비요나르(Olsen, Bjørnar) 10, 23, 29, 80, 81, 84, 86, 87, 90, 94, 95, 97, 98, 104, 106~109, 135~137, 160, 161, 163, 165~167, 174, 175, 187, 204~207, 209, 210, 231, 233, 248, 250, 254, 402~404, 406, 409
와스, 앨런(Wace, Alan) 92, 133, 138, 139, 215~219
와일리, 앨리슨(Wylie, Alison) 15, 166
울펜데일, 피터(Wolfendale, Peter) 18, 269, 270, 272~274, 279, 280, 283~287, 299, 342, 343, 352, 380
위니컷, 도널드(Winnicott, Donald) 411
위트모어, 크리스토퍼(Witmore, Christopher) 8, 12, 15, 17~19, 22, 23, 25, 29, 39, 55, 80, 85~88, 92, 94, 95, 98, 101, 102, 104, 106~109, 111, 118, 129, 135, 137, 141, 149, 156, 161~163, 171, 174, 178, 184, 187, 194, 198, 201~205, 207, 208, 212, 220, 222, 225, 228, 229, 233, 240, 243, 249, 326, 334, 341, 348, 350, 364, 368, 385~387, 402, 404, 406, 409, 421, 424
윈그로, 데이비드(Wengrow, David) 103, 104, 227
윌리엄스, 레이먼드(Williams, Raymond) 70
율리우스 카이사르(Julius Caesar) 223, 401, 420
이븐 시나(Ibn Sina) 263
이븐 칼둔(Ibn Khaldun) 423
잉골드, 팀(Ingold, Tim) 37, 185, 207, 386, 387

ㅈ

잭슨, 스톤월(Jackson, Stonewall) 52, 56
제논(Zeno) 36
제임스, M. R.(James, M. R.) 379
제임스, 윌리엄(James, William) 146
존스, 어니스트(Jones, Ernest) 411
졸리오-퀴리, 프레데리크(Joliot-Curie, Frédéric) 46, 47
지젝, 슬라보예(Žižek, Slavoj) 371, 414

ㅊ

차일드, 비어 고든(Childe, Vere Gordon) 103
채드윅, 제임스(Chadwick, James) 46
초운타스, 크리스토스(Tsountas, Christos) 129, 131, 132, 137, 138, 197, 214, 215

ㅋ

카로, 게오르그(Karo, Georg) 92, 137
카바디아스, 파나이오티스(Kavvadias, Panayiotis) 122
칸트, 임마누엘(Kant, Immanuel) 43, 70, 257, 258, 266, 267, 299, 303, 332, 351, 352, 356, 359, 370, 380, 413, 414
캐럴, 루이스(Carroll, Lewis) 281
캠벨, 피터(Campbell, Peter) 88, 392
케라모포울로스, 안토니오스(Keramopoullos, Antonios) 137
코그번, 존(Cogburn, Jon) 10, 82, 302, 303, 310, 311, 350, 365, 390, 392
콜링우드, R. G.(Collingwood, R. G.) 15
콜하스, 렘(Koolhaas, Rem) 413
쿠르티우스, 에른스트 로베르트(Curtius, Ernst Robert) 122

쿤, 토머스(Kuhn, Thomas) 74, 75
퀴리, 마리(Curie, Marie) 46
퀴리, 피에르(Curie, Pierre) 46
크렐린, 레이첼 J.(Crellin, Rachel J.) 31, 348, 349
크립키, 솔(Kripke, Saul) 72
클라인, 멜라니(Klein, Melanie) 411
클라인헤이런브링크, 아연(Kleinherenbrink, Arjen) 18, 269, 280~291, 299, 308, 319, 322, 342, 344
클라크, 새뮤얼(Clarke, Samuel) 270~273, 285
클링호퍼, 조나(Klinghoffer, Jonah) 396
키리무타, 마즈비타(Chirimuuta, Mazviita) 337

ㅌ
타이슨, 마이크(Tyson, Mike) 4
타일러, 에드워드 버넷(Tylor, Edward Burnett) 189
테세우스(Theseus) 188, 392, 393, 407, 408, 413
테일러, 윌리엄(Taylour, William) 144, 148, 149
톰센, 크리스티안 위르겐센(Thomsen, Christian Jürgensen) 179
트바르도프스키, 카지미에르츠(Twardowski, Kasimir) 377, 378

ㅍ
파스퇴르, 루이(Pasteur, Louis) 50, 73, 192
파우사니아스(Pausanias) 118, 121, 122, 187, 188
파웰, 벤저민(Powell, Benjamin) 23, 24
파이히팅거, 마이클(Feichtinger, Michael) 237
페라리스, 마우리치오(Ferraris, Maurizio) 375

페투르스도티르, 포라(Péturisdottir, Póra) 248
포세이돈(Poseidon) 110
폴록, 잭슨(Pollock, Jackson) 70
폴, 제이크(Paul, Jake) 4
푀펠, 에른스트(Pöppel, Ernst) 298
푸루마르크, 아르네(Furumark, Arne) 138, 214~219, 222
푸코, 미셸(Foucault, Michel) 90, 165, 203, 243, 249, 421
프레이저, 제임스 조지(Frazer, James George) 17, 120, 122, 183, 187, 189, 190, 194, 197
프로이트, 안나(Freud, Anna) 411
프로이트, 지그문트(Freud, Zigmund) 57, 315, 339, 411
프루스트, 마르셀(Proust, Marcel) 282
플라톤(Plato) 13, 53, 56, 176, 359, 399, 400
플랑크, 막스(Planck, Max) 74~76, 420, 421
플로베르, 귀스타브(Flaubert, Gustave) 194
플로티노스(Plotinus) 318, 359
피셔, 마크(Fisher, Mark) 379
피카소, 파블로(Picasso, Pablo) 70
피코울라스, 이아니스(Pikoulas, Yiannis) 123
피타키스, 키리아코스(Pittakis, Kyriakos) 128

ㅎ
하디드, 자하(Hadid, Zaha) 416
하먼, 그레이엄(Harman, Graham) 8, 12, 16~20, 33, 39, 41, 45~49, 65, 68, 69, 71, 74, 78, 81, 87, 91, 108, 141, 142, 147, 151, 164, 165, 170, 177, 181, 190, 201, 204, 207, 209, 211, 223, 226, 233, 235, 241, 244, 245, 248, 249, 251, 258, 259, 264, 269, 270, 272, 273, 276~279, 281, 282, 284, 286, 290, 309, 313, 316, 321, 327, 328, 337, 343, 347, 351, 354, 363, 366~369, 371, 375, 384, 387, 388, 392,

394, 404, 407, 409, 410
하이데거, 마르틴(Heidegger, Martin) 16, 19, 33, 34, 38~40, 45, 57, 58, 61~64, 66~69, 258, 265, 277, 303, 305~307, 309, 315~317, 339, 340, 345, 351, 352, 359, 376~380, 400
헤겔, 게오르크 빌헬름 프리드리히(Hegel, Georg Wilhelm Friedrich) 5, 299, 413
헤라클레이토스(Heraclitus) 45, 277, 347, 348, 350
헤로도토스(Herodotus) 128, 129, 232
헤시오도스(Hesiod) 225
호더, 이안(Hodder, Ian) 15, 87, 101, 103, 104, 203, 207, 208
호메로스(Homer) 71, 89, 93, 127, 133~135, 197, 224, 225, 245, 321, 322, 354, 401, 408
호메이니, 아야톨라(Khomeini, Ayatollah) 7
호프만, 도널드(Hoffman, Doald) 337, 338
화이트헤드, 알프레드 노스(Whitehead, Alfred North) 19, 43~48, 53, 207, 258, 305, 312, 313, 345
화이트, 헤이든(White, Hayden) 100
후설, 에드문트(Husserl, Edmund) 20, 57~61, 63, 64, 66, 259~265, 278, 279, 287, 288, 295, 305, 339, 356, 376~378, 380
흄, 데이비드(Hume, David) 43, 58, 146, 260, 261, 303
히폴리토스(Hippolytus) 188

:: 용어 찾아보기

ㄱ

가상현재(specious present) 60, 298~302, 314, 323, 390
갈로우시(Galousi) 114, 115

갈리폴리(Gallipoli) 401
감각적 객체(sensual object, SO) 265~267, 270, 272, 274, 275, 279, 281, 283, 285, 288, 289, 291, 301, 302, 306~311, 314, 321, 322, 327, 329, 348, 354, 364, 366, 378, 380, 382, 423
감각적 성질(sensual quality, SQ) 265~267, 270, 272, 274, 275, 279, 281, 285, 289, 301, 306, 307, 309, 314, 318, 319, 322, 327, 329, 366, 376~378, 380~382
객체 기억(object memory) 221
「객체들의 두 가지 시간」(The Two Times of Objects, 클라인헤이런브링크) 280~282, 284, 288, 308
객체지향 존재론(object-oriented ontology, OOO) 12, 13, 18, 19, 22, 37, 47~49, 59, 63, 65~67, 77, 79, 81, 82, 87, 89, 91, 178, 206, 209, 237, 254, 257~259, 263, 266~269, 272, 274~276, 280, 281, 283, 285, 287, 289, 291, 292, 294, 296, 299, 301~303, 305~310, 314~319, 323, 326, 328, 329, 331, 333~336, 341, 343, 344, 351, 352, 354~356, 362, 368, 376~379, 382, 390, 391, 398, 404, 406~410, 412, 413, 416, 417, 423, 424
객체지향 철학(object-oriented philosophy, OOP) 7, 409
「거대객체와 선사」(Hyperobjects and Pre-history, 하먼) 91, 248
거시-환원(macro-reduction) 77
건축(architecture) 88, 179, 231, 384, 412~414, 416, 424
계열화(seriation) 91, 218
고고학 박물관(Archaeology Museum) 158
『고고학: 사물들에 관한 분과학문』(Archaeology: The Discipline of Things, 위트모어 외) 23, 29, 80, 86, 87, 94, 98, 106~109, 162, 163, 174, 187, 204, 205, 233
고대학(Altertumswissenschaft) 137

공간(space) 36~38, 63~65, 84, 102, 110, 128, 129, 135, 140, 141, 209, 218, 224, 227, 230, 232, 234, 266, 269, 271~275, 309, 329, 333, 337, 362, 378, 381, 382, 391

공생(symbiosis) 16, 78, 79, 89, 136, 150~154, 161, 210, 219, 224~226, 284, 290, 291, 338, 340, 341, 384, 424

과정(process) 17, 29, 31, 37, 44, 87, 90, 100, 101, 105, 107, 123, 131, 146~149, 155, 159, 179, 181, 182, 195, 198, 202, 207, 221, 233, 247, 251, 256, 290, 297, 312, 313, 318, 329, 338, 339, 345, 352, 353, 361

과정철학(process philosophy) 19, 44, 312, 313, 326

과학(science) 5, 15, 17, 50, 74, 80, 189, 190, 197, 202, 221, 258, 279, 338, 359, 378

과학학(science studies) 205

구덩식 분묘(shaft grave) 93, 99, 128, 130, 132, 137, 154, 155, 159

구조주의(structuralism) 315, 384

국립고고학박물관(National Archaeology Museum) 93

국립유물박물관(Museum of National Antiquities) 96

권력(power) 107, 228, 230~232, 234, 239, 329, 371, 374, 422

『그라마톨로지』(*Of Grammatology*, 데리다) 62

그랜드 에티오피아 르네상스 댐(Grand Ethiopian Renaissance Dam) 341

그리스 고고학청(Greek Archaelogical Service) 116, 133, 142

극(pole) 257, 266, 274, 326, 327, 376, 380

근대성(modernity) 6, 55

근접성(contiguity) 54, 89, 136, 143~147, 152, 153, 157, 159, 161

기능(function) 90, 412, 413

기억(memory) 51, 74, 107, 108, 123, 129, 131, 134, 155, 157, 162, 163, 167, 174, 176, 182, 186, 197, 204~206, 221, 230~232, 234, 252, 298, 300, 302, 333, 424

『기하학의 기원』(*Les origines de la géométrie*, 세르) 129, 166

기회원인론(occasionalism) 16, 41~44, 46, 48, 59, 236, 305, 326, 398

긴장(tension) 18, 201, 260, 265, 270, 274, 279, 285, 290, 301, 306, 307, 326, 327, 348, 380, 381, 383, 390, 391

끈 이론(string theory) 382

ㄴ

나이테 편년(dendrochronology) 218, 220

나일강(Nile River) 336, 341

『난파선 유령도학』(*Shipwreck Hauntography*, 리치) 175, 394

남가주 건축대학교(Southern California Institute of Architecture) 209

내부 관계(internal relation) 296

내적 시간(internal time) 278, 286

네덜란드 동인도회사(Dutch East India Company) 78, 224, 248

네헤(neheh) 336, 341

ㄷ

다시간성(polychronicity) 184, 187

다신론(polytheism) 224

대리적 인과관계(vicarious causation) 48

대칭적 고고학(symmetrical archaeology) 205

델포이(Delphi) 95

『도구-존재』(*Tool-Being*, 하먼) 33, 165, 258, 376

도자기(ceramic) 88, 97, 138, 139, 145, 148, 150, 152, 155, 158, 174, 176, 208, 211~215, 217, 222, 224, 226, 228, 249, 252, 267, 369, 370

독일 관념론(German Idealism) 70, 236, 303

동시대성(contemporaneity) 144
동일성(identity) 60, 278, 283, 312, 318, 343, 344, 346, 374, 403
들뢰즈주의적 힌두이즘(Deleuzean Hinduism) 416

ㄹ

러벅(Lubbock) 8, 12, 39
레카이온 도로(Lechaion Road) 29, 30
『로마』(*Rome*, 세르) 166
로마 제국(Roman Empire) 80, 293, 294, 307, 391
루테티아(Lutetia) 51, 389, 391
르 프티-퐁(le Petit-Pont) 51
⟨리어왕⟩(King Lear, 셰익스피어) 395

ㅁ

마술(magic) 17, 183, 189~191, 197
맑스주의(Marxism) 203, 339, 371
「망각의 차가움」(The Coldness of Forgetting, 하먼) 87, 248, 394
『매체의 법칙』(*Laws of Media*, 매클루언) 69, 317, 375, 383
머내서스(Manassas) 402
메가라학파(Megarians) 259, 317
모순(contradiction) 61, 241, 297, 302
문화사(culture history) 104, 202
물자체(thing-in-itself) 43, 70, 257, 259, 303, 380
물질(matter) 7, 41, 231, 250, 334, 353, 361, 367, 368, 371, 373, 385, 386, 389
물질문화(material culture) 99, 367
『미네소타 메세니아 탐사』(*The Minnesota Messenia Expedition*, 맥도날드·랩) 101
미메시스(mimesis) 321
미술(art) 68, 69, 328
미시-환원(micro-reduction) 77
미케네(Mycenae) 17, 89, 91~93, 95, 99, 121, 124~132, 134~139, 143, 145, 149, 150, 152~154, 156~158, 171, 174, 176, 182, 186, 191, 197, 200, 214~217, 219, 222, 228, 231~233, 239, 244, 252, 406, 407
『미케네』(*Mycenae*, 와스) 216
『미케네의 도자기』(*The Mycenaean Pottery*, 푸루마르크) 214, 216~218
미학(aesthetics) 265, 354, 355, 413
미합중국(United States) 196, 208, 293, 294, 355, 363, 391, 402
민족지고고학(ethnoarchaeology) 105

ㅂ

반본질주의(anti-essentialism) 237~239
반전(reversal) 69, 317, 421
반제국주의(anti-imperialism) 237, 238
⟨반지⟩(Ring, 바그너) 395
방사성탄소연대측정(radiocarbon dating) 92, 202, 219, 220
방향성(directionality) 303, 306, 334, 390
버밍엄학파(Birmingham School) 70
벌집 형태 무덤(tholos tomb) 108, 121, 141, 157
범주(category) 43, 161, 302
베를린(Berlin) 259, 260
변화(change) 5, 19, 20, 24, 28, 30~33, 40, 49, 59, 69, 72, 74, 85, 87, 99, 101, 118, 123, 124, 126, 136, 137, 139, 140, 147~149, 151, 153~155, 179~181, 185, 191, 199, 200, 202, 211, 212, 214, 215, 217, 221, 222, 224, 225, 228, 229, 232, 240, 244, 257, 268, 273~275, 283, 284, 287, 290, 291, 294, 300, 303, 304, 306, 308, 314, 315, 322, 327~329, 334, 341, 346~350, 366, 370, 372, 375, 380, 390, 391, 424
변환(transformation) 147, 149, 192, 220, 372, 380, 383
본질(essence) 55, 59, 65, 90, 238, 262, 264, 266, 270, 362, 377, 378, 381, 382
본질주의(essentialism) 237~239

본체(noumenon) 260, 351, 358, 359
부분전체론(mereology) 393
불균질성(heterogeneity) 79, 109, 193
불런(Bull Run) 402
『브뤼노 라투르: 정치적인 것을 다시 회집하기』(*Bruno Latour: Reassembling the Political*, 하먼) 226
블랙박스(black box) 146, 361
비대칭성(asymmetry) 4, 50, 55, 79
비유(metaphor) 19, 71, 84, 97, 191, 279, 301, 309, 314, 322, 381
『비유물론』(*Immaterialism*, 하먼) 78, 147, 151, 223, 224, 248, 249, 284, 338, 367, 384
비장소(non-lieux) 116
비판적 역사(critical history) 242
빌라 데이 파피리(Villa dei Papiri) 365

ㅅ

사건(event) 13, 22, 23, 25, 27, 29, 42, 47, 72, 73, 78, 81, 84, 85, 88, 98~101, 107, 152, 171, 175, 192, 197, 238, 244, 254, 267, 268, 271, 286, 289, 294, 298~300, 304, 306, 308, 322, 357, 358, 362, 390, 420, 421
사물(thing) 7, 14, 17, 18, 22, 23, 27, 31, 38, 44, 50, 53, 59~62, 64, 67, 71, 80, 81, 84, 86, 88~90, 97, 106~108, 111, 124, 129, 131, 132, 136, 140, 141, 144~149, 152~157, 160~165, 167, 173, 175, 176, 179, 182, 197, 198, 200, 204, 206, 207, 210, 211, 218, 221~223, 227, 234, 236, 238, 240, 244~246, 250, 254~258, 261, 264, 266, 268, 270, 271, 276, 278, 279, 284, 294, 295, 300~302, 312, 318, 321, 327, 346, 349, 352, 353, 359, 361, 367, 370, 371, 373, 376, 378, 383, 385, 388, 391, 393, 396, 400, 404, 406, 408, 409, 420
사변적 실재론(Speculative Realism) 66, 280
사원인(four causes) 255, 257
사유(thought) 6, 22, 43, 73, 74, 189, 190, 194, 239, 255, 259, 261, 264, 277, 331, 336, 346, 366, 415
사이버네틱스(cybernetics) 384
사자문(Lion Gate) 126, 128, 173
사중체(fourfold) 18, 255, 257, 326, 379, 409, 412
삼시대 체계(Three Age System) 178, 179, 189
삼투(percolation) 17, 89, 154, 161, 170, 173, 178, 181, 191~193, 198~200, 235, 421
삼투하는 시간(percolating time) 19, 56, 328
상관주의(correlationism) 73, 323
상대연대측정(relative dating) 215, 216
『새로운 사회철학』(*A New Philosophy of Society*, 데란다) 20, 76, 149, 150, 288, 359, 360
생앙드레 데자르 거리(Rue Saint-Andrédes Arts) 389, 394
생자크 거리(Rue Saint-Jacques) 389, 391
석기 시대(Stone Age) 17
선사(prehistory) 24, 28, 90~92, 95, 103, 106, 166, 171, 172, 178, 216, 219, 220
선형문자 B(Linear B) 134
성질들의 다발(bundle of qualities) 58, 261, 262, 295, 321, 352, 377
『세계의 논리』(*Logics of Worlds*, 바디우) 20, 287, 288, 356, 357, 373
『세미나 4』(*Seminar IV*, 라캉) 411
소급성(retroactivity) 20, 73~75, 287, 288, 308, 310
소크라테스 이전 철학자들(Pre-Socratics) 368
수용 이론(reception theory) 135
순간(instant) 19, 29, 34, 35, 38~41, 45, 49, 54, 57, 58, 60, 63, 68, 100, 145, 148, 180, 181, 192, 195, 221, 223, 262, 275, 296, 297, 303, 305, 307, 312, 345, 347, 376
『순수이성비판』(*Critique of Pure Reason*, 칸트) 43, 258, 266, 267
순환적 시간(cyclical time) 19, 336, 338, 339,

스탠퍼드대학교(Stanford University) 205
스토아학파(Stoics) 282
스톤헨지(Stonehenge) 93, 219
습관(habit) 6, 43
시간(time) 4, 5, 7, 8, 12, 13, 16~20, 22, 24~35, 37~42, 44, 45, 47~50, 52, 54~61, 63~67, 73, 76, 79, 82, 84, 86~90, 93~97, 101, 102, 104, 109, 112, 115, 117, 123, 124, 128, 131, 137~139, 141, 142, 145, 146, 153, 154, 156, 158, 160, 166, 168, 170~173, 175, 177~181, 183~186, 190~194, 198~201, 205, 206, 209, 210, 216, 218, 219, 221, 222, 224, 225, 227, 235, 236, 241, 244, 252, 254, 257, 266, 267, 269~275, 278~281, 283~285, 287, 290, 292, 293, 297~304, 306~309, 313, 322, 326~329, 331~339, 341, 343~345, 347, 349~351, 361, 364~366, 376, 378, 379, 381, 382, 390, 391, 394, 396, 399, 420~423
「시간, 공간, 본질 그리고 형상」(Time, Space, Essence, and Eidos, 하먼) 12, 20, 65, 273, 363
시간 관점주의(time perspectivism) 30
「시간의 비실재성」(The Unreality of Time, 맥태거트) 292, 299, 390
『시간의 어두운 심연:기억과 고고학』(Le sombre abîme du temps : mémoire et archéologie, 올리비에) 23, 25, 26, 85, 87, 90, 96, 100, 104, 107, 108, 140, 146, 153, 163, 167, 186, 220, 232, 385
시간정치(chronopolitics) 229
시계 시간(clock time) 22, 29, 303, 306, 307
시공간(space-time) 64, 65, 274, 337, 338, 382
시대구분(periodization) 22, 139, 140, 158, 178, 180, 205, 212, 214, 215, 220, 222
신석기(Neolithic) 6, 24, 51, 96, 110, 193, 196, 208, 214, 222, 348, 349, 389
신유물론(New Materialism) 13, 16, 210, 372, 374, 375
신플라톤주의(Neo-Platonism) 318
실용 고고학(pragmatic archaeology) 207
실재론(realism) 66, 73, 207, 280
『실재론적 마술』(Realistic Magic, 모턴) 322
『실재에 대한 반론』(The Case Against Reality, 호프만) 337
실재적 객체(real object, RO) 37, 76, 78, 265, 266, 268, 270, 272, 274, 275, 279, 283~285, 287~291, 301, 306, 308~311, 314~317, 319, 321, 345, 354, 364, 365, 376~378, 380~382
실재적 성질(real quality, RQ) 265, 266, 270, 290, 315, 378, 380~382
실증주의적 오류(positivist fallacy) 99
실천의 생태(ecology of practices) 204
실체(substance) 36~38, 59, 141, 211, 266, 276, 287, 313, 344, 345, 382
심층 시간(deep time) 124, 270, 273, 279, 285

ㅇ

아나톨리아문명박물관(Museum of Anatolian Civilizations) 246
아날학파(Annales School) 205
아라크네오(Arachneo) 118, 119
아래로 환원하기(undermining) 77, 405
아르고스(Argos) 80
아미노산 라세미화(amino acid racemization) 220
아비도스 왕 목록(Abydos King List) 216
아스완 하이 댐(Aswan High Dam) 341
아야 소피아(Aya Sofia) 51
아이온(Aiôn) 282, 285, 308
아테네(Athens) 23, 53, 56, 95, 99, 128
아테네 고고학회(Archaeological Society of Athens) 128, 197
아테네 아크로폴리스(Acropolis, Athens) 56, 95
안정성(stability) 20, 31, 84, 158, 159, 268, 346,

347, 349, 350, 374, 420
「안정성과 변화」(Stability and Change, 브라이언트) 346
『안티 오이디푸스』(*Anti-Oedipus*, 들뢰즈·과타리) 48, 286, 287
앙카라(Ankara) 246
양자(quantum) 38, 75, 211, 219, 220
언어행위 이론(speech-act theory) 355
얽힘 이론(entanglement theory) 207
『에드문트 후설의 내적 시간의식의 현상학』(*Phenomenology of Internal Time Consciousness*, 후설) 57, 279
역류(countercurrent) 55, 158, 173, 191, 421
『역사』(*Histories*, 헤로도토스) 128, 129, 232
역사(history) 5, 6, 15, 17, 22, 24, 25, 28, 46, 50, 62, 78, 84~92, 96, 97, 99~101, 103, 104, 106, 107, 116, 123, 133, 140, 144, 150, 154, 163, 166, 168, 170, 173, 178, 179, 181, 182, 194, 221, 227, 228, 230, 232, 238, 240, 242, 244, 247, 249, 250, 252, 254~256, 263, 275, 317, 328, 331, 339, 340, 353, 361, 381, 385, 388, 398, 400, 403, 404, 406, 412, 415
역사성(historicity) 86, 184
역사주의(historicism) 12, 25, 28, 85, 88, 96, 97, 136, 165, 166, 171, 195, 399
연대측정(dating) 92, 202, 215, 216, 219, 220
연대측정학(chronometrics) 179, 184
연속성(continuity) 90, 94, 165, 221, 401, 402
연속 세포 내 공생설(Serial Endosymbiosis Theory, SET) 223
연속체(continuum) 26, 28, 32, 35~38, 49, 64, 65, 91, 97, 137, 139~141, 143, 146, 171, 180, 200, 211, 212, 215, 216, 219~221, 223, 224, 274, 275, 307, 333, 335, 336, 338, 341, 382
연접(conjunction) 43
열발광(thermoluminescence) 220
영국 경험론(British Empiricism) 58, 260, 378

영국 관념론(British Idealism) 292, 299
영원성(eternity) 13, 276, 301, 302, 304
『오래된 땅 : 펠로폰네소스 반도 동부의 지형도』(*Old Lands : A Chorography of the Eastern Peloponnese*, 위트모어) 12, 25, 85, 87, 92, 101, 102, 111, 135, 141, 163, 187, 387
올림피아(Olympia) 95, 97
용기(container) 50, 79, 153, 179, 182, 214, 271, 272, 274, 282, 285, 327, 343, 372, 386
『우리는 결코 근대인이었던 적이 없다』(*We Have Never Been Modern*, 라투르) 49, 50, 136, 185
위로 환원하기(overmining) 77
위상학(topology) 17, 89, 129, 191~193, 198~200, 236, 390, 422
위상학적 시간(topological time) 19, 191, 193, 235, 236, 328, 422
유동(flux) 13, 16, 19, 20, 33, 45, 61, 142, 173, 276, 285, 288, 291, 302, 306, 313, 330, 345, 347~349, 375
유럽 횡단 고속도로(Trans-European Highway) 115, 125
유물(artifacts) 13, 47, 80, 84, 85, 90, 91, 93, 109, 150, 157, 170, 174, 185, 189, 194, 199, 203, 212, 215, 234, 246, 307, 371, 385
유물론(materialism) 207, 367~369, 371~373
유산학(heritage studies) 204
유출(emanation) 318, 389
유형학(typology) 91, 96, 138~140, 145, 152, 178, 211~214, 218, 220, 222, 386
『의미의 논리』(*The Logic of Sense*, 들뢰즈) 67, 281, 285
이란 혁명(Iranian Revolution) 7, 421
『이집트의 역사』(*History of Egypt*, 마네토) 216
이집트 혁명(Egyptian Revolution) 74
인과관계(causation) 20, 43, 46~48, 149, 206, 246, 250, 256, 257, 303, 322, 360, 362, 364,

366, 398
인과성(causality) 43, 48, 49, 88
인디애나폴리스 500마일 자동차 경주(Indianapolis 500, automobile race) 193, 195
인류생성(anthropoiesis) 225, 424
인류세(Anthropocene) 342, 392
인신공양(human sacrifice) 192, 193, 422
『일리아스』(*Iliad*, 호메로스) 224, 401, 406

ㅈ

자동차(automobile) 6, 110, 114~118, 125, 141, 182, 193, 195, 196, 247, 255~257, 360, 421, 422, 424
『자연학』(*Physics*, 아리스토텔레스) 35, 211, 307, 347
장애물 경기(Game of Hurdles) 276, 415
재료(materials) 138, 213, 368, 386
재생산 양식(mode of reproduction, [REP]) 47
전등(electric light) 179
절대연대측정(absolute dating) 215, 216
점진주의(gradualism) 178, 180, 191, 198~201, 224, 238
정치(politics) 46, 47, 101, 204, 226~230, 232, 233, 237, 343
제로-기능(zero-function) 413
제로-형태(zero-form) 413
제트(djet) 336
『조각상』(*Statues*, 세르) 90, 109, 146, 165, 166, 185
조사(survey) 27, 28, 32, 101, 230, 233
존속(endurance) 160, 171, 212, 276, 346, 349, 372
존재(being, Sein) 33, 62, 68, 69, 71, 128, 250, 258, 277, 308, 322, 323, 352, 359, 370, 376, 380, 381
존재도학(ontography) 366, 369, 375, 376, 378~385

존재론(ontology) 12, 79, 87, 97, 237, 249, 264, 358, 409, 410
존재분류학(onto-taxanomy) 264
존재신학(ontotheology) 277
『존재양식의 탐구』(*An Inquiry into Modes of Existence*, 라투르) 46, 47
『존재와 시간』(*Being and Time*, 하이데거) 33, 34
종교(religion) 17, 46, 183, 189~191, 194, 197, 224, 225, 382
주체의 충실성(fidelity of the subject) 358
중범위 연구(middle-range studies) 105
지성(intellect) 263, 265, 327, 378, 381
지속(durée) 30, 32, 60, 84, 101, 112, 118, 123, 124, 140, 142, 145, 146, 152, 154, 167, 171, 182, 200, 205, 279, 313, 345, 346, 391
지향적 객체(intentional object) 279, 376, 377
진리(truth) 74, 227, 228, 357, 373
『질 들뢰즈의 사변적 실재론:연속성에 반대한다』(*Against Continuity : Gilles Deleuze's Speculative Realism*, 클라인헤이런브링크) 280, 286

ㅊ

차연(différance) 60, 277
『차이와 반복』(*Difference and Repetition*, 들뢰즈) 281, 395
창발(emergence) 76, 78, 89, 136, 149, 210
챌린저호 폭발 사고(Challenger disaster) 192
철기 시대(Iron Age) 17, 25, 96, 127, 134, 172, 177
청동기 시대(Bronze Age) 17, 88, 96, 101, 116, 120, 124, 127, 133~135, 138, 139, 149, 150, 152, 159, 160, 172, 173, 177, 197, 208, 211, 214, 217, 220, 244, 245
체스 기물(chess pieces) 19, 302, 306, 314, 423
초기 철기 시대(Early Iron Age) 25, 96, 127, 134, 172

층서학(stratigraphy) 23, 31, 90, 138, 144, 213, 215, 218, 220

ㅋ

카르타고(Carthage) 192, 194, 195
카스트라키아(Kastrakia) 111, 112, 140
카이로(Cairo) 52, 421
카자르마(Kazarma) 109, 119~122, 141, 142, 157, 160, 182
카자르마 요새(Kazarma fortress) 122
『캔터베리 이야기』(*Canterbury Tales*, 초서) 422
컬럼비아호 폭발 사고(Colombia disaster) 193
켄타우로스(centaurs) 196
코린토스(Corinth) 16, 23~26, 29~32, 72, 95, 97, 142, 186
코페르니쿠스적 혁명(Copernican Revolution) 49, 332
코피노 계곡(Kophino Valley) 125
콘스탄티노플(Constantinople) 51, 293, 422
『쿼드러플 오브젝트』(*The Quadruple Object*, 하먼) 12, 65, 108, 142, 164, 282, 366~368, 375
크로노스(Chronos) 282, 285, 308
키클로프스 석조 다리(cyclopean bridge) 88, 114, 115, 119, 121, 123, 142

ㅌ

탄소-14(Carbon-14) 219, 220
『탄소 민주주의』(*Carbon Democracy*, 미첼) 417
탈은폐(unveiling) 351
「테세우스의 난파선」(The Shipwreck of Theseus, 하먼) 248, 392
테세우스의 배(Ship of Theseus) 392, 393, 407, 408
테트라드(tetrad) 375, 376

텔 엘 아마르나(Tell el Amarna) 217
토기(pottery) 88, 136, 250
토리노 파피루스(Turin Canon) 216
토착고고학(indigenous archaeology) 204
트로이(Troy) 155, 400, 401, 405~408, 417

ㅍ

파괴(ruination) 25, 37, 66, 127, 148, 149, 172, 197, 222, 244, 408
『파도와 돌』(*Waves and Stones*, 하먼) 211
파리(Paris) 50, 51, 56, 358, 389, 391, 402
『파리: 보이지 않는 도시』(*Paris, Invisible City*, 라투르·에르망) 51
「파리아인의 연대기」(Marmor Parium) 216
『판도라의 희망』(*Pandora's Hope*, 라투르) 46, 47, 73
『페리에게시스 헬라도스』(*Periegesis Hellados*, 파우사니아스) 121, 187
편년(chronology) 22, 25, 92, 93, 139, 140, 205, 213, 216, 218~221
폐허(ruins) 15, 26, 27, 90~92, 120, 121, 134, 147, 152, 176, 197, 198, 208, 230, 245, 401~403, 406
포도주 빛 짙은 바다(wine-dark sea) 71, 310, 321, 354
포스트구조주의(post-structuralism) 135, 315
포스트식민주의 이론(postcolonial theory) 237
폼페이 전제(Pompeii premise) 29
표면(surface) 18, 20, 23, 27, 32, 33, 60, 63, 66, 67, 69, 70, 72, 79, 81, 94, 97, 113, 115, 118, 120, 125, 156~159, 176, 200, 215, 254, 263, 264, 268, 279~281, 283, 284, 306, 308, 314, 315, 320~322, 327, 348, 350~353, 355, 362, 364, 389~391, 403, 423
프랑스 혁명(French Revolution) 50, 237, 358
프랑크푸르트학파(Frankfurt School) 70, 413

『프루스트와 기호들』(*Proust and Signs*, 들뢰즈) 282
『프린키피아』(*Principia*, 뉴턴) 271
피투적 기투(thrown projection) 16
핀마르크(Finnmark) 404

ㅎ

하기아 소피아(Hagia Sophia) 51
하드리아누스 수도교(Hadrianic aqueduct) 233, 234
합성(composition) 54, 308
해러건 강연(Haragan Lecture) 12
해석학(hermeneutics) 135
행위자-네트워크 이론(Actor-Network Theory, ANT) 48, 78, 223, 258, 410
헬라딕 시대(Helladic Age) 25, 110, 127, 139, 140, 210, 212, 215
헬레니즘(Hellenism) 25, 96, 131~133, 135, 151, 157, 159, 173
현대 고고학(contemporary archaeology) 22, 201, 208, 218
현상학(phenomenology) 57~59, 203, 259, 260, 262, 295, 377
현재(present) 6, 7, 13, 17, 19, 22, 25, 27, 28, 30, 31, 35~37, 39, 40, 49~51, 53, 54, 69, 80~82, 85~88, 92~95, 102, 104~107, 109, 111, 124, 129, 130, 136, 137, 144, 147, 152, 156, 163, 166~168, 171, 174, 181, 186, 187, 198, 205, 209, 210, 226, 227, 238, 241, 245, 246, 251, 252, 254, 255, 259, 262, 269, 292~295, 297, 298, 300, 302, 304, 305, 307, 314, 318, 323, 338, 378, 386, 390, 394, 397, 410, 412
현전(presence) 68, 71, 81, 142, 155, 184, 234, 258, 277, 278, 376, 379
현전의 형이상학(metaphysics of presence) 277
현존재(Dasein) 63, 69, 359
형상(eidos) 59, 65, 256, 257, 266, 270, 353, 359, 378, 381, 382
형성과정(formational process) 29, 147, 148
『형식논리학과 선험논리학』(*Formal and Transcendental Logic*, 후설) 20, 287, 288, 356
형식주의(formalism) 415~417
『형이상학』(*Metaphysics*, 아리스토텔레스) 36, 37, 211, 259, 277, 307, 317
형태(form) 22, 26, 28, 32, 37, 50, 51, 54, 71, 80, 84, 88, 90, 91, 93, 95, 101, 105, 108, 116, 121, 124, 127, 129, 133, 135, 139~141, 152, 153, 155, 157, 180, 181, 184, 211, 220, 222, 225, 227, 231, 234, 240, 242, 248, 250~252, 277, 281, 285, 328, 335, 337, 345, 353, 363, 367~370, 372, 373, 379, 386~388, 390, 394, 401, 412
홀로그래피 원리(holographic principle) 337
『황금가지』(*The Golden Bough*, 프레이저) 120, 183, 188~190
회복(retrieval) 69, 317
회전(rotation) 226, 336, 383
회집체(assemblage) 20, 76, 167, 213, 286, 288, 348, 349, 360, 361
『후설 철학에서 발생의 문제』(*The Problem of Genesis in Husserl's Philosophy*, 데리다) 356
흑요석 수화(obsidian hydration) 220
흑체복사(black-body radiation) 74, 420